Jenna Miscavige Hill, die Nichte des Nachfolgers von Scientology-Gründer L. Ron Hubbard, David Miscavige, wuchs als Scientologin auf, verließ die kontrovers diskutierte Organisation aber im Jahr 2005. In ihrer Biographie enthüllt sie die befremdlichen und verstörenden Details ihrer Kindheit. Sie gibt einen erschütternden Einblick in ihre Erfahrungen als Mitglied der Sea Organization, das Machtzentrum von Scientology, und legt die Überzeugungen, Rituale und Geheimnisse einer Organisation offen, die bereits Hollywood-Stars wie Tom Cruise und John Travolta in ihren Bann gezogen hat. Sie erzählt, wie sie von ihrer Familie abgeschirmt wurde, und berichtet schließlich auch von ihrer mutigen Entscheidung, mit Scientology endgültig zu brechen.

JENNA MISCAVIGE HILL, geboren 1984, wuchs in den höchsten Kreisen von Scientology auf. Seit sie die Organisation 2005 verließ, ist sie eine ihrer prominentesten Kritikerinnen. Sie ist Mitbegründerin einer Website, die derzeitigen und ehemaligen Scientologen die Möglichkeit bietet, sich über ihre Erfahrungen auszutauschen, und unterstützt diejenigen, die sich entschlossen haben, die Organisation zu verlassen. Sie lebt mit ihrer Familie in Kalifornien.

JENNA MISCAVIGE HILL
MIT LISA PULITZER

MEIN GEHEIMES LEBEN BEI
Scientology
UND MEINE DRAMATISCHE FLUCHT

*Aus dem Amerikanischen von Ina Bell
und Marianne Denkhaus*

btb

Verlagsgruppe Random House FSC® N001967
Das für dieses Buch verwendete FSC®-zertifizierte
Papier *Lux Cream* liefert Stora Enso, Finnland.

Dieses Buch möchte ich meinen vielen guten Freunden widmen, die noch immer in der Church of Scientology sind. Ich liebe und vermisse euch alle und hoffe aufrichtig, dass ihr eines Tages den Mut habt, für euch einzustehen und gehen zu können, um wirklich euer Leben zu leben. Ihr alle verdient etwas viel Besseres.

Inhalt

Anmerkung der Autorin

Es ist schwer, über Scientology zu sprechen – nicht nur, weil dann so viele Erinnerungen aufkommen oder weil Scientology eine komplexe, vielschichtige Religion ist, sondern weil die scientologischen Praktiken es den Menschen in der Vergangenheit bereits schwer gemacht haben, das Leben in der Church zu kritisieren oder auch nur darüber zu sprechen.

Die Geschichte auf den folgenden Seiten entspricht nach bestem Wissen und Gewissen meiner Erinnerung – genau wie die Dialoge. Ich habe die Namen einiger darin vorkommender Personen geändert, um ihre Anonymität zu wahren. Ziel war es vor allem, bestimmte Namen geheim zu halten, ohne den Wahrheitsgehalt der Geschichte zu gefährden.

Prolog

Sonnenstrahlen drangen durch die Wolken, als ich in der Reihe der Kinder stand, die darauf warteten, zwei wichtigen Personen der Church of Scientology zu begegnen. Ich wusste nicht genau, wie lange ich dort schon ausharrte, aber es kam mir wie eine Ewigkeit vor. Als Siebenjährige fühlte sich beim Warten jede Minute wie eine Stunde an. Es standen noch mindestens zehn Kinder vor mir, also vertrieb ich mir mit meinen beiden Freundinnen die Zeit mit Singen und Abklatschspielen. Obwohl ich Spaß hatte, war ich vor allem ängstlich und nervös. Die beiden Besucher kamen aus dem internationalen Hauptquartier der Church in Hemet, Kalifornien, und sollten an den Klapptischen vor der Schule neue Mitglieder anwerben.

Ich stand zu weit hinten in der Schlange, um die genaue Erklärung zu hören, warum die beiden zur Ranch gekommen waren, dem scientologischen Internat, in dem ich mit etwa achtzig Kindern wohnte, deren Eltern führende Mitglieder der Church waren. Was auch immer ihr Grund sein mochte, ich konnte mir denken, dass es wichtig war, denn sonst hätten sie kaum den zwanzig Meilen langen Weg auf sich genommen, um mit uns persönlich zu sprechen. Sie wirkten beeindruckend und mächtig, denn sie trugen Anzüge, die wie Marineuniformen aussahen, komplett mit Kordeln und Streifen. Ich wusste, sie gehörten zur *Sea Organization*, der scientologischen Elitegruppe mit den verdientesten Mitgliedern. Meine Eltern waren Jahre zuvor, kurz vor meinem zweiten Geburtstag, selbst dieser Einheit beigetreten.

Ein paar Lieder später war ich an der Reihe, an den Tisch zu treten. Die Mienen der beiden Anwerber waren streng und einschüchternd. Eifrig bestrebt, die Anerkennung Erwachsener zu gewinnen, bemühte ich mich, zu lächeln und süß auszusehen. Als sie das nicht zu beeindrucken schien, setzte ich eine kluge, fragende Miene auf.

Einer der beiden reichte mir ein Blatt Papier mit dem Wappen der Sea Org, dem Wort REVENIMUS in der Kopfzeile und mit Linien für Datum und Unterschriften in der Fußzeile.

»Was heißt ›revenimus‹?«, erkundigte ich mich neugierig.

»Das ist Lateinisch und heißt ›Wir kommen wieder‹«, erklärte die Anwerberin. Sichtlich erfreut, eine mögliche Kandidatin zu belehren, erklärte sie mir weiter, dass dies das offizielle Motto der Sea Organization war.

»*Wohin* kommen wir denn wieder?«, fragte ich.

»Leben für Leben«, erklärte sie. »Du unterzeichnest hier einen Vertrag, der eine Milliarde Jahre gültig ist.«

»Ach so«, sagte ich und erkannte, wie dumm und unwissend meine Frage geklungen haben musste.

Als Scientologen glaubten wir daran, dass unsere Seele, wenn unser Körper starb, ein neues Leben in einem neuen Körper begann. Unser Gründer, L. Ron Hubbard, sagte, dass wir als Geister schon Millionen von Jahren gelebt hatten und noch weitere Millionen Jahre leben würden, mit oder ohne Körper. Das hatte ich geglaubt, seit ich denken konnte. An diesem Tag war ich mehr als bereit, mich für die Sache zu verpflichten, die meinen Eltern so am Herzen lag. Die Sea Org bedeutete ihnen so viel, dass sie mich mit sechs Jahren auf der Ranch untergebracht hatten, um ihre ganze Zeit der Mission der Kirche widmen zu können. Sie sahen mich ausschließlich an den Wochenenden, und das auch nur für ein paar Stunden. Von niemandem waren die Eltern hier, um mitzuerleben, wie wir der Sea Org Treue gelobten. Aber dieses Dokument zu unterschreiben, bedeutete, ihnen einen Schritt näher in der Sea Org zu kommen und sie möglicherweise häufiger zu sehen. »Wohin soll ich meinen Namen schreiben?«, fragte ich eifrig.

Die Frau zeigte auf eine Stelle, verlangte aber, dass ich zuerst den Text las. Die unvermeidliche Schlussklausel lautete:

»DAHER VERPFLICHTE ICH MICH FÜR DIE NÄCHSTEN MILLIARDEN JAHRE DER SEA ORGANIZATION
(laut Flag Order 323).«

Bevor ich unterschrieb, blitzten Bilder aus der *Kleinen Meerjungfrau* vor meinem inneren Auge auf, vor allem die, in denen Arielle das magische Abkommen mit der Meerhexe unterschreibt. Ich wusste, Verträge bedeuteten, dass ich mein Versprechen halten musste, also machte ich mir im Stillen Notizen über das, was ich versprach: dem Kodex folgen, die Sache voranbringen und eine *Milliarde* Jahre dienen.

Das schaffe ich, sagte ich mir. Und damit versuchte ich, meinen Namen in Schönschrift zu schreiben, mit der richtigen Verbindung der einzelnen Buchstaben, genau, wie ich es in der Schule gelernt hatte. Ich wollte, dass meine Unterschrift unter diesem wichtigen Dokument perfekt war, aber die Anwerber trieben mich zur Eile an, weil sie noch die Kinder hinter mir in der Schlange registrieren lassen mussten. Daher wurde meine Unterschrift nicht so schön wie erhofft.

Trotzdem hatte ich eine Gänsehaut, als ich mich vom Tisch abwandte. Nichts an dem Eine-Milliarden-Jahre-Vertrag wirkte auf mich befremdlich. Ich wusste, im Geiste waren meine Eltern bei mir, wo auch immer sie sein mochten. Mein Vertrag war derselbe, den sie unterzeichnet hatten, und zwar zum ersten Mal als Teenager. Außerdem hatte ich noch kein Verständnis für große Zahlen, weil ich so jung war. Für mich war eine Milliarde Jahre das Gleiche wie hundert Jahre – eine unvorstellbar lange Zeit. Wenn ich die nächste Milliarde Jahre mit meinen Eltern und Freunden zusammen sein wollte, musste ich einfach unterschreiben. Nacheinander setzten auch meine Freunde ihre Namen unter ihre Verträge – und verpflichteten sich zu einem Dienst, den keiner von uns wirklich begreifen konnte. Während ich auf der Straße zwischen dem Spielplatz und den weißen und rosafarbenen Oleanderbüschen stand, wusste ich weder um die wahre Bedeutung dessen, was ich gerade getan hatte, noch um die Erwartungen, die an mich gestellt werden würden. In der einen Minute hatte ich noch ein Liedchen geträllert, und in der nächsten hatte ich mich verpflichtet, meine Seele für eine Milliarde Jahre in den Dienst der Church of Scientology zu stellen. Was auch immer die Zukunft für mich vorgesehen hatte, eines war gewiss: Mein Leben gehörte nicht mehr mir.

KAPITEL 1

Im Namen der Kirche

Eine meiner frühesten Erinnerungen im Zusammenhang mit Scientology war ein Gespräch, das ich mit etwa vier Jahren hatte. Zu der Zeit lebte meine Familie in Los Angeles, und zwar in einer Wohnung, die uns die Church zur Verfügung gestellt hatte. Eines Sonntagmorgens lag ich mit Mom und Dad im Bett und fragte mich, wie es wohl wäre, außerhalb meines Körpers zu sein.

»Wie komme ich aus meinem Körper?«, fragte ich.

Meine Eltern sahen sich lächelnd an, ähnlich wie mein Mann und ich uns jetzt ansehen, wenn unser Sohn eine jener schwierigen Fragen stellt, deren Antwort außerhalb seines Begriffsvermögens steht.

»Können wir alle zusammen aus unseren Körpern heraus und dann im Himmel herumfliegen?«, fragte ich.

»Vielleicht«, antwortete mein Vater. Er war immer darauf bedacht, mich bei Laune zu halten.

»Dann lasst uns das jetzt machen«, verlangte ich ungeduldig. »Sagt mir nur, was ich tun muss.«

»Okay, schließ einfach die Augen«, befahl er. »Sind sie geschlossen? Und jetzt denk an eine Katze.«

»Denken wir alle gleichzeitig daran?«, fragte ich, um mich zu vergewissern, dass ich es richtig machte.

»Ja«, lautete Dads Antwort. »Okay, eins, zwei, drei …«

Mit geschlossenen Augen wartete ich, aber nichts passierte.

Ich hörte meine Eltern lachen, begriff aber nicht, was so komisch war und wieso sie mir nicht halfen. Durften sie mir nicht helfen, meinen Körper zu verlassen? Konnten sie mir nur zu bestimmten Zeiten helfen? Konnte ich erst meinen Körper verlassen, wenn ich älter war? Stimmte mit mir etwas nicht?

Ich wusste, dass ich ein Thetan war. Das hatte ich immer gewusst und auch nie etwas anderes geglaubt. *Thetan* war der Begriff der Scientologen für den unsterblichen Geist, der den menschlichen Körper beseelte, während der Körper selbst im Wesentlichen ein Stück Fleisch war, ein Gefäß für den Thetan. Ein Thetan lebte Leben um Leben, und wenn sein aktueller Körper starb, wählte er sich den nächsten aus und fing wieder von vorne an.

Die Vorstellung, vergangene Leben zu haben, faszinierte mich. Oft bat ich Erwachsene, mir Geschichten von ihren früheren Leben zu erzählen. Ich konnte mich an keines meiner eigenen erinnern, aber mir wurde immer wieder versichert, das käme noch mit der Zeit. Rosemary, die Sekretärin meines Vaters, berichtete mir von Dingen aus ihrem früheren Leben, als sie ein Indianermädchen gewesen war. Sie kamen mir alle sehr wundersam und romantisch vor. Ich konnte es kaum erwarten, mich auch mal an eines meiner früheren Leben zu erinnern. Ich hoffte nur, dass ich nicht böse gewesen war, oder ein einsamer alter Mann. Sicher war ich mindestens eine Prinzessin gewesen.

Damals schien es mir bei Scientology nur darum zu gehen: dass man frühere Leben hatte, seinen Körper verließ und ein Thetan war. Darüber hinaus wusste ich kaum etwas. Aber für ein Kind, das die Vielschichtigkeit dieses komplexen Glaubens nicht begreifen konnte, war das alles sehr aufregend. Ich war Teil von etwas Größerem, das sich in die Vergangenheit und in die Zukunft erstreckte; etwas, das unmöglich schien und doch irgendwie völlig glaubhaft.

So saß ich also mit geschlossenen Augen da und wartete darauf, meinen Körper zu verlassen und mit meinen Eltern im Himmel herumzufliegen. Damals wusste ich noch nicht, dass nur Scientologen an Thetane glauben. Denn jeder, den ich kannte, war in der Kirche, und als Scientologenkind in dritter Generation beherrschte Scientology mein ganzes Leben. Meine Großmutter mütterlicherseits hatte Mitte der Fünfziger Jahre begonnen, die Bücher von L. Ron Hubbard zu lesen, dem Science-Fiction-Autor und Gründer von Scientology. Der Vater meines Vaters war in den Siebziger Jahren der Church beigetreten, als jemand ihm davon erzählt hatte. Beide waren sofort fasziniert gewesen.

Bei den Scientologen gab es keinen Gott, keine Gebete, keinen Himmel und keine Hölle – nichts von all dem, was man normalerweise mit Religion verbindet. Scientology war eine Philosophie und ein Selbsthilfeprogramm, das einem versprach, ein größeres Bewusstsein seiner selbst zu erlangen und sein volles Potential zu erreichen. Diese unkonventionelle Möglichkeit zur Selbsthilfe zog meine Großeltern an. Sowohl meinem Großvater als auch meiner Großmutter gefiel das Ziel der Scientologen, sein Schicksal zu kontrollieren und sein Leben mit Hilfe klarer Schritte zu verbessern; beide Familien brachten Kinder mit, neun auf der Seite meiner Mutter und vier auf der Seite meines Vaters. Meine Eltern traten schon als Kinder der Kirche bei und blieben. Als ich am 1. Februar 1984 in Concord, New Hampshire, geboren wurde, waren sie bereits über fünfzehn Jahre Scientologen. Von meinem ersten Atemzug an gehörte ich dazu, aber erst kurz vor meinem zweiten Geburtstag fing die Kirche wirklich an, mein Leben zu prägen. Da nämlich beschlossen meine Eltern, das Leben aufzugeben, das sie in New Hampshire hatten, mit der Familie nach Kalifornien zu ziehen und unser ganzes Leben in den Dienst von Scientology zu stellen. Bis dahin hatten wir in Concord gelebt, wo meine Eltern ihr Traumhaus gebaut hatten: ein Gebäude aus Holz und Glas mit vier Schlafzimmern und zwei Bädern auf einem großen Grundstück. Mom und Dad hatten gut bezahlte Jobs in einer Software-Firma, und mein neunjähriger Bruder Justin ging in die vierte Klasse der öffentlichen Schule. Zumindest von außen gesehen führte unsere Familie ein ganz normales Leben in einer kleinen Stadt.

Aber das änderte sich im Herbst 1985, als mein Vater, Ron Miscavige Jr., zur *Flag Land Base*, der Zentrale der *Sea Organization*, in Clearwater, Florida, ging. Dieser massive Gebäudekomplex nahm mehrere Blocks ein und diente als spirituelles Hauptquartier, als Ort, wo Scientologen aus aller Welt zusammenkamen und dort Wochen oder Monate verbrachten.

Mein Vater ging für ein paar Wochen dorthin, während sich die geistige Elite der Kirche, auch bekannt als Sea Organization oder *Sea Org*, gerade in einer riesigen Werbekampagne befand. Die Sea Org rekrutierte nur die eifrigsten Anhänger, die bereit waren, ihr ganzes Leben der Verbreitung von Scientology zu widmen. L. Ron Hubbard hatte diese Einheit 1967 auf einem Schiff namens *Apollo* gegründet, das auch das *Flaggschiff* genannt wurde. L. Ron Hubbard war bei der Navy gewesen und hatte eine Schwäche für alles, was mit Schifffahrt zu tun hatte. Es gab das Gerücht, er wäre zur See gegangen, um ungestört die geistige Komponente von Scientology erforschen zu können. Es hieß auch, er hätte sich auf internationale Gewässer begeben, um sich nicht vor dem amerikanischen Gesundheitsministerium, der United States Food and Drug Administration, verantworten zu müssen, nachdem ein paar seiner Behauptungen, zum Beispiel die, seine Lehren könnten psychosomatische Leiden und andere physische und psychische Erkrankungen heilen, von Medizinern widerlegt und seine Wunderheilungen als Betrug entlarvt worden waren.

Ungeachtet der Gründe, die er hatte, vom Meer aus zu operieren, befahl er den Mitgliedern dieser Spezialeinheit, eine Art Marineuniform zu tragen, und gab der Sea Org Rangordnungen wie bei der Marine, die die Mitglieder von den anderen Scientologen absetzten. Er ging so weit, sich von seinen Crewmitgliedern als *Commodore* anreden zu lassen, und hochrangige Mitglieder sollten mit *Sir* angesprochen werden, ganz gleich, ob sie männlich oder weiblich waren. Er wählte sogar eine Gruppe persönlicher Stewards innerhalb der Sea Org aus, die seine Programme leiteten, seine Befehle überbrachten und dafür sorgten, dass sie auch ausgeführt wurden. Diese wichtige Gruppe nannte er die *Commodore's Messenger Organization,* die *CMO*. 1975 zog die Sea Org nach Clearwater auf die Flag Land Base, wo die Mitglieder in Räumlichkeiten, die man ihnen zur Verfügung stellte, zusammen lebten und aßen. Obwohl die Organisation nicht länger auf Schiffen stationiert war, behielt sie doch ihre Marineterminologie – Wohnhäuser waren Quartiere, die Mitglieder trugen Marineuniformen, und L. Ron Hubbard blieb der Commodore.

Zehn Jahre später geriet mein Vater mitten in eine umfassende Rekrutierungsmaßnahme. Später erzählte er mir, an verschiedenen Orten rund um die Base hätten Anwerber der Sea Org nach jungen, erfolgreichen, fähigen und moralisch einwandfreien Scientologen gesucht. Jeder, der der Sea Org beitrat, musste einen eine Milliarde Jahre währenden Vertrag unterschreiben, der den unsterblichen Thetan-Geist Leben um Leben für den Dienst in der Organisation verpflichtete. Die Mitglieder mussten auch sieben Tage die Woche endlose Stunden arbeiten, durften ihre Familien nur selten sehen und bekamen dafür oft gerade mal zwischen fünfzehn und fünfundvierzig Dollar pro Woche. Wer aufgenommen werden wollte, durfte weder jemals harte Drogen genommen noch jemals einen Selbstmordversuch verübt haben. Ebenso durfte man keine nahen Angehörigen haben, die Scientology-Gegner waren.

Mein Vater war früher ein Mitglied gewesen und meinte, immer noch den Qualifikationen zu entsprechen. Er war ein überzeugter Scientologe, er war bereit, sein Leben in den Dienst der Organisation zu stellen, und er war der ältere Bruder von David Miscavige, einem von L. Ron Hubbards wichtigsten Führungskräften, der als der kommende Mann in der Kirche galt. Schon mit fünfundzwanzig wurde mein Onkel Dave Vorsitzender des Aufsichtsrats von Author Services Inc. und kümmerte sich um alle finanziellen Aspekte von L. Ron Hubbards Texten, um die Urheber- und Verwertungsrechte seines geistigen Schaffens. Wie mein Vater war auch Onkel Dave Scientologe, seit mein Großvater die Familie in die Kirche eingeführt hatte. Von Anfang an war Dave so begeistert gewesen, dass er mit sechzehn – und der Erlaubnis seines Vaters – die Highschool verließ und der Sea Org beitrat.

Als mein Vater heimkehrte, teilte er meiner Mutter mit, er habe beschlossen, sich von der Sea Org erneut anwerben zu lassen. Obwohl meine Eltern eigentlich ihren Lebensmittelpunkt in New Hampshire hatten, fühlte er sich erneut berufen und wollte, dass unsere Familie zur Base der Church in Los Angeles zog, wo wir ein neues Leben beginnen würden. Mom würde ebenfalls wieder der Sea Org beitreten, weil Mitglieder dieser Organisation nicht mit Nichtmitgliedern verheiratet sein durften. Ohne zu zögern, stimmte meine Mutter zu.

So spontan das auch war, meinen Eltern war dennoch bewusst, worauf sie sich einließen. Sie waren nicht nur beide bereits in der Sea Org gewesen, sondern hatten sich mit gerade mal neunzehn Jahren in der Flag Land Base kennengelernt.

Damals allerdings waren beide mit jemand anderem aus der Sea Org verheiratet gewesen. Mein Vater hatte einen Stiefsohn, Nathan, und meine Mutter damals bereits die zweijährigen Zwillinge, Justin und Sterling. Meine Eltern verliebten sich ineinander, bekamen dadurch allerdings Schwierigkeiten, da sie gegen den Kodex der Church verstießen, und mussten hart arbeiten, um ihr Fehlverhalten wiedergutzumachen. Schließlich erhielten sie die Erlaubnis zu heiraten, Moms Exmann heiratete ebenfalls wieder. Sterling lebte bei seinem Vater und seiner neuen Frau, während Justin bei uns wohnte. Die Zwillinge durften ihre Zeit in beiden Familien verbringen, und damit waren alle zufrieden.

Meine Eltern waren ein schönes Paar. Mein Vater war eins siebzig groß und schlank, aber stark. Er hatte sandfarbenes Haar, einen Schnurrbart, blaue Augen, ein herzliches Lächeln und war immer freundlich und gut gelaunt. Meine Mom, Elizabeth Blythe, von allen ›Bitty‹ genannt, war wunderschön, einen Meter fünfundsechzig groß und ziemlich dünn. Sie hatte braungrüne Augen und braunes Haar, das ihr bis zur Taille reichte. Ihre elfenbeinfarbene Haut hatte ein paar Sommersprossen. Im Gegensatz zu meinem Vater rauchte sie, und zwar schon, seit sie ein Teenager war. Fremden gegenüber war sie schüchterner und reservierter als mein Dad, aber unter Freunden war sie selbstbewusst, geradeheraus und lustig, mit einem sehr trockenen Humor. Sie war eigensinnig und manchmal sehr kritisch, aber eine unglaublich begabte Frau.

Obwohl die Sea Org sehr viel ihrer Zeit in Anspruch nahm, waren meine Eltern dort bis in die späten Siebziger Jahre glücklich, bis sie immer weniger damit einverstanden waren, wie die Flag Land Base geführt wurde. 1979, nach fünf Jahren in der Sea Org, kündigten sie beide ihren eine Milliarde Jahre dauernden Vertrag, was zu der damaligen Zeit aber noch keine Katastrophe war. Sie durften weiterhin sogenannte öffentliche Scientologen bleiben, waren zwar an die Church gebunden, mussten aber nicht mehr ihre gesamte Zeit der Sea Org zur Verfügung stellen. Nach dem Austritt verlief ihr Leben für einige Jahre ganz normal. Sie wohnten eine Zeitlang bei den Eltern meines Vaters in Philadelphia, bevor sie nach New Hampshire zogen, wo sie ein typisches bürgerliches Leben führten – zwei berufstätige Eltern mit Festanstellungen und zwei minderjährigen Kindern (sie hatten nach Verlassen der Sea Org das volle Sorgerecht für Justin bekommen), mit Tagesmutter und einem selbst entworfenen Haus. Viele Mitglieder unserer großen Familie, darunter die Schwestern meines Vaters, Lori und Denise, und meine Großmutter väterlicherseits, lebten ebenfalls in New Hampshire, und wir waren dabei, uns im Schoß unserer Familie fest niederzulassen. Es sah so aus, als läge meinen Eltern nichts ferner, als sich wieder den fanatischsten Anhängern von Scientology anzuschließen.

Und doch taten sie mit einer einzigen überstürzten Entscheidung genau das: Sie kehrten in die Sea Org zurück und bewirkten, dass unser Leben einen vollkommen anderen Verlauf nahm. Damals wussten meine Eltern bereits, was ich erst später erfahren würde: Ein Leben in der Sea Org bedeutete zugleich, dass sie oft von mir getrennt sein würden. Aber das beeinflusste ihre Entscheidung nicht. Die Church war ihnen das Wichtigste, und sie waren fest entschlossen.

Später sollten meine Eltern mir erzählen, dass sie ihre Entscheidung ganz spontan trafen, ohne lange nachzudenken. Im Rückblick erwies es sich als die schlechteste Entscheidung ihres Lebens. Zwar kann ich nicht sagen, ob sie damals Rücksicht darauf nahmen, welche Auswirkung ihre Entscheidung auf mein Leben haben würde; wahrscheinlich aber war ich nur eines der vielen Opfer, die sie im Namen der Church bereit waren zu erbringen. Da sie die Sea Org schon einmal verlassen hatten, dachten sie vielleicht, sie könnten es wieder tun, falls es nicht so gut lief. Möglicherweise glaubten sie auch wirklich daran, dass es wunderbar wäre, ein Kind bei Scientology aufzuziehen, denn dadurch würde ich alles von Anfang an kennenlernen. Wahrscheinlich trieb sie auch eine innere Unruhe, das Gefühl, dass ihnen etwas fehlte. Sie zogen es vor, mit einer wichtigen Mission hinaus in die Welt zu ziehen und einem höheren Zweck zu dienen, statt in New Hampshire ganz normalen Jobs nachzugehen und Kinder aufzuziehen. Sie waren durch die Mission der Church motiviert und wollten an etwas Größerem teilhaben. Eines ist mir ganz klar: Nach dieser Entscheidung gab es in unserem Leben keinen Platz mehr für Normalität. Für unser Leben und unsere Familie hatte es ganz andere Möglichkeiten gegeben; meine Eltern hatten sie in Betracht gezogen und sich dann von ihnen abgewandt.

KAPITEL 2

LRH legt seinen Körper ab

Der Umzug nach Kalifornien war auch eine Art Familienzu-
sammenführung, da Dads Vater Ron und sein Bruder Dave
bereits dort lebten. Im Jahr zuvor war mein Grandpa ebenfalls der Rekrutierungskampagne gefolgt, hatte beschlossen,
Philadelphia zu verlassen und der Sea Org beizutreten. Onkel
Dave hingegen, der jahrelang ein neuer Stern am Himmel der
Church war, wurde schon bald einer der mächtigsten Männer
bei Scientology und sollte, was damals noch niemand von uns
wusste, in naher Zukunft dessen Oberhaupt werden.

Am 11. Dezember 1985 kamen wir nach einer langen Reise
quer durch das Land in unserer neuen Heimat an, der *Pacific
Area Command Base* – kurz PAC – in Los Angeles. Die erste
Church of Scientology war 1954 in dieser Stadt gegründet worden, und L. A. war immer noch die absolute Hochburg der Scientologen. Die PAC-Base bestand aus mehreren, nicht weit voneinander entfernt liegenden Gebäuden, die sich größtenteils auf
der Fountain Avenue, der Franklin Avenue und dem Hollywood
Boulevard befanden. Das Blue Building in der Fountain Avenue
4833 war das Herzstück der PAC-Base, während das einstige Ce-
dars of Lebanon Hospital als das Wahrzeichen der Church galt.
Hoch oben auf dem Dach sah man ein Kreuz mit acht Spitzen,
das religiöse Symbol der Kirche, und in riesigen Buchstaben das
Wort *Scientology*. Nachts war es beleuchtet und mehrere Blocks
weit zu sehen. Das siebenstöckige Gebäude beherbergte jetzt die

Verwaltung der Church, Unterkünfte für Mitarbeiter und die *Galley and Mess Hall*, der mit den nautischen Begriffen bezeichnete Küchen- und Speisebereich. Onkel Dave und seine Frau, meine Tante Shelly, hatten eine Wohnung im Blue Building, obwohl ihr Hauptwohnsitz zweieinhalb Stunden entfernt im internationalen Hauptquartier in Hemet, Kalifornien, lag.

Unsere erste Wohnung befand sich im Fountain Building auf der Fountain Avenue, einen Block vom Sunset Boulevard entfernt. Es war eine etwas dubiose Gegend in Hollywood, wo Gangs ihr Unwesen trieben. Die Wohnung bestand aus zwei schmuddeligen, dunklen Räumen von knapp fünf Quadratmetern und einem Badezimmer. Es roch nach Schimmel. Um sie etwas netter aussehen zu lassen, hatten meine Eltern Teppichboden über das ursprüngliche alte Linoleum gelegt. Sie gingen auch in einen nahe gelegenen Billigladen und kauften für Justin und mich ein Stockbett und ein paar andere Möbel. Das Stockbett kam in das eine Zimmer und ihr Bett in das andere. Ich schlief immer noch lieber mit meinen Eltern in einem Bett.

Diese nächtlichen Stunden mit meinen Eltern waren fast die einzige Zeit, in der ich mit ihnen zusammen sein durfte. Jedes Sea Org-Mitglied war verpflichtet, mindestens vierzehn Stunden täglich Dienst zu leisten, von etwa neun Uhr morgens bis halb zwölf Uhr nachts, sieben Tage die Woche, mit einer Stunde Pause *Familienzeit* am Abend, in der Eltern ihre Kinder sehen durften, bevor sie wieder zur Arbeit gingen. Gelegentlich bekamen sie einen Tag zur freien Verfügung, aber dafür gab es keine Garantie. Es war alle zwei Wochen höchstens ein Tag, und der galt als Belohnung für gute Leistungen.

Aber meine Eltern beklagten sich nicht über ihre langen Arbeitstage. Dads Büro lag günstigerweise direkt gegenüber unserer Wohnung. Er hatte eine leitende Stelle in einer Abteilung namens INCOMM bekommen, die sich um die Computerisierung von Scientology kümmerte. Bei den Scientologen bekam fast jede Abteilung, jedes Gebäude, jedes Büro, jedes Department und jeder Stützpunkt ein Akronym zur Identifizierung. Selbst die Jobs, Posten und Seminare, die wir bekamen, hatten welche. Sogar L. Ron Hubbard lief unter dem Akronym seiner Initialen: LRH.

Meine Mutter arbeitete beim Ship Project, einem riesigen Unternehmen, das mit dem Ankauf eines Schiffes betraut war, welches als Stützpunkt auf dem Meer dienen sollte. Es sollte *Freewinds* heißen und ähnlich wie das ursprüngliche Flaggschiff *Apollo* während der Anfangsjahre der Sea Org operieren.

Da meine Eltern Tag und Nacht arbeiteten, wurden Justin und ich von Fremden beaufsichtigt. In unserer Anfangszeit in L. A. verbrachte ich meine Tage in einer Kinderbetreuung im Fountain Building, bis meine Eltern mich zum Abendessen in der Mess Hall abholten. Danach gingen Mom, Dad, Justin und ich zur Familienzeit in unsere Wohnung. Wenn Mom und Dad wieder zur Arbeit gingen, musste ich zurück in die Kinderbetreuung. Dort gab es viele große und kleine Betten, wo die Kinder schlafen konnten, bis sie abgeholt wurden, meistens um dreiundzwanzig Uhr oder später.

Tagsüber, wenn ich in der Kinderbetreuung war, ging Justin zur *Apollo Training Academy*, kurz ATA, in einem anderen Gebäude auf der Fountain Avenue. Die ATA war für ältere Kinder von Sea Org-Mitgliedern gedacht. Diese wurden als *Kadetten* bezeichnet, also als Sea Org-Mitglieder in der Ausbildung. Ich weiß nicht, was sie den ganzen Tag machten, aber Justin hasste es so, dass er meine Eltern anflehte, ihn zurück zu seinen Freunden nach New Hampshire gehen zu lassen.

Doch unser Tagesablauf wurde bald normale Routine. Ich war zu jung, um zu begreifen, dass es höchst ungewöhnlich war, wenn man seine Eltern nur eine Stunde pro Tag sah. Ich wusste nicht, was Eltern tun sollten, sondern nur, dass meine selten da waren.

Am 24. Januar 1986, nur sechs Wochen, nachdem wir in Los Angeles angekommen waren, starb L. Ron Hubbard im Alter von zweiundsiebzig Jahren. Er hatte die letzten sechs Jahre völlig zurückgezogen auf einem einsamen Fleckchen der kalifornischen Wüste gelebt und war von seinen engsten Vertrauten, einem Ehepaar namens Pat und Anne Broeker, betreut worden. Seit Jahren hatte er sich weder an einem der Stützpunkte noch in der Öffentlichkeit gezeigt, doch jeder behauptete, er arbeite eifrig an neuen, bahnbrechenden Forschungen, daher war seine Isolation verständlich.

Scientologen hatten LRH stets als Wissenschaftler und Philosophen geachtet, dessen Erzählungen über seine Entdeckungen für die Church durchsetzt waren mit Geschichten über seine Reisen und sein bewegtes Leben. Zum Zeitpunkt seines Todes galt er als charismatische, fast gottgleiche Führerfigur, die allen Scientologen den Weg zur Erlösung geebnet hatte. Alle betrachteten ihn als persönlichen Freund, ob sie ihn nun kannten oder nicht. Für uns sah er in allen Menschen das Gute.

L. Ron Hubbard hatte fünfzehn Jahre lang massenhaft Kurzgeschichten für Schundblätter geschrieben, bevor er 1950 sein erstes ernstzunehmendes Werk veröffentlichte: *Dianetik: Der Leitfaden für den Menschlichen Verstand,* ein Selbsthilfebuch, dessen Philosophie besagt, dass Menschen sich von ihrem persönlichen Leiden befreien müssten, um ihr persönliches Wachstum nicht zu behindern. Dieses Leiden begrenze uns, gefährde unsere Gesundheit und mindere unsere Lebensqualität. Doch wenn wir es direkt angehen und überwinden würden, könnten wir fast alles besiegen, was uns Leid bescherte.

Schon direkt nach seinem Erscheinen verkaufte sich *Dia-*

netik millionenfach, Leser wurden über Nacht zu fanatischen Anhängern, die behaupteten, dieser neue Ratgeber für geistige Gesundheit biete hervorragende Mittel, um sich zu heilen und sein Leben zu verbessern. Natürlich hatte *Dianetik* auch skeptische Leser und ausgemachte Kritiker, die die angeblich wissenschaftlichen Methoden von LRH in Frage stellten. LRH seinerseits unterstellte diesen Kritikern, sie fühlten sich nur durch seine neuen Perspektiven bedroht.

Trotz aller Kritik wurde *Dianetik* eine solche Sensation, dass LRH in ganz Amerika *Dianetik-Center* eröffnete, damit die Menschen sich Einzelgesprächen mit ausgebildeten, von LHR als *Auditor* bezeichneten Coachs unterziehen konnten. In diesen *Auditing-Sitzungen* wurde der Schüler, oder auch *Preclear*, zu leidvollen Erfahrungen in seinem Leben zurückgeführt. Das konnte alles Mögliche sein: eine traumatische Geburt, ein Autounfall oder Momente körperlicher Schmerzen genauso wie Bilder, Gerüche, Gefühle oder Worte, die mit dieser leidvollen Erfahrung verbunden waren. L. Ron Hubbard glaubte, es gebe ganze Ketten leidvoller Erfahrungen und mit Hilfe des Auditors würden sie nacheinander verschwinden. Das Ziel war, sich mit jeder einzelnen zu konfrontieren, bis der Geist schließlich *Cleared* war: von der gesamten Kette befreit. Es war ein kontinuierlicher Prozess, einzelne Glieder dieser Kette aufzuspüren, von denen es Tausende geben konnte, und die Kette bis zum Ursprung zurückzuverfolgen. Erst dann würden sie verschwinden und den Preclear näher an den Zustand eines *Clear* bringen. Wenn man Clear war, galt das Ziel von Dianetics als erreicht und man hatte keine psychosomatischen Erkrankungen, Neurosen oder Psychosen mehr. Außerdem erlebte man einen erheblichen Anstieg seines Intelligenzquotienten und konnte sich komplett an seine Vergangenheit erinnern. Man war frei von dem, was LRH als *Reactive Mind* – den Reaktiven Verstand – bezeichnete.

1952 betrachtete L. Ron Hubbard Dianetik nicht mehr als einfaches Selbsthilfeprogramm. Bei seinen Untersuchungen hatte er entdeckt, dass Preclears Ketten mit Schmerzerfahrungen aufwiesen, die über ihr aktuelles Leben hinausgingen. Tatsächlich konnten sie bis in mehrere Leben zurückreichen, was natürlich die Wiedergeburt nahelegte und die Tür zu dem Bereich des menschlichen Geistes aufstieß. Das führte LRH zu einer weiteren Entdeckung: Menschen bestanden aus drei Teilen – dem Körper, dem Verstand und dem Geist. Diesen Geist nannte er Thetan. Der Thetan war unsterblich und außerdem der wichtigste Teil des Menschen. Ohne diesen Teil gab es weder Körper noch Verstand. Ein Thetan war nichts Fassbares, sondern eher der Schöpfer alles Fassbaren und die belebende Kraft des Körpers. Der Verstand war der Computer, der Körper die Hülle für den Thetan, und der Thetan war die Lebenskraft. Damit war Scientology geboren.

Der Thetan wurde rasch ein wesentlicher Bestandteil von Scientology. Als LRH seine Lehre um eine spirituelle Komponente erweiterte, unternahm er den ersten Schritt, Scientology in eine Religion zu verwandeln, eine Bezeichnung, die eine Vielzahl von Vorteilen mit sich brachte. Plötzlich waren alle Zweifel an den wissenschaftlichen Methoden der Dianetik irrelevant. Wenn Dianetik Teil einer religiösen Praxis war, musste sie nicht wissenschaftlich bewiesen werden. Die Umwandlung in eine Religion brachte auch finanzielle und steuerliche Vorteile. Der wichtigste Grund jedoch war der, dass diese Religion mit ihrer allumfassenden spirituellen Komponente und ihren Reisen in vergangene Leben Menschen unbegrenzt an Scientology binden konnte, während bei der Dianetik Schüler einfach geheilt wurden und nie wieder zu einer Auditing-Sitzung zurückkamen.

LRH entwickelte einen Lehrplan, der festlegte, in welcher Reihenfolge Scientology gelehrt werden sollte. Dieses Programm wurde die *Brücke zur vollkommenen Freiheit* genannt und war in zwei Bereiche unterteilt: das *Auditing*, eine Art Einzelberatung; und das *Training*, ein Ausbildungsprogramm für *Auditoren*. Nach dieser Landkarte für die Reise zur spirituellen Freiheit musste jeder Scientologe ganz unten anfangen und sich schrittweise ein Level nach dem nächsten hinaufbewegen. Man konnte sich dabei erst einem Bereich widmen oder beiden gleichzeitig. Es gab auch viele Seminare für Scientologen, die nicht wirklich zur Brücke gehörten. Doch für den Aufstieg musste man erst ein gewisses Maß an Bewusstsein erreichen, bevor man zum nächsten Level wechseln und schließlich die Brücke zur vollkommenen Freiheit überqueren konnte.

Die einzelnen Level der Brücke bis zum *State of Clear* – der völligen geistigen Klarheit – basierten auf LRHs Dianetikforschungen. Doch mit der Entdeckung des Thetan musste er die spirituellen Level jenseits des State of Clear entschlüsseln. Diese wurden zu den höchsten Level der Brücke und hießen *Operating Thetan Levels* oder OT Level. Es gab acht Level, das letzte – OT VIII – wurde verlockenderweise *Enthüllte Wahrheit* genannt.

LRH warnte, dass niemand unter Umgehung eines Levels zu diesem letzten Geheimnis vordringen könne, und erklärte, es sei zwingend notwendig, sich umfassend darauf vorzubereiten. Unkontrolliertes Absolvieren der Level, behauptete er, könne zu schweren Störungen und sogar zum Tod führen. Aus diesem Grund durften Menschen des obersten Levels unter keinen Umständen ihr Wissen mit anderen teilen, die sich weiter unten auf der Brücke befanden. Außerdem konnten OT-Seminare nur von speziell ausgebildeten Sea Org-Mitgliedern erteilt werden. Eine Reihe Sea Org-Stützpunkte in der ganzen Welt konnten OT-Level bis zu Level V anbieten. Die Flag Base in Clearwater bot die Level VI und VII. Die *Freewinds* aber, das

Schiff, mit dessen Kauf und Umbau meine Mutter beschäftigt war, würde der einzige Ort auf der Welt sein, wo man OT VIII, das höchste, gerade entschlüsselte Level erfahren könnte.

Obwohl LRH seine letzten Jahre im selbst auferlegten Exil verbrachte, ließ er über die Broekers übermitteln, dass er hart daran arbeitete, fortgeschrittene, noch nie zuvor enthüllte Level über OT VIII hinaus zu entschlüsseln.

Am Tag nach LRHs Tod sprachen mein Onkel Dave und Pat Broeker vor einem riesigen, nur aus Scientologen bestehenden Publikum im Hollywood Palladium, dem 40 000 Quadratmeter großen Konzertsaal auf dem Sunset Boulevard. Onkel Dave erklärte in dem im Art-déco-Stil gehaltenen Saal, dass LRH sich auf ein »neues Level seiner Forschungen« begeben habe. Man hörte ein paar ungläubige Aufschreie und hier und da verhaltenen Applaus, aber ansonsten vollkommene Stille. Dave erklärte weiter, L. Ron Hubbard habe entschieden, »sich seines Körpers zu entledigen«, da er »ihm nicht mehr genutzt habe, sondern vielmehr ein Hindernis für seine Arbeit sei, die er nun jenseits seiner Grenzen verrichten müsse«.

»Das Wesen, das wir als L. Ron Hubbard kennen, existiert immer noch«, verkündete er seinen Anhängern, um ihren Schock zu mildern.

Der Umstand, dass LRH sein eigenes Ableben derart gedeutet hatte, sowie die Tatsache, dass ihn seit Jahren niemand mehr gesehen hatte, machten seinen Tod erträglich.

Da sowohl mein Onkel als auch Pat Broeker an diesem Tag auf der Bühne standen, war nicht sofort klar, wer LRHs Nachfolger werden würde. Angeblich gab es zwischen den beiden einen Machtkampf um die Führung der Church. Man hörte widersprüchliche Geschichten zu dem, was genau geschah. Mein Onkel wurde beschuldigt, Pat mit fragwürdigen Methoden aus seiner führenden Position verdrängt zu haben. Ganz gleich, wie es geschah, letztlich wurde mein Onkel das Oberhaupt der Kirche, sein offizieller Titel lautete *Chairman of the Board, Religious Technology Center*. Von diesem Zeitpunkt an nannten alle in der Church ihn COB, doch für mich blieb er einfach Onkel Dave.

Mein Vater, Ronnie Miscavige Jr., war drei Jahre älter als Onkel Dave und damit der Älteste, gefolgt von Onkel Dave und seiner Zwillingsschwester Denise und zuletzt von Lori, dem Nesthäkchen. Als Kinder hatten mein Dad und Onkel Dave sich ein Zimmer geteilt und sich sogar oft zusammengetan, um ihren Schwestern Streiche zu spielen. Dad war sehr sportlich, und obwohl er in der Schule Football spielte, galt seine wahre Leidenschaft dem Turnen. Er kam sogar in die Jugendolympiamannschaft seiner Region. Dave hatte auch Spaß am Sport, aber wegen seiner Asthma-Erkrankung durfte er manchmal keinen Sport oder andere körperliche Tätigkeiten ausüben. Denise war freundlich, aufgeschlossen und tanzte gern, hatte aber oft Streit mit meinen Großeltern, weil die einige ihrer Freunde ablehnten. Die kleine Lori liebte es, zusammen mit ihrer großen Schwester tanzen zu gehen.

Ihr Vater, mein Großvater, Ron Miscavige Senior, war geboren und aufgewachsen in Mount Carmel, einer kleinen Bergbaustadt im Südwesten Pennsylvanias, wo er katholisch erzogen worden war. Er arbeitete als Vertreter und verkaufte alles, von Kochgeschirr bis hin zu Versicherungen. Groß war er nicht, aber laut, schroff, gesellig und etwas einschüchternd. Mit knapp achtzehn ging er zu den Marines, und 1957, ein Jahr nach seiner Entlassung, heiratete er meine Großmutter, Loretta Gidaro, eine schöne, junge Frau mit dicken, braunen Haaren, olivfarbener Haut und strahlend blauen Augen. Grandma Loretta war die Tochter eines Bergarbeiters deutsch-italienischer Abstammung. Sie war witzig, freundlich und sorgte sich stets um das

Wohl der Familie. Die beiden ließen sich in Cherry Hill bei Philadelphia in New Jersey nieder, wo sie als Krankenschwester arbeitete, bis ihre Kinder geboren wurden: Dad 1957, David und Denise 1960 und Lori 1962.

Als Vertreter war Grandpa ein sehr geselliger Mensch. Er lud häufig Gäste zum Abendessen im Familienkreis ein, wo sie bei einem schönen Essen unterhaltsame Geschichten erzählten. Von einem Kollegen hörte er zum ersten Mal von der Church of Scientology. Scientology interessierte ihn nicht, weil er irgendein spezielles Problem hatte, sondern eher, weil er immer nach Antworten zum Thema Geist und Spiritualität suchte. Damals war er vierunddreißig, aber er hatte sich seit jeher für Philosophie interessiert. Schon als Kind hatte er *Der Prophet* von Khalil Gibran gelesen und war fasziniert gewesen von den Fragen, die das Buch zur Spiritualität und zum Leben des Menschen aufwarf. Schon früh weckte die Anthropologie seine Neugier; Fragen danach, wie die Menschen hierhergekommen waren und warum wir taten, was wir taten.

Sein Interesse für die Ursprünge des Menschen veranlasste ihn, eine in Cherry Hill ansässige Scientology Mission zu besuchen und eines von L. Ron Hubbards Büchern zu kaufen. Wie Grandpa später selbst sagte, musste er nach diesem Besuch nicht mehr überzeugt werden – er hatte Feuer gefangen. Er kaufte weitere Bücher, ging zurück zur Mission und fing mit dem Auditing-Prozess an. Er sagte, in den nächsten Monaten hätten ihn die positiven Auswirkungen von Scientology zum Topverkäufer seiner Firma gemacht. Er behauptete sogar, wegen seines Erfolgs hätte es in der *Newsweek* einen Artikel über ihn gegeben. Sein Chef war so beeindruckt, dass er die gesamte Firma mit etwa zwanzig Angestellten zur Mission in Cherry Hill schickte, denn wenn Ron davon profitierte, sollten sie es auch versuchen.

Grandma Loretta hatte nichts gegen sein Interesse für Scientology; im Gegenteil, es gefiel ihr, und sie ging ebenfalls zur Mission. Schon bald brachte Grandpa alle vier Kinder zum Auditing, angefangen mit meinem Vater, als er zwölf war. Außerdem hatte mein Vater davon gehört, dass die Sciento-logen vielversprechende Ergebnisse bei der Behandlung von Krankheiten wie Asthma erzielten. Daher meinte er, Dave sei dort gut aufgehoben. Laut Grandpa verbesserte sich Daves Zu-stand beträchtlich, was ihn noch mehr davon überzeugte, dass Scientology die Antworten hatte, nach denen er suchte. Er war bei der Arbeit erfolgreicher, konnte leichter wichtige Entschei-dungen treffen und jetzt schien sich auch der Gesundheitszu-stand seines Sohnes zu verbessern.

Letztlich gefiel es Grandpa, dass Scientology eher eine Philo-sophie der Selbsthilfe als eine Religion war. Statt über Himmel, Hölle und Sünde zu reden, versprach Scientology bahnbre-chende Verbesserungen in Beziehungen und Ehen, im Beruf, in der Kommunikation und beim physischen und psychischen Befinden. Er mochte auch das Utopische daran. Der Mensch wurde grundsätzlich als gut betrachtet, als verantwortlich für sein Seelenheil, doch dieses Seelenheil hing von der Koope-ration mit dem Universum ab. L. Ron Hubbard meinte, es sei möglich, die Welt von menschlichem Elend zu befreien, Kriege zu beenden und allumfassende Harmonie zu erzeugen. Es war gleichzeitig idealistisch und rational, und diese Kombination sprach Grandpa an. Es störte ihn nicht im Mindesten, dass Scientology ganz anders war als jede Religion oder Glaubens-richtung, die er bis dahin kennengelernt hatte.

Zwei Jahre, nachdem er die Church für sich entdeckt hatte, entschloss er sich zu dem gewagten Schritt, verkaufte seine drei Wagen und zog von dem Geld mit der gesamten Familie nach Saint Hill Manor ins englische Sussex, wo sich seit über zehn Jahren das Hauptquartier der Scientologen befand.

1959 waren L. Ron Hubbard und seine Familie dorthin gezogen und hatten vom Maharadscha von Jaipur ein fünfzig Hektar großes Stück Land mit einer kleinen Burg gekauft, die zur Zentrale der Church of Scientology wurde. Saint Hill wurde bald Sammelplatz für Scientologen aus aller Welt. LRH war oft dort, arbeitete weiterhin an seinen Forschungen und präsentierte sie, wodurch die Anhänger das Gefühl bekamen, an etwas Neuem und Bedeutsamem teilzunehmen.

Trotz Grandpa Rons Wunsch, in der Nähe des scientologischen Mittelpunkts in Saint Hill zu leben, war mein damals vierzehnjähriger Vater skeptisch. Verständlicherweise war er kaum daran interessiert, aus Pennsylvania nach England zu ziehen und mitten in der Highschoolzeit all seine Freunde zurückzulassen. Schwerwiegender war es jedoch, dass er das Turnen und seinen Traum von Olympia aufgeben musste. Doch mein Großvater tat das, was er für das Beste hielt, und mein Dad folgte ihm, wenn auch widerstrebend.

Die Jahre in England endeten damit, dass mein Vater sich vollkommen Scientology verschrieb. Nachdem er fast ausschließlich von Scientologen umgeben war, widmete er sich immer eifriger der Sache, sodass er mit siebzehn in die Sea Org eintrat und in die Flag Land Base nach Clearwater zog.

Onkel Dave folgte ihm 1976, nachdem er an seinem sechzehnten Geburtstag die Highschool abbrach, um sich ganz der Religion zu widmen. In Clearwater begann Onkel Dave, eng mit L. Ron Hubbard zusammenzuarbeiten, und wurde dafür mit wichtigen Posten belohnt. Schließlich kam er zur internationalen Zentrale in Hemet, Kalifornien, wo er so rasch aufstieg, dass er während L. Ron Hubbards selbst gewähltem Exil zu einer mächtigen Persönlichkeit wurde. Und nun, nach L. Ron Hubbards Tod, war er nicht mehr nur ein bekanntes Gesicht, sondern der Kopf der Church of Scientology.

KAPITEL 3

Das höhere Wohl

Etwa anderthalb Jahre, nachdem mein Onkel an die Spitze der Church gekommen war, wurde das Fountain Building, in dem wir lebten, durch ein Erdbeben schwer beschädigt und daraufhin für unbewohnbar erklärt. Meine Familie zog ins nahe gelegene Edgemont Building auf der Edgemont Street, wo die Wohnungen viel schöner waren. Jede hatte zwei Schlafzimmer, einen kleinen Essbereich, eine Küche und ein kleines Wohnzimmer. Doch obwohl die Wohnungen größer waren, wurde jede von zwei Familien oder zwei Paaren besetzt, daher war es auch hier sehr eng.

Wir teilten uns eine Wohnung mit Mike und Cathy Rinder, alten Freunden meiner Eltern, die ebenfalls überzeugte Mitglieder der Sea Org waren. Mom und Dad belegten ein Schlafzimmer, Cathy und Mike das andere. Justin und ich schliefen im Wohnzimmer in Stockbetten und auf dem Sofa, zusammen mit Mikes und Cathys Tochter Taryn und ihrem Sohn Benjamin James, der nur B. J. genannt wurde. Taryn war mit ihren zehn Jahren etwas jünger als Justin, B. J. hingegen ein paar Monate älter als ich. Wir beide waren damals also zu zweit.

Meine Mom hatte Cathy kennengelernt, als beide als Teenager auf der *Apollo* stationiert gewesen waren. Dort waren sie enge Freundinnen geworden. Zwar war es ein bisschen merkwürdig, plötzlich mit einer weiteren Familie zusammenzuleben, aber ich mochte Cathys ausgeprägten Sinn für Humor und den Umstand, dass sie alberne Comics zeichnete, in denen alle aussahen wie Schweinchen. Mike war ganz anders. Er war ein ruhiger Australier und, wie meine Eltern, nur selten in der Wohnung.

Wir konnten uns nicht beklagen, dass es in der Wohnung so eng war, denn es machte Spaß, mit so vielen Menschen und vor allem so vielen Kindern zusammenzuleben. Da das Fountain Building durch das Erdbeben nicht mehr genutzt werden konnte, mussten B. J. und ich zu einer großen Tagesstätte für Kinder von Sea Org-Mitgliedern, die auf der Bronson Avenue in der Nähe des sogenannten *Celebrity Centers* lag. Sie war so weit entfernt, dass wir mit einem kircheneigenen Bus fahren mussten. Etwa achtzig bis hundert Kinder gingen bis zu ihrem sechsten Lebensjahr in diese Tagesstätte. Aufgeteilt waren wir in drei Gruppen, jedoch nicht nach unserem Alter, sondern nach dem Status unserer Eltern in der Kirche.

An den meisten Nachmittagen fuhr ich mit Justin oder Taryn, die auch in der ATA war, mit dem Bus nach Hause. Sie stiegen ein, wenn der Bus an der Apollo Training Academy hielt, um Schüler aufzunehmen. An manchen Tagen holte mein Bruder mich dann aus dem Bus, um mit mir zu Fuß zur Wohnung zurückzugehen und im George's General Store gegenüber von der ATA Süßigkeiten zu kaufen. Zwar war Justin eigentlich noch zu jung, um auf mich aufzupassen, aber das Edgemont war ein Gebäude der Scientologen, und vielleicht trösteten sich meine Eltern mit dem Wissen, dass immer andere Scientologen in der Nähe waren und ihre eigene Arbeitsstelle direkt um die Ecke lag. Außerdem gab es rund um die Uhr eine Kinderfrau, die von Wohnung zu Wohnung ging, nach den Kindern sah und im Notfall immer erreichbar war.

Im Laufe der Monate wurden B. J. und ich wirklich gute Freunde, trotz seiner Leidenschaft für Insekten und Roboter und meiner für Barbie und Tierbabys. Er sprach nicht viel, trotzdem war ich fasziniert von ihm. Immer brachte er mir irgendwas über Insekten oder neue Zaubertricks bei. Wir unternahmen fast alles zusammen, und schon nach kurzer Zeit gehörte er, ebenso wie Taryn, zur Familie.

Schon bald, nachdem wir umgezogen waren, sahen wir Mom immer seltener. Da sie sich um die Vorbereitung der *Freewinds* kümmerte, musste sie oft nach Curaçao, eine der Karibischen Inseln, wo das Schiff stationiert werden sollte. Während der restlichen Zeit befand sie sich auf der International Base in Hemet. Zwar kam sie so oft wie möglich zu Besuch und brachte mir von ihren Reisen Geschenke mit, die mir auch gefielen, vor allem ein kleines, lackiertes Schmuckkästchen mit Spieldose, auf der sich eine winzige Ballerina drehte, doch ihre Abwesenheit wurde dadurch für mich nicht erträglicher. Am meisten vermisste ich sie zur Familienzeit. Normalerweise kamen für diese Stunde nur Dad und Cathy in die Wohnung. Dann badete Dad mich, las mir vor, und wir spielten zusammen.

So ging es ungefähr ein Jahr lang. Wir vier – Justin, Taryn, B. J. und ich – bildeten eine eigene provisorische Familie. Obwohl Justin und Taryn noch nicht mal Teenager waren, mussten sie auf B. J. und mich aufpassen. Wir hingen zusammen herum, teilten uns Snacks und spielten miteinander. Normalerweise passten sie auf uns auf, bis unsere Eltern zum Abendessen kamen oder einen Tag frei hatten. Aber all das änderte sich, als Cathy eines Tages Anfang 1988 zur Familienzeit nach Hause kam.

An diesem besonderen Abend sah ich sie unter vier Augen mit B. J. sprechen, der sehr aufgebracht wirkte. Von meinem Platz auf der Couch konnte ich hören, wie Cathy ihm erklärte, dass dies ihre letzte tägliche Familienzeit zusammen wäre. Von nun an würden sie und Mike ihn nur noch einmal die Woche besuchen können, und zwar am Sonntagmorgen, da sie den Rest der Woche an einen sehr geheimen Ort müssten, um wichtige Aufgaben für die Church zu erledigen.

Obwohl wir erst vier Jahre alt waren, kannten B. J. und ich schon die übliche scientologische Erklärung, mit der unsere Eltern begründeten, warum sie so viel arbeiten mussten. Es hieß immer, sie müssten vielen Menschen helfen und daher ihre Privatzeit für Scientology opfern. Wir nickten dann zum Zeichen, dass wir verstanden hatten, und taten so, als ob uns diese Erklärung über unseren Verlust hinwegtrösten würde.

Aber als ich jetzt B. J.s Gesicht sah, wusste ich, dass er diesmal nicht verbergen konnte, wie hart ihn das traf. Er sagte nicht viel, sondern hörte nur zu, wie seine Mutter ihm vorsichtig die Lage erklärte, und starrte zu Boden. Danach versuchte ich, ihn zu trösten, legte ihm den Arm um die Schultern und sagte ihm, wie leid es mir für ihn tue, konnte aber gleichzeitig nur daran denken, wie schlimm es für ihn sein musste, die geliebte Stunde mit seinen Eltern zu verlieren. Doch dann verkündete Cathy mir, dass auch meine Eltern nicht mehr zur Familienzeit heimkommen würden.

»Das glaube ich nicht«, sagte ich trotzig, aber als ich darüber nachdachte, wurde mir klar, dass ich meine Eltern in den letzten Monaten immer seltener gesehen hatte. Während meine Mom auf Reisen war, hatte mein Vater unter der Woche immer seltener in unsere Wohnung kommen können. Und Cathy erklärte mir, dass diese Trennung nun offiziell war.

Wie sich herausstellte, waren meine Eltern bereits versetzt worden, ohne dass ich es bemerkt hatte. Die Verfügung einer Reihe neuer Verhaltensmaßregeln der Church beschnitt rigoros die Zeit, die Sea Org-Mitglieder mit ihrer Familie verbringen durften. So durften Sea Org-Ehepaare auch keine Kinder mehr bekommen. Wenn eine Frau in der Sea Org dennoch schwanger wurde, musste das Paar die Sea Org verlassen und in eine andere Mission gehen, was faktisch einer Degradierung gleichkam. Dort arbeiteten sie weiterhin für Scientology, doch erst wenn das Kind sechs Jahre alt war, konnten sie zurück zur Sea Org, und zwar nur mit einer neuen Bewerbung. Für Sea Org-Mitglieder, die bereits Kinder hatten, gab es auch Veränderungen. Ein Vorteil war, dass die Kinder jetzt in besseren Einrichtungen und Schulen untergebracht wurden, doch der Nachteil bestand darin, dass die abendliche Familienzeit praktisch gestrichen war und Kinder, die älter als sechs waren, in Internate kamen, die in der Nähe von Sea Org-Stützpunkten lagen.

Onkel Dave hatte sich diese Verhaltensmaßregeln zwar nicht ausgedacht, wusste aber ganz sicher davon. Ohne seine Billigung hätten sie niemals in Kraft treten können. Es ist schwer zu sagen, warum er sie zuließ. Eine Rolle spielte bestimmt, dass er selbst keine Kinder hatte; ich war immer überzeugt, dass er sich bewusst gegen Kinder entschieden hatte, da er Tante Shelly schon vor diesen Maßnahmen geheiratet hatte. Vielleicht sah er bei anderen Sea Org-Mitgliedern, wie viel Zeit, Arbeit und Energie Kinder in Anspruch nahmen. Höchstwahrscheinlich lag es jedoch daran, dass Kinder ihre Eltern nur ablenkten und diese somit weniger leistungsfähig und hingebungsvoll der Church dienen konnten.

Ich habe nie daran gezweifelt, dass meine Eltern mich liebten. Ich akzeptierte, dass die Zeit, die sie für mich hatten, extrem begrenzt war. Selbst jetzt, wenn ich im Rückblick ihre Hingabe für die Church betrachte, zweifle ich nicht daran, dass die scientologischen Lehren der Grund waren, warum sie stets ihre Familie zurückstellten. In vielerlei Hinsicht opferten sie ihre Familie für das, was die Church als das *höhere Wohl* bezeichnete. Bei Scientology hieß es: »Das größte Wohl für die größte Anzahl an Dynamiken«, was bedeutete: Wenn Scientologen Entscheidungen trafen, nutzten sie ein grundlegendes scientologisches Prinzip namens *Dynamics of Existence* – Dynamiken der Existenz –, um genau festzulegen, wem und was jede Entscheidung nutzen würde. Es gab acht angeblich gleich wichtige Dynamiken:

1. Das Selbst
2. Familie, Kinder und Sex
3. Gruppe
4. Menschheit
5. Pflanzen und Tiere
6. Universum: Energie, Materie, Raum und Zeit
7. Der Geist
8. Gott oder das höchste Wesen

Als meine Eltern wieder in die Sea Org eintraten, wussten sie, dass sich ihre Arbeit auf die Dynamiken drei, vier, sechs, sieben und acht konzentrieren würde. Sie glaubten, mit ihrer Arbeit jedem dieser Bereiche zu dienen. Hätten sie sich für ihre Familie entschieden, hätten sie nur der ersten und zweiten Dynamik genutzt. Folglich war es die richtige Entscheidung, der Sea Org beizutreten, denn das nutzte fünf Dynamiken, während die Familie nur zweien nutzte. Diese Entscheidung bot der größten Anzahl an Dynamiken das größte Wohl.

Tatsächlich bedeutete dieses System nur, dass Familien und Kinder normalerweise nie gegen das höhere Ziel der Kirche ankämpfen konnten. In den meisten Religionen sind Familien und Kinder ein zentraler Bestandteil, bei Scientology hingegen müssen sie geopfert werden. In ähnlicher Weise dienten die langen Arbeitstage und die niedrigen Löhne der Sea Org-Mitglieder dem höheren Wohl von Scientology, und das war richtig, solange man der größten Anzahl von Dynamiken diente, selbst wenn Kinder und Familien zu Kollateralschäden wurden.

Mit meinen vier Jahren wusste ich nicht, wie ich damit umgehen sollte, dass Mom und Dad nicht mehr mit uns zusammenwohnten. Sie waren bereits ins *International Management Headquarter* gezogen, das auch als *Int, Int Base* oder *Gold Base* bezeichnet wurde. Darüber wusste ich nur, dass Onkel Dave und Tante Shelly dort wohnten und arbeiteten. Es stand in Hemet, Kalifornien, etwa zweieinhalb Stunden von L. A. entfernt, und die genaue Lage war so geheim, dass nicht einmal Familienmitglieder wussten, wo es sich befand. Nur Personen, die einer besonderen Unbedenklichkeitsprüfung unterzogen worden waren, durften dorthin.

Die Church behauptete, mit diesen Sicherheits- und Geheimhaltungsmaßnahmen sollte die Int Base vor Außenstehenden geschützt werden, die Scientology schaden wollten. Sie meinte, diese *Antisozialen Personen* hassten es, dass wir anderen halfen, daher musste alles geheim bleiben. Ich denke, in Wahrheit ging es darum, den Eingeweihten ein Gefühl von Wichtigkeit zu geben. Außerdem gewann auch Scientology durch die Geheimhaltung die Aura von etwas Bedeutsamem.

Mom und Dad erzählten, sie wären unter der Woche in einer Wohnung in einem Apartmentkomplex in der Nähe der Base untergebracht. Samstagabend fuhren meine Eltern zurück nach L. A. Sie blieben aber nur bis elf Uhr am Sonntagmorgen, weil sie dann wieder nach Hemet aufbrechen mussten. Woche für Woche schmerzte es mich, sie wieder gehen zu lassen, aber ich versuchte, es nicht zu zeigen. Da Justin nie weinte, versuchte ich, es ihm nachzutun.

Meine Mutter nutzte ihre Stellung als Führungskraft, um eine regelmäßige Betreuung für mich zu organisieren. So fand sie Pat, die ebenfalls zur Sea Org gehörte. Viele Kinder, deren Eltern in der Int waren, blieben auch über Nacht in der Kindertagesstätte, aber weil ich Pat hatte, durfte ich in unserer Wohnung schlafen. Am Tag arbeitete Pat im Manor Hotel auf der Franklin Avenue, das zum Celebrity Center der Scientologen gehörte.

Da Mom, Dad, Cathy und Mike Rinder nicht mehr täglich nach Hause kamen, änderte sich unser Tagesablauf ein wenig. B. J. und ich fuhren immer noch mit dem Bus zur Kindertagesstätte, aber nachmittags gingen wir nicht mehr direkt in die Wohnung zurück. Stattdessen nahmen unsere Lehrer uns mit in eine Wohnung, die nicht weit von unserer entfernt lag und für die Nachmittagsbetreuung gedacht war. Auf dem Heimweg von der ATA holten uns dann mein Bruder oder Taryn ab und gingen mit uns nach Hause. Das mobile Kindermädchen war noch da, sodass immer ein Erwachsener in der Nähe war, falls wir etwas brauchten. Pat kam irgendwann nach sieben und blieb über Nacht bei uns. Da es nicht anders ging, wurde sie auch B. J.s Nanny.

Zwar vermisste ich Mom und Dad, aber ihre Abwesenheit war nicht immer schlimm. An manchen Tagen lud Taryn ihre Freundin Heather, deren Eltern ebenfalls in der Int waren, in unsere Wohnung ein. Ich liebte es, Prinzessin zu spielen. Dazu verkleideten mich die beiden Mädchen und machten mich schön, frisierten mich und gaben mir Krönchen und Zepter.

Justin lud auch gerne seine Freunde ein. Mike, der Sohn der Sekretärin unseres Vaters, und Teddy, dessen Mutter mit Mom zusammenarbeitete, waren zwei seiner Lieblingsgäste. Sie übten an B. J. und mir ihr Karate. Wir wehrten uns mit Kissenschlachten. Teddy und Justin fuhren gerne mit dem Skateboard und nahmen B. J. und mich mit, damit wir zusehen konnten.

Mein Vater kam an den meisten Samstagabenden nach L. A. Normalerweise versuchte er, die Wochenenden so besonders wie möglich zu gestalten, brachte mir kleine Geschenke mit oder machte am Sonntagmorgen etwas Lustiges mit mir. Manchmal ruhten wir uns einfach zu Hause aus, aber manchmal gingen wir auch in ein Café zum Frühstücken, besuchten den Griffith Park in der Nähe der Santa Monica Mountains oder bummelten in der Mall. Meine Mom konnte wegen ihrer Arbeit seltener kommen.

Aber eines Samstagabends rief sie mich an und erzählte, sie und Dad würden kommen und hätten eine Überraschung für mich. Ich versuchte, auf sie zu warten, aber als sie kamen, war ich schon eingeschlafen. Am nächsten Morgen rannte ich in ihr Zimmer. »Wo ist meine Überraschung?«, fragte ich aufgeregt. Mom griff unter das Bett und holte ein Kätzchen hervor, eine graue Tigerkatze, die unglaublich süß war, aber auch zu Tode erschrocken. Ich nannte sie Sarah Kitty. Zuerst hatten B.J. und ich Angst vor ihr, weil sie bösartig sein konnte, aber irgendwann freundeten wir uns mit ihr an.

Eines Nachmittags waren B.J. und ich in der Wohnung, als Kitty plötzlich aus dem Puppenhaus gesaust kam, um einen neuen Besucher zu begutachten. Es war ein Junge in Justins Alter, den ich schon früher auf der Base gesehen hatte. Kaum war er im Wohnzimmer, da flitzte Sarah Kitty schon auf ihn zu und kletterte an ihm hinauf wie an einem Baum. Er schrie, teils vor Furcht, teils vor Schmerzen, weil sie ihn kratzte. B.J. und ich rannten zu ihm und rissen sie weg. Als wir endlich aufhörten zu lachen, musterten wir den Jungen und fragten uns, wer er wohl sei.

Justin war zu Hause und stellte ihn uns vor. »Das ist Sterling«, sagte er zu mir. »Dein Bruder.« Ich wusste, dass Justin einen Freund namens Sterling hatte, aber nicht, dass er sogar sein Zwillingsbruder war. Er und seine Familie lebten schon seit ein paar Jahren in L.A. und waren ebenfalls Sea Org-Mitglieder.

Ich brauchte eine Weile, um mich an den Gedanken zu gewöhnen, dass ich noch einen Bruder hatte. Zwar sahen Sterling und Justin sich nicht ähnlich, aber sie mochten beide Sport und verstanden sich ziemlich gut. Sterling fing sogar an, mich an manchen Abenden von der Tagesstätte abzuholen und zu bleiben, bis Pat kam.

Mom und Dad verließen L. A. meistens am Sonntagmorgen um elf Uhr. Justin und ich gingen häufig mit ihnen nach draußen, um ihnen nachzuwinken. Ich werde niemals jenen Sonntag vergessen, an dem meine Eltern gerade rückwärts aus der Garage fuhren und B. J. und ich rittlings auf dem Garagentor saßen. Als ich nach rechts rutschte, um den Wagen durchzulassen, klemmte ich mir mein Bein zwischen den Gitterstäben ein. Justin versuchte, mich freizubekommen, aber ich verstand das falsch und dachte, er wollte mich wie üblich ärgern. Es gab keine Schutzvorrichtung, daher wurde mein Bein zwischen dem Tor und der Mauer eingeklemmt, und ich saß fest. Vor lauter Schmerzen schrie ich laut auf.

Mein Dad sprang aus dem Wagen und zog mit bloßen Händen die Metallstäbe auseinander, um mein Bein zu befreien. Ich weinte hemmungslos, als er mich zum Aufzug trug und zurück in die Wohnung brachte. Meine Eltern riefen eine ansässige scientologische Ärztin an, die ihnen sagte, sie sollten mich auffordern zu laufen. Als es nicht ging, weil es zu wehtat, erklärte sie ihnen, leider sei mein Bein wahrscheinlich gebrochen und ich müsse am nächsten Morgen zum Röntgen.

Mom und Dad blieben, so lange es ging, bei mir, aber von der Int kamen so viele dringende Anrufe, dass sie nach dem Abendessen fahren mussten. Ein Vorgesetzter in der Int bestand darauf, dass sie zurückkamen, obwohl er wusste, dass ich ernsthaft verletzt war. Da Befehle befolgt werden mussten, gehorchten meine Eltern widerstrebend. Die Konsequenzen für

Ungehorsam waren nicht zu unterschätzen und hingen davon ab, wie wichtig und zornig derjenige war, dem man nicht gehorcht hatte. Meine Eltern wollten ihren Vorgesetzten nicht verärgern und die Konsequenzen auf sich nehmen. Schließlich war es für das höhere Wohl.

Nachdem meine Eltern gefahren waren, blieb Pat bei mir und brachte mich am nächsten Morgen zum Röntgen in die Arztpraxis. Tatsächlich war mein Knie gebrochen. Aber der Arzt konnte es nur verbinden.

Zwei Tage später war ich wieder in der Kindertagesstätte. Mir tat das Bein so weh, dass ich nur humpeln konnte und bei unserem täglichen Spaziergang auf der Franklin Avenue zurückfiel. Die Kindergärtnerin ließ nicht die Gruppe langsamer gehen, sondern wurde wütend und befahl mir, schneller zu laufen. Offenbar glaubte sie, ich machte Theater. B. J. verteidigte mich und erzählte ihr, mein Knie sei gebrochen.

»Tja, wenn du zurückfällst, werden wir nicht auf dich warten«, sagte sie tadelnd. Sie befahl mir auch, ich müsste dafür sorgen, dass es funktionierte. Das spiegelte den scientologischen Glauben wider, nach dem der Geist über die Materie herrschte. Ich durfte nur nicht zulassen, dass der Schmerz meine Gedanken beherrschte, dann wäre es nicht so schlimm. Aber es vergingen ein paar Monate, bis mein Knie nicht mehr so wehtat.

Unmittelbar vor meinem fünften Geburtstag teilte Justin mir mit, dass er L. A. verlassen und an einem Ort namens *Ranch* wohnen würde. Ich wusste weder, was die Ranch war, noch wo sie sich befand, aber er sollte mich nicht allein lassen. Ich sah Mom und Dad schon so selten. Er meinte, es sei ganz in der Nähe ihrer Wohnung und er würde mich ab und zu besuchen, so wie sie. Noch schlimmer wurde es dadurch, dass Taryn auch ging. Ich wusste nicht, welche Reaktion man von mir erwartete, aber es gefiel mir nicht.

Da B. J. und ich jetzt von niemandem mehr abgeholt wurden, mussten wir in der Tagesstätte bleiben, bis Pat kam, normalerweise gegen acht Uhr abends – außer donnerstags, wenn sie oft bis nach Mitternacht arbeiten musste. Alle Kinder in der Tagesstätte aßen ihr Abendessen auf dem Küchenboden, duschten kurz, spielten ein bisschen und gingen dann zum Schlafen in eines der Bettchen, die an der Wand des Wohnzimmers aufgestellt waren. Dort lernte ich zum ersten Mal etwas über *Touch Assists*. Man stellte uns dazu paarweise auf und zeigte uns, wie man sein Gegenüber mit einem Finger am Arm berührte. Die Touch Assists waren von LRH erdacht worden, damit der Thetan in uns besser mit unserem Körper kommunizieren konnte, zum Beispiel, um Heilungsprozesse zu verbessern.

»Spürst du meinen Finger?«, sagte ich zu meinem Partner, und der musste dann sagen: »Ja.«

Dann sagte ich: »Gut«, und wiederholte die Übung am anderen Arm. Danach kamen die Finger, Zehen, Beine und das Gesicht des Partners an die Reihe. Ich verstand das Konzept zwar nicht genau, merkte aber, dass mir die Touch Assists beim Einschlafen halfen.

Viele Kinder blieben über Nacht, aber B. J. und ich wurden von Pat abgeholt und in unsere eigenen Betten oder das Bett unserer Eltern gesteckt, wo sie gemeinsam mit uns schlief. Sie war unglaublich nett, und ich liebte sie sehr. Sonntags holte sie uns in der Wohnung ab und brachte uns zur Tagesstätte, wenn meine Eltern zur Int Base aufgebrochen waren.

Alle paar Monate gingen Pat oder Rosemary mit mir zu einer internationalen Versammlung von Scientologen, die in der Regel im Shrine Auditorium abgehalten wurde, einer riesigen Veranstaltungshalle auf der West 32 Street. Hunderte Scientologen und Sea Org-Mitglieder, die teils aus Los Angeles, teils von der Int Base kamen, nahmen daran teil. Zu diesen Gelegenheiten zog mich Pat immer hübsch an und machte mir Locken. Dann saßen wir zusammen im Publikum und hörten den Vorträgen zu. Ich wusste nicht, wovon die Rede war, aber mein Vater war oft einer der Starredner. Wenn ich ihn auf dem Podium sah, wurde ich so aufgeregt, dass ich »Hi, Daddy! Ich bin hier drüben!« rief und wie wild winkte.

Auch wenn mein Onkel Dave sprach, geriet ich aus dem Häuschen und brüllte: »Hi, Onkel Dave! Hier bin ich! Jenna!«

Wenn wir uns anschließend hinter der Bühne trafen, erzählten sie, sie hätten mir zugezwinkert oder mit dem kleinen Finger gewunken, als niemand hinsah. Ich hatte keine Ahnung, wie wichtig diese Events waren, aber sie dauerten immer mehrere Stunden, es gab immer wieder Standing Ovations und lautes, lang anhaltendes Jubeln, und das Essen beim Empfang danach war großartig.

B. J. und ich hatten gut ein Jahr allein in L. A. gelebt, als Pat uns mitteilte, dass wir auf die Ranch ziehen würden, wo auch Justin und Taryn lebten. Wir waren beide begeistert, obwohl wir nicht wussten, warum wir L. A. verlassen sollten. Es stellte sich heraus, dass jemand direkt vor dem Edgemont Building erschossen worden war, daher bestanden meine Eltern darauf, dass ich sofort zur Ranch gebracht wurde. Und B. J. musste natürlich mitkommen.

Am darauffolgenden Morgen packten wir unsere Sachen zusammen und warteten darauf, von Dads Sekretärin Rosemary abgeholt zu werden. Als sie kam, stiegen B. J. und ich auf den Rücksitz und rechneten fest damit, dass Pat ebenfalls einsteigen würde. Aber sie blieb vor dem Wagen stehen.

»Warum steigst du nicht ein?«, fragte ich und musste erfahren, dass sie nicht mitkommen würde. Wir fingen beide an zu weinen. Zwei Jahre waren wir zusammen gewesen. Ich war am Boden zerstört. Obwohl ich wusste, dass ich auf der Ranch meine Eltern vielleicht häufiger sehen würde, war ich dennoch sehr traurig. Mit Pat hatte ich mehr Zeit verbracht als mit meinen eigenen Eltern. Ich sagte ihr, wie sehr ich sie liebte, und versprach, sie oft zu besuchen. Nach einer letzten langen Umarmung stieg ich wieder ins Auto, und Rosemary fuhr los.

KAPITEL 4

Die Ranch

Es war eine lange Fahrt zur Ranch. Zuerst plapperten B. J. und ich aufgeregt, aber nach einer Weile fingen wir an, uns zu langweilen. Ich nickte kurz ein und schrak auf, als mein Kopf gegen das Fenster schlug, weil der Wagen über einen Buckel auf der gewundenen Schotterstraße gefahren war, in die wir eingebogen waren. Es war Frühling, März 1989, und alles um mich herum war üppig und grün. Irgendwann überquerten wir eine Brücke über einen sehr breiten Fluss und kamen zu einem wunderschönen Eichenhain. Jede Biegung der Straße bot uns eine neue schöne Aussicht.

So schwer es auch für mich war, Pat nicht mehr bei mir zu haben, vor Aufregung, nur zwanzig Meilen entfernt von meinen Eltern zu wohnen, verschwanden vorübergehend alle Gedanken an sie. Manchmal hatte ich mich gefragt, wie es wohl auf der Ranch wäre, hatte aber im Grunde keine Ahnung gehabt. Wenn mein Bruder uns besuchte und ich etwas von ihm erfahren wollte, zog er mich immer auf, und am Ende war ich so schlau wie zuvor. Ich wusste zwar nicht, ob ich meine Eltern jetzt wirklich öfter sehen würde, hoffte es aber. Trotz der Ungewissheit war der Umstand, ihnen näher zu sein, es wert, auf der Ranch zu leben.

Tröstlich war auch, dass zumindest Rosemary ein paar Tage bleiben würde, um uns beim Einleben zu helfen. Als wir vor einem alten Holztor landeten, verkündete uns Rosemary triumphierend, wir wären da, worauf B. J. und ich jubelten. Sie drückte auf einen Knopf der am Tor angebrachten Sprechanlage.

»Hallo, ich bringe Jenna Miscavige und Benjamin Rinder«, meldete sie, als jemand nach ihrem Anliegen fragte. Daraufhin schwang das Tor auf, und wir folgten der Schotterstraße um einen Hügel und fuhren dabei an ein paar Nebengebäuden vorbei. Schon bald hielt Rosemary vor einem niedrigen, heruntergekommenen Gebäude, wo sich ältere Kinder in Uniform – hellblaue Hemden und dunkelblaue Shorts – tummelten. Als ich ausstieg, fiel mein erster Blick auf Justin, der mich breit angrinste. Er umarmte mich verlegen, wie Brüder das mit ihren kleinen Schwestern tun, denn er freute sich zwar, musste aber vor seinen Freunden cool bleiben.

Taryn wartete auch auf uns. B. J. war kaum ausgestiegen, als sie zu ihm stürzte und ihn fest in die Arme nahm. B. J., der nie die Ruhe verlor, ließ es stoisch über sich ergehen. »Komm her, Schwesterchen«, sagte Taryn und schloss mich ebenso fest in ihre Arme.

Ein paar ältere Kinder, darunter mein Bruder, holten unsere Sachen aus dem Kofferraum und brachten uns zu einer Ansammlung von Gebäuden, die *Motels* genannt wurden. Wir folgten den Kindern auf einen offenen Hof mit großen Birken in der Mitte. Um den Hof herum sah man dreizehn Wege, die zu Zimmern mit eigenem Eingang führten.

B. J. und ich kamen in Zimmer 12. Offenbar war es für uns ausgesucht worden, weil die Renovierung fast abgeschlossen war. Es war ziemlich groß, etwa zwanzig Quadratmeter, und hatte zwei kleine Fenster nach hinten hinaus. Zwar gab es schon Teppichboden, aber ansonsten nichts.

Während ich noch dastand und mich fragte, ob das wirklich ein Schlafzimmer war, rief jemand hinter mir laut: »Achtung!« Dann kamen zwei ältere Jungen mit einem großen Bettgestell durch die Tür, gefolgt von zwei älteren Mädchen, die eine Matratze trugen. Das wiederholte sich, bis drei Doppelbetten komplett aufgebaut waren, während wir nur dastanden und zusahen.

Zimmer 12 war durch ein Bad und eine Toilette mit Zimmer 11 verbunden. In Zimmer 11 gab es keinen Teppich, sondern nur eine Einzelmatratze auf nacktem Betonboden. Jemand, der dort geschlafen hatte, setzte sich plötzlich auf, und ich erkannte, dass es Teddy, der Freund meines Bruders war, für den ich immer geschwärmt hatte. Teddy erklärte, er sei krank und habe Fieber, und Zimmer 11 sei der Quarantäneraum. Kranke Kinder mussten von gesunden isoliert werden, bis es ihnen besserging. Daher wollte er, dass wir uns von ihm fernhielten. Auf mich wirkte das Zimmer nicht besonders behaglich, zumal für Kranke, doch ich dachte mir, dass man sicher wusste, was man da tat. Schließlich war dies hier die Int Ranch.

B. J. und ich gingen wieder in unser Zimmer und machten unser Bett. Wir ließen Sarah Kitty aus ihrer Kiste, aber sie war nicht glücklich, sondern fauchte und knurrte mit gesträubtem Fell, versteckte sich sofort unter dem Bett und kratzte jeden, der nach ihr greifen wollte.

Nachdem wir unser Bett gemacht hatten, führten uns Justin und Mike über das Gelände. Die Ranch war groß, erstreckte sich über etwa fünfhundert Hektar und lag am Rand des Soboda Indianerreservats in den San Jacinto Hills in Riverside County. Sie erzählten uns, der Besitz sei früher angeblich ein Kloster gewesen. Das Zentrum bestand aus den Motels und sechs, sieben weiteren, zum Teil kleinen Gebäuden, die sich über fünf Hektar erstreckten. Es gab einen kleinen Swimmingpool in ziemlich schlechtem Zustand, in dem ein paar tote Ratten schwammen. Die Jungen erklärten, der Pool dürfe erst genutzt werden, wenn er auf Vordermann gebracht worden wäre, eine Erklärung, die sich bei etlichen der anderen Gebäude wiederholte. Der restliche Besitz bestand aus grünen Bäumen, staubiger Wüste und Bergen.

Die Jungen zeigten uns das sogenannte *Big House*, ein sehr altes und kurz vor der Räumung stehendes zweistöckiges Gebäude, das auf einem Hügel stand. Im zweiten Stockwerk hatten einige Wände und Böden bereits Löcher. Doch trotz seiner Baufälligkeit waren oben Schlafzimmer für die kleinen Mädchen untergebracht. Wenn die Renovierung der Motels abgeschlossen wäre, würden alle, die im Big House wohnten, hinunterziehen.

Das untere Stockwerk des Big House beherbergte den Speisesaal, der auch hier Mess Hall genannt wurde. Für jede Mahlzeit wurde das Essen von der Großküche der etwa zwanzig Meilen entfernten Int Base hergefahren. Mit den Speisen wurde ein Buffet errichtet, aber jedes Kind hatte seinen festen Platz am Tisch. Im wöchentlichen Wechsel musste immer ein Kind von jedem Tisch eindecken und servieren. Das Essen stellte sich als ziemlich gut heraus. Es war gesund und abwechslungsreich, und jeden Tag gab es frisch gebackenes Brot. An den meisten Abenden bekamen wir sogar Nachtisch.

Als Nächstes zeigten Justin und Mike uns die Schule, die zugenagelt war, aber demnächst renoviert werden sollte. Sie diente vorübergehend als Lagerraum, also gab es im Grunde keine Schule. Die Jungen führten uns auch zum *Cottage*, dem Projekt, an dem gerade gebaut wurde: ein kleines, mittlerweile komplett entkerntes Haus, das nach Fertigstellung als Quartier für den Lehrkörper der Ranch dienen sollte.

Die Ranch war vielleicht nichts Großartiges und war zugegebenermaßen auch etwas heruntergekommen, aber das fand ich nicht schlimm. Es gab viel zu tun, aber mir kam es vor wie ein Abenteuer, an dem ich teilhaben durfte. Die Landschaft war mir fremd, aber die Kinder schienen sehr stolz auf die Ranch zu sein. Rückblickend wollten sie vor uns jüngeren Kindern vielleicht ein wenig angeben, aber ihre Begeisterung war ansteckend, und ich hatte das Gefühl, an einem ganz besonderen Ort gelandet zu sein.

Es war auch eine Erleichterung, nicht mehr in ein winziges Apartment gesperrt zu sein. In L. A. hatten wir nie unbeaufsichtigt nach draußen gedurft, aber auf dem riesigen Grundstück der Ranch meinte ich, leichter durchatmen zu können, und musste nicht jedes Mal, wenn ich ins Freie wollte, an die Hand genommen werden. Zum ersten Mal, seit ich denken konnte, hatte ich das Gefühl, genug Platz zum Herumrennen zu haben und meiner Fantasie freien Lauf lassen zu können. Und als wäre das noch nicht genug, konnte ich all das mit meiner Familie tun, da ich wieder mit Justin und Taryn zusammen war.

Beim Gang über das Grundstück erfuhren B. J. und ich, dass es auf der Ranch fünf Hunde gab, die uns die meiste Zeit Gesellschaft leisteten. Es waren keine Wachhunde, sondern freundliche Hütehunde, die uns auf Schritt und Tritt folgten und uns beschützten. Jeder hatte seine eigene Persönlichkeit: Brewster, ein Deutscher Schäferhund, das Alphatier. Tasha, eine Schäferhündin, die extrem anhänglich war. Und Ruby, ein sehr alter, fauler und brummiger Labrador, dessen Bellen wie Quaken klang. Es gab noch eine Labradorhündin mittleren Alters, die Jeta hieß, und Bo, den fünften Hund mit buschigem Fell, der aussah wie ein Wolf.

Während der ersten Tage auf der Ranch erkundeten wir mit den Hunden an unserer Seite die Umgebung. B. J. und ich bemerkten kaum die glühende Hitze, als wir auf der Suche nach verschiedenen Kakteen durch die Wüste stapften. Am Morgen grasten Kühe auf den Grasflächen rund um die Ranch. Aus irgendeinem Grund sollten wir sie verjagen, wozu wir auch die Hunde nutzten. Je weiter wir gingen, desto mehr wurde uns bewusst, wie groß die Ranch war, so groß, dass wir dachten, wir könnten sie niemals ganz erkunden. Ich hatte immer Kleider mit vielen Rüschen getragen, die meine Grandma, Tante Denise, meine Paten und Onkel Dave mir zu Weihnachten und zum Geburtstag geschenkt hatten. Doch für die Ranch waren diese Kleider ausgesprochen ungeeignet, da sie den Staub anzuziehen schienen, sobald ich aus der Tür trat.

Nachdem ich mich mit allem ein bisschen vertraut gemacht hatte, wusste ich immer noch nicht, was ich von dem Leben auf der Ranch halten sollte. Es gefiel mir eindeutig. Ob es an den Hunden lag oder an der Lebensweise, in jedem Fall unterschied es sich beträchtlich von unserem Leben in L. A. Während der ersten Monate gab es nur ein paar Erwachsene, die auf die rund fünfzehn Kinder der Ranch aufpassten. Doch meistens kümmerten sich ältere Kinder um B. J. und mich und sagten uns, was wir tun sollten. Damals fand ich das toll, denn sie waren jung, wirkten cool und waren nett zu uns, obwohl sie sich oft über meine Kleider lustig machten.

Nicht lange nach unserer Ankunft lernten wir Joe Conte kennen, der kurz Mr. *C* genannt wurde. Er war der Leiter der Ranch. Es gab auch einen Wachmann, der ständig ausgewechselt wurde, und eine Frau namens Karen Fassler, oder Mr. F, wie wir sie nannten. Bei Scientology werden Erwachsene immer mit Sir oder Mr. angeredet, ganz gleich, ob es Männer oder Frauen sind. Mr. F war hübsch und ziemlich nett. Sie kümmerte sich um die Abläufe, die Uniformen, das Essen und andere Angelegenheiten. Mr. C war freundlich und lässig, groß und dünn, hatte einen Schnurrbart und eine Glatze. Er wirkte rau, wie jemand, der viel Zeit im Freien verbrachte; die Kinder fanden ihn alle klug und sehr cool. Damals waren meine Lieblingsbücher die für Kinder adaptierten Ausgaben der *Chroniken von Narnia*, und für mich war Mr. C Professor Digory Kirke.

Wir Kinder waren im Wesentlichen selbst verantwortlich für die verschiedenen Renovierungsarbeiten auf der Ranch. Normalerweise wurden Elektro- und Installationsarbeiten von einem Erwachsenen übernommen, der von der Int Base oder von einer Fremdfirma kam und uns half. Da die Ranch von der Stadt und dem Landkreis inspiziert wurde, musste alles seine Ordnung haben. B. J. und ich waren immer noch viel jünger als die anderen Kinder, daher bestanden unsere ersten Aufträge darin, Müll aufzusammeln, meinem Bruder beim Errichten einer Trockenmauer das Werkzeug zu reichen oder unsere neuen Kommoden zu lackieren.

Nach einem harten Arbeitstag war mein größter Spaß eine »wilde Fahrt«. Dazu setzte Mr. C bis zu zehn Kinder auf die Ladefläche seines blauen Trucks und fuhr dann wie ein Wahnsinniger querfeldein, wobei er jeden Buckel mit hoher Geschwindigkeit nahm. Am Anfang hieß es noch, ich wäre zu klein dazu, aber schließlich überredete ich Mr. C, es mich mal versuchen zu lassen, und die größeren Kinder pressten mich an sich, während wir über das Gelände tourten.

Jeden Samstagmorgen kam eine Gruppe Erwachsener von der Int Base und blieb den ganzen Tag, um zu helfen und zu begutachten, was wir gemacht hatten – manchmal kam sogar Dad, und ich durfte mit ihm zusammen arbeiten. Die Samstage hießen bei uns nur *Renos*, das war die Abkürzung für Renovierungstag. Alle Kinder mussten irgendwie mitarbeiten, doch da ich noch so jung war, erwartete man von mir nicht viel. Normalerweise holte ich nur Getränke, behielt Maße im Kopf oder hielt Schrauben für die Erwachsenen, die immer sehr freundlich zu mir waren. Abgesehen von den wenigen Erwachsenen, die zu den Renos kamen, oder einem angeheuerten Facharbeiter, waren die älteren Kinder als Arbeitskräfte für die Renovierung der Ranch gedacht – genau wie unter der Woche. Aber das fand ich ganz normal, denn obwohl mein Bruder und seine Freunde noch Kinder waren, kamen sie mir eigentlich schon wie Erwachsene vor.

Zuerst wurden die Motels, dann das Schulgebäude renoviert. In den Motels wurde jedes Zimmer gestrichen und bekam einen Teppich, selbstgenähte Vorhänge und eine Heizung. Dann kamen drei oder vier Stockbetten hinein, damit sechs bis acht Kinder darin schlafen konnten. Jeweils zwei Zimmer teilten sich ein Bad mit einer Toilette, einer Dusche und zwei Waschbecken. Jedes Kind hatte eine eigene Kommode, die wir selbst lackiert hatten. Alle Betten bekamen zueinander passende Bettdecken und Bettlaken. Die Mess Hall wurde vom Big House in einen großen Saal in einem der Motels verlegt. Außerdem wurde eine Waschküche mit ein paar Waschmaschinen und Trocknern eingerichtet. Irgendwann wurde sogar der Swimmingpool gereinigt, ausgebessert und wieder nutzbar gemacht.

Als Nächstes kam das Schulgebäude an die Reihe. Die Wände wurden mit Gemälden von der *Apollo* und der *Freewinds* verziert. Dabei durfte ich sogar mithelfen, obwohl ich hauptsächlich ganz unten an der Wand herumpinselte. Aber als ich das fertige Bild der *Freewinds* sah, war ich begeistert, weil das Schiff doch so lange ein Projekt meiner Mutter gewesen war. Abgesehen von den Schiffen sah man im Schulgebäude auch Porträts von L. Ron Hubbard mit einigen seiner Zitate. Die Böden bekamen Linoleumfliesen und die Klassenräume lange Klapptische und Plastikstühle statt einzelner Pulte.

Schon bald nach der Renovierung der Schule erschien eine Frau namens Maria auf der Ranch. Wir mussten sie Mr. Parker nennen. Mr. Parker war die Verantwortliche für Erziehung und Aktivitäten. Nach ihrer Ankunft trafen auch weitere Kinder ein. Das Schulgebäude hatte zwei große Säle, von denen der eine für

Teenager reserviert war und der andere für jüngere Kinder zwischen vier und zwölf Jahren.

Von nun an wurde unsere Zeit zwischen Renovierungsarbeiten und Schule aufgeteilt. B. J. und ich waren den anderen Kindern weit voraus, wahrscheinlich, weil diese wesentlich jünger waren als wir. Alle Fächer wurden in dem für unsere Altersgruppe reservierten Saal unterrichtet. Der Hauptfokus lag auf Lesen und Schreiben. Es gab weder verschiedene Klassen noch Noten, und die Lehrer unterrichteten nicht frontal.

Kurz vor neun Uhr abends mussten wir alle auf unsere Zimmer. Um neun war dann Nachtruhe. An manchen Abenden kam eine neue Erwachsene namens Mr. Jane Thompson mit einer Gitarre in unsere Zimmer und sang uns *Take Me Home, Country Roads* von John Denver vor, damit wir besser einschlafen konnten. Ich fand ihre Stimme tröstlich, sie erinnerte mich immer an die Abende, an denen meine Mom zu Hause gewesen war, mir vor dem Einschlafen vorgesungen und dabei durch mein Haar gestrichen hatte.

Auf der Ranch mochte ich die Samstagabende am liebsten. Wie schon in L. A. sahen wir dann unsere Eltern. Doch jetzt kamen sie nicht zu uns, sondern Rosemary holte Taryn, B. J., Justin und mich von der Ranch ab und brachte uns zu der Wohnung unserer Eltern in der Nähe der Int Base. Sie lag im zweiten Stock und hatte zwei Schlafzimmer und einen Balkon. Genau wie in L. A. war ein Schlafzimmer für Mom und Dad und das andere für die Rinders gedacht. Für unsere Übernachtungen besetzte Justin immer die Couch im Wohnzimmer, also schlief ich auf dem Schlafzimmerboden.

Nicht lange und wir hatten eine neue Samstagabendroutine entwickelt. Zuerst liehen wir uns ein, zwei Videos aus, damit wir beschäftigt waren, während wir auf unsere Eltern warteten.

Meine Eltern hatten einen Fernseher mit öffentlichen Sendern, obwohl das auf der Int verboten war. Irgendwann hörten Mom und Dad, dass Fernseher konfisziert werden sollten, und mussten ihren verstecken. Aber einmal pro Woche durften wir geliehene Filme sehen, und dazu kamen viele Kinder zu uns. In Justins Alter waren das zum Beispiel Sterling, Taryn und oft auch Mike, Rosemarys Sohn. Außerdem noch Kiri, ein Mädchen, mit dem B. J. und ich in unserer Zeit in L. A. gespielt hatten. Sie kam zwei Monate nach uns auf die Ranch. Kiri war meine beste Freundin.

Zusammen blieben wir so lange wie möglich auf. Mom und Dad kamen normalerweise gegen Mitternacht nach Hause, doch manchmal wurde es noch später. Sonntagmorgen machten sie Frühstück für Justin und mich, aber wenn sie Geld hatten, gingen sie mit uns in ein Schnellrestaurant essen oder bei Walmart Shampoo, Socken oder manchmal auch Schuhe kaufen. Es machte viel Spaß, aber die Besuche waren immer viel zu kurz. Meine Eltern mussten sonntags immer um ein Uhr wieder arbeiten, was bedeutete, dass sie uns etwa eine Stunde vorher auf der Ranch absetzten.

Obwohl wir jetzt zu unseren Eltern gebracht wurden, sahen wir sie nicht besonders häufig und oft auch nur Dad, denn Mom war ständig mit Sonderprojekten unterwegs. Als die *Freewinds* zu Wasser gelassen war, kümmerte sie sich häufig um Renovierungsarbeiten des Celebrity Center International in L. A., das ständig auf den neuesten Stand gebracht wurde. Es war in Hollywood im alten Manor Hotel auf der Franklin Avenue untergebracht, einem siebenstöckigen Gebäude, das einem französischen Château nachempfunden und in den Zwanziger Jahren eines der glamourösesten Hotels der Stadt gewesen war. 1969 kaufte es L. Ron Hubbard und öffnete es 1972 für die scientologische Öffentlichkeit. Über die Jahre hinweg war es mehrfach saniert worden. Trotz seines Namens war das Celebrity Center nicht nur für Prominente, sondern für alle Scientologen gedacht, obwohl die Prominenz aus allen Bereichen von Kunst und Literatur es häufig nutzte. Da L. Ron Hubbard ein international bekannter Schriftsteller gewesen war, schätzte er die schönen Künste und war überzeugt, dass Prominente als gute Werbeträger für Scientology dienten.

Als Mom mit dem Celebrity Center fertig war, zog sie nach Clearwater in Florida, wo sie die Renovierungsarbeiten der Flag Land Base leitete. Schließlich bekam sie ein Quartier im dortigen Wohngebäude. Genau wie Onkel Dave Wohnungen auf der Flag Base, der PAC-Base und der Int Base hatte, hatten auch andere Führungskräfte mehrere Wohnungen. Es war nicht ungewöhnlich, dass Ehepaare auf unterschiedlichen Stützpunkten stationiert waren, wenn es dem höheren Wohl diente. Da Mom fast immer auf der Flag Base war, konnte ich in der Wohnung meiner Eltern manchmal mit ihr telefonieren.

Meine Mom war zwar nur selten da, aber mein Dad versuchte, so viel wie möglich von meinem Leben mitzubekommen. Schließlich fing er an, meinen Bruder und mich jeden Freitag in seiner Mittagspause zu besuchen. Er konnte immer nur kurz bleiben, normalerweise höchstens zwanzig Minuten, aber ich freute mich immer über seinen Besuch. Dann plauderten wir ein bisschen an seinem Wagen oder in meinem Zimmer. Manchmal brachte er mir ein kleines Geschenk mit. Besonders freute ich mich, wenn er mir alkoholfreies Bier mitbrachte. Ein andermal überreichte er mir meine neueste Buchsendung. Er hatte mich in einem Buchclub angemeldet, wo ich ein paar Bücher pro Monat bekam, was ich *liebte*. Ich hatte es schon immer geliebt zu lesen.

Damals besuchten nur sehr wenige Eltern ihre Kinder, aber ich fragte mich nicht, wo sie waren. Ich sah Dad so selten, da war jede Minute mit ihm kostbar.

KAPITEL 5

Das Leben eines Kadetten

Sechs Monate nach meiner Ankunft, als immer mehr neue Kinder kamen, wurde alles auf der Ranch reglementierter. Die meisten waren etwa in meinem Alter, obwohl es auch jüngere gab. Schon bald waren wir über achtzig Kinder. Da die größten Renovierungsarbeiten auf der Ranch abgeschlossen waren, kamen auch keine Erwachsenen von der Int mehr zu den Renos. Wir erhielten alle neue Uniformen – khakifarbene Hosen oder Shorts und rote T-Shirts mit dem Aufdruck *The Ranch* in weißen Buchstaben. Außerdem bekamen wir Pullover und Daunenjacken für den Winter und Jogginghosen für den Sportunterricht. Da Jungen und Mädchen sich nicht mehr ein Zimmer teilen durften, zog ich von Zimmer 12 in Zimmer 4, wo weitere sechs Mädchen untergebracht waren. Früher waren wir samstags gegen vier oder fünf Uhr abgeholt worden. Jetzt kamen die Eltern, oder in unserem Fall Rosemary, erst um neun oder zehn Uhr abends.

Diese neue Vorschrift war nicht gut, nahezu über Nacht änderte sich der Ton auf der Ranch. Früher, als nur wenige jüngere Kinder und viele ältere hier gewesen waren, hatten wir ziemlich viele Freiheiten gehabt, doch auf einmal wurde alles bis auf die Minute geplant. Innerhalb weniger Wochen genoss ich mein Leben dort nicht mehr, sondern ich hasste es regelrecht.

Es trafen auch weitere Erwachsene ein, darunter zwei neue Lehrerinnen: Melissa Bell, für uns Mr. Bell, eine furchterregende Kettenraucherin, und Mr. Cathy Mauro, eine freundliche Frau mit kurzen braunen Haaren und Brille.

Bei Scientology ist traditionelle Schulbildung nicht ausschlaggebend für Erfolg. Weder mein Vater noch meine Mutter hatten die Highschool abgeschlossen, dennoch waren sie in der Church beide geachtete Führungskräfte. Selbst Onkel Dave hatte mit sechzehn die Schule abgebrochen und war mittlerweile das Oberhaupt von Scientology. Dadurch hatte ich den Eindruck, ein Schulabbruch wäre irgendwie cool. Meine Mom klang jedes Mal stolz, wenn sie mir erzählte, wie es bei ihr in der Schule gewesen war und wie sie beschlossen hatte, dass die Sea Org wichtiger sei als die Highschool.

Jetzt wurden die Kinder in drei Gruppen aufgeteilt: *Kinder*, *Precadets* – Kinder vor dem Kadettenalter – und *Kadetten*. Die Kinder waren die Jüngsten auf der Ranch, sechs Jahre oder jünger. Die Precadets umfassten die Gruppe der Sieben- bis Neunjährigen und die Kadetten die der Neun- bis Sechzehnjährigen. Allerdings wurde nicht nur nach Alter eingeteilt, sondern auch nach dem Stand in schulischen und scientologischen Wissensgebieten. Es gab einige achtjährige Kadetten und auch zwölfjährige Precadets. Bei meiner Ankunft auf der Ranch war ich Precadet, aber als mein siebter Geburtstag nahte, wurde ich zum Kadetten befördert.

Eine meiner ersten Handlungen als Kadett war die Unterzeichnung des Eine-Milliarde-Jahre-Vertrags, mit dem ich mich für die Sea Org verpflichtete. Es war derselbe Vertrag, den auch erwachsene Mitglieder der Sea Org unterschreiben mussten, denn Kadetten wurden als Sea Org-Mitglieder in Ausbildung betrachtet und mussten sich daher genauso bindend verpflichten.

Zuerst wusste ich nicht viel über den Vertrag. Als ich klein war, hatte ich zwar hier und da etwas davon gehört, aber erst am Tag der Unterzeichnung wurde mir erklärt, worum genau es ging. Die Unterschrift gehörte zum Curriculum, nur so konnte man Sea Org-Mitglied werden und in den Genuss der Ausbildung kommen. Obwohl der Vertrag für eine Milliarde Jahre galt, zögerte ich nicht: Ich wurde zur Unterschrift aufgefordert, und es war meine Aufgabe, den Anweisungen zu folgen. Außerdem kann man sich mit sieben große Zahlen nur schwer vorstellen, ob es nun Tausend war oder eine Milliarde, ich hatte einfach kein Empfinden für einen solch gigantischen Zeitraum. Wir verpflichteten uns zwar für eine lange Zeit, aber das hatten unsere Eltern auch getan.

Am Tag der Unterzeichnung standen alle Kinder in einer Schlange vor den Tischen, auf denen die Verträge lagen. Nacheinander unterschrieben wir. Da ich eigentlich nichts anderes mit meinem Leben anfangen wollte, als Sea Org-Mitglied zu werden, wäre es albern gewesen, zu zögern und über Alternativen nachzudenken. Ich hätte nicht einmal gewusst, welche Möglichkeiten ich sonst noch hatte. Ich wollte nur mit meinen Eltern zusammen sein und jeden Tag mit ihnen arbeiten. Ich wusste, wenn ich die Kadettenschule absolvierte und ein vollwertiges Sea Org-Mitglied werden würde, wenn ich anständig und gehorsam wäre, dann würde ich eine Stelle auf der Int Base bekommen und meine Eltern häufiger als nur einmal pro Woche sehen. Das war für mich Grund genug, um meine Unterschrift unter den Vertrag zu setzen.

Mit der Umsetzung der neuen Reglementierung wurde die Ranch zur *Cadet Organization* – einem Internat für Kadetten – und ähnelte immer mehr einem militärischen Bootcamp mit zermürbenden Drillübungen, endlosen Appellen und harter körperlicher Arbeit, die keinem Kind zugemutet werden sollte. Von dem Moment an, wenn wir aufwachten, bis zu dem, wenn wir wieder ins Bett fielen, gab es kaum freie Zeit. Die einzige richtige Pause hatten wir nur samstagabends und sonntagmorgens, wenn wir unsere Eltern sahen. Zwischen Drillübungen, Hausarbeit, Diensten, Posten und Unterricht war alles bis auf die Minute geplant. Der Umstand, dass mein Onkel das Oberhaupt von Scientology war, schützte mich nicht und sprach mir auch keine Sonderbehandlung zu.

Tatsächlich begann zu diesem Zeitpunkt meine scientologische Indoktrinierung. Zuvor waren nur meine Eltern in der Sea Org gewesen, und mein Leben wurde durch ihre Stundenpläne und Dienste für die Kirche geprägt. Jetzt hatte ich meine eigenen Stundenpläne und Pflichten. Die Veränderungen gingen jedoch über das rein Organisatorische hinaus; mir wurde nun die Sichtweise der Sea Org eingeimpft. Die Indoktrinierung wurde gestützt durch die extreme Abschottung zur Außenwelt. Bis auf seltene Ausnahmen waren wir von Nicht-Scientologen und Andersgläubigen vollkommen isoliert. Wenn wir die Ranch verließen, ging es meistens zur ebenso isolierten Int Base, in der natürlich die erbittertsten Verfechter von Scientology lebten, darunter die Eltern von uns allen.

Selbst wenn es uns erlaubt gewesen wäre, Ausflüge zu unternehmen, hätte das auch nicht viel geändert. Denn nur wenige waren neugierig auf das Leben außerhalb unserer Grenzen, da man uns glauben machte, dort gäbe es nur dumme Menschen, Unwissende, die wir *Wogs* nannten, *Well and Orderly Gentlemen* – brave und rechtschaffene Bürger. Wir hatten gelernt, dass Wogs vollkommen unerleuchtet waren. Wenn wir erst einmal genug über Auditing und Scientology gelernt hätten, würde es unsere Aufgabe sein, sie zu *clearen*. Ansonsten sollten Wogs gemieden werden, da sie nicht im Geringsten wussten, was wirklich vorging. Dieses Unbewusstsein spiegelte sich in ihren banalen Prioritäten wider. Wogs stellten gerne viele Fragen. Man lehrte uns, dass sie unseren Lebensstil beunruhigend fanden, daher mussten wir darauf achten, ihnen gegenüber nur in Begriffen zu sprechen, die sie verstehen konnten.

Wenn man sich unangepasst verhielt oder Dinge ständig hinterfragte, wurde man mit Drohungen, Strafen und Demütigungen vor den Augen der gesamten Gruppe sanktioniert. Wenn man zu spät kam, bei einer Inspektion durchfiel oder sich unethisch verhielt, bekam man einen Eintrag, manchmal sogar mehrere am Tag. Eine Kopie dieses Eintrags erhielt man selbst, die andere kam in die persönliche Ethik-Akte. Jedes Kind hatte so eine Akte, die unter Verschluss im Cottage aufbewahrt wurde, damit nichts gefälscht werden konnte. Ein *Master-at-Arms*, kurz MAA, war für unsere Ethik-Akten verantwortlich, führte Inspektionen durch und sorgte dafür, dass wir uns in die Gruppe fügten. Um in der Ranch unseren Abschluss zu bekommen und zur Int Base zugelassen zu werden, mussten wir großartige Ethik- und Produktivitäts-Werte haben.

Praktisch alle Einträge, die wir bekamen, resultierten nicht aus Beobachtungen der Erwachsenen, sondern aus Meldungen anderer Kinder in der Gruppe. Es galt die Regel, dass wir uns melden sollten, falls wir etwas sahen, das als ›unethisch‹ galt, sonst waren wir Mittäter und bekamen dieselbe Strafe. Diese Maßnahme machte es schwierig für uns, irgendjemandem in der Gruppe zu vertrauen. LRH glaubte, der Erfolg einer Gruppe hinge davon ab, dass alle Mitglieder für die Durchsetzung eines Regelwerks sorgten und sich gegenseitig verantwortlich machten.

Einträge und Demütigungen waren wesentliche Maßnahmen, Kadetten jeden Alters zu Gehorsam und Mitarbeit zu zwingen. Es war erstaunlich, wie schnell selbst kleine Kinder sich diesem System fügten und sogar der eigenwilligste Achtjährige plötzlich anderen gefallen wollte. Zwar waren Teenager etwas widerständiger, doch wenn sie vor der Gruppe entsprechend gedemütigt und bestraft wurden, beugten auch sie sich ziemlich schnell.

Wenn ich einen Eintrag bekam, legte sich die Angst immer wie eine Last auf meine Brust. Normalerweise bekam ich den Eintrag, wenn jemand wegen irgendetwas wütend auf mich war und mich deswegen anschwärzen wollte, doch ganz gleich, wie berechtigt oder unberechtigt der Eintrag war, überlegte ich es mir danach immer zweimal, ob ich etwas sagte oder tat, das irgendwie Ärger hervorrufen könnte.

Diese Strafen schufen einen Sinn für Ordnung, der sehr wichtig für das Leben auf der Ranch war, denn bei fast allem, was man tat, ging es um die Gruppe, ob man nun sieben war oder siebzehn.

Jeden Morgen läutete der Wecker um halb sieben. Kaum war einer von uns aus dem Bett, ging er auf den Hof und brüllte: »Weckzeit«. Bis sieben mussten wir fertig sein und unsere Zimmer in Ordnung gebracht haben. Dazu mussten wir uns um die Wäsche kümmern, fegen und den Müll sammeln. Meine Aufgabe war es, das Bad zu putzen. Außerdem mussten wir unsere Uniformen für die tägliche Inspektion in Ordnung bringen, also die Schuhe polieren, unsere Hemden in die Hosen stecken und einen Pullover darüberziehen, falls sie Löcher hatten.

Um sieben Uhr war der Appell, zu dem alle Gruppen antreten mussten. Die Kadetten hatten eine etwas andere Struktur als die Gruppe der Kinder und Precadets. Einer von uns war der *Commanding Officer*, kurz CO. Der Rest wurde in bis zu sieben unterschiedliche Divisionen aufgeteilt, die vom *Division Head* angeführt wurden. Jede Division hatte drei *Departments* und ihre speziellen Pflichten. Ich gehörte zu Division 5.

Beim Morgenappell war der Div Head für jedes Mitglied seiner Division verantwortlich. Der Commanding Officer befahl uns, in Habachtstellung zu treten, dann erstattete der Master-at-Arms, ebenfalls ein Kind, förmlich und militärisch knapp Bericht. Jeder Division Head musste mit einem Salut die Vollständigkeit seiner Division bekunden.

»Div Eins, alle anwesend und geprüft!«, begann die Anwesenheitsüberprüfung, und so ging es für jede Einheit weiter. Den ganzen Tag, vor allem aber beim Morgenappell, waren Verspätungen unakzeptabel, und jeder Vorfall wurde gemeldet. Verspätungen waren nicht nur peinlich, sondern wurden geahndet. Die Strafen reichten von einfachen Einträgen bis zu öffentlichen Demütigungen, bei denen einem ein Eimer eiskaltes Wasser über den Kopf geschüttet wurde.

Nach etwa zwei Minuten waren die Anwesenheitsprüfungen vorbei, und wir bekamen das Kommando: »Gesicht nach links!« Dann drehten wir uns alle nach links, damit unser Div Head die Reihe abschreiten und unsere Uniformen überprüfen konnte. Hygiene war ein wichtiger Punkt, daher gab es stichprobenartige Überprüfungen unseres Atems und unserer Armbeugen. Auch unsere Haare wurden auf Läuse untersucht.

Danach kam das Kommando: »Gesicht nach rechts!«, sodass wir uns wieder nach vorne drehen konnten. Wir wurden aufgefordert, die Hand zu heben, wenn wir bei der Inspektion durchgefallen waren. Auch dafür gab es einen Eintrag in unsere Ethik-Akte.

Auf unsere persönliche Inspektion folgte die der Unterkünfte. Wenn man einmal dabei durchfiel, bekam man einen Eintrag. Je öfter man durchfiel, desto schlimmer wurden die Strafen, zum Beispiel musste man vor dem Schlafengehen das Quartier so gründlich reinigen, dass jemand mit einem weißen Handschuh über alle Oberflächen fahren konnte, ohne dass er schmutzig wurde. Im schlimmsten Fall musste man in den sogenannten *Schweinestall*. Das bedeutete, dass man auf einer alten Matratze im verfallenen Big House schlafen musste, wo es Fledermäuse gab. Ich kam nie in den Schweinestall, aber meine Freundin erzählte mir in allen schrecklichen Einzelheiten, wie unzählige Fledermäuse ihr um den Kopf geschwirrt wären und so gruselig gekreischt hätten, dass sie die ganze Nacht kein Auge zugetan hätte. Ich stand mit den Kindern aus meinem Zimmer, das jetzt Zimmer 9 war, sogar täglich eine Viertelstunde früher auf, um mehr Zeit zum Putzen zu haben, damit wir niemals im Schweinestall landeten.

Nachdem alle Inspektionen beendet waren, kam die *Chinesenschule*. Chinesenschule hieß Nachsprechen: Wir mussten alles genau so wiederholen, wie wir es gehört hatten. L. Ron Hubbard hatte den Begriff Chinesenschule gewählt, weil er den Unterricht der Chinesen beobachtet hatte und beeindruckt gewesen war, wie gut dort die Schüler dem Lehrer folgten.

In LRHs Version der Chinesenschule wurden Zitate von ihm in großen Buchstaben auf Papier geschrieben, sodass wir sie alle lesen konnten, wenn sie vor uns in die Höhe gehalten wurden. Jemand rief laut einen Teil des Zitats und sagte dann: »Was ist das?« Dann sprachen wir das Zitat mehrfach einstimmig, laut und deutlich nach, am Ende auswendig, ohne einen Blick auf das Blatt Papier zu werfen. Eine besondere Lektion galt dem *Backflashing*. *Backflashes* war der scientologische Begriff für Widerworte. »Backflashes sind unnötige Antworten auf einen Befehl …« Diesen Grundsatz wiederholten wir so lange, bis jeder ihn fehlerfrei aufsagen konnte.

Die Eintönigkeit war überwältigend, hatte aber den gewünschten Effekt. Oft war es schon schwer genug, darüber nachzudenken, was diese Parolen eigentlich bedeuteten, damit man sie korrekt rezitieren konnte. Noch schwerer war es, sie in Frage zu stellen. Die Zitate von LRH wurden häufig ausgetauscht, sodass wir viele von ihnen auswendig lernten. Der ganze Prozess sollte dafür sorgen, dass uns die Grundsätze in Fleisch und Blut übergingen. Rückblickend ging es jedoch eher darum uns einzubläuen, nichts zu hinterfragen, nicht eigenständig zu denken, sondern alles ohne jeden Zweifel zu akzeptieren. Wir waren so jung, dass wir alles wie ein Schwamm aufsaugten, und so naiv, dass wir nicht wussten, wie problematisch es ist, alles zu glauben, was einem beigebracht wird.

Manchmal wagten es ältere Kinder, die Autoritäten in Frage zu stellen. Wie viele andere Kadetten konnte ich nicht begreifen, warum sie nicht einfach dem Kodex folgten. Sie forderten Ärger geradezu heraus und mussten dann vortreten und die Konsequenzen erdulden. Jedes Mal, wenn es geschah, musste ich zusehen, wie sie bestraft wurden.

Der Morgenappell endete nach der Chinesenschule, und danach begann der nächste Abschnitt – die *Posten* –, der bis zum Frühstück dauerte. Alle Kinder hatten, ganz gleich, wie alt sie waren, Posten, die manchmal gewechselt oder dem Alter angepasst wurden. Als ich mit sechs Jahren Kadett wurde, bekam ich den Posten des Platzwarts, der dafür zuständig war, einen bestimmten Bereich auf Vordermann zu bringen und in Ordnung zu halten. Dazu war körperliche Arbeit gefragt, aber nicht alle Posten erforderten das. Bei manchen musste man der Gruppe auf andere Weise helfen. Nach ein paar Monaten wurde ich *Medical Liaison Officer* – medizinischer Verbindungsoffizier, kurz MLO –, obwohl ich erst sieben war. Dazu musste ich zu jedem Kind auf der Ranch gehen und eine Krankenliste zusammenstellen. Ich musste jeden Einzelnen fragen, ob er irgendwelche Krankheiten hatte. Das konnte alles Mögliche sein, von Erkältung bis zu Ausschlägen, von trockener Haut bis zu Fußpilz.

Alle Informationen schrieb ich auf. Dann versuchte ich, die

Krankheiten zu behandeln. Ein Erwachsener von der Ranch hatte mir ein paar grundlegende Dinge beigebracht, zum Beispiel darüber, welche Creme gegen trockene Haut und welche gegen Fußpilz war.

Zusätzlich dazu musste ich Vitamine verteilen. Es war meine Aufgabe, für jedes Kind individuelle Vitaminmischungen zusammenzustellen. Da ich bereits sehr gut lesen konnte, lernte ich die Beschaffenheit und Wirkung vieler verschiedener Vitamine. Das klingt vielleicht kompliziert, aber im Grunde war es wesentlich einfacher zu verstehen als einige andere Schriften, die wir für Scientology lesen sollten. Ich kannte die Wirkung aller Vitamine und wusste, dass manche, wie zum Beispiel Vitamin A, überdosiert werden konnten. Außerdem wusste ich, dass es ein gewisses Gleichgewicht bei den Vitaminen gab, war mir aber nie sicher, wie ich das erreichen sollte. Deshalb war ich vorsichtig und gab allen nur jeweils eine Tablette jedes Vitamins. Die Kombinationen, die ich zusammenstellte, bestanden normalerweise aus Vitamin A, D, B, C und E, dazu kam Knoblauch. Bei den Spurenelementen folgte ich einfach den Anweisungen auf dem Röhrchen. Jemand mit Erkältung bekam Zink, Alfalfa, Kanadische Gelbwurzel, extra Knoblauch und Echinacea. Vor dem Frühstück schüttete ich zusätzlich Vitamin C-Brause in den Orangensaft und träufelte flüssige Spurenelemente in jeden Becher.

Außerdem musste ich einen besonderen Trank namens *Cal-Mag* anrühren, den alle vor dem Schlafengehen zu sich nahmen. Der von LRH erfundene Trank bestand aus Calcium, Magnesium, Apfelessig und kochendem Wasser, das danach abkühlen musste. Er sollte zur inneren Reinigung dienen. Allerdings kannte ich noch nicht den Unterschied zwischen einem Ess- und einem Teelöffel und gab daher oft fälschlicherweise einen Esslöffel statt eines Teelöffels Magnesium hinzu, worauf dieses ohnehin schon schrecklich schmeckende Gebräu trüb wurde und genau wie schmutzige Füße schmeckte. Außerdem war es während der Mahlzeiten meine Aufgabe, allen, die sich in Quarantäne befanden, das Essen zu bringen.

Wenn jemand sich geschnitten hatte, reinigte ich die Wunde mit Wasserstoff-Peroxyd und klebte ein Pflaster darauf. Wenn es heiß war, sorgte ich dafür, dass alle Kinder genug Salz, Kalium und Zellsalz bekamen. Klagte jemand über Kopfschmerzen, Fieber oder andere Schmerzen, gab ich ihm normalerweise ein *Assist*. Assists waren von LRH entwickelte Sonderbehandlungen, die ich schon in der Tagesstätte in L. A. gelernt hatte. Sie sollten den Menschen helfen, mit ihren Körpern besser Verbindung aufnehmen zu können. Zusätzlich zu den Touch Assists, die ich schon aus der Tagesstätte kannte, gab es auch das *Nerve Assist*, das aus einer leichten Massage bestand. Es gab viele ähnliche Assists, die den Menschen bei allen möglichen Krankheiten helfen sollten: von Erkältung und Fieber über Zahnschmerzen bis hin zu psychisch bedingten Störungen wie Albträumen. Auf meinem Posten als Medical Liaison setzte ich so viele wie möglich ein.

Die Assists gründeten auf dem scientologischen Prinzip, dass der Thetan Körper und Verstand kontrollierte. Es gab verschiedene Vorgehensweisen, zum Beispiel die, ein Kind immer wieder von seinem Albtraum erzählen zu lassen, bis es sich davon gelöst hatte. Es herrschte auch die Überzeugung, dass man Erkältungen bekam, wenn man einen Verlust erlitten hatte, daher fragte ich: »Erzähl mir, was du in letzter Zeit *nicht* verloren hast.« Das gehörte zum Erkältungs-Assist, damit sollte man denjenigen an das erinnern, was er noch hatte. Es gab ein riesiges Handbuch über Assists, die von Zahnschmerzen bis hin zu erhöhter Temperatur alles behandeln sollten.

Wenn ich aber den Eindruck hatte, dass jemand ernsthaft

krank war, sagte ich einem Erwachsenen Bescheid, und der besuchte den Kranken dann in der Quarantäne, um zu sehen, was los war. In meiner ganzen Zeit auf der Ranch musste ich niemals zum Arzt. Nur einmal begleitete ich eine Freundin, deren Wunde genäht werden musste und die beim Anblick von Blut ohnmächtig wurde. Und mindestens einmal bestellte man eine Krankenschwester auf die Ranch, die uns alle gegen Masern, Mumps und Röteln impfte.

Eine goldene Regel gab es, und die besagte, dass man niemals Tabletten gegen Schmerzen oder Fieber nahm. Solche Arzneimittel waren verpönt, es gab sie einfach nicht. Antibiotika hingegen waren in Ordnung, aber dazu musste man zu einem echten Arzt gehen, was ziemlich selten vorkam. Es gab Zeiten, da hatte ich so hohes Fieber, dass ich fast ohnmächtig wurde und mich sogar übergab, aber mir wurde einfach befohlen, viel zu trinken und mich auszuruhen. Doch als Kind war ich nicht verantwortungsvoll genug, um dieser Aufforderung zu folgen. Einmal versuchte ich es sogar mit Sport, weil mein Bruder meinte, das wäre das Beste gegen Krankheiten. Ich habe keine Ahnung, ob meine Eltern informiert wurden, wenn ich krank war, hörte aber nie von ihnen und konnte es ihnen höchstens am Sonntag erzählen. Doch die meiste Zeit blieb ich gesund. Nach und nach wurde ich ein ziemlich erfahrener und routinierter MLO. Rückblickend aber kann ich kaum begreifen, wie man einer Siebenjährigen eine derartige Aufgabe übertragen konnte. Ich will gar nicht daran denken, was hätte geschehen können, wenn ein Kind ernsthaft krank geworden wäre und ich die Gefahr unterschätzt hätte. Damals fühlte ich mich weder unqualifiziert noch überfordert, denn ich kannte es nicht anders. Anscheinend sagte man mir, wie man Kinder medizinisch versorgte, und ich folgte so gut wie möglich den Anweisungen.

Der Dienst als MLO war mir am liebsten, denn es gefiel mir,

Kinder zu verarzten und dafür zu sorgen, dass es ihnen besser ging. Die Erwachsenen sagten mir, dass es für jedes medizinische Problem eine einfache, klare Lösung gebe. In vielerlei Hinsicht behandelten sie Krankheit genauso wie Hunger oder den Mangel an Toilettenpapier – es war einfach ein Hindernis auf der Reise zum vollwertigen Sea Org-Mitglied. Die Lösung bestand darin, sich an diejenigen zu wenden, die das Essen machten, Toilettenpapier besorgten oder die, in meinem Fall, den Kindern der Ranch halfen, gesünder zu leben.

Frühstück gab es um halb neun. Wir saßen an zugewiesenen Plätzen, und jeder Tisch hatte einen *Mess President*, den Vorsitzenden, und einen *Treasurer*, den Schatzmeister, der ab und zu Geld einsammelte, um Extras wie Honig oder Marmelade zu besorgen. Sie waren in der Kantine erhältlich, und wir konnten sie einzeln oder als Tischgruppe kaufen. Da Zucker auf der Ranch verboten war, waren das Leckereien, die immer schnell aufgegessen wurden. Um neun endete das Frühstück, und das große Aufräumen und Spülen begann. Jeder von uns hatte seine Aufgabe. Einige Kinder spülten, andere fegten und putzten den Saal, wieder andere räumten die Tische ab.

Um Viertel nach neun begannen mit dem zweiten Appell die *Decks*, körperlich schwere Arbeiten. Sie dauerten bis Viertel vor eins, also dreieinhalb Stunden, und es gab sie täglich, von Montag bis Freitag. Zusammengenommen waren es bis zu fünfundzwanzig Stunden Decks-Zeit, aber wenn man die Zeit unserer Morgenposten dazurechnete und die Samstage, die wir damit verbrachten, die gesamte Ranch auf Hochglanz zu bringen, kamen wir auf eine wöchentliche Gesamtarbeitszeit von über fünfunddreißig Stunden: ein Vollzeitjob also, obwohl wir Kinder oder Teenager waren.

Während wir auf unseren Posten individuelle Aufgaben hatten, die sich so gut wie nie änderten, arbeiteten wir bei den

Decks in kleinen Gruppen an ständig wechselnden Projekten. Wir wurden nach Anzahl der Projekte, die es an einem Tag gab, zu Einheiten aufgeteilt und arbeiteten in der Einheit. Jeder musste mitmachen, ganz gleich, wie alt er war.

Jede Einheit hatte einen Verantwortlichen, der eine Liste bekam, auf der genau beschrieben war, worin das Projekt bestand, wie lange es dauern sollte und welches Werkzeug man dazu brauchte. Es gab Projekte, die Spaß machten, wie zum Beispiel Wäsche waschen oder den Swimmingpool reinigen – was normalerweise nur einer machte –, und andere, die mühsamer waren, wie zum Beispiel Feldsteine wegräumen, Bäume und andere Pflanzen setzen, Bewässerungsgräben ausheben und trockenes Gras und Holz einsammeln, um die Brandgefahr einzudämmen.

Häufig waren es Gartenarbeiten. Dann verbrachten wir endlose Stunden mit Graben und Pflanzen, hoben mit einem Spaten große Löcher für die unzähligen Bäume in der Baumschule aus, manchmal sogar bei strömendem Regen und Hagel. Mit der Gruppe schleppten wir Hunderte von Bäumen über das Grundstück, pflanzten sie ein und sorgten dafür, dass sie anständig gedüngt wurden. An unzähligen Tagen bepflanzten wir die Hügel mit einem Bodendecker namens Eiskraut. Wir hackten Unkraut und bewässerten einen Hügel, legten Sackleinen darauf, und dann grub ein Kind große Löcher mit einer Spitzhacke, während ein anderes die Pflanzen in die Löcher setzte.

Ein anderes Kräfte zehrendes Projekt war das Sammeln von Steinen zum Bauen von Mauern. Dazu holten wir Steine aus einem nahe gelegenen Bach und legten sie auf einen Haufen, während eine andere Gruppe sie auf eine Schubkarre lud und sie zur neuesten Baustelle brachte. Sobald die Steine an Ort und Stelle waren, zogen wieder andere Kinder Säcke mit Zement um die Steine, damit ältere, erfahrenere Kinder mit dem Zement die Steine der Mauer sichern konnten.

Da die Gebäude auf der Ranch alle alt waren, musste man bei der Renovierung Berge von Dachpappe mit der Hand oder einer Schaufel in Schubkarren verfrachten und sie von der Baustelle zu einer riesigen, etwa eine Viertelmeile entfernten Grube transportieren, wo sie vergraben wurden. Die Pappe selbst war brüchig, etwa zwei Zentimeter dick und zerbröselte wie Zement, wenn man sie auf einen Fels schlug. Sie hatte einen bräunlich-rötlichen Farbton. Mindestens einmal wurde uns gesagt, dass jemand die Ranch inspizieren würde, woraufhin wir in aller Eile den riesigen Berg an Dachpappe verstecken mussten. Das war zwar etwas seltsam, aber wir taten es.

Wenn wir nicht Bäume pflanzten, Steinmauern errichteten oder Schutt wegräumten, mussten wir uns häufig um das Unkraut auf der Ranch kümmern, um die Buschfeuer einzudämmen. Das ausgedörrte Wüstenland rund um die Ranch war mit Sträuchern bewachsen, die in den trockenen Sommermonaten leicht Feuer fingen. Also mussten wir sie mehrere Meilen an der Schotterpiste entlang an der Wurzel herausziehen. Ganz gleich, wie heiß es war – und die Temperaturen stiegen häufig fast auf vierzig Grad –, die älteren Mädchen durften weder ärmellose T-Shirts noch Sportbustiers tragen, weil es zu gewagt war – verwirrend, denn die Jungen durften ihre Hemden ausziehen. Uns wurde immer gesagt, wir müssten Handschuhe anziehen, doch wir bekamen keine, zumindest ich nicht, daher hatte ich vom Halten der Hacke wie viele andere dicke, schwielige Haut zwischen Daumen und Zeigefinger.

Wegen der Hitze gab es normalerweise kaltes Wasser sowie die Salz- und Kaliumtabletten, damit wir nicht dehydrierten. Da keiner wusste, wie viel wir davon nehmen sollten, gab es auch Kinder, die vier bis fünf davon schluckten. Ich jedenfalls wusste nicht, wie viele wir nehmen sollten. Also schluckten wir sie einfach, weil wir gehört hatten, damit würden wir nicht überhitzen. Wir durften auch mal fünf Minuten Pause machen, aber nicht besonders oft.

Uns wurde gesagt, diese Arbeit sei einfach der Ausgleich dafür, dass wir auf der Ranch wohnen durften. Es war unsere Gelegenheit, unseren Lebensunterhalt zu verdienen, anstatt alles ohne Gegenleistung in Anspruch zu nehmen. Das war wichtig, denn wie Scientology uns lehrte, schützten uns unsere Supervisoren damit, kriminell zu werden. Nur Kriminelle nahmen etwas ohne Gegenleistung in Anspruch. Außerdem war diese schwere körperliche Arbeit eine Übung dafür, Arbeitsethos zu entwickeln, schwierige Situationen zu meistern und sich der MEST-Dynamik zu stellen. MEST stand für *Matter, Energy, Space und Time* – Materie, Energie, Raum und Zeit –, für alles Physische also, im Gegensatz zum Nicht-Physischen, Spirituellen wie Thetanen, Gedanken und Absichten. Wenn wir körperliche Arbeit verrichteten, würde uns das eines Tages zu besseren Scientologen machen.

Während der Decks gingen häufig Erwachsene von Projekt zu Projekt, um zu sehen, wie wir zurechtkamen. Manchmal halfen sie uns auch, aber grundsätzlich wurden die Arbeiten von Kindern durchgeführt und überwacht. Die Erwachsenen trieben uns eher an, härter, schneller und gründlicher zu arbeiten. Wir handhabten und kontrollierten MEST auf unsere Art. Sich dieser Dynamik mit körperlicher Arbeit zu stellen, wurde als therapeutisch angesehen und half dem Clearing unserer Gedanken, obwohl die Projekte und Aufgaben oft unglaublich anstrengend waren.

Während meiner Zeit auf der Ranch trat nur sehr selten jemand vor und sagte, die Arbeit wäre zu viel oder zu anstrengend. Wahrscheinlich, weil die Erwachsenen das anders sahen.

Schließlich hatten sie die Projekte entworfen und entschieden darüber, ob wir unsere Aufgaben zufriedenstellend gelöst hatten. Wenn nicht, mussten wir das manchmal während der Mittagspause nachholen. Ein Projekt war erst beendet, wenn ein Erwachsener oder ein dazu ernanntes Kind es begutachtete und absegnete.

Am Ende erledigten wir entweder gehorsam unsere Aufgabe oder wurden zu einem Erwachsenen geschickt. Geschah Letzteres häufiger, konnten wir in der HMU enden, der *Heavy MEST Work Unit*, wo die schwersten Arbeiten verrichtet wurden. Diese Einheit war für diejenigen gedacht, die wiederholt Regeln brachen oder Widerworte gaben. Wirklich schwere Arbeiten wie Gräben ausheben waren für diese Gruppe reserviert. Sie musste auch getrennt von den anderen essen und lernen, und man durfte mit keinem von ihnen sprechen.

Zwar schienen unsere Aufpasser nichts dabei zu finden, dass Kinder solche Arbeiten verrichten mussten, wohl aber Fachkräfte von außerhalb, mit denen wir manchmal in Kontakt kamen. Normalerweise wurden sie für anspruchsvollere Arbeiten auf der Ranch angeheuert, wie zum Beispiel das Anlegen einer Asphaltstraße. Das kam zwar nicht oft vor, aber wenn, dann hegte ich immer die leise Hoffnung, sie würden sich dafür einsetzen, dass unsere Arbeitsschichten um Stunden oder gar Tage verringert wurden. Meistens versuchten unsere Supervisoren, uns von diesen Wogs fernzuhalten, doch einmal beschwerten sich tatsächlich ein paar Bauarbeiter, als sie sahen, dass zwei Kinder eine Bahnschwelle schleppten, weil sie meinten, sie wären zu klein dafür. Sie wussten nicht, dass Bahnschwellen auf dem gesamten Besitz als Wegbegrenzung oder Pflanzgefäße eingesetzt und immer von jeweils zwei Kindern getragen wurden. Nach der Beschwerde durften wir nicht mehr in der Nähe von Außenstehenden arbeiten.

Natürlich fiel uns die Arbeit immer leichter, je älter und stärker wir wurden. Manche Kinder wie mein Bruder schienen keinerlei Probleme bei den Decks zu haben. Normalerweise zog Justin mich auf oder nannte mich Schlappschwanz, wenn ich über Müdigkeit klagte oder ging, anstatt zu rennen. Der Unterschied bestand eben darin, dass ich ein siebenjähriges Mädchen war und er ein fünfzehnjähriger Junge.

Ich hasste die Arbeit. Ständig hatte ich Muskelkater, meine Hände waren extrem aufgeschürft, und normalerweise war mir entweder zu heiß oder eiskalt, da wir bei jeder Temperatur draußen arbeiteten. Oft mussten wir im Winter noch mit Shorts arbeiten, weil es einfach kein Geld für neue Uniformen gab und wir als Kinder schnell wuchsen. Es galt die Regel, dass man während der Decks immer rennen musste, und wenn ich beim Gehen erwischt wurde, hieß es: »Los, Jenna, renn!«, oder »An die Arbeit, Jenna!« Das hörte ich von Erwachsenen und Kindern gleichermaßen. Wenn wir widersprachen, uns langsam bewegten oder die Arbeit verweigerten, was fast nie vorkam, hieß es, wir sollten mit dem Theater aufhören, und wir bekamen einen Eintrag.

Die Arbeit selbst schien niemals enden zu wollen. Sobald wir ein Projekt beendet hatten, wartete am nächsten Tag schon ein neues auf uns. Es war, als müssten wir jeden Tag einen Felsbrocken den Hügel hinaufrollen und wüssten nur zu gut, dass am nächsten Tag ein neuer Brocken auf uns wartete. Wir verwandelten die Ranch in einen wunderschönen Ort, aber für wen eigentlich? Ich jedenfalls hatte kein Auge mehr für die Schönheit und sehnte mich zurück nach den Tagen, als die Ranch noch heruntergekommen war und ich die Zeit dort genießen konnte.

Bis heute weiß ich nicht, ob es bei diesen Projekten darum ging, uns als kostenlose Arbeitskräfte einzusetzen, uns vor

Ärger zu schützen oder uns zu besseren Scientologen zu machen. Höchstwahrscheinlich war es eine Mischung aus allem. Am Ende waren wir jedenfalls eine Gruppe Kinder, die täglich Stunden damit verbrachte, viel zu anstrengende körperliche Arbeit zu leisten.

Wir bekamen Schwielen und Blasen. Wir hatten Schnitte und Blutergüsse. Unsere Hände wurden gefühllos, wenn wir sie auf der Suche nach Steinen in das eiskalte Wasser des Bachs tauchten. Wenn wir Sträucher aus der verdorrten Erde zogen, brannten unsere Hände wegen der Reibung und der Nesseln. Unsere Arbeitsbedingungen wären schon für einen erwachsenen Mann hart gewesen, doch jede Klage, jeder Widerspruch, jede Form von Hinterfragung zog sofort disziplinarische Maßnahmen nach sich.

Ganz gleich, wie verhärtet die Erwachsenen waren, die all das von uns verlangten, es war vor allem ihr Glaube an Scientology, der sie so handeln ließ. In den Augen von Scientologen waren wir keine Kinder, sondern Thetanen, genau wie Erwachsene, und damit in der Lage, die gleiche Verantwortung wie sie zu übernehmen. Der einzige Unterschied bestand darin, dass unsere Körper jünger waren. Nicht *wir* waren jünger, nur unsere Körper. Also war die Tatsache, dass wir noch Kinder waren, irrelevant. Ich wusste, das war das Prinzip, also meinte ich, irgendwas stimmte nicht mit mir, wenn ich das Gefühl hatte, die Arbeit wäre zu schwer oder zu viel. Ich zog den falschen Schluss, dass ich mich einfach nur abhärten müsste.

Meine Unsicherheit wurde durch die Erwachsenen und die anderen Kinder um mich herum nur größer, weil ich ständig als Schlappschwanz bezeichnet wurde, dem ein bisschen Abhärtung gut täte.

Wenn ich mich rückblickend frage, warum ich mich nicht dagegen aufgelehnt habe, kann ich nur sagen, dass mein Leben dann noch schwerer geworden wäre. Wer die Regeln nicht befolgte, wurde von der Gruppe getrennt und gezwungen, seinen Fehler wiedergutzumachen. Er hatte keine Freizeit mehr und durfte an Feiern und besonderen Veranstaltungen nicht teilnehmen. Wenn man die Regeln nicht befolgte, wurde man unweigerlich dazu gebracht, sich wieder nach ihnen zu richten. Also war das kein Ausweg. Ungehorsam hätte es mir nur schwerer gemacht, voranzukommen und die Ranch zu verlassen.

KAPITEL 6

Das Leben eines Kadetten, Teil II

Die Vormittage eines Kadetten galten den Posten und der körperlichen Arbeit, die Nachmittage der Ausbildung.

Nach den Decks kamen das Mittagessen und das Aufräumen, gefolgt von der Ausbildung, die gegen Viertel vor zwei begann. Unsere akademische Ausbildung umfasste die üblichen Fächer wie Mathematik, Geographie, Lesen, Buchstabieren und Geschichte, doch wir mussten selbstständig mit Hilfe von Lehrbüchern und Prüfungsbögen, die man uns gab, lernen. Regulären Unterricht mit einem Lehrer gab es nicht. Wir durften nicht mal das Wort ›Lehrer‹ benutzen, da dieser Begriff durch ›Kursleiter‹ ersetzt worden war. Auch hieß es nicht ›Klassenzimmer‹, sondern ›Kursraum‹, nach L. Ron Hubbards so treffend betiteltem Grundsatzschreiben *Was ist ein Kurs?*

Während unserer Kurszeit mussten wir uns täglich durch einen *Supervisor* prüfen lassen. Dazu benutzte man eine von LRHs Erfindungen namens *Elektropsychometer*, die aber von allen nur kurz E-Meter genannt wurde. Der Prüfling musste in jeder Hand eine Blechdose halten. Dann wurde ein wenig Strom über die Dosen durch seinen Körper geleitet, während er befragt wurde. Der E-Meter hatte eine Nadel, die nach jeder Frage ausschlug, diese Ausschläge wurden dann vom Supervisor interpretiert. Wenn man sorgfältig die Bewegungen der Nadel beobachtete, konnte derjenige, der den E-Meter bediente, angeblich sehen, ob der Befragte die Wahrheit sagte. Die Idee dahinter war, dass der E-Meter wunde Punkte im Unterbewusstsein aufspürte, derer man sich vielleicht nicht bewusst war, die aber geklärt werden mussten. Diese Punkte kamen dann im Auditing zur Sprache. Mit anderen Worten: Der E-Meter war ein Instrument zur Unterstützung des Auditing-Prozesses.

Mit unseren täglichen *Meter-Checks* sollte herausgefunden werden, ob wir während unserer Studien auf etwas gestoßen waren, das wir nicht ganz verstanden hatten. Bei Scientology war man überzeugt, dass man, wenn man in einem Text ein Wort oder eine Passage nicht nachvollziehen konnte und daran vorbeilas, weder beim Lernen noch im Leben Erfolg haben würde. LRH behauptete, der Versuch, um ein unverstandenes Wort herumzulernen, sei der ausschlaggebende Faktor für Dummheit, die Wurzel allen Fehlverhaltens, das bis zur Kriminalität führen könnte. LRH schrieb: »Wenn man an einem Wort vorbeiliest, das man nicht versteht, überkommt einen ein Gefühl der Leere, einen innerlichen blinden Fleck, so, als wäre man nicht da, und das kann bis zu nervöser Hysterie führen.« Dies, sagte er, könne einen sogenannten *Blow* herbeiführen, der einen unter Umständen dazu triebe, mit dem Lernen aufzuhören oder den Kursraum zu verlassen.

Man klärte ein Wort, indem man die korrekte Definition im Wörterbuch fand und es dann in eigenen Sätzen immer wieder verwendete, bis man es sich angeeignet hatte. Dieser Prozess wurde mit jeder Bedeutung des Worts inklusive aller Synonyme und Idiome wiederholt. Doch Gott bewahre, wenn man beim Lernen dieser verschiedenen Bedeutungen und Ursprünge des Worts auf einen anderen Begriff stieß, den man nicht verstand. Dann hatte man ganze Wortketten, die man klären musste, und saß stundenlang vor den Wörterbüchern, nur um nicht durch den Meter-Check zu fallen. Den Ursprung des Wortes musste man auch immer kennen.

Fiel man beim Meter-Check durch, musste man wieder ganz von vorne anfangen und jedes einzelne Wort aufschreiben und klären, das man nicht verstanden hatte. Das Gleiche musste man mit jedem falsch verstandenen Wort wiederholen.

Mir waren die Meter-Checks verhasst, sie machten mich ungeheuer nervös. Sie wurden vor der ganzen Klasse durchgeführt, und alle bekamen es mit, wenn man durchfiel. Die Kursleiterin fragte zum Beispiel:

»Hast du bei deinen Studien irgendein Wort oder Zeichen gelesen, das du nicht vollkommen verstanden hast?«

Dann sah sie erwartungsvoll auf den E-Meter, um festzustellen, ob man durchkam oder nicht. Fiel man durch, sorgte sie dafür, dass die ganze Klasse es hörte.

Abgesehen von den Meter-Checks kamen von der Kursleiterin so gut wie keine Anweisungen. Wenn man etwas im Text nicht verstand, fragte sie nur, welches Wort genau man nicht verstand, half einem aber nicht, die Sache zu klären. Der Gedanke dahinter war, dass Erklärungen von Seiten des Kursleiters nicht hilfreich waren, weil man dann allein durch die Frage nach der Bedeutung eines Wortes und damit faktisch mit einem missverstandenen Wort durchkam. Es ist kein Wunder, dass mir auch die Schule immer weniger gefiel. Vor meiner Zeit als Kadett war ich ein ziemlich kluges Kind gewesen, das sehr gerne las, aber schon nach kurzer Zeit raubten mir diese monotonen und ermüdenden Lehrmethoden jegliche Motivation. Ganz gleich, welchen pädagogischen Wert es auch haben mochte, die Definitionen von Wörtern zu lernen, er wurde durch den unpraktischen und beschränkten Lernprozess ohnehin wieder zunichtegemacht. Obwohl ich schon früh lesen und schreiben konnte, verlor ich durch die reine Konzentration auf einzelne Wörter die Lust an beidem.

Die Meter-Checks fand ich besonders nervenaufreibend,

und ich tat alles, um sie zu vermeiden. Wenn man gerade ein Wort klärte, konnte man nicht geprüft werden, also hatte ich immer ein Wörterbuch vor mir aufgeschlagen und tat so, als würde ich ein Wort prüfen oder es in Sätze einbinden. Zwar ersparte ich mir dadurch die Peinlichkeit, beim Meter-Check durchzufallen, kam aber beim Lernen nicht weiter. Es war reine Ablenkung. Ich war so damit beschäftigt, einzelne Begriffe zu klären, dass ich den Text, den ich eigentlich lesen sollte, nicht mehr verstand. Manchmal wollte ich meine Freunde bitten, mir bestimmte Dinge zu erklären, aber wir durften nicht mit anderen Schülern reden, sonst wurden wir vor allen anderen angeschrien oder sogar zum Ethik-Offizier geschickt.

Die Schule ging von Viertel vor zwei bis sechs Uhr, mit einer Viertelstunde Pause dazwischen. Dann durften wir essen, entweder etwas, das wir in der Kantine kauften, oder eine Orange oder einen Apfel, die wir so bekamen. Außerdem durften wir auf dem Spielplatz spielen, den wir selbst gebaut hatten. Nach der Pause gab es erst einen Appell, bevor wir wieder mit dem Lernen anfingen. An manchen Tagen hatten wir fünfundvierzig Minuten Sport, was wahrscheinlich noch der freieste Unterricht war. Einmal die Woche kam ein Fitnesstrainer zur Ranch und unterzog uns einem Fitness-Test. Da wir von den Decks alle in guter körperlicher Verfassung waren, kamen wir ohne Probleme durch. Wenn der Fitness-Trainer nicht da war, taten wir, was uns gerade so einfiel. Einige spielten Fußball oder Volleyball, aber es gab keine festgelegten Mannschaften und keinen Trainer, und normalerweise spielten die sechzehnjährigen Jungen. Da konnte ein kleines Mädchen kaum mitmachen, ohne niedergetrampelt zu werden, was ich aus eigener Erfahrung wusste. Daher gab ich es, wie viele in meinem Alter, einfach auf und ging in einen Raum, wo wir uns an Gymnastik oder Aerobic versuchten.

Abendessen und Aufräumen fanden zwischen sechs und Viertel vor sieben statt, danach folgte unsere scientologische Ausbildung. Unsere normalen Schulfächer waren als Ergänzung zu unseren scientologischen Studien gedacht. Die Abendsitzungen aber waren für die echten Einführungskurse in Scientology bestimmt. Natürlich waren wir zu diesem Zeitpunkt oft schon müde. Schließlich hatten wir bereits einen Zwölf-Stunden-Tag hinter uns.

Wie bei unseren Schulkursen saßen beim scientologischen Unterricht etwa vierzig Personen in einem Raum. Da die Schüler auf verschiedenen Level waren, arbeiteten manche an Drillübungen, während andere sich Aufnahmen von LRHs Vorträgen anhörten, Tonmodelle herstellten oder LRHs Bücher und Grundsatzschreiben lasen. Wir arbeiteten allein und zeigten mit Hilfe eines Prüfbogens, wie weit wir waren.

Wir lernten viele verschiedene Aspekte von Scientology kennen, von der Beziehung zwischen Thetan, Verstand und Körper bis zur Bedeutung der Klärung missverstandener Wörter. Wir bekamen auch den sogenannten *Children's Communications Course*, eine Adaption des Kommunikationskurses für Erwachsene, in dem man lernte, Audits zu geben. Allerdings war in der Adaption viel verloren gegangen. Die Kommunikationskurse enthielten verschiedene *Trainingsroutinen* oder TRs, mit denen man seine Kommunikationsfähigkeiten perfektionieren sollte. Es gab eine Abfolge von TR-0 bis TR-4. Ziel dieser TRs war es, verschiedene Kommunikationstechniken zu isolieren und zu üben. Manche waren lange, praktische Übungen, um besser mit Abwehr und Ablenkung zurechtzukommen.

Bei den TRs übten wir paarweise mit unserem *Zwilling*. Bei der TR-0 mussten wir uns einander gegenübersetzen, und zwar so nah, dass wir uns fast mit den Knien berührten. Einer von uns war der Trainer, der andere der Schüler. Dann mussten wir uns ansehen, bis wir dabei keinerlei Unbehagen mehr empfanden, und durften uns nicht bewegen, nicht übermäßig blinzeln, nicht lächeln und nicht den Blick abwenden, sondern einfach nur den anderen anstarren. Vorgeblich war das Ziel, jemand anderen ohne Angst direkt anzusehen, aber in Wahrheit fühlte es sich wie ein Wettkampf an, wer länger den anderen anstarren konnte. Irgendwann geriet man in eine hypnoseähnliche Trance, bei der mein Partner immer vor meinen Augen verschwamm.

Als Nächstes kam *TR-0 mit Provokationen*, die weitaus schwierigste Übung. Wieder saßen wir einander gegenüber, aber statt uns wortlos anzustarren, mussten wir uns anhören, dass der Trainer sich über uns lustig machte und uns beleidigte. Ganz gleich, was gesagt wurde, wir durften nicht eine Miene verziehen. Die anderen Kinder im Kursraum hörten natürlich alles und lachten, wodurch es fast unmöglich war, die Konzentration aufrechtzuerhalten. Ziel dieser Trainingsroutine war es, nicht zu reagieren, allerdings verstand ich nie, warum es so wichtig war, nicht über Witze zu lachen. Manchmal war es schwer, ungerührt zu bleiben, ganz zu schweigen davon, nicht zu lachen.

Seltsamerweise war *Alice im Wunderland* ein wichtiger Bestandteil von TR-1 und TR-2. In TR-1, die *Liebe Alice* genannt wurde, lasen wir laut Passagen aus Lewis Carrolls *Alice im Wunderland* vor, um zu üben, uns verständlich zu machen, ohne überdeutlich oder undeutlich zu sprechen. Unser Zwilling hatte die Aufgabe, bei jedem Fehler »Durchgefallen« zu sagen. TR-2 war eine Erweiterung von *Liebe Alice*. Bei dieser Übung las einer willkürlich ausgewählte Passsagen aus *Alice im Wunderland* vor, während der andere nach jeder Passage »gut« oder »danke« sagte, zum Zeichen, dass er ihn verstanden hatte. Diese Bestätigung war wichtig, denn so zeigten Auditoren Preclears in einer Sitzung, dass sie ihnen folgen konnten.

Damals fand ich die Übungen nicht seltsam. Erst im Rückblick kommen sie mir bizarr vor. TR-3 befasste sich mit der Technik, auf Fragen passende Antworten zu bekommen. Der Schüler stellte normale Fragen wie »Können Vögel fliegen?« oder »Können Fische schwimmen?«, und der Trainer sollte den Schüler ablenken, indem er vorsätzlich etwas Zusammenhangloses antwortete wie »Tja, Hunde können es jedenfalls« oder »Mir ist kalt«, um den Schüler zu zwingen, die Frage zu wiederholen. Die ganze Übung kreiste so lange um sich selbst, bis der Trainer beschloss, die korrekte Antwort zu geben.

TR-4 galt der Übung, unseren Zwilling dazu zu bringen, beim Thema zu bleiben. Wir fragten zum Beispiel wieder »Können Vögel fliegen?«, doch unser Zwilling sollte die Frage nicht beantworten, sondern irgendetwas anderes sagen wie zum Beispiel: »Ich brauche ein Taschentuch.« Dann sagte man: »Ist gut, hier bitte«, und gab ihm ein Taschentuch, um sofort darauf auf die ursprüngliche Frage zurückzukommen. »Ich frage noch einmal: Können Vögel fliegen?« und so weiter.

Alle TRs waren von Wiederholungen geprägt und sollten uns lehren, Kommunikation zu kontrollieren. Ich glaubte wirklich, das Ziel wäre es, unsere kommunikativen Fähigkeiten zu trainieren, aber die ewigen Wiederholungen hatten in vielerlei Hinsicht den entgegengesetzten Effekt. Mit der Zeit fühlte ich mich gezwungen, mein Gegenüber immer direkt anzusehen und ihm ständig zu bestätigen, dass ich gehört hatte, was er sagte. Tatsächlich bekam ich durch die TRs das Gefühl, es wäre falsch, zu reagieren oder meine Gefühle auszudrücken. Wenn wir uns im Alltag über etwas oder jemanden aufregten, hieß es immer: »Du musst die TRs üben.« Ich sollte ständig Kontrolle über meine Gefühle haben, und die Kurse halfen mir dabei, auch wenn ich dadurch meine Gefühle unterdrückte.

Obwohl die TRs dafür sorgten, dass unsere Interaktionen

immer gleichförmiger wurden, waren die Erwachsenen auf der Ranch eindeutig überzeugt, wir würden dadurch bessere Sea Org-Mitglieder werden. Wir wuchsen schon seit frühester Kindheit mit den scientologischen Techniken auf, daher freuten sich unsere Eltern und andere Erwachsene für uns, waren sogar ein wenig neidisch darauf. Es war fast wie ein Privileg, das sie nie gehabt hatten.

Gegen neun endete der scientologische Unterricht. Dann mussten wir unsere *Student Point Slips* ausfüllen, Formulare, in die täglich mittels eines Punktesystems unsere Fortschritte eingetragen wurden. Zum Beispiel gab es zehn Punkte dafür, eine Seite eines LRH-Grundsatzschreibens gelesen zu haben, und jede geklärte Definition aus einem Wörterbuch gab weitere drei Punkte. Wir rechneten unsere Punkte zusammen und trugen den Wert in ein Diagramm, das uns zeigte, ob wir den Wert des Vortags über- oder unterschritten hatten. War Letzteres der Fall, wartete am nächsten Tag sofort der Meter-Check auf uns.

Nach dem Ausfüllen der Diagramme fragte uns der Supervisor, ob jemand einen *Gewinn* zu teilen habe. Ein Gewinn war etwas, das man gelernt hatte und jetzt anwenden konnte. Wenn jemand einen Gewinn teilte, mussten die anderen Beifall klatschen. Für einen Abend waren drei oder vier Gewinne normal. Ich nehme an, damit sollten wir sehen, dass es sich lohnte, die scientologischen Techniken zu lernen, und dass man einen Gewinn teilen konnte, wenn man nur tüchtig lernte. Im Umkehrschluss hieß das aber auch, dass man irgendwas falsch gemacht hatte oder dass etwas nicht mit einem stimmte, wenn man keinen Gewinn hatte.

Unsere Kurszeit beendeten wir immer damit, dass wir L. Ron Hubbard hochleben ließen. Dazu drehten wir uns alle zu seinem Bild, das an einer Wand hing. Obwohl LRH seinen Körper verlassen hatte, betrachteten ihn alle noch als unser Vorbild, als einen Mann, dem die Menschheit so am Herzen gelegen hatte, dass er ihr mit seiner Weisheit und seinen Techniken helfen wollte. Ganz gleich, in welchem Raum wir unterrichtet wurden, ein Bild von LRH hing in jedem, sogar in unseren Schlafzimmern. Dadurch hatte ich das seltsame Gefühl, er würde mich beobachten, ganz gleich, wohin ich ging.

Der Supervisor rief: »Hip! Hip!«, und wir antworteten: »Hurrah!«, und klatschten ein paar Minuten.

Nach diesem Salut gingen wir in unsere Schlafräume und machten uns bettfertig. Ich teilte mir mit sieben Mädchen ein Zimmer. Wir duschten alle abends, weil morgens nie genug Zeit dazu war. Während wir darauf warteten, an die Reihe zu kommen, plauderten wir mit den anderen Mädchen und putzten uns die Zähne. Diese knappe halbe Stunde bot eine der wenigen Gelegenheiten, in der wir uns mit unseren Freunden unterhalten konnten.

Um Punkt halb zehn wurde das Licht gelöscht, und der Master-at-Arms ging herum, um sicherzustellen, dass alle im Bett lagen. Und am nächsten Tag begann alles von vorn.

Nur am Donnerstag wich der tägliche Stundenplan etwas ab. Bei Scientology beginnt und endet die Woche donnerstags um vierzehn Uhr, und zum Start der neuen Woche gehörte die mühsame Sammlung und Auswertung unserer Wochendaten, damit unsere Supervisoren – in der Regel auch Kinder – unsere Fortschritte einschätzen konnten. Um Punkt vierzehn Uhr versammelten wir uns für zwei Stunden zu den sogenannten *Thursday Basics,* den »Donnerstagsgrundlagen«, im Schulgebäude. Dann wurden die täglichen Einträge von den Schülerpunkteformularen zusammengerechnet und in Diagramme übertragen, damit man prüfen konnte, ob wir Fortschritte machten oder nicht.

Donnerstags mussten wir auch die Wochenstatistik von unseren Posten erstellen. Jeden Tag wurde geprüft, ob wir die Tätigkeiten unserer Posten in ein Diagramm eintrugen und uns damit unsere Leistungen vor Augen führten. Ich als Medical Liaison Officer wurde jeden Tag anhand der Anzahl gesunder Kadetten bewertet.

Donnerstags trug ich die Ergebnisse dieser täglichen Diagramme in Tabellen ein. Wenn ich einen Berg an Daten und Zahlen übertragen hatte, zeigte das daraus resultierende Diagramm, ob ich mich in eine gute Richtung entwickelte (aufwärts) oder in eine schlechte (abwärts). Aufgrund der Richtung und Steigung oder Neigung der Kurve bekam ich einen entsprechenden Ethik-Zustand zugewiesen, der mir helfen sollte, meine Postenstatistik zu verbessern. Je nachdem, wie mein Zustand war, musste ich in der folgenden Woche verschiedene Schritte unternehmen, um meine Statistik zu halten oder zu verbessern.

Ethik-Zustände bestimmten nicht nur die Fortschritte auf unseren Posten, sie waren auch integraler Bestandteil bei der Bewertung von uns als Menschen. Nach LRH gab es zwölf dem Wert nach abgestufte Zustände, und alle Scientologen waren stets bemüht, ihren Zustand zu verbessern, da dies unweigerlich zu größerem Glück und Wohlstand und einem besseren Leben führte. Jeder begann im Zustand der ›Nichtexistenz‹ und konnte über die zwölf einzelnen Stufen seinen Zustand und somit auch sein Wohlbefinden steigern.

Die Ethik-Zustände waren, in absteigender Reihenfolge:

Macht
Machtwechsel
Überfluss
Normal
Notlage

Gefahr

Nichtexistenz

Belastung

Zweifel

Feind

Verrat

Verwirrung

Jeder Zustand unter ›Nichtexistenz‹ wurde als niedrig eingestuft und mit entsprechenden Strafmaßnahmen behandelt. »Niedriger Ethik-Zustand« hieß, dass man sich gegen die Gruppe gestellt, ihre Regeln verletzt hatte und korrigiert werden musste. Das geschah häufig durch Demütigungen. Zum Beispiel erhielt man nur Bohnen und Reis zu essen, wurde von den *Org Awards* ausgeschlossen und bekam seine Privilegien entzogen oder reduziert. Allerdings konnte ein niedriger Ethik-Zustand auch selbst eine Strafe sein: Hatte man etwas falsch gemacht, konnte man als Strafe dafür in einen niedrigeren Zustand versetzt werden und musste sich wieder hocharbeiten. Alles konnte einen in einen niedrigeren Ethik-Zustand versetzen, ob man nun Widerworte gab, ungehorsam war oder auch nur seinen Schlüssel verlor.

Als MLO musste ich meine wöchentlichen Leistungen in eine Karte eintragen. Bei Verbesserungen auf meinem Posten verbesserte sich auch mein Ethik-Zustand. Wenn viele Kinder krank wurden, ging meine Leistungskurve nach unten, was ich wiedergutmachen musste, indem ich mich in den Ethik-Zustand ›Gefahr‹ eintrug. Die Ethik-Zustände konnten in den einzelnen Aufgabenbereichen variieren. Zum Beispiel war es möglich, dass man bei seinen Finanzen in ›Zweifel‹ war, bei seiner Gesundheit aber in ›Überfluss‹.

Für mich als Siebenjährige war die Erstellung all dieser Listen und Diagramme lächerlich und bedeutungslos. Ich war keine Perfektionistin, und Details interessierten mich kaum. Rückblickend kann ich fast nicht glauben, dass all das von uns erwartet wurde. Die Analyse dieser vielen Zahlen war nicht nur ermüdend, sondern auch unglaublich zeitaufwendig. Es zwang uns, all unsere Konzentration auf Zahlen und Formulare zu richten, ohne deren Bedeutung wirklich ermessen zu können. Wir mussten uns die Ergebnisse ansehen, Schlussfolgerungen ziehen und den vorgeschriebenen nächsten Schritten folgen. All diese Arbeit mit Zahlen, Statistiken und Trends war eine wesentliche Übung für unser Leben als erwachsene Scientologen. Je mehr wir uns daran gewöhnten, jede Woche unser Leben zu quantifizieren, desto weniger Schwierigkeiten würden wir in der Zukunft damit haben.

Zu den Thursday Basics gehörten aber auch die wöchentlichen E-Meter-Checks, die sich von denen unserer Schulstunden unterschieden. Während dieser Checks mussten wir uns in einer Reihe aufstellen, und dann setzte sich einer nach dem anderen mit den Dosen in der Hand hin. Aber im Gegensatz zu unseren täglichen Checks wurden keine Fragen gestellt. Der Prüfer des E-Meters, immer ein Erwachsener, beobachtete einfach den Ausschlag der Nadel und befand dann auf ›sauber‹, ›schmutzig‹, ›bestanden‹ oder ›durchgefallen‹. Wenn die Nadel gleichmäßig ausschlug, war sie ›sauber‹ oder ›fließend‹, und man hatte bestanden. Ich versuchte oft, nur an Schönes zu denken, um die Prüfung zu bestehen, erfuhr aber das Ergebnis immer erst später am Abend, wenn es vor der Gruppe vorgelesen wurde.

Wenn wir durchfielen, mussten wir eine *O/W-Aufstellung* anfertigen. O/W war die Abkürzung für *Overts* und *Withholds* – Offenes und Verdecktes –, was im Grunde nichts anderes bedeutete als Sünden und Geheimnisse. Overts waren Sünden oder Missetaten, während Withholds all das umfasste, was man zu verbergen versuchte. Also mussten wir im Grunde unsere Sünden beichten. Die Vorgaben dazu waren sehr präzise: Zuerst schrieben wir auf, was wir falsch gemacht hatten, dann wurden Zeit, Ort, Art und Weise und die Gelegenheit angegeben. Wir mussten so lange schreiben, bis alles gebeichtet war und wir uns besser fühlten. Danach bekamen wir einen weiteren Meter-Check. Bei diesem Mal aber wurden wir gefragt: »Ist diese O/W-Aufstellung vollständig, oder wurde etwas ausgelassen?« Wenn wir wieder durchfielen, mussten wir weiterschreiben, und zwar so lange, bis unsere Nadel gleichmäßig ausschlug.

Donnerstags mussten wir auch den Wochenbericht für unsere Eltern schreiben. Dafür gab es Formulare mit Leerstellen für Namen und Datum sowie Kästchen, in denen wir angeben konnten, welche Kurse wir geschafft hatten, ob unsere Statistik hoch oder niedrig war, ob wir Gewinne hatten und was wir sonst noch mitteilen wollten. Allerdings durften wir nichts Negatives schreiben. Denn die Erwachsenen der Ranch lasen die Wochenberichte, bevor sie zur Int Base geschickt wurden, und mögliche Klagen wurden als ›Schlechtmachen‹ behandelt. Das Gleiche galt für unsere Briefe, ob sie nun an Freunde, Verwandte oder die Eltern gingen. Wann immer ich einen Brief von meinen Eltern oder sonst wem bekam, war er schon geöffnet und wieder zugeklebt worden. Den anderen Kindern auf der Ranch erging es genauso. Ich weiß nicht, was der Zweck dieser Überwachung unserer Korrespondenz war. Vielleicht wurde so sichergestellt, dass wir unsere Eltern, die so viel arbeiten mussten, nicht störten oder aufregten. Also waren Beschwerden nicht nur auf der Ranch untersagt, sondern auch in Briefen.

Der Freitagabend verlief anders als die anderen Abende.

Nach dem Abendessen gab es die Graduierung, bei der manche für den Abschluss von Kursen Zertifikate bekamen. Zur Graduierung versammelten wir uns entweder in der Mess Hall oder der Eingangshalle, wo wir in den Genuss einer scientologischen Vorführung kamen. Manchmal war es nur ein Musikvideo, häufiger jedoch die Diavorführung von der Rekrutierung neuer Sea Org-Mitglieder. Dabei sah man immer Bilder von Menschen in Uniform, darunter einige unserer Eltern, während im Hintergrund feierliche Musik und Parolen ertönten wie »Viele sind berufen, nur wenige auserwählt«.

Fast jede Woche wurde auch LRHs *Mission durch die Zeit* gezeigt. Dabei sah man L. Ron Hubbard, der sich bis mehrere Hundert Jahre zurück an seine früheren Leben erinnerte und seine Reise chronologisch aufschlüsselte, indem er auf diese früheren Leben Bezug nahm. Nur aus der Erinnerung nannte er Orte auf der ganzen Welt, wo er in seinen früheren Leben verschiedene unbekannte Gegenstände vergraben hatte. Dann zeigte die Diashow die Geschichte der ersten Sea Org-Mitglieder, die die Mission hatten, all diese Orte aufzusuchen, um diese Gegenstände zu suchen. Sie fuhren mit dem Schiff über die Weltmeere und fanden alles. Wenn ich das sah, bekam ich jedes Mal eine Gänsehaut.

Nach der Vorführung bekamen die Kinder, die einen Kurs abgeschlossen hatten, unter lautem Applaus ihre Zertifikate. Dann gab es die Verleihung von Titeln wie »Schüler der Woche«, »Kadett der Woche« und »Division der Woche«. Auch die Graduierung endete damit, dass wir uns vor LRHs Bild stellten und ihn dreimal hochleben ließen.

Das Beste kam nach der Graduierung, dann erhielten wir unser Taschengeld von fünf Dollar. Wir mussten dafür eine Unterschrift leisten, denn von dem Geld wurden Sozialabgaben abgezogen, also waren es eigentlich nur vier Dollar fünfzig.

Außerdem gab es noch Abzüge, wenn Geburtstagsgeschenke für einen Erwachsenen oder eine Führungskraft gekauft wurden. Waren die Kadettenstatistiken insgesamt gut, bekamen wir manchmal einen Org Award, was hieß, dass wir vor dem Schlafengehen einen Film ansehen und Popcorn essen durften oder sogar einen Ausflug unternahmen. Danach gingen wir alle auf unsere Zimmer, um uns bettfertig zu machen.

Samstags gab es keine Schule, dafür mussten wir unsere Unterkünfte und alle öffentlichen Gebäude auf Hochglanz bringen. Ich war für das Schulgebäude eingeteilt. Trotz der anstrengenden Putzerei liebte ich die Samstage, weil ich dann meine Eltern sah und es am Samstagabend immer Nachtisch gab – normalerweise Chocolate Chip Cookies. Gegen zweiundzwanzig Uhr waren wir normalerweise mit dem Putzen fertig. Es war anstrengend, aber für den Luxus in der Wohnung meiner Eltern lohnte es sich.

KAPITEL 7

Ausreißer

Durch all unsere Arbeit wurde die Ranch langsam immer schöner. Die Straßen wurden asphaltiert, und die Häuser bekamen einen schwedenroten Anstrich mit weißer Zierleiste an Dach und Fensterrahmen. Es gab Küchengärten und Obstgärten mit Äpfeln und Granatäpfeln, wunderschöne Natursteinmauern, die das Grundstück säumten, üppige Teppiche aus Eiskraut, die die Hügel bedeckten, und frisch gemähte Sportplätze. Am Ende war das karge, staubige Fleckchen Erde kaum noch wiederzuerkennen. Auf den ersten Blick wirkte der Ort zum Aufziehen von Kindern mehr als geeignet, fast wie ein ganzjähriges Sommercamp. Aber nach all den Strapazen konnte ich all dem kaum etwas abgewinnen.

Es machte mir keinen Spaß mehr, auf der Ranch oder ein Kadett zu sein. Die tägliche Decksroutine war unerträglich, die Kursarbeit kaum zu bewältigen. Zwar forderte auch die körperliche Arbeit ihren Tribut, aber die eigentliche Überforderung kam daher, dass von uns erwartet wurde, wie Erwachsene zu denken. Bei all den Prozeduren, Informationen und Diensten, mit denen täglich unser Kopf gefüllt wurde, gab es kaum oder gar keinen Raum mehr für Fantasie und Spiel. Es ist schwer zu begreifen, wie wir Kinder die geistigen Fähigkeiten aufbrachten, die verschiedenen täglichen und wöchentlichen Statistiken auf dem neuesten Stand zu halten, Trends in diesen Daten zu ermitteln und dann eine Strategie zu entwickeln, mit Hilfe komplexer Formulare und täglicher Schlachtpläne die Statistiken zu verbessern. Jeder Vorgang auf der Ranch war strikt geregelt und bürokratisch, ob wir nun die Austeilung von Werkzeug mit unserer Unterschrift bestätigten oder jedem Tisch eine Hierarchie aus Mess President, Treasurer und Steward zuwiesen. Auch das Aufräumen und Saubermachen hatte eine strenge Ordnung, die LRH in einem entsprechenden Kurs festgelegt hatte. Es gab Regeln, wie Fenster und Messinggegenstände gereinigt werden sollten, und eine klare Reihenfolge für das Putzen eines Zimmers. Jeden Tag wurde geprüft, ob die Laken auf unseren Betten auch korrekt eingeschlagen waren, was wir vorher in einem Kurs gelernt hatten. Selbst zum Fahrradfahren mussten wir vorher einen Kurs absolvieren.

Zusätzlich zu diesen mühseligen Routinearbeiten waren wir für mindestens drei Bereiche verantwortlich, die täglich auf Vordermann gebracht werden mussten. Für Notfälle wie Feuer, Einbrecher oder Erdbeben hatten wir festgelegte Verhaltensvorgaben, die von Schadenskontrolle bis Evakuierung reichten, und diese Vorgaben wurden ebenfalls jede Woche gründlich durchgesprochen und geübt.

Schon einen freien Tag zu bekommen, erforderte einen unglaublichen Aufwand. Wenn ich frei haben wollte – zum Beispiel, weil meine Mom zur Int kam –, dann musste ich mit einem Formular einen Antrag stellen, auf dem für jede meiner verschiedenen Aufgaben Stellvertreter aufgelistet waren. Wir bekamen höchstens alle zwei Wochen frei und nur dann, wenn unsere Statistiken gut waren und wir keinen niedrigen Ethik-Zustand hatten. Erst dann wurde der Antrag überhaupt geprüft, und zwar von mindestens vier Personen.

Die Liste der Pflichten und Prozeduren war endlos, und das Resultat dieser unzähligen Maßnahmen, Formulare und Regeln war, dass es auf der Ranch keine Kinder mehr gab, sondern nur noch kleine Erwachsene. Zu besonderen Gelegenheiten wurden wir in hübsche Kleider gesteckt und mussten vor unseren Eltern oder Mitgliedern der Int antreten, sodass es aussah, als hätten wir bei Scientology eine ganz normale, fröhliche Kindheit, die uns in Wahrheit doch geraubt wurde. So etwas wie Normalität gab es nur noch, weil wir selbst uns praktisch wie Eltern umeinander kümmerten, uns pflegten, wenn wir krank waren, trösteten, wenn wir nicht schlafen konnten, disziplinierten, wenn wir etwas falsch machten, uns zu essen gaben, wenn wir Hunger hatten, und uns bei den Schularbeiten halfen, wenn wir nicht weiterwussten. Ja, wir waren verantwortlich für unsere Arbeit bei den Posten, den Decks, beim Putzen, in der Schule und den scientologischen Kursen – aber vor allem waren wir füreinander verantwortlich.

An den meisten Tagen versuchte ich nur, den Kopf über Wasser zu halten, und die Nächte waren noch schlimmer. Ich hatte furchtbare Angst vor der Dunkelheit. Wenn das Licht gelöscht wurde, hörten wir draußen oft Kojoten heulen, und obwohl die Türen geschlossen waren, wusste ich, dass um uns herum die Wildnis war. Meine ausgeprägte Fantasie erwies mir in der Dunkelheit keinen Dienst. Manchmal wachte ich nachts so panisch auf, dass ich zu einer meiner Freundinnen ins Bett kroch. In den schönsten Nächten träumte ich davon, Freizeit mit meinen Eltern zu verbringen, aber beim Aufwachen kam dann die Enttäuschung, immer noch auf der Ranch zu sein.

So tröstlich es war, meine Eltern in der Nähe zu wissen, so sehr vermisste ich sie dennoch. Zwar half es ein wenig, dass Justin da war, doch er kehrte auch oft auf unangenehme Weise den großen Bruder heraus. In den ersten Monaten auf der Ranch hatte er mir geholfen, mich an das Leben dort zu gewöhnen. Aber als ich Kadett wurde, war er häufig mit seinen Freunden oder seinen eigenen Problemen auf der Ranch beschäftigt und nicht immer in der Lage oder auch nur daran interessiert, mir zu helfen. Schließlich war er kein Elternteil. Manchmal, wenn ich aufgebracht war, versuchte er zwar, mir zu helfen, aber einige Male machte er mich nur noch wütender.

Ich machte weder die Church noch meine Eltern für die Vorgänge auf der Ranch verantwortlich, sondern nur die Erwachsenen dort, die mich, wie ich fand, schlecht behandelten. Ich war sicher, wenn ich nur irgendjemandem erzählen könnte, was hier vorging, würde sich alles ändern. Ich wusste nicht genau, wie viel meine Eltern davon mitbekamen, wie es mir auf der Ranch erging. Wegen der Bemerkungen, die sie ab und zu machten, wusste ich, dass sie Fotos gesehen hatten, die man von mir während meiner Arbeit aufgenommen hatte. Daher war ihnen bekannt, dass ich körperlich schwere Arbeiten leisten musste. Hin und wieder hatte mein Vater mit anderen Erwachsenen bei den Renos mitgearbeitet, also wusste er aus eigener Erfahrung, was die Kinder taten. Trotzdem nahm ich an, dass weder meiner Mutter noch meinem Vater bewusst war, wie schwierig die Bedingungen hier wirklich für mich waren. Ich dachte, wenn sie erst einmal davon erführen, dann würden sie sofort alles in Ordnung bringen. Denn wie konnten sie sonst zulassen, dass ich weiterhin hierblieb?

Trotzdem hielt mich irgendetwas davon ab, es ihnen zu erzählen. Obwohl ich ihnen die Wahrheit zu gerne anvertraut hätte, zögerte ich. Nicht, weil ich Angst davor hatte, Ärger zu bekommen, sondern weil ich befürchtete, nicht die Ranch sei das Problem, sondern ich. Alle Kinder um mich herum erledigten ihre Aufgaben und klärten ihre Wörter, und da außer mir nur wenige andere damit zu kämpfen hatten, meinte ich, irgendetwas würde mit mir nicht stimmen. Ich hatte niemanden, der mich beruhigte oder mir sagte, dass Kinder nicht so schwere Arbeit leisten sollten. Ich hatte Angst, wenn ich zu meinen Eltern gehen und ihnen erzählen würde, was hier vorging, würde ich sie nur enttäuschen. Da ich das nicht wollte, tat ich das Einzige, das mir in diesem Fall sinnvoll erschien: Ich hielt den Mund und beschloss auszureißen.

Nach etwa einem Jahr auf der Ranch war ich am Ende. Doch glücklicherweise war ich in meinem Elend nicht allein. Meine Freundin Rebecca hatte es auch satt. Sie war kurz nach mir auf die Ranch gekommen. Ihre Mutter hatte eine Stelle in der Verwaltung des *Religious Technology Center* und lebte auf der Int. Rebecca war etwa ein Jahr älter als ich, hatte glatte, dunkle Haare und helle Augen. Sie war unglaublich tierlieb und damit perfekt dafür geeignet, sich um die verschiedenen Tiere auf der Ranch zu kümmern. Sie versorgte die Ziegen, die Enten, die Hühner und die Pferde, die auf einer eingezäunten Weide gehalten wurden. Obwohl sie einen Posten hatte, der auf sie zugeschnitten war, fand sie alles andere – die Decks und die Kursarbeit – ebenso unerträglich wie ich.

Eines Tages Anfang Mai fingen Rebecca und ich an, einen Fluchtplan zu schmieden. Mindestens eine Woche lang überlegten wir, was wir dazu bräuchten und wohin wir gehen sollten. Uns war klar, dass wir nicht zur Int Base konnten. Selbst wenn wir die zwanzig Meilen bis dahin schaffen würden, hätten mich meine Eltern wahrscheinlich sofort wieder zurückgeschickt. Daher musste eine andere Zuflucht gefunden werden. Ich plante grob, in einer unterirdischen Höhle zu wohnen, die ich selbst graben würde, und dort würde ich Croissants essen, die ich von einem der vielen Bäcker stehlen wollte, die es unzweifelhaft überall in der Wog-Welt gab.

An einem Donnerstagabend im Mai 1991 war für Rebecca und mich der Zeitpunkt zur Flucht gekommen. Ich packte meine Kleider und den Kängurupullover, der früher meiner

Mutter gehört hatte, ein. Tagsüber hatte ich bereits Gemüse aus einem der Küchengärten und ein paar Eier aus dem Hühnerstall gestohlen. Diese Eier waren eigentlich speziell für Onkel Dave gedacht. Dazu hatte man Hühner auf die Ranch gebracht, die in einem eigenen Freilandkäfig gehalten wurden. Wir fütterten die Hühner und säuberten die Käfige. Wenn die Hühner Eier legten, sammelten wir sie ein, damit sie zur Int Base gebracht wurden und Onkel Dave sie essen konnte.

Es war nicht das erste Mal, dass ich Onkel Daves Eier stahl. Ein paar Monate zuvor hatte ich mir schon ein paar geschnappt, weil ich in meiner Kommode Küken ausbrüten wollte. Als ich erwischt wurde, bekam ich großen Ärger. Mr. Parker und Mr. Bell waren fuchsteufelswild geworden und hatten behauptet, wenn Onkel Dave das herausfände, würde ich in ernsthaften Schwierigkeiten stecken. Ich musste ihm einen Brief schreiben und ihm beichten, dass ich seine Eier gestohlen hatte. Doch zu meiner Überraschung, und ich glaube auch zur Überraschung von Mr. Parker und Mr. Bell, reagierte er sehr nett. Er schrieb mir zurück und erklärte, meine Kommode sei wahrscheinlich nicht warm genug zum Ausbrüten von Eiern. Dazu bräuchte man einen Inkubator. Und jetzt hatte ich wieder Eier gestohlen. Ich wusste, ich ging damit ein großes Risiko ein, aber mir blieb kaum etwas anderes übrig. Schließlich brauchten wir etwas zu essen.

Rebecca hasste besonders Mr. Parker. Diese Frau konnte einem wirklich Angst einjagen, aber irgendwie war sie zu mir nicht so schlimm wie zu den anderen. Rebecca bestand darauf, ihr vor unserem Aufbruch einen Brief zu schreiben, nach dem Motto: Was wir Ihnen schon immer mal sagen wollten! Also schrieben wir, wir hätten genug, wir würden jetzt in die Wog-Welt fliehen und nie mehr zurückkommen. Rebecca fügte hinzu, dass wir sie hassten und sie echt gemein war. Außerdem schrieben wir, sie sollte unsere Eltern grüßen, weil wir nun auf uns allein gestellt wären.

Mir klopfte das Herz bis zum Hals, als wir den Brief auf Mr. Parkers Schreibtisch im Cottage legten. An Rebeccas Miene sah ich, dass sie ebenfalls Angst hatte. Trotz unseres selbstbewussten Tons in dem Brief hatten wir beide so große Angst, erwischt zu werden, dass wir kaum einen Gedanken daran verschwendeten, was wir nach unserer Flucht von der Ranch machen wollten. Plötzlich überfielen mich Zweifel, aber es war zu spät. Wir rannten zum Fahrradunterstand und holten unsere Räder. Meins hatte mir mein Vater gekauft, es war pink und hatte einen Korb am Lenker. Den Rucksack mit unserem Essen stellte ich in den Korb. Dann fuhren wir die Viertelmeile zum Vordertor der Ranch. Wir wussten, wir mussten so leise wie möglich am Tor vorbeikommen, weil man uns sonst über die Gegensprechanlage hören konnte.

Ich hatte gar nicht daran gedacht, wie schwer es sein würde, mein Rad mit einem vollen Korb unter dem Tor hindurchzuschieben. Natürlich fiel alles heraus. Rebecca half mir, alles wieder einzupacken, dann stiegen wir wieder auf und radelten einen steilen Hügel hinunter, wobei wir für mein Gefühl etwas zu schnell wurden. Als wir zur Brücke über den Fluss kamen, bibberten wir so heftig, dass wir uns nur panisch ansahen. Rebecca ermutigte mich und versicherte, dass wir es schaffen würden. Wir waren ungeheuer erleichtert, als wir endlich die andere Seite erreicht hatten.

Die Sonne, die schon verblasste, als wir unter dem Vordertor hindurchschlüpften, verschwand ganz, als wir unsere Räder über das Gitter zur Viehweide schoben. Da wir gehört hatten, dass man sich auf dem Gitter schnell ein Bein brechen konnte, waren wir besonders vorsichtig. Dort an der Weide endete das Grundstück der Ranch, und das Indianerreservat begann.

Nachdem wir eine Meile die Straße hinuntergeradelt waren, sahen wir hinter uns in der Ferne die Scheinwerfer eines Wagens näher rücken. Schnell warfen wir die Räder in den Straßengraben und versteckten uns hinter einem kleinen Hügel. Wir dachten, der Wagen würde vorbeifahren, doch zu unserem Entsetzen hörten wir, dass jemand ausstieg und dann die Tür zuknallte.

Schritte ertönten im Unterholz. Erstarrt vor Schreck sahen wir uns an. Ich war sicher, dass uns ein Indianer holen kam. Es gingen ständig Gerüchte auf der Ranch um, dass die Indianer auf vorbeifahrende Wagen schossen, wenn sie die Insassen nicht erkannten. Wir hatten auch gehört, dass vor einem nahe gelegenen Casino, direkt an ihrer Grundstücksgrenze, jemand erschossen worden war. So weit waren wir noch nicht gekommen, aber vielleicht war es einer der Spieler auf dem Heimweg.

Doch es waren keine Fremden, die uns suchten. Als ich einen Blick riskierte, entdeckte ich Joe Conte und Taryn mit ihren Freundinnen Jessica und Heather auf dem Rücksitz. Unsere Flucht war jetzt offiziell gescheitert.

»Ihr seid solche Idioten«, zischte Taryn. Sie schnappte sich meine Sachen und zog uns zurück zum Wagen. Heather und Jessica kümmerten sich um die Räder. »Jetzt verpassen wir den Anfang der Feier, bloß weil ihr so bescheuert seid«, schimpfte sie.

Ich hatte ganz vergessen, dass es der 9. Mai, der Jahrestag der Dianetik, war. Zur Feier dieses Tages organisierte die Church alljährlich ein internationales Event, das via Satellit zu allen scientologischen Stützpunkten, inklusive der Ranch, übertragen wurde. Taryn, Jessica und Heather hatten unsere Flucht direkt gemeldet. Weil sie uns nachfahren mussten, verpassten sie den Anfang, der immer das Beste war, weil es Showeinlagen von Sängern und Tänzern gab. Jetzt würden Rebecca und ich nicht nur Ärger wegen unseres Fluchtversuchs bekommen, sondern waren auch dafür verantwortlich, dass sie den Anfang der Show verpasst hatten.

Als wir auf der Ladefläche des Trucks zurück zur Ranch fuhren, strömten Rebecca Tränen über das Gesicht, und mir war ziemlich übel. Es war eiskalt, und wir stießen jedes Mal gegen die älteren Mädchen, wenn die gewundene Straße eine scharfe Biegung machte. Jemand öffnete unseren Rucksack und holte die Karotten und die Eier heraus, die ich gestohlen hatte. Dann fingen alle gleichzeitig an zu lachen und riefen uns höhnische Fragen zu, deren Antwort sie gar nicht interessierte.

»Wolltet ihr von Möhren und rohen Eiern leben?«, fragte eine.

»Wo wolltet ihr überhaupt hin?«, fragte eine andere.

»In die Wog-Welt, weg von euch gemeinen Fieslingen!«, schrie ich. Ich begriff nicht, warum niemand uns ernst nahm – ich war fest entschlossen gewesen, in der Wog-Welt zu leben. Aber sie sahen sich nur an und lachten noch lauter.

Als wir schließlich vor dem Schulgebäude hielten, warteten Justin und Sterling auf uns. Auch sie lachten und machten sich über uns lustig. Ich wäre fuchsteufelswild gewesen, hätte ich nicht solche Angst vor dem gehabt, was Mr. Parker für uns vorgesehen hatte.

Sie wartete im Schulgebäude und eröffnete mir sofort, dass unsere Flucht schon aufgeflogen war, noch bevor wir das Vordertor erreicht hatten. Mr. Parker war verärgert und sehr enttäuscht. Sie schrie uns an und verkündete, wir wären nun beide im niedrigen Ethik-Zustand und müssten am nächsten Morgen als Erstes Wiedergutmachung leisten. Die Strafe war unerwartet mild, doch ich hasste es, dass wir beide im Ethik-Zustand ›Belastung‹ waren und uns wieder hocharbeiten mussten. In diesem Zustand muss jedes Mitglied der Gruppe unterschreiben, dass man wieder in die Gruppe aufgenommen wird. Wenn die Mehrheit dagegen ist, muss man so lange Wiedergutmachung leisten, bis alle einverstanden sind.

»Solltest du noch mal versuchen auszureißen, wird deine Strafe verdoppelt«, drohte sie.

Rebecca bekam noch eine Zusatzstrafe. Sie wurde für mehrere Wochen vom Kadetten zum Kind degradiert. Ich wusste, es war ungerecht, dass sie schlimmer bestraft wurde als ich, sprach es aber nicht an. Doch Taryn ließ mir das nicht durchgehen und nannte mich »verwöhnte Göre«, weil ich besser als Rebecca davongekommen war.

Als Rebecca und ich zu Bett gingen, schämten wir uns so sehr, dass wir mit niemandem sprachen, auch nicht miteinander. Am nächsten Morgen hatte ich solche Angst, dass ich mich ständig übergeben musste. Nach dem Frühstück wurde es noch schlimmer.

Meine Freundin Eva machte sich Sorgen, aber Taryn nicht im Geringsten. »Tja, sieh dir an, was du angezogen hast«, sagte sie ungerührt. *Anziehen* gehörte zum scientologischen Konzept und bedeutete, dass man, wenn man etwas Schlimmes tat, gleichzeitig dafür sorgte, dass einem etwas Schlimmes passierte. Man zog es an, ähnlich wie schlechtes Karma, nur dass es bei den Scientologen auch garantiert so kam. Der Thetan nämlich sorgte dafür, dass einem etwas Schlimmes widerfuhr, um einen für sein Fehlverhalten zu bestrafen.

Mr. Parker sah es genauso wie Taryn, denn sie sagte: »Bilde dir bloß nicht ein, du kämst um die Wiedergutmachung herum, bloß weil dir übel ist.« Dabei wollte ich doch nur mein Essen bei mir behalten. So etwas war mir noch nie passiert.

Rebecca und ich wurden dazu bestimmt, getrennt von der Gruppe für Mr. Cathy Mauro zu arbeiten. Es hätte wesentlich schlimmer kommen können, wir mussten die Steingärten am

Cottage von Unkraut befreien. Außerdem mochten wir Mr. Mauro lieber als Mr. Parker.

Rebecca und ich durften natürlich auch nicht die Übertragung des internationalen Dianetik-Tages sehen. Allen anderen Kindern wurde mitgeteilt, dass nur wegen uns der Anfang nicht aufgezeichnet worden sei. Kinder, die dabei gewesen waren, berichteten uns, dass wir dafür heftig ausgebuht worden wären.

Einen Großteil der folgenden Woche sprach Mr. Parker kaum mit mir, aber als am Freitag mein Dad kam, erklärte sie, ich müsste ihm meine Flucht gestehen. Ich versprach es, obwohl mir davor graute – ich hatte solche Angst, er würde sich für mich schämen. Als Dad kam, gingen wir zum Spielplatz, der normalerweise nur in den Pausen genutzt wurde, um Mr. Parker zu treffen. Sie begrüßte ihn mit »Hi, Sir«.

Da mein Vater eine wichtige Führungskraft der Church war, wurde er mit ›Sir‹ angesprochen, genau wie meine Mutter. Ich fand es immer komisch, wenn ich das hörte, denn es wirkte, als wären die beiden der Boss von allen anderen.

»Hat Jenna Ihnen erzählt, was diese Woche passiert ist?«, fragte Mr. Parker.

Mein Vater war sichtlich verwirrt. »Was meint sie denn, Schatz?«

Daraufhin brach ich in Tränen aus. »Ich wollte dir sagen, wie gemein hier alle sind«, stieß ich hervor. Ich hatte mich durchgerungen, es ihm zu sagen, wollte aber auf keinen Fall eingestehen, dass ich etwas falsch gemacht hatte.

Mr. Parkers Miene wurde hart – sie war eindeutig verärgert. Also erzählte sie ihm rasch, was passiert war, während ich vor mich hin schluchzte. Mein Dad dankte ihr und sagte, er würde sich darum kümmern, dann bat er sie zu gehen. Trotz meines Elends fiel mir auf, wie seltsam es war, dass er sie wegschickte. Sonst war sie immer diejenige, die anderen Befehle erteilte und

sie wegschickte. Die plötzliche Machtverlagerung war faszinierend.

Danach umarmte mich mein Vater und fragte mich, warum
ich hatte weglaufen wollen. Ich sah ihn an und dachte an alles,
was ich auf der Ranch durchgemacht hatte. Ich wollte ihm
sagen, wie schwer es für mich war, brachte es aber nicht heraus.
Ich hatte solche Angst, ihn zu enttäuschen. Dennoch hielt mich
auch noch etwas anderes davon ab, ihm die Wahrheit zu sagen:
Vielleicht wusste er schon, wie schlimm es hier war, glaubte
aber, wir müssten alles tun, was von uns verlangt wurde, um
das Ziel von Scientology zu erreichen, die Welt zu retten.

Die Vorstellung war unerträglich für mich, daher sagte ich
ihm nur, ich wäre traurig gewesen und hätte sehen wollen, wie
es in der Wog-Welt zuginge. Er lächelte, als wäre das ein lustiger kleiner Einfall von mir, was ich frustrierend fand. Es war
mein voller Ernst gewesen, all das hinter mir zu lassen. Aber er
fragte nicht weiter nach, und ich erzählte auch nicht mehr. Und
nach diesem Tag wurde es einfach nicht mehr erwähnt.

Nachdem Dad wieder gefahren war, warf mir Mr. Parker
zwar einen drohenden Blick zu, aber das war es auch schon.
Der Ärger war vorbei. Ich wusste nicht, ob ich schon genug
Wiedergutmachung geleistet oder ob mein Dad alles geregelt
hatte. Ich jedenfalls tat das, was von jedem guten Scientologen
erwartet wurde: Ich fragte nicht nach.

KAPITEL 8

»Liebe Jenna …«

Auf der Ranch verging die Zeit langsam. Aber allmählich verlor sie mit Hilfe unserer Decks-Projekte alle Ähnlichkeit mit dem Ort, der mich damals bei meiner Ankunft erwartet hatte. Das Big House bot nun Platz für die Mess Hall, die Kantine, die Büros der Erwachsenen, außerdem für kleine Büros für die Division Heads und für das Kommunikationszentrum, wo wir Briefe, Belobigungen und Kopien der Berichte bekamen, die über uns verfasst worden waren.

Die Fortschritte auf der Ranch entsprachen meinen eigenen, denn ich schloss einen Kurs nach dem nächsten ab. Nach meiner missglückten Flucht engagierte ich mich mehr. Die Arbeit wurde dadurch nicht leichter, doch da ich erkannt hatte, dass ich im Grunde keine andere Wahl hatte, konzentrierte ich mich darauf, meine Kurse zu absolvieren und meine Ethik-Akte so sauber wie möglich zu halten, damit ich eines Tages meinen Abschluss machen und für immer die Ranch verlassen konnte.

Meine Mom sah ich immer seltener. Wir kommunizierten fast nur noch über wöchentliche Telefonate oder über Briefe, die sie immer häufiger schrieb. Vor allem ihre Briefe waren immer voller Neuigkeiten und Gefühlsbekundungen, und ich hütete jeden Brief von ihr wie einen Schatz in einer Schachtel in meiner untersten Kommodenschublade. Wenn ich mich einsam fühlte, holte ich sie heraus und las sie immer wieder. Ihre

Briefe, ganz gleich, wie kurz sie waren, gaben mir das Gefühl, dass es doch irgendwo außerhalb der Ranch jemanden gab, zu dem ich gehörte und der mich liebte.

Liebster Jenna-Schatz,
also, es ist Samstagmorgen, und ich sitze auf meiner hinteren Veranda. Ich habe schon hundertmal an dich gedacht, daher will ich dir schreiben. Telefonisch bist du schwer zu erreichen, und zwar in mehr als einer Hinsicht. Ich vermisse dich unendlich. Mir ist klar, dass ich nicht die typische Mutter bin, die immer für ihre Kinder da ist – tatsächlich war ich die letzten zwei Jahre fast immer weg. Aber du darfst nicht mal eine Minute lang glauben, dass ich dich deswegen weniger liebhabe. Du bedeutest mir alles! Du bist das hellste Licht meines ganzen Lebens. Wenn du groß bist, wirst du besser und klüger sein, als ich je hoffen konnte. Schon jetzt staune ich über deine Klugheit und deinen Scharfsinn. Dein Dad und ich sind sehr stolz auf dich.
Hier läuft alles gut. Es ist zwar ziemlich feucht hier, aber das kennt man ja von Florida.
Ich habe Dad ein paar Fotos von mir geschickt – die grässlich sind. Aber du kannst sie dir ansehen, damit du zumindest weißt, wie ich aussehe.
Morgen rufe ich dich an.
Ich liebe dich!
Mit all meiner Liebe, Mommy

Solche Worte waren immer sehr tröstlich. Es stimmte schon, dass sie keine »typische Mutter« war, aber sie selbst hatte auch keine »typische Mutter« gehabt. Meine Mom war schon mit zwölf von ihrer eigenen Mutter bei Scientology eingeführt worden. Janna Blythe war Kettenraucherin, eher intellektuell als mütterlich und hatte einen sehr trockenen Humor. Ihr Geld verdiente sie sich als Englischlehrerin oder als Versicherungsverkäuferin. Da Janna immer arbeiten musste, hatte sich ein Babysitter um meine Mom und ihre vielen Geschwister gekümmert, bis sie alt genug gewesen waren, für sich selbst zu sorgen.

Janna hatte einen Abschluss in Englisch von der University of Illinois und war eine begeisterte Leserin. Aus Rebellion las sie Science-Fiction-Romane, die damals als Schundliteratur angesehen wurden. L. Ron Hubbards Science-Fiction faszinierte sie so sehr, dass sie auch nach anderen Büchern von ihm suchte und 1957, in dem Jahr, als meine Mom geboren wurde, *Dianetik* entdeckte. Nach der Lektüre wandte sie die neuartigen Heilverfahren und Techniken aus diesem Buch auf all ihre neun Kinder an: Griffee, Jennifer, John, Mickey, meine Mutter, Teresa, Mary, James und Sarah. Die Familie war sehr arm, und mit *Dianetik* ersparte sie sich offenbar viele Arztbesuche. Janna mochte die rationale Herangehensweise und den Umstand, dass man dadurch, unabhängig vom Alter, sein Leben unter Kontrolle bringen und besser mit vergangenen Erfahrungen umgehen konnte.

Jahrelang genügte es ihr, auf die Kapitel in *Dianetik* zurückzugreifen, wenn es nötig war. Doch 1969 sah sie eines Tages das Buch im Schaufenster einer scientologischen Mission und ging hinein. Von dem Moment an war sie gefesselt. Sie nahm Kurse in der Mission, und zwei Jahre später beschlossen sie und mein Grandpa Bill, mit der ganzen Familie Blythe nach Los Angeles zu ziehen. Dort trat die Familie in die Sea Org ein und zog auf die *Excalibur*, ein Schiff der Organisation.

Meine Großeltern merkten schnell, dass die Sea Org von ihnen ein Maß an Verbindlichkeit forderte, das sie nicht leisten konnten. Bereits nach wenigen Monaten beschlossen sie auszusteigen. Vor allem mein Großvater fand, dass es kein angemessener Ort für seine Kinder war, zumal alle auf Matratzen auf dem Boden schlafen mussten. Als Bill und Janna sich für die Abreise vorbereiteten, überraschte sie meine Mom mit der Ankündigung, sie würde nicht mit ihnen gehen. Es gefiel ihr, dass bei Scientology alle Kinder wie kleine Erwachsene angesehen wurden, die zwar viel Verantwortung tragen mussten, aber auch mit Respekt behandelt wurden. Wichtiger war für sie jedoch noch der Umstand, dass sie Teil einer weltweiten, stetig an Bedeutung gewinnenden Bewegung sein konnte. Dianetik und Scientology waren in spirituellen Kreisen so neu, dass sie kaum älter waren als sie selbst – und nun wollte sie mit ihnen wachsen.

Obwohl mein Großvater versuchte, sie umzustimmen, kam meine Mutter nicht mit ihnen. Aber er weigerte sich, sein Sorgerecht abzutreten. Viele Jahre später erzählte mir meine Mom, sie sei versteckt worden, als die Behörden nach Meldungen über Kindesmisshandlungen nach dem Rechten sahen. Dabei gingen sie auch Berichten darüber nach, dass jüngere Kinder auf der Base nicht die Schule besuchten. Mom wurde zu ihrem Bruder auf die *Apollo* geschickt, die im Hafen von Lissabon in Portugal lag, weil sie dort nicht zur Schule gehen musste.

Die Trennung von ihren Eltern fiel meiner Mom nicht schwer. Vielleicht war es auch deshalb für sie einfacher, von mir getrennt zu sein. Sie war Trennungen gewohnt. Als Teenager hatte sie sich nach einer gewissen Distanz gesehnt und dachte vielleicht, mir würde es ebenso gehen, auch wenn ich noch jünger war.

Zwar waren die Briefe meiner Mutter für mich besonders wertvoll, doch letztlich halfen sie mir kaum über Moms Abwesenheit hinweg. Sie hoben zwar meine Stimmung, erinnerten mich aber auch daran, dass es noch Monate bis zum nächsten Besuch dauern würde.

Liebe Jenna,

vielen Dank für deinen Brief. Ich habe ihn heute bekommen und mich sehr darüber gefreut.

Dein Briefpapier sieht aus wie das Papier, auf dem man lernt, schöner zu schreiben. Und ich sehe an deiner Handschrift, dass du tatsächlich große Fortschritte gemacht hast. Ich rufe dich ganz bestimmt diese Woche an ...

Schön, dass es Sarah Kitty so gut geht. Manchmal mache ich mir Sorgen, dass sie niemanden mehr zum Spielen hat, weil ich nicht da bin, doch du und J-Schatz spielen bestimmt am Wochenende mit ihr, also ist alles gut. Mag sie immer noch das Gras, das ihr für sie ausgesät habt? Braucht sie noch mehr davon?

Ich war wirklich überrascht, als ich in deinem Brief gelesen habe, dass Sterling nur zwei Zentimeter kleiner ist als Justin. Sterling hat wohl einen richtigen Schuss gemacht, sehr schön. Was für Haarschnitte habt ihr gerade? Hat Justin noch denselben wie beim letzten Mal, bei dem die Seiten sehr kurz waren, aber die oberen Haare lang?

Neulich hab ich in einer Zeitschrift eine Frisur gesehen ... die würde dir bestimmt sehr stehen. Dazu musst du das Haar erst schulterlang wachsen lassen, auch den Pony. Und wenn es dann so weit ist, lassen wir dir die Haare in einem Friseursalon schneiden, das wird sehr schön aussehen ...

Du hast gefragt, ob ich in einer Wohnung lebe. Ja, das Gebäude heißt Hacienda Gardens, und ich bewohne ein Zimmer in einer der Wohnungen ... die Wohnung ist frisch renoviert und sehr hübsch.

Auch das Büro, in dem ich arbeite, ist sehr schön. Also ist das Gute daran, in Florida zu sein, mein schönes Zimmer und mein schöner Arbeitsplatz. Aber darauf würde ich gerne verzichten, wenn ich mit dir zusammen sein könnte. Wenn du

nach New Hampshire fährst, könntest du vielleicht für ein paar
Tage hier Halt machen? Das wäre wirklich schön. Ich glaube,
du warst noch nicht in Florida, aber Justin wurde hier gebo-
ren, und er könnte doch auch kommen und sich all die Orte
ansehen, wo er als kleines Kind gespielt hat.

So leid es mir tut, aber ich werde wohl noch ein bisschen länger
bleiben, vielleicht sogar Monate. Doch ich lasse eine Leitung
legen, um mehrmals die Woche mit dir sprechen zu können.
Mit anderen Worten: Ich rufe dich auf der Ranch an. Ich kann
auch dafür sorgen, dass ich dich während dieser Monate, die
ich noch hierbleibe, ein paarmal auf der Ranch besuchen kann
(ich komme mit dem Flugzeug). Dann können wir uns sehen,
und es ist nicht ganz so schlimm.

Ich vermisse dich sehr und liebe dich noch mehr. Ich sehe mir
ständig deine Fotos an und lese deine Briefe, weil sie mir mehr
bedeuten als alles andere. Aber ich weiß, du verstehst, dass ich
hier wirklich Wichtiges zu tun habe und ich deshalb hierblei-
ben muss…

In Liebe, Mommy

Die seltenen Gelegenheiten, bei denen wir uns wirklich sehen
konnten, waren natürlich etwas ganz Besonderes. Wenn Mom
wegen eines Events auf der Int war, musste ich erst die nötigen
Formulare ausfüllen, um die Ranch verlassen und sie besuchen
zu dürfen. Es war frustrierend, aber ich schaffte es doch immer,
die Erlaubnis zu bekommen.

Normalerweise sah ich sie an Tagen, an denen wir wegen be-
sonderer Scientology- oder Sea Org-Feiern frei bekamen, zum
Beispiel am *Sea Org Day* im August. Dann konnte ich sie einen
ganzen Tag sehen.

Der Sea Org Day war ein richtiges Spektakel, und die Vorbereitungen dafür begannen schon Wochen vorher. Manch-

mal bestand unser Decks-Projekt darin, in der Küche der Int Base mitzuarbeiten. Dann schnitten wir mit dem Küchenpersonal Aufschnitt oder backten Brot für das Buffet. Wir halfen auch dabei, die Tische heranzuschaffen und die Speisesäle zu putzen. Ich half Tammy, dem Chef-Steward, beim Eindecken der Tische, und sie brachte mir raffinierte Falttechniken für Stoffservietten bei. Sie ließ mich auch die Beurteilungszettel gestalten, die am Ende jeder Mahlzeit verteilt wurden, damit der Service und das Essen bewertet werden konnten. Die Service-Noten gingen in Tammys Statistik ein, die für das Essen in die Statistik des Küchenpersonals. Onkel Dave und Tante Shelly wussten, dass ich die Beurteilungszettel entworfen hatte, daher gaben sie mir dafür auch eine Note. Die höchste Note war eine Sieben, doch ihre Noten waren immer noch viel höher, wie zum Beispiel zwei Millionen.

Tante Shelly hatte mich wirklich ins Herz geschlossen, und ich mochte sie auch. Wenn wir uns während des Essens oder während der Feierlichkeiten draußen am Pool unterhielten, fragte sie mich immer, wie es mir ging. Sie brachte mir einiges über Ernährung bei, denn in diesem Bereich war sie Spezialistin, und es half mir auf meinem Posten als MLO. Sie war ziemlich streng, aber auch liebevoll und fürsorglich und hatte Sinn für Humor.

Wenn ich mit Tammy zusammenarbeitete, konnte ich bei den Proben der Sea Org-Ehrengarde zusehen. Die Mitglieder trugen weiße Uniformen, die denen der U.S. Navy ähnelten. Zur Uniform gehörten ein Hut, Handschuhe, Kordel, Streifen und Rangabzeichen. Die Mitglieder der Ehrengarde marschierten zum Rhythmus der Musik, die vom Band kam, wirbelten mit Stäben und hatten richtige Choreographien. Manche trugen Fahnen mit Symbolen der Church oder der Sea Org. Andere stellten sich in zwei Reihen auf, kreuzten die Schwerter und bildeten einen Bogen, unter dem die höchsten Führungs-kräfte hindurchgehen konnten. Es war wirklich eine tolle Show. Sie war sehr professionell und inspirierend, und ich freute mich jedes Mal darauf, auch einmal zur Sea Org zu gehören.

Der Tag nach dem Sea Org Day war frei und galt nur dem Vergnügen. Auf der Base gab es einen richtigen Klipper, der auf Land gebaut worden war. Dieses Schiff, die *Star of California*, hatte einen Pool, Palapas (Tiki-Hütten), Umkleideräume und eine Smoothie-Bar. Der Pool war eigentlich nur für meinen Onkel Dave gedacht, aber am Sea Org Day wurde er für Schwimmwettbewerbe und andere Aktivitäten freigegeben.

Es war ein großartiger Tag. Neben den Wettbewerben im Pool gab es Fußball- und Basketballspiele, ein Picknick mit Hamburgern und Hot Dogs, und man konnte im See schwimmen. Auf der Base gab es etliche Sportplätze und Hallen für alle möglichen Sportarten, doch sie wurden nur am Sea Org Day genutzt.

Am Abend gingen alle in ihre Quartiere, um sich schick zu machen. Dann gab es ein ausgedehntes und köstliches Fest-mahl. Ich saß immer an Dads Tisch. Wenn Mom da war, setzte sie sich auch zu uns. Auf Drängen meiner Eltern durfte ich etwa zwanzig Minuten an den Tisch von Onkel Dave und Tante Shelly, um mit ihnen zu plaudern. Dabei stellten sie mir Fragen nach meinen Kursen und erzählten mir Witze. Ich war glücklich, dass Tante Shelly sich so für mich interessierte. Da meine Mutter oft weg war, war die Aufmerksamkeit einer älteren weiblichen Verwandten für mich sehr tröstlich.

Auf Weihnachten freute ich mich auch immer sehr, dann be-kamen wir zwei oder drei Tage frei, und meine Mutter durfte Clearwater verlassen und mit uns zusammen sein. Für meine Familie war Weihnachten aber kein religiöser Feiertag. Zuerst fuhren sie mit uns Kindern zur traditionellen Bier-und-Käse-

Party in der Int Base. Wir Kinder durften natürlich kein Bier trinken. Sogar die Erwachsenen bei der Sea Org tranken nur bei dieser Gelegenheit Bier. Denn Bier war Alkohol und beeinträchtigte den Verstand, was später mit scientologischen Techniken wieder in Ordnung gebracht werden musste. Außerdem durfte man, wenn man Alkohol getrunken hatte, mindestens vierundzwanzig Stunden keine scientologischen Studien betreiben, es wurde also entschieden missbilligt.

Aus diesem Grund tranken selbst auf der Bier-und-Käse-Party die meisten Erwachsenen alkoholfreies Bier. Onkel Dave wies gerne auf diejenigen hin, die echten Alkohol tranken und betrunken wurden. Einmal winkte er jemanden, der ein gerötetes Gesicht hatte, herbei und nahm ihn mit zu einem Tisch, an dem Mom, Dad und ein paar andere Führungskräfte saßen.

»Russ!«, sagte er mit seiner normalen, lauten Stimme.

»Ja, Sir?« Ich sah, dass aus Russ' Gesicht alle Farbe wich.

»Was trinken Sie da?«

»Irish Cream, Sir«, antwortete Russ verlegen.

»A-ha«, erwiderte mein Onkel, und dann befahl er Russ weiterzugehen, als wüsste er nicht, wieso Russ überhaupt bei unserem Tisch Halt gemacht hatte. »Nun, sein Withhold hat mir wirklich gefehlt!«, rief Onkel Dave dann aus, worauf die anderen Erwachsenen ihm beipflichteten. Ich merkte, dass es um eine reine Demonstration seiner Macht ging.

»Was meint ihr, wie viele hier momentan richtig besoffen sind?«, fragte Onkel Dave. Dann fiel ihm wieder ein, dass ich auch am Tisch saß. »Oh, entschuldige, Jenny«, sagte er und wandte sich mit breitem Grinsen an mich. Er nannte mich nicht Jenna, sondern Jenny, das wirkte vertrauter, mein Bruder nannte mich auch so. »Ich hätte nicht dieses Wort verwenden dürfen«, entschuldigte er sich. »Schulde ich dir einen Vierteldollar fürs Fluchen?«, fragte er. Aber ich winkte ab. Auf der

Ranch fluchten wir oft. Genau wie die meisten Sea Org-Mitglieder. Aber mir gab dieser Begriff zu denken.

»Was ist besoffen?«, fragte ich, und alle lachten, außer Tante Shelly, die mich beiseitenahm und mir erklärte, dass Alkohol schlecht sei und einen betrunken machen könne.

Am Tag nach der Bier-und-Käse-Party hatte die Crew der Int Base frei. Fast alle nutzten den Tag, um mit ihren Familien ins Big Bear-Skigebiet zu fahren, das etwa anderthalb Stunden von der Base entfernt lag. Die meisten fuhren mit Mietbussen, aber wir konnten mit dem Wagen meines Vaters fahren. Nicht viele Crew-Mitglieder hatten einen eigenen Wagen, aber mein Vater besaß einen BMW und Onkel Dave einen Mazda RX7. Ich hatte keine Ahnung, warum alle das so toll fanden. Mein Dad vergötterte seinen roten BMW dermaßen, dass ich manchmal dachte, er würde ihn mehr lieben als mich. Als ich ihn einmal danach fragte, wirkte er ziemlich gekränkt und versicherte mir, dass das nicht der Fall sei.

Im Skigebiet hatte unsere Familie oft ein viel schöneres Quartier als der Rest der Crew. Einmal, als ich neun war, hatten wir in Arrowhead ein riesiges Haus mit unzähligen Zimmern, einem ausgebauten Dachboden und einem Whirlpool. Die Kinder durften auf dem Dachboden schlafen. Viele meiner Verwandten väterlicherseits waren auch da: Onkel Dave und Tante Shelly, Grandpa Ron und seine Frau Becky, meine Eltern und ein Mann namens Onkel Bill. Er war zwar nicht mein richtiger Onkel, aber er und mein Dad waren seit meiner frühesten Kindheit Freunde, daher nannte ich ihn Onkel Bill. Das Haus gehörte einem Scientologen namens Paul Haggis, der in Hollywood als Drehbuchautor und Regisseur arbeitete. Onkel Bill war mit ihm befreundet, daher durften wir alle in dem Haus wohnen.

Weihnachten war alles völlig anders als sonst in der Church.

Wir saßen gemeinsam am Feuer, um unsere Geschenke aus-zupacken. Von Mom und Dad bekam ich Pantoffeln, einen Schlafanzug und ein Album. Meine Großmutter aus New Hampshire schickte mir einen Webrahmen für Perlenbänder. Das war toll, weil ich auf der Ranch außer den Stofftieren auf meinem Bett eigentlich nichts zum Spielen hatte. Onkel Dave und Tante Shelly schenkten mir ein Porzellankästchen, blau mit weißer Porzellanschleife. Ich wusste zwar nicht, wozu es diente, aber es war sehr schön.

Am Ende des zweiten Tages kehrten wir in die Base zurück, weil es dort ein riesiges Weihnachtsbankett mit anschließen-der Show gab. Wir sangen Weihnachtslieder, spielten etwas vor oder präsentierten andere Showeinlagen, die wir wochenlang auf der Ranch einstudiert hatten. Obwohl alle älteren Kinder so taten, als wäre das unglaublich peinlich, liebte ich es, auf der Bühne zu stehen. Für mich wurde Weihnachten dadurch nur noch toller. Nach der Show gab es eine Tanzparty für die Crew. Manchmal saßen Tante Shelly und Onkel Dave dabei und be-obachteten die Leute.

Tante Shelly unterhielt sich häufig mit mir. Mal pries sie mir die Vorzüge von Karottensaft an, mal erzählte sie mir, es gebe nichts Schlimmeres als Popcorn und Erdnüsse. Sie fragte mich nach der Schule und erklärte, ich müsse missverstandene Wör-ter klären, weil ich dann meine Kurse schneller absolvieren könnte. Sie interessierte sich mehr als alle anderen für meine Fortschritte in der Schule.

Manchmal gingen wir während der Weihnachtsparty auch in Onkel Daves Billardzimmer, wo ein Pooltisch stand und es alle möglichen Spiele gab. Es gab auch eine Ledercouch, Pols-tersessel und ein Telefon, mit dem ich immer spielen wollte, weil es aussah wie eine Stockente. Normalerweise warteten an der Bar dieses Raums immer viele Stewards, die die Führungskräfte bedienten. Die Führungskräfte redeten die ganze Zeit, aber worüber, wusste ich nicht. Ich war nur froh, mit meinen Eltern und den anderen zusammen zu sein.

Auf der Int Base waren alle sehr freundlich zu mir. Wenn ich durch den Tanzsaal schlenderte, hielten mich ständig Bekannte auf, um mich zu begrüßen und zu umarmen. Wohin ich auch blickte, sah ich nur freundliche, aufgeschlossene Menschen – ganz anders als auf der Ranch. Ich konnte es kaum erwarten, von der Ranch fortzukommen und in der Int zu arbeiten, wo alle mich mochten. Mein Freund Jamie hatte mich zwar gewarnt, dass die Leute nur nett zu mir wären, weil ich die Nichte von David Miscavige war, aber ich war überzeugt, dass er sich irrte. Ich kannte sie doch alle, und sie waren meine Freunde.

Nach der Party gingen wir in die Wohnung unserer Eltern. Mom und Dad erklärten, es sei sehr wichtig, mich schriftlich bei allen zu bedanken, die mir etwas geschenkt hatten, aber ich wusste, dass sie dabei vor allem an Onkel Dave dachten. Da ich sah, wie alle Onkel Dave und Tante Shelly behandelten, war mir klar, dass sie wichtige Leute waren. Ständig waren Stewards um sie herum, die sich um sie kümmerten und ihnen alles brachten, was sie haben wollten. Die Stewards kümmerten sich auch um Mom und Dad. Selbst meine Eltern schienen Onkel Dave gegenüber eifriger und kooperativer zu sein.

Am nächsten Tag kehrten wir in den normalen Alltag auf der Ranch zurück. Nach Weihnachten war die Rückkehr aus verschiedenen Gründen besonders hart, vor allem aber, weil ich wusste, dass ich meine Eltern voraussichtlich eine ganze Zeitlang nicht zusammen sehen würde.

Zu dem wenigen, was mir durch diese harte Zeit half, gehörte mein Geburtstag am ersten Februar. Zwar kamen meine Eltern mich nur besuchen, wenn er zufällig auf einen Sonntag fiel, aber ich konnte mit meinen Freunden auf der Ranch feiern. Dazu gab es eigentlich nur einen Geburtstagskuchen beim Abendessen und ein Ständchen, das alle für mich sangen. Am darauffolgenden Sonntag bekam ich dann von Dad und Mom, falls sie gerade da war, noch einen Kuchen und Geschenke.

Bei Gelegenheiten wie meinem Geburtstag vermisste ich meine Mom am meisten. Kurz vor meinem zehnten Geburtstag hatte sie eine tolle Überraschung für mich. Sie rief mich auf der Ranch an und teilte mir mit, dass ich meinen Geburtstag bei ihr in Clearwater in Florida verbringen würde. Es war etwas ganz Besonderes, auf der Ranch angerufen zu werden, denn es gab nur ein Telefon, das für alle zur Verfügung stand, und manchmal war es schwierig, jemanden ans Telefon zu holen. Wenn man dann erst mal am Apparat war, konnte man kaum miteinander sprechen, weil immer jemand anderer – normalerweise ein Erwachsener – ebenfalls telefonieren wollte. Wann immer ich also mit meiner Mom sprach, was höchstens einmal die Woche vorkam, musste ich mich kurz fassen. Nur wenn ich am Sonntagmorgen von der Wohnung meines Vaters aus telefonierte, durfte ich mir Zeit lassen.

Glücklicherweise war die Botschaft meiner Mom dieses Mal kurz und schön. Ich konnte es kaum erwarten, nach Clearwater zu kommen. Dort waren meine Brüder geboren worden, und ich würde die Freunde meiner Mutter kennenlernen und alles sehen, wovon sie in ihren Briefen geschrieben hatte.

Es war fast zu schön, um wahr zu sein. Ein besseres Geschenk, als sie zu besuchen, hätte ich mir gar nicht vorstellen können. Ich sollte sie nicht nur ein oder zwei Tage, sondern viel länger sehen. Allein bei der Vorstellung platzte ich vor Aufregung.

KAPITEL 9

Clearwater

Der Flug nach Florida war mein erster Ausflug allein in die Wog-Welt. Am Abend zuvor packte ich meine Reisetasche, um bereit zu sein, wenn Moms Sekretärin Ana mich abholte. Ich umarmte Justin, B. J. und Kiri zum Abschied und stieg dann in Anas Wagen, um zum Flughafen zu fahren. Dort übergab mich Ana einer Stewardess, die mir eine Anstecknadel mit Flügeln an meine Bluse heftete und mich zu meinem Platz im Flugzeug brachte.

Es war ziemlich seltsam und überforderte mich etwas, so ganz allein inmitten von Wogs in einem Flugzeug zu sitzen. Als eine Dame mich fragte, wohin ich flöge, antwortete ich, zur Flag Base.

»Meinst du Fort Lauderdale?«, erkundigte sie sich.

»Nein, Clearwater«, sagte ich.

»Ah, dann musst du nach Tampa«, erwiderte sie. Ich fragte, ob dort Clearwater liege, und sie sagte, es sei ganz in der Nähe. Während der fünf Stunden des Flugs fragte ich immer wieder meine Sitznachbarn, ob es noch weit sei. Überraschenderweise waren alle, trotz meiner Ungeduld, nett zu mir.

Als ich auf dem Flughafen in Tampa das Flugzeug verließ und durch das Gate trat, überwältigte mich der Anblick der vielen Fremden, die dort standen. Einige hielten Schilder mit Namen in die Höhe, andere warteten eindeutig auf Freunde und Verwandte. Ich entdeckte niemanden, der auf mich wartete, und die Aussicht, meine Mutter inmitten dieser vielen fremden Gesichter aufspüren zu müssen, war ziemlich furchterregend. Glücklicherweise entdeckte ich sie, bevor ich wirklich in Panik geraten konnte. Sie war noch hübscher, als ich sie in Erinnerung hatte, doch als ich geradewegs auf sie zumarschierte, blickte sie über mich hinweg.

»Mom, hier bin ich«, sagte ich und umarmte sie.

»Ach, du meine Güte!«, rief sie verblüfft. »Ich hab dich gar nicht erkannt!« Strahlend und lachend nahm sie mich in die Arme. Als ich den blumigen Duft des Shampoos roch, das sie immer benutzte, überkam mich eine riesige Welle der Erleichterung. Dreitausend Meilen von der Ranch entfernt fühlte ich mich endlich zu Hause, weil ich bei meiner Mom war.

Meine Mutter hatte einen Mann namens Tom mit zum Flughafen gebracht. Sie war nie besonders gern Auto gefahren, und da der Flughafen nicht auf ihrer alltäglichen Fahrstrecke lag, war Tom für diesen Tag ihr Chauffeur. Da Mom in der Sea Org aufgewachsen war, hatte sie immer deren Busse und Transportmittel genutzt. Normalerweise konnten sich Sea Org-Mitglieder keinen eigenen Wagen leisten, vor allem wegen der Versicherungs- und Benzinkosten. Einen Wagen hatten nur diejenigen, die ihn beim Eintritt in die Sea Org mitbrachten oder noch weitere Einkommensquellen hatten. Und dann gab es noch die wenigen, die von der Org einen Wagen gestellt bekamen. Meine Mom hatte einen solchen Wagen, einen goldenen Honda.

Mom hatte Tom und seine Frau Jenny bereits bei unseren wöchentlichen Telefonaten erwähnt. Sie kannte beide schon lange, und jetzt arbeiteten sie für sie. Sie hatte Tom als unglaublich netten Menschen beschrieben, der im Herzen ein Kind geblieben war. Ich erfuhr rasch, was sie damit meinte. Während unserer Bahnfahrt zum Hauptterminal bestand er darauf, dass wir uns nicht irgendwo festhielten, während die Bahn beschleunigte. Allein deswegen fand ich ihn schon in Ordnung.

Vor dem Terminal kam ich zum ersten Mal mit der hohen Luftfeuchtigkeit von Florida in Kontakt. Es war mir ein Rätsel, wie man dabei überhaupt genug Sauerstoff einatmen konnte. Tom rettete uns, indem er im Wagen die Klimaanlage anschaltete.

Mom wohnte in den Hacienda Gardens, einem rosa gestrichenen, spanisch anmutenden Apartmentkomplex auf der North Saturn Avenue, wo sie ihre eigene Wohnung und eine Katze namens Poncho hatte. Der Komplex bestand aus acht Gebäuden, hatte viele Palmen, einen Pool und eine Kantine. Wir fuhren zu Block L, wo ihre Wohnung lag. Gegenüber ihrer Wohnungstür saß ein Wachmann, so als hätte sie einen persönlichen Leibwächter. Als er meine Mutter sah, winkte er.

»Hi, Sir«, sagte er begeistert.

»Hi, Bruce«, antwortete meine Mutter, bevor sie ihre Wohnung betrat.

In der Wohnung empfing uns ein Mädchen im Teenageralter. Sie trug eine ähnliche Uniform, wie Mom und Dad sie normalerweise in der Int Base hatten: dunkelblaue Hose, hellblaues, langärmliges Hemd mit steifem Kragen, Krawatte und Namensschild.

»Hi, Sirs!«, begrüßte sie Mom und Tom. Dann neigte sie sich vor, um mit mir zu reden. »Du musst Jenna sein! Ich hab schon viel von dir gehört!« Ich lächelte schüchtern. Dann wandte sie sich an meine Mom. »Ich habe gerade die Wäsche weggebracht, ein Imbiss steht auf dem Tisch, und falls Sie etwas brauchen, bin ich nebenan in L2.«

Meine Mutter nahm all diese Aufmerksamkeiten ganz normal auf, aber ich war schwer beeindruckt. Unglaublich, wie viel persönlichen Service sie bekam! Sie war eine wichtige Führungskraft in der internationalen *Commodores Messenger Organization*.

Diese kurz CMO genannte Organisation war ein wichtiger Bereich der Führungsebene von Scientology, der früher nur aus den engsten Mitarbeitern von L. Ron Hubbard bestanden hatte. Bis heute ist sie eine der angesehensten Abteilungen der Sea Org, und ihre Mitarbeiter sollen nicht mit normalen Sea Org-Mitarbeitern verkehren. Meine Mutter war eine der höchsten Führungskräfte der CMO. Sie gehörte auch zum *Watchdog Committee*, dem wichtigsten Ausschuss der Church, der gleichzeitig der CMO International zugeteilt war. Ich platzte vor Stolz, dass sie eine so hochrangige Führungskraft auf einem so bedeutenden Posten war.

»Großartig. Danke, Sharni«, antwortete meine Mom. Sharni war ein *Messenger* der CMO in Clearwater, und zu ihren Pflichten gehörte es, sich um die Bedürfnisse meiner Mutter und anderer hoher Führungskräfte zu kümmern.

Nachdem ich meinen Koffer abgestellt hatte, zeigte mir Mom die Wohnung. Sie war nicht nur wesentlich größer und luxuriöser als das Apartment, das sie sich in der Int mit Dad und den Rinders teilte, sondern sie hatte sie auch für sich ganz allein. In der Int teilten sich alle eine Wohnung mit zwei Schlafzimmern, aber hier gab es drei Zimmer, die nur für meine Mom und ihre Gäste gedacht waren. Und im Bad gab es einen Whirlpool.

Als würden die vielen Zimmer nicht schon reichen, war sie auch überall mit wunderschönen spanischen Kacheln ausgestattet. Alle Möbel waren sehr elegant, und im Flur gab es einen verzierten Spiegel, unter dem eine Schüssel mit köstlichen Süßigkeiten stand. Zusätzlich zu bestickten Vorhängen hatten alle Fenster noch Jalousien. Und im Wohnzimmer stand ein Fernseher, der in einem großen Holzschrank versteckt war. Als wir in die Wohnküche gingen, wartete ein köstlicher Imbiss mit französischem Käse und Obst auf uns. Es gab hohe Gläser mit frisch gepresstem Wassermelonensaft, in denen Strohhalme steckten. Als ich den Kühlschrank öffnete, sah ich alle möglichen Delikatessen, von Pâté, die sich ziemlich ekelig anhörte, über Pfirsichsaft bis zu englischen Muffins. Ich staunte, dass uns so viele Köstlichkeiten einfach zur Verfügung standen.

Vor lauter Aufregung konnte ich mich kaum halten. Mein Gästezimmer hatte ein riesiges Bett mit einer großen, weichen Decke mit Blumendruck. Ich warf mich darauf und genoss es, dass es so herrlich roch und – im Gegensatz zu meinem Bett auf der Ranch – so weich war, dass ich geradezu darin versank. Es gab auch zwei Schränke und eine große Kommode, obwohl ich gar nicht genug Kleider dafür hatte. Selbst wenn ich meine gesamte Garderobe mitgebracht hätte, wären ein, zwei Schubladen vollkommen ausreichend gewesen, da ich normalerweise die Uniform trug. Es gab sogar ein Telefon in meinem Zimmer, sodass ich meinen Dad jederzeit anrufen konnte.

Sorgfältig breitete ich meine CDs auf der Kommode aus. Ich nahm immer Musik mit, wohin ich auch ging. Mom meinte, sie müsste noch mal ins Büro, doch sie wollte mich mitnehmen, damit ich alle kennenlernen konnte. Ich war begeistert. Zwanzig Minuten später hielten wir vor einem großen Betongebäude auf der N. Fort Harrison. Man nannte es WB, die Kurzform von West Coast Building, denn dort war das Management untergebracht, das eigentlich zum Int Management an der Westküste gehörte.

Als wir durch das Gebäude gingen, wurde meine Mom ständig mit »Hi, Sir« begrüßt. Wir fuhren mit einem alten Aufzug in ihr Büro im dritten Stock, wo viele Messengers herumflitzten.

Mom teilte sich ihr Büro mit ihrer Sekretärin Alison sowie mit Tom und seiner Frau Jenny. Tom war der *Commanding*

Officer der CMO Clearwater, und Jenny war ebenfalls eine Führungskraft der CMO. Die Büros waren sehr schön und hatten Holzmöbel, einen braunen Teppich und Bambusjalousien. Onkel Daves riesiges Büro befand sich am Ende des Flurs, gleich neben Tante Shellys etwas kleinerem. Außerdem gab es in der Geschäftsstelle noch Räume für Onkel Daves Personal. Er und Tante Shelly waren gerade nicht da, doch die Büros standen ihnen immer zur Verfügung. Es gab auch eine kleine Küche, wo ein weiterer Imbiss auf uns wartete. Der Kühlschrank und die Schränke enthielten ebenfalls viele Köstlichkeiten. Auf der Ranch gab es keine Imbisse; wir durften uns auch zwischen den Mahlzeiten nichts aus der Küche holen. Eine meiner Freundinnen war sogar herabgestuft worden, als sie sich etwas zu essen stibitzt hatte.

Mom sagte, wir würden mit allen zusammen im Konferenzraum zu Mittag essen. Dort wartete ich bis zur Mittagspause und konnte eine Weile einem Messenger bei den Vorbereitungen zusehen. Es war ein junges Mädchen, das sich als Valeska vorstellte. »Ich hab dir einfach einen Hamburger bestellt, weil ich nicht wusste, was du gern magst«, sagte sie lächelnd.

Ein paar Minuten später kam ein älterer Mann im Smoking in den Konferenzraum, der mit starkem französischen Akzent sprach. Ich verstand nur, dass er Steve hieß, aber das vielleicht auch nur, weil Valeska es mir bereits gesagt hatte. Französisch sprechende Kellner im Smoking waren mir noch nie begegnet. Staunend sah ich zu, wie Steve sorgfältig den Teller mit meinem Hamburger und den Rest des bestellten Essens auf dem Tisch arrangierte. Wie Valeska mir erklärte, kam das Essen von Hibiscus, dem teuersten Feinschmeckerlokal im Fort Harrison Hotel, das Scientology gehörte. Im Fort Harrison übernachteten öffentliche Scientologen, wenn sie die Stadt besuchten und Dienste der Base in Anspruch nahmen. Es war ein ausgezeichnetes Hotel mit drei Restaurants und über zweihundert Zimmern, mit einem überwältigenden Kursangebot und einer hohen Dichte an Scientologen. Steve, ein Sea Org-Mitglied, arbeitete im Hibiscus, und unser Essen war eigens nach unseren Wünschen zubereitet worden. Mir gefiel die Idee, dass wir alles bestellen konnten, was wir wollten.

Kaum hatte Valeska den Tisch gedeckt, kamen die Erwachsenen herein. Sie unterhielten sich, aber ich war so mit meinem Hamburger beschäftigt, dass ich kaum auf sie achtete. Noch nie hatte ich einen so leckeren Hamburger gegessen. Tom schien es auch zu schmecken. Meine Mom hatte Fisch in einer fluffigen Pastete, und ihr Teller war mit einem kleinen Petersilienzweig garniert.

Am Abend bat Mom Tom, mich nach Hause zu fahren. Ich war enttäuscht, dass sie nicht mitkommen konnte, fühlte mich aber bei Tom sehr wohl. Er war lustig und nett, und ich verstand mich ziemlich gut mit ihm. Als wir in die Wohnung kamen, entdeckte ich zu meiner Freude, dass jemand meinen Koffer ausgepackt hatte. Und noch besser war, dass Mom eine Flasche von ihrem Blumenshampoo in mein Bad gestellt hatte.

Als ich es mir gemütlich gemacht hatte, kam Sharni herein und erzählte mir, wie meine Woche weiter verlaufen würde.

»Wie du weißt, hat deine Mom viel zu tun, Jenna«, begann sie. »Sie hat einen langen Arbeitstag, daher werde ich mich ein bisschen um dich kümmern, während sie arbeitet.«

Zuerst war ich etwas niedergeschlagen, dass ich meine Mom nicht so häufig sehen würde, wie ich gehofft hatte. Andererseits sah ich sie schon weitaus häufiger, als ich es gewohnt war. Sharni nahm mich mit nach unten zum Pool, um ein wenig zu schwimmen. So viel Freizeit war mir neu, aber ich genoss es. Als wir wieder trocken waren, ging sie mit mir sogar in die Kantine, um ein Eis zu kaufen. Während wir unser Eis aßen, zeigte sie mir

Spencer, einen Jungen, für den sie schwärmte. Er wirkte ein bisschen dämlich, allerdings war mir die Vorstellung, für Jungen zu schwärmen, auch völlig neu. Auf der Ranch durften Mädchen keinen Freund haben. Ausgehen durfte man nur, wenn man alt genug war, um auch zu heiraten, also waren Schwärmereien überflüssig. Flirten konnte einen in Schwierigkeiten bringen und sogar für eine Rückstufung in den Ethik-Zuständen sorgen.

Am späten Nachmittag gingen Sharni und ich wieder hinauf in die Wohnung. Ich rief meine Mom im Büro an und erklärte, ich würde früh schlafen gehen. Ich hoffte, dass sie schon bald nach Hause käme. Ich wollte nicht nur mit ihr zusammen sein, sondern hatte ehrlich gesagt auch Angst, allein zu schlafen. Zwar gab es in Florida keine Kojoten, trotzdem war es mir unheimlich, normalerweise schlief ich nachts mit sieben anderen Mädchen in einem Zimmer. Mom musste noch arbeiten, aber Sharni war bereit, noch eine Weile bei mir zu bleiben. Mom kam immer so spät nach Hause, dass ich sie erst am nächsten Morgen wieder sah.

Am nächsten Tag wurde ich von Sharni geweckt. Sie schüttelte sanft meine Schulter und flüsterte: »Aufstehen«. Das war etwas ganz anderes als der übliche ohrenbetäubende Weckruf auf der Ranch. Außerdem hatte ich ausschlafen dürfen, es war schon acht Uhr.

Ich ging in die Küche und entdeckte, dass meine Mom im Bademantel vor dem Fernseher saß. Ich war etwas überrascht, dass sie so gemütlich fernsah, weil es eigentlich gegen die Sea Org-Regeln verstieß, zumindest in der Int. Sie sah sich irgendwelche Musikvideos auf VH1 an und erzählte mir, das sei ihr Lieblingsprogramm, das sie jeden Morgen beim Frühstück sehe. Für mich war Fernsehen das Allergrößte. Eigentlich durfte ich am Wochenende, aber tatsächlich hatte ich seit meiner Abreise aus L. A. nicht mehr ferngesehen.

Sharni hatte eine Schüssel mit warmem Getreidebrei, einen Teller mit zwei pochierten Eiern und Toastbrot auf den Esszimmertisch gestellt. Auf der Ranch durften nur Erwachsene Toastbrot essen, weil es nur einen Toaster gab. Als ich gefrühstückt hatte, machte sich Mom in ihrem Zimmer fertig. Ich sah ihr zu, wie sie ihre Haare föhnte und aufdrehte. Sie war so hübsch und sah so modern aus, ich bewunderte alles an ihr, als wäre sie ein Filmstar mit einem glamourösen Leben in Florida, von dem ich keine Ahnung hatte. Ihr Leben bestand aus Arbeit und Freunden, sie wurde bedient und umsorgt, verwöhnte sich selbst und arbeitete hart für das höhere Wohl.

Als ihre Frisur fertig war, zog sie ihre Uniform an. Sie trug besondere Hemden aus ägyptischer Baumwolle, die nur für Führungskräfte vorgesehen waren, während alle anderen Hemden aus einer Baumwoll-Polyester-Mischung trugen. Auf ihrem CMO-Int-Jackett war nicht nur ihr Name eingestickt, es hatte auch Schulterklappen, die meine Mom deutlich sichtbar als Offizier auswiesen. Ihr Anblick inspirierte mich sehr. Sie hatte sich den Rang eines *Lieutenant Junior Grade* verdient, das war der dritthöchste Rang in der Sea Org.

Ich zog mich ebenfalls an, weil Mom erklärte, ich würde mit zum WB kommen. Auf dem Parkplatz stiegen zahlreiche Angestellte in frisch gebügelten Hemden und dunklen Hosen in die Sea Org-Busse, die sie zur Base im Zentrum von Clearwater brachten. Die Hacienda Gardens lagen drei Meilen östlich davon, und da Sea Org-Mitglieder in der Regel keinen eigenen Wagen hatten, fuhren sie mit dem Bus zur Arbeit. Es waren zehn blau-weiße Busse, alle mit der schwarzen Aufschrift Flag auf der Seite, die die Angestellten zu den kircheneigenen Gebäuden brachten. Alle auf dem Parkplatz trugen Uniform, entweder weiße oder hellblaue Hemden und dunkelblaue Hosen oder hellbraune Hemden mit dunkelbraunen Hosen.

In Clearwater war Scientology sehr präsent. Die Kirche besaß bereits viele Gebäude und erwarb ständig neue. Das Fort Harrison Hotel mit seiner mediterran anmutenden Architektur und den weißgetünchten Wänden war eines der Wahrzeichen in Clearwater. Es hatte eine prächtige Marmorlobby, elf Stockwerke, drei Restaurants – das Hibiscus, das Garden und das Lemon Tree –, einen Swimmingpool, einen Ballsaal, zahlreiche Büros und Auditing-Räume. Dort bekamen Außenstehende ihr Auditing.

Auf derselben Straße wie das Fort Harrison stand das Coachman Building, wo alle Ausbildungskurse abgehalten wurden. Es hatte ein fünf Stockwerke hohes Glasatrium mit einem gewölbten Dach, das sich über das gesamte Gebäude erstreckte und es in zwei Hälften teilte. Die meisten Gebäude der Kirche befanden sich nicht weit entfernt voneinander und unterschieden sich in Schönheit und luxuriöser Ausstattung stark von der Ranch.

Die Fahrt zu Moms Büro dauerte nur zehn Minuten, aber ich genoss es, im Wagen zu sitzen und die ganz normale Welt mit anderen Autos und Schnellstraßen zu beobachten. So etwas bekam ich sonst kaum zu sehen. Ich fand Florida mit seinen Palmen, den Einkaufsmeilen und den vielen geschäftig wirkenden Menschen viel aufregender als Hemet.

Diese tägliche Fahrt mit Mom war eine der seltenen Gelegenheiten während meines Aufenthalts, an denen ich sie sah. Ansonsten traf ich sie nur noch zum Mittagessen und manchmal zum Abendessen und spätnachts, je nachdem, wann sie nach Hause kam. Ich fand es nicht seltsam, dass sie so viel zu tun hatte, schließlich bestand auch mein Leben fast nur aus Arbeit. Sie und Dad hatten zwar verschiedene Jobs und verschiedene Verantwortungsbereiche, aber ihre Hingabe an die Sache war die gleiche. Auch wenn ich eine lange Strecke zurückgelegt

hatte, um sie zu sehen, änderte das nichts an ihrem Pflichtbe-
wusstsein.

Rückblickend fällt es mir schwer, das Leben meiner Mom
auf der Flag und meines auf der Ranch in Einklang zu bringen.
Unsere Erfahrungen unterschieden sich so stark, dass sie völlig unterschiedlichen Leben zu entstammen schienen. Es war
schwer zu begreifen, dass sie als Mutter so viel komfortabler
lebte als ihr Kind. Das betraf nicht nur die offensichtlich anderen Lebensumstände, sondern auch die Freiheit, die sie in
Clearwater hatte und die es auf der Ranch einfach nicht gab.
Sie musste weder körperlich arbeiten, noch wurde sie täglich
mit dem E-Meter gecheckt oder angeschrien. Sie brauchte auch
nicht jedes Mal um Erlaubnis zu fragen, wenn sie auf die Toilette musste, was ich, aus reiner Gewohnheit, bis zum heutigen
Tag tue.

Sie hat es sicher nicht so empfunden. Für sie war das weder Vernachlässigung noch Bevorzugung gegenüber ihren Kindern. Sie hatte sich einer Sache verpflichtet, die größer war als
sie oder ihre Familie, und nahm nun alle Konsequenzen auf
sich. Sie ging wirklich davon aus, dass wir auf der Ranch gut
versorgt waren, obwohl sie nie nachfragte, wie mein Leben dort
wirklich war. Wenn sie es wusste, dann muss sie wohl damit
einverstanden gewesen sein.

Als ich mitbekam, wie ihr Leben in der Flag aussah, empfand ich weder Groll noch Neid. Ich wollte mich vielmehr darum bemühen, eine Möglichkeit zu finden, die Ranch zu verlassen und wie meine Mutter zu leben. Für mich war die Reise
die Bestätigung dafür, dass man in der Sea Org tatsächlich ein
vollkommen anderes Leben führen konnte. Was ich von meiner
Reise vor allem in Erinnerung behielt, war der Luxus. In der
Int Base durfte mein Vater seine eigene Bettdecke haben oder
Kekse, wann immer er welche wollte – das war beides auf der

Ranch verboten. Meine Mom hatte in ihrer Wohnung nicht nur das, sondern viel, viel mehr.

Wie ich schon lange vermutet hatte, bestand das Leben in der Sea Org nicht nur aus Decks und dem endlosen Clearing von Begriffen. Auf mich wartete eine bessere Zukunft. Ich musste nur meine Pflichten erfüllen, dann würde ich auch irgendwann die Ranch verlassen können. Moms Leben in Clearwater hatte mir einen kleinen Einblick in meine eigene Zukunft gegeben, und Bäumepflanzen und Steineschleppen gehörten dazu sicherlich nicht. Ich glaubte, wenn ich nur hingebungsvoll und hart genug arbeiten würde, könnte mein Leben irgendwann auch so aussehen.

Letztlich hatte ich eine wunderbare Woche in Florida. Ich verbrachte die meiste Zeit mit Sharni, mit der ich gerne zusammen war, und mit Grandma Loretta, die mir einen Karaoke-Apparat schenkte. Da ich die streng durchgeplante Routine auf der Ranch hasste, wäre mir jede Pause willkommen gewesen, aber die vielen Annehmlichkeiten – das großartige Essen, das Schwimmen im Pool, das schöne Zimmer in der Hacienda – ließen meine Ferien einfach sensationell werden. Das Beste von allem jedoch war, dass es keine Decks gab. Ohne schlechtes Gewissen genoss ich die freie Zeit und wünschte nur, die Woche möge nie enden.

Die Rückkehr zur Ranch war schwer. Es gab keine Eingewöhnungsphase, am ersten Abend musste ich mir bereits mit sechzehn Mädchen ein Bad teilen. Der nächste Morgen war noch schlimmer: Uniform, Schlafsaalinspektion, Decks und die übliche Routine. Glücklicherweise hörte ich nach nur wenigen Wochen, dass ich wieder verreisen würde: Meine ganze Familie wollte nach Pennsylvania, um den sechzigsten Hochzeitstag meiner Urgroßeltern zu feiern. Dad und ich flogen aus L. A.

ein, und da Justin gerade in Florida bei Mom war, kamen sie zusammen. Alle waren da: Grandpa Ron und seine Frau Becky, Onkel Dave und Tante Shelly, Dads Schwestern Lori und Denise mit ihren Familien.

Nach der Feier machten Mom, Dad, Justin und ich zum ersten Mal gemeinsam Urlaub. Zuerst ging die Reise zum Knoebels Amusement Resort in Pennsylvania, wo ich zum ersten Mal in meinem Leben Pirogen aß. Obwohl ich in Gegenwart von Wogs immer etwas gehemmt war, hatte ich bei den seltenen Ausflügen der Ranch zumindest gelernt, wie ich mich verhalten musste. Ob wir nun in Disneyland oder im Ballett waren, immer hatte man äußerst sorgfältig darauf geachtet, dass wir so wenig wie möglich mit der Wog-Welt in Kontakt kamen. Im Freizeitpark Knoebels war das zwar etwas anderes, da ich nur mit meiner Familie zusammen war, aber ich genoss meine Freiheit sehr.

Dann fuhren wir weiter nach Osten und aßen in einem Restaurant Meatball Heroes, die ihren Namen dem Außenfeldspieler Lenny Dykstra von den Philadelphia Phillies verdankten. Weiter ging es quer durch den Staat New York und dann nach Nordosten durch Vermont nach New Hampshire, wo wir bei Tante Lori und ihrer Familie und Dads Mutter, Grandma Loretta, wohnten, und zwar genau in dem alten Haus, das meine Eltern verlassen hatten, als sie zur Sea Org gegangen waren.

Als ich mich im Haus umsah, stellte ich mir vor, wie mein Leben wohl ausgesehen hätte, wenn meine Eltern hiergeblieben wären. Unsere Verwandten waren alle öffentliche Scientologen, und ich wäre wohl genau wie sie aufgewachsen. Hier wäre mein Zuhause gewesen. Als ich das Zimmer meiner Cousine Chrissie sah, dachte ich, das wären wohl mein Zimmer und mein Bett gewesen, und auch ihr Schrank mit den Rüschenkleidern in allen Farben wäre wohl meiner gewesen. Ihr Leben hätte meines sein können.

Neben all den Unterschieden gab es aber noch ein paar Kleinigkeiten, die mir besonders auffielen: In New Hampshire wohnten wir auch bei Tante Denise, deren Haus einfach umwerfend war. Taylor und Whitney, Denise älteste Töchter, hatten ein unglaubliches Schlafzimmer mit riesigen Panoramascheiben und Dachfenstern, dazu unzählige Puppen und einen eigenen Fernseher. Es kam mir vor wie das reinste Paradies, aber ich war nicht neidisch, ich vergaß meinen Platz in der Kirche nie. Ich wuchs als Sea Org-Mitglied heran und hatte eine Mission zu erfüllen, die weitaus bedeutender war als der Besitz von Spielzeug. Obwohl es schön gewesen wäre, auch etwas mehr zum Spielen zu haben, war es doch meine Pflicht, wie meine Eltern der Menschheit zu dienen, und es kam mir fast etwas selbstsüchtig vor, wenn man so viel Spielzeug für sich allein hatte. Zumindest redete ich mir das ein.

Bei unserem Besuch pflückten Chrissie und ich nur zum Vergnügen Beeren in ihrem Garten. Ich fand das komisch, denn auf der Ranch war jede einzelne Tätigkeit eine Pflicht. Eines Tages stritten meine Cousinen im Wagen darüber, wer neben mir sitzen durfte. Das schmeichelte mir zwar, aber ich staunte auch, weil wir uns auf der Ranch nie so kindisch benahmen. Mir kam das Benehmen meiner Cousinen etwas lächerlich vor. Auf der Ranch wäre ein solches Verhalten nicht geduldet worden, und daher hatte ich so etwas auch noch nie erlebt. Ich wusste nicht, dass die meisten Kinder so miteinander zankten. Ich wusste nicht, was normal war.

KAPITEL 10

Key to Life

Nach so vielen Reisen wäre die Rückkehr zur Ranch unglaublich schwer gewesen, doch wie sich herausstellte, sollte ich nicht lange dort bleiben. Offenbar hatte Mom mich vermisst, denn sie hatte bereits dafür gesorgt, dass ich wieder zur Flag durfte, diesmal, um LRHs *Key to Life*-Kurs zu absolvieren.

Bei diesem Kurs ging es um das tiefere Verständnis englischer Begriffe und englischer Grammatik. Nur vier oder fünf der älteren Kinder auf der Ranch hatten ihn bereits absolviert, aber ich war die Erste, die ihn in Clearwater besuchen sollte. Ich wusste nichts über den Kurs, weil die Absolventen nicht das Geringste über den Inhalt verraten durften. Mr. Parker wirkte nicht überzeugt, dass der Kurs das Richtige für mich war. Sie glaubte, ich sei zu jung und die Anforderungen seien zu hoch. Aber es störte mich nicht, dass sie mir so wenig zutraute; ich freute mich vor allem, wieder nach Clearwater zu kommen.

Direkt nach meiner Ankunft wurde ich in Moms Wohnung und mein eigenes Zimmer gebracht. Alles sah noch genauso aus wie beim ersten Mal. Die Tagesdecke mit dem Blumenmuster war makellos glatt über mein großes Bett gespannt, im Bad stand mein Lieblingsshampo und die Imbisskörbchen waren voll mit Leckereien. Alles dank Sharni.

Mom hatte mir für den Key to Life-Kurs einen Zwilling besorgt, von dem sie schon Wochen vorher während unserer Telefonate geschwärmt hatte. Sie hieß Diane, und meine Mutter meinte, bei ihren wenigen Treffen sei sie *unheimlich* toll und *unheimlich* nett gewesen. Sie nannte sie immer ›Diana‹, obwohl ihr richtiger Name ›Diane‹ lautete. Ich war schon etwas eifersüchtig, als ich meine Mutter von einem anderen Mädchen in meinem Alter schwärmen hörte.

Außerdem war ich ziemlich eingeschüchtert, weil Diana in der Flag den angesehenen Posten des *Commanding Officer of Cadets* innehatte. Ich befürchtete, mit einem solchen Posten würde sie ethischer sein als ich, aber ich versuchte, mir immer meine eigene Herkunft vor Augen zu halten. Denn wenn man von der Int Ranch kam, hatte man auch einen gewissen Status. Die Kadetten von der Ranch wurden immer als die besten des gesamten Planeten angepriesen. Mein Bruder hatte sogar Sondermissionen für die PAC Cadet Org in Los Angeles übernommen, um den Kadetten dort etwas mehr über Ethik beizubringen. Angeblich hatten die Kadetten der PAC ferngesehen und keine Decks erledigt, daher waren Justin und noch ein paar der älteren Kinder der Ranch für ein paar Wochen dorthin geschickt worden, um dort einiges zu ändern.

Mein Kurs sollte im Coachman Building stattfinden, zwei Blocks von Moms Büro entfernt, und sie hatte veranlasst, dass ihre Sekretärin Alison mich am ersten Tag dorthin brachte. Der Kursraum befand sich im dritten Stock und war viel schöner als die Kursräume auf der Ranch. Es gab Polsterstühle, Tische mit Intarsien und interessant gemusterte Teppiche. Die Wände waren mit Porträts von LRH, Drucken einiger seiner berühmtesten Zitate und sehr schönen scientologischen Kunstwerken geschmückt.

Die meisten der zwanzig Kursteilnehmer trugen keine Uniform, sondern Zivil, weil sie öffentliche Scientologen waren, die für ihre Kurse bezahlten, oder weil sie nicht zur Sea Org gehörten, sondern zu scientologischen Kirchen im Ausland, wie zum

Beispiel Italien, Australien oder Zimbabwe. Der Key to Life-Kurs kostete etwa 4000 Dollar. Sea Org-Mitglieder mussten nicht bezahlen, doch wenn sie später einmal die Organisation verlassen sollten und weiterhin in der Kirche blieben, würde ihnen jeder einzelne Kurs und jede Dienstleistung in Rechnung gestellt werden.

Der Supervisor für diesen Kurs war eine blonde Frau Mitte zwanzig namens Nikki. »Du musst Jenna sein!«, sagte sie, als sie zu mir trat. »Willkommen!« Daraufhin verabschiedete sich Alison und sagte, sie würde mich zur Mittagspause wieder abholen.

Ich sah mich gerade nach einem Stuhl um, als ein Mädchen, das etwa ein, zwei Jahre älter war als ich und lange braune Haare und strahlend blaue Augen hatte, zu mir kam und sich vorstellte. Es war Diane, mein Zwilling. Weil sie sehr deutlich sprach und mich durchdringend anstarrte, erkannte ich, dass ihre Stimme und ihr Blick scientologisch korrekt waren. Sie wirkte klug und sehr gut erzogen, und als wir unsere Kontrollbögen ausfüllten, bemerkte ich, dass ihre Handschrift perfekt war.

Nikki gab uns ein Buch, in dem Konzepte nicht durch Wörter, sondern durch Bilder erklärt wurden. Es gab zwei Hauptfiguren: Joe und Bill. Einer von beiden hatte Probleme und Misserfolge, der andere half ihm – und umgekehrt. Damit sollte das Zwillingsprinzip illustriert werden. Im gesamten Buch waren keine Wörter zu finden, nur Illustrationen.

»Warum hat es denn keine Wörter?«, fragte ich Diane flüsternd.

»Ohne Wörter kann es auch keine missverstandenen Wörter geben«, erklärte sie. Offenbar hatte LRH den Kurs so gestaltet, um Menschen zu helfen, die Bedeutung von Konzepten zu erfassen, ohne an Definitionen zu kleben.

Nachdem wir das Buch bearbeitet hatten, gab uns Nikki ein

zweites, in dem gezeigt wurde, wie man scientologische Konzepte durch Kunsthandwerk darstellen konnte. Auch hier standen nur wenige Begriffe, die genau definiert wurden. Diane und ich saßen bei dieser Übung mit einem Eimer Ton und ein paar Töpferwerkzeugen an einem Tisch. Diane hatte zusätzlich noch einen Stapel Papier und einen Stift. Sie sollte der Auditor sein, und Nikki wies sie an, mir Fragen zu stellen und meine Antworten zu notieren. Nikki sah zu, wie Diane unsere Namen auf den oberen Rand des Blattes schrieb.

»Hast du Hunger?«, fragte Diane.

»Nein«, antwortete ich.

»Gut«, sagte Diane und notierte meine Antwort auf dem Arbeitsblatt. »Bist du müde?«, fragte sie als Nächstes.

»Nein«, antwortete ich.

»Gut.« Auch das wurde notiert. Es waren die üblichen Fragen, mit denen man jede Auditing-Sitzung begann. »Gibt es irgendeinen Grund, nicht mit dieser Sitzung anzufangen?«, fragte sie.

»Wir haben eine Sitzung?«, entgegnete ich leicht überrascht.

»Ja, die, die wir gerade im Buch durchnehmen.«

»Ach so.«

Diane wiederholte die Frage. »Gibt es irgendeinen Grund, nicht mit dieser Sitzung anzufangen?«

»Ich glaube nicht«, antwortete ich.

»Dies ist die Sitzung!«, sagte sie ungewöhnlich laut und starrte mich besonders durchdringend an. Dieser laute Ton wurde von ihr erwartet, genau so begann jede scientologische Sitzung. Jetzt notierte sie die Uhrzeit auf dem Arbeitsblatt.

Nikki erklärte, wir würden nun mit dem Ton auf unserem Tisch arbeiten.

»Formt aus Ton eine Darstellung des Begriffspaars Kraft/Gegenkraft«, verlangte sie.

Ich folgte den Anweisungen des Buchs und versuchte, möglichst deutlich dieses Konzept darzustellen. Dazu formte ich kleine Männchen aus Ton und versah sie mit Etiketten. Als ich fertig war, hob Diane die Hand, sodass Nikki das Ergebnis überprüfen konnte. Als sie es abgesegnet hatte, kam das nächste Begriffspaar: Absicht/Gegenabsicht.

Nach jedem Schritt fragte mich Diane, ob ich irgendwelche Gewinne hätte. Normalerweise waren meine Gewinne »Ich fühle mich besser« oder »Meine Probleme erscheinen mir nicht mehr so groß« oder »Ich habe nicht so viele Probleme, wie ich dachte«. Ich lernte rasch, dass Gewinne einen Vorteil hatten: Damit konnte man am schnellsten eine Sitzung beenden. Sobald man einen großen Gewinn mitteilte, war die Sitzung vorbei. Die jetzigen *Clay Table*-Darstellungen mussten wir immer mit einem Gewinn beenden.

Wie versprochen holte Alison mich zur Mittagspause ab, und wir fuhren zu Moms Büro. Die Begeisterung ihrer Mitarbeiter über mein Clay Table-Auditing war ziemlich aufbauend, zumal ich nicht gewohnt war, dass sich jemand so dafür interessierte, was ich tat. Nach dem Mittagessen ging es bis zum Abend zurück in den Kursraum. Danach aß ich mit Mom und Tom im WB zu Abend. Später brachte mich Tom auf Moms Bitte hin nach Hause. Wie üblich sollte sie erst gegen ein, zwei Uhr morgens nach Hause kommen.

Als Tom mich an der Wohnung absetzte, wartete schon Sharni auf mich. Im Verlauf meines Kursaufenthalts verbrachte sie so viel Zeit mit mir, dass ich sie rasch nicht mehr als Babysitter betrachtete, sondern eher als ältere Schwester. Wir gingen abends im Pool schwimmen oder sahen uns manchmal Musikvideos auf VH1 oder MTV an. Da das Personal eigentlich keinen Fernseher haben durfte, war das für uns die Gelegenheit fernzusehen, ohne Ärger zu bekommen. Wenn es jemand erfuhr, konnte Sharni einfach sagen, sie hätte mir zuliebe mitgeguckt.

Sharni hatte noch andere Pflichten, als auf mich aufzupassen. Mit ein paar weiteren Mädchen musste sie sich um die Wäsche von Mom, Alison und anderen wichtigen Führungskräften kümmern. Außerdem mussten sie die Wohnungen und Büros sauber halten, dafür sorgen, dass die Mahlzeiten angeliefert wurden und dass die Führungskräfte den ganzen Tag mit Snacks versorgt waren. Normalerweise war Sharni mit ihrer Arbeit fertig, wenn ich nach Hause kam, aber wenn sie noch zu tun hatte, half ich ihr manchmal.

Wenn ich Sharni bei der Arbeit beobachtete, meinte ich, kleine Eindrücke davon zu bekommen, wie man als Sea Org-Mitglied lebte. Unwillkürlich stellte ich mir vor, dass ihre Pflichten eines Tages die meinen wären. Wenn ich Sharni half, tat ich so, als wäre ich ein richtiger Mitarbeiter. Es war zweifellos ein angesehener Posten, die Führungskräfte zu versorgen, und Sharni nahm ihn sehr ernst. Da ich samstags keinen Kurs hatte, verbrachte ich den Tag oft mit Sharni. Häufig besuchten wir meine Großmutter Loretta, die kurz zuvor von New Hampshire nach Clearwater gezogen war. Ich hatte nie viel Zeit mit ihr verbracht, aber sehr schnell begann ich es zu genießen. An einem Wochenende kamen auch Lorettas Eltern, meine Urgroßeltern Dorothy und Ralph, zu Besuch. Meine Urgroßmutter mochte ich, aber mein Urgroßvater Ralph war ein knorriger Griesgram, der ständig Kommentare brüllte, was mir Angst machte. Er war zwar nicht unhöflich, aber seine barsche, schroffe Art schüchterte mich ein. Rückblickend erkenne ich, dass er wahrscheinlich nur nett sein und mit mir reden wollte, aber einfach nicht merkte, wie laut er sprach.

Ich wusste von meinen Urgroßeltern, dass sie Katholiken waren. Wenn wir uns an den Tisch setzten, beteten sie vor dem

Essen, was auf mich befremdlich wirkte. Ich wusste nicht, wie genau man sich zu verhalten hatte, daher wartete ich einfach nur unbehaglich, bis es vorbei war. Dad hatte mir lediglich geraten, niemals »Herrgott noch mal!« oder »Gottverdammt!« zu sagen. Aber von Gebeten hatte er nichts erzählt.

Ich begegnete den beiden mit einer gewissen Vorsicht, schließlich waren sie Wogs. Ich wusste nie genau, was ich sagen durfte und was nicht. Auf der Ranch hatten wir unsere *Shore Story* eingeübt, die Geschichte, die wir Wogs erzählen sollten, wenn sie uns Fragen stellten. Der Begriff stammte aus der Zeit, in der die Sea Org noch von Schiffen aus operiert hatte und vermeiden wollte, dass ihr genauer Aufenthaltsort bekannt wurde. Also wurde eine Geschichte für Außenstehende am Festland – englisch *shore* – erfunden. Die Shore Story für die Kadetten der Sea Org lautete, dass wir auf eine Privatschule namens Castile Canyon Ranch School gingen. Aber meine Urgroßeltern fragten nicht weiter nach. Sie waren es gewohnt, dass ihre Familie mit der Church und insbesondere mit der Sea Org zu tun hatte – schließlich war David Miscavige ihr Enkel.

Während ihres Besuchs wollten meine Urgroßeltern mit mir nach Disney World, aber ich war dagegen. Ich kannte sie noch nicht so gut, dass ich mit ihnen allein sein wollte. Als ich Dad bei einem Telefonat davon erzählte, wurde er wütend auf mich und befahl mir, mit ihnen zu fahren, sonst wäre das schlechte PR für die Familie. Das war wahrscheinlich das erste Mal, dass ich auf Anordnung Zeit mit Nicht-Scientologen verbrachte. Aufgrund meiner Erziehung war ich mehr als vorsichtig gegenüber Wogs, selbst wenn sie so großzügig und wohlwollend waren wie meine Urgroßeltern. Es war nicht zu befürchten, dass sie Scientology verleumden würden. Doch als meine Mutter mich weinen sah, erlaubte sie mir, Sharni mitzunehmen, und damit ging es mir deutlich besser.

Die Clay Table-Sitzungen dauerten Wochen. Je tiefer wir in die Materie eindrangen, desto näher sollten wir Erkenntnissen kommen, die als *Endphenomena* bezeichnet wurden und sich als Gewinn, als regelmäßig ausschlagende Nadel oder höchst ethische Absicht zeigten. Aber ich gelangte nie so weit. Bei Scientology hatte jedes Auditing-Level seine eigenen Endphenomena oder Fähigkeiten, die man vor der nächsten Stufe gewinnen sollte. Aber ich hatte nach Wochen noch keine Endphenomena und wurde es langsam ziemlich leid. Ich träumte sogar davon, woran es liegen könnte, und versuchte, die Antwort als Gewinn aufzuschreiben, aber all meine Einschätzungen erwiesen sich als falsch.

Schließlich wurde mir gesagt, ich wäre vielleicht schon *darüber hinausgegangen*. Ich wusste nicht, was das bedeuten oder wie das passiert sein sollte, und meine Verwirrung wuchs, als man mir versicherte, es sei tatsächlich so: Ich sei darüber hinausgegangen, und der Fehler liege bei der Supervision, weil die es nicht bemerkt habe. Mir war nicht klar, wie oder wann meine Endphenomena eingetreten waren, aber ich durfte mit dem Clay Table-Auditing aufhören.

Auch wenn ich nicht wusste, wie ich die Endphenomena erfahren hatte, ich wollte mich nicht dem darauf einsetzenden Schub in meiner Entwicklung entgegenstellen. Schließlich zielte ich auf all das Gute, was noch vor mir lag. Seit ich zur Flag gekommen war, hatte ich immer mehr Menschen getroffen, die weiter waren als ich, und einige von ihnen waren mir wirklich ein Vorbild geworden. Ich wollte, was sie hatten: mehr Wissen, mehr Annäherung zur totalen Freiheit. Und wenn die Verantwortlichen des Key to Life-Kurses sagten, ich hätte bereits meine Endphenomena erfahren, dann war das wohl so. Jetzt musste der Prozess nur noch beglaubigt werden, was hieß, dass ein Prüfer am E-Meter meine Darstellungen aus Ton absegnete. Gott sei Dank schlug meine Nadel regelmäßig aus, und das war es.

Danach wurde ich Auditor für ein anderes Mädchen am Clay Table. Sie war etwa vier Jahre älter als ich, arbeitete bei ihren Darstellungen aber so langsam, dass ich all meine Konzentration zusammen nehmen musste, um nicht einzuschlafen. Ich saß manchmal bis zu fünf Stunden mit ihr am Tisch und wartete darauf, dass sie endlich fertig wurde. Erst wenn der Prozess beglaubigt war, durfte ich zum nächsten Schritt übergehen.

Dieser bestand darin, unser Verständnis kurzer, allgemein gebräuchlicher Begriffe zu vertiefen. Dazu benutzten wir ein dickes, von LRH verfasstes Wörterbuch, in dem auch jedes denkbare kurze und allgemein gebräuchliche Wort wie ›es‹, ›das‹, ›ja‹, ›nein‹, ›auf‹, ›von‹, ›in‹ und ›aus‹ erfasst war. Ich musste mit dem ersten Wort beginnen, die erste Definition laut vorlesen und dann Diane mit meinen eigenen Worten erklären, was es bedeutete. Dazu musste ich das Wort in Sätzen gebrauchen, auf die sich die Definition bezog, bis ich es vollkommen verstanden hatte. Danach fuhr Diane mit den nächsten beiden Definitionen fort, bis wir zum Teil mehr als zwanzig Definitionen für jedes kurze, allgemein gebräuchliche Wort bearbeitet hatten. Danach ging es zur Klärung der Etymologie und der redensartlichen Bedeutungen. Diese Wörter hatten oft Dutzende von redensartlichen Bedeutungen, die genauso geklärt werden mussten wie die Definitionen. Es war zeitweise sehr ermüdend, und ich wollte es so schnell wie möglich hinter mich bringen, doch natürlich gab es auch hier E-Meter-Checks und Stichproben.

Wir machten nur langsam Fortschritte und kamen auch nicht immer gut miteinander aus. Diane war älter, klüger und schneller als ich. Ich langweilte mich rasch und musste wirklich kämpfen, um konzentriert zu bleiben. Wie viele Stunden konnte ich auf das Wort ›von‹ verwenden, ohne durchzudrehen? Wenn wir frustriert oder wütend waren, sollten wir einen Spaziergang machen, also waren wir eigentlich ständig unterwegs. Aber schließlich hatten wir alle Wörter durchgearbeitet.

Der nächste Schritt im Kurs bescherte uns ein zweites, ähnlich dickes Lehrbuch. Die *Neue Grammatik* war ein weiterer Albtraum. Da LRH überzeugt war, dass missverstandene Wörter die Ursache jeglicher Dummheit und Missetat waren, wollte er sichergehen, dass die Bedeutung selbst des kleinsten und alltäglichsten Worts geklärt war. Außerdem legte er Wert auf Grammatik, da die für ein tieferes Verständnis der englischen Sprache sorgte, jeden Tag gebraucht wurde und uns somit erst wahrhaft sprachkundig machte.

Der Stoff war sehr schwer zu verstehen, vor allem, wenn man versuchte, ihn fehlerfrei laut vorzulesen. Ältere Schüler kamen damit zurecht, aber für mich war es einfach zu komplex. Zudem war ich etwa fünf Jahre jünger als alle anderen im Kurs, was es noch schwieriger für mich machte. Ich las mir den Stoff später oft noch einmal durch, weil wir ständig mit Tests geprüft wurden, ob wir auch alles verstanden hatten. Am Ende brauchten wir mehrere Monate für die *Neue Grammatik*. Ich weiß nicht, wie ich die Tests bestand, aber irgendwie schaffte ich es.

Die letzte Stufe dieses Kurses hieß *Die Faktoren*. Von dieser Stufe hatte ich immer gehört, sie sollte erstaunliche Informationen darüber bieten, wie wir alle auf diesem Planeten gelandet waren. Daher war ich sehr neugierig. Doch als wir *Die Faktoren* aufschlugen, sahen wir hübsche Bilder von Wolken und Sonnenaufgängen, Blättern und Bergen, Blitzen und anderen Naturphänomenen. Auf der letzten Seite stand: »Ein bescheidenes Geschenk an die Menschheit, von L. Ron Hubbard.«

Dieses Buch war seltsam und rätselhaft und auch ebenso enttäuschend. Ich hatte auf einen detaillierten Bericht unseres Ursprungs gehofft, fand aber nur Sätze wie: »Vor dem Anfang war die Ursache, und das einzige Ziel der Ursache war die Erschaffung der Wirkung.« Mit so einer gewundenen Sprache war ich mittlerweile nur allzu vertraut. Wie immer hatte ich das Gefühl, irgendetwas verpasst zu haben, und wie immer fragte ich nicht nach – denn dann hätte ich nur wieder nach dem missverstandenen Wort suchen müssen.

Trotz der monotonen Kursarbeit fand ich das Sea Org-Leben immer faszinierender – nicht wegen der Kurse, sondern wegen des Lebens, das alle um mich herum führten.

An die Vergünstigungen, in deren Genuss ich wegen der Position meiner Mutter kam, hatte ich mich schon gewöhnt. Ich aß mit Mom im WB zu Mittag, während Diane ins Elks Building musste, wo es für alle anderen Essen gab, das offenbar nicht so gut war. Jeden Samstagvormittag hatte Mom frei, ein-, zweimal sogar den gesamten Samstag, und dann unternahmen wir Dinge, die wir noch nie zuvor gemacht hatten: Jetski-Fahren mit Tom, Jenny und Alison oder Schwimmen mit Seekühen in einem Naturpark.

Meine Mutter hatte einen speziellen Friseur, der ihr die Haare schnitt und Highlights färbte, und manchmal begleitete ich sie, um zuzusehen. Einmal bekam ich in einem Spa eine Maniküre, während sie sich wachsen ließ. Ich wusste nicht mal, dass Highlights, Wachsbehandlungen und Maniküre ganz normale Bestandteile weiblicher Schönheitspflege waren. Früher hatte ich mit meiner Mutter nie über so etwas geredet. Das Ganze war mir mehr als fremd: Allein die Vorstellung, sich so um sich selbst zu kümmern, wäre auf der Ranch als unglaublich selbstsüchtig betrachtet worden, aber hier auf der Flag hinterfragte ich es nicht. Es schien, als hätte meine Mom es verdient, und sie war für mich ein Vorbild. Sie war ein hervorragendes Beispiel dafür, wie weit man in der Sea Org kommen konnte.

Je länger ich auf der Flag blieb, desto besser gefiel es mir, und meine Begeisterung für die Sea Org und Scientology wuchs. Die Höhepunkte waren die Abschlussfeiern, die jeden Freitagabend im Auditorium des Fort Harrison Hotels stattfanden. Da die gesamte Flag daran teilnahm, war der Saal immer voll. Hier wurden auch die Gewinne verkündet, die man bei den Kursen oder den Auditing-Sitzungen gewonnen hatte. Jeder Erfolg war ein persönlicher Gewinn und konnte von einer Steigerung des Wohlbefindens bis zu einem tatsächlichen Wunder alles sein. Nach der Abschlussfeier reichten Kellner auf Tabletts Essen herum, und jede Woche flogen Führungskräfte von der Int Base als Gastredner ein. Manchmal war es mein Vater, und dann konnten wir den nächsten Morgen gemeinsam verbringen. Es waren immer hochrangige Scientologen, und hin und wieder kam sogar mein Onkel Dave.

In vielerlei Hinsicht verstärkten diese Redner all meine positiven Eindrücke von der Sea Org, die ich seit meiner ersten Reise nach Clearwater gewonnen hatte. Das Leben meiner Mutter kam mir wie ein herrlicher Traum vor, und ich wollte genauso werden wie sie. Dann würde ich Menschen wie meinen Vater vor einem riesigen Publikum sprechen hören, sehen, wie unsere Religion mit großen Showeffekten vorgestellt wurde, und jedes Mal stärker daran glauben, dass meine Zukunft in der Church lag.

Besonders berührten mich die scientologischen Feste wie der *Auditors Day*, das *International Association of Scientologists-Event* und der *Jahrestag der Jungfernfahrt* der *Freewinds*. Dann kamen Tausende von Scientologen, und die wichtigsten Führungskräfte präsentierten Filme von der Arbeit der Kirche in allen Teilen der Erde, sogar in Asien und Russland. Im

Vordergrund dieser Filme standen oft Menschen aus den verschiedensten Ländern, die erzählten, was Scientology bei ihnen bewirkt hatte. Es gab Kranke, die vom Krebs geheilt worden waren oder nach einer Lähmung wieder laufen konnten, und Tausende von Meilen entfernt hörte das ganze Publikum gebannt zu. Danach sprangen alle auf und klatschten und jubelten, und ich ließ mich von ihrer Begeisterung anstecken. Zwar verstand ich nicht jedes Wort, was die Menschen im Film über ihre Erfahrungen erzählten, trotzdem spürte ich unleugbar die Wirkung des Ganzen. Ich bekam Gänsehaut und spitzte die Ohren, um in die Jubelgesänge auf LRH einstimmen zu können. Hier zeigte sich die Gemeinde in ihrer besten, die Kraft von Scientology in ihrer schönsten Form.

Bei diesen Events zeigte Onkel Dave oder eine andere Führungskraft auf Diagrammen, wie die Leistungskurven aller internationalen Statistiken von Scientology anstiegen, und zwar mehr als je zuvor. Bei diesen Statistiken wurden Bereiche gezeigt wie »erfolgreiche Auditing-Sitzungen« oder »Anzahl der verkauften Bücher«. Onkel Dave oder einer seiner Mitarbeiter hielt immer eine motivierende Rede darüber, dass Scientology auf die Politik vieler Länder Einfluss nahm und manche Regierungen das sogar begrüßten.

Als Diane und ich unseren Abschluss im Key to Life-Kurs machten, war für mich auch der Zeitpunkt gekommen, meinen Gewinn mit dem Kurs zu teilen. Ich war ohnehin still und unsicher, und der Umstand, dass mein Gewinn kaum der Rede wert war, machte mir nicht gerade Mut. Als Diane ihre Gewinne präsentierte, sprach sie lange und unterhaltsam. Ich hingegen fühlte mich wie das Kaninchen vor der Schlange. Ich hatte ein tieferes Verständnis der kurzen, allgemein gebräuchlichen Wörter und konnte besser verstehen, was man mir sagte oder was ich las. »Ich hatte Spaß«, murmelte ich, so verlegen, dass ich schließlich aus dem Raum rannte, was alles nur noch peinlicher machte. Am darauffolgenden Freitagabend brachte ich es einfach nicht über mich, bei der Abschlussfeier auf die Bühne zu gehen und mein Zertifikat in Empfang zu nehmen, was sonst jeder tat.

Unglücklicherweise bedeutete der Abschluss meines Kurses auch das Ende meines Aufenthalts in Clearwater. Meine neuen Freunde, die aus den verschiedensten Ländern kamen, luden mich ein, sie zu besuchen. Das waren faszinierende Aussichten. Ich wusste, dass solche Besuche eines Tages durchaus im Bereich meiner Möglichkeiten liegen würden, da meine Mom bei ihren verschiedenen Projekten auch die ganze Welt bereist hatte. Ich würde meine Freunde vermissen. Sogar mit Diane hatte ich mich angefreundet, obwohl sie insgeheim für mich immer eine Konkurrentin blieb.

Mehr als je zuvor glaubte ich aufrichtig an die Macht der Church. Nach all den Monaten, in denen ich von so vielen Gewinnen gehört und das Leben in der Sea Org, wenn auch nur als Gast, miterlebt hatte, war ich so überzeugt wie nie zuvor. Zum ersten Mal dachte ich nicht mehr an frustrierende Statistiken, Ethik-Akten oder zermürbende Decks-Arbeiten. Jetzt dachte ich daran, was ich alles erreichen konnte, wenn Scientology mir dabei half. Ich hatte immer daran geglaubt, aber nie begriffen, welche Macht oder welchen Platz Scientology in meinem Leben haben konnte. Plötzlich meinte ich, meine Bestimmung zu sehen, den Dienst, den ich der Sea Org in Zukunft leisten konnte. Der Grund für meine Hingabe lag hier direkt vor mir. Wenn ich jeden Freitag in der Menge stand, musste ich einfach glauben, dass ich Teil von etwas ganz Besonderem war. Teil von etwas, das die gesamte Menschheit verändern würde.

KAPITEL 11

Zurück zur Arbeit

Nach meinem Abschluss blieb ich noch ein paar Wochen in Clearwater und flog dann mit meiner Mutter nach Kalifornien zurück. Sie hatte auf der Int zu tun, und ich ging zurück zur Ranch. Da ich Monate weg gewesen war, fühlte es sich sehr seltsam an, wieder dort zu sein. Am schwersten war es, nach meiner Freiheit auf der Flag zur alltäglichen Plackerei mit den Decks und allem anderen zurückzukehren. Aber wegen meiner Erinnerungen blies ich nicht Trübsal, sondern richtete alle meine Hoffnungen auf die Zukunft.

Natürlich sorgten auch meine Freunde auf der Ranch dafür, dass meine Stimmung nicht sank. Wenn ich mit ihnen zusammen war, dachte ich nur selten an meine Familie. Naomi, eine meiner besten Freundinnen, war ziemlich rebellisch. Sie hörte im Radio immer Punk-Musik, obwohl die Church viele Punkbands für zu anzüglich hielt, vor allem die Sex Pistols. LRH hatte einmal sogar ausdrücklich gesagt, dass diese Band einen schlechten Einfluss auf Kinder hätte.

Ich war auch mit Eva und Caitlin, zwei Schwestern, befreundet. Eva schminkte sich gerne und war ein richtiges Mädchen, genau wie ich übrigens, obwohl ich mir alle Mühe gab, als Wildfang zu gelten, weil das zu der Zeit cool war. Ich ging während der Mahlzeiten oder der Toilettenpausen in der Decks-Zeit gerne mit Eva in ihr Zimmer und sah mir die tollen Sachen in ihrer untersten Schublade an. Eva, Caitlin und Naomi wirkten auf mich menschlicher und weniger roboterhaft als die anderen Kinder der Ranch. Deshalb fühlte ich mich zu ihnen wohl am meisten hingezogen.

Da unsere Uniformen jeden Abend gewaschen wurden, durften wir für uns für den scientologischen Unterricht normal anziehen. Caitlin, Eva und ich tauschten gerne Klamotten. Wir mochten auch die gleiche Musik und schenkten uns zu Weihnachten etwas.

Wenn ich mit Caitlin und Eva zusammen war, konnte ich kaum noch ignorieren, dass wir wie alle anderen um uns herum älter wurden. Obwohl es von den Erwachsenen auf der Ranch gar nicht gern gesehen wurde, sprachen alle Mädchen plötzlich über Jungs und Flirten. Das war zwar noch ziemlich harmlos, aber kurz darauf sah ich, welche Konsequenzen sich daraus ergeben konnten.

Nicht lange nach meiner Rückkehr fing ich mit dem *Life Orientation Course* – kurz LOC – an, der sich direkt an den Key to Life-Kurs anschloss. Dieses Mal sollte Justin mein Zwilling sein. Weil die Supervisoren auf der Ranch für diesen Kurs nicht qualifiziert genug waren, mussten wir abends zur Int Base, statt auf der Ranch unseren scientologischen Studien nachzugehen.

Im LOC lernten wir etwas über die zwölf Ethik-Zustände des Menschen und die Schritte, die man unternehmen musste, um seinen Zustand zu verbessern. Außerdem erfuhr man noch mehr über die anderen Bereiche scientologischer Ethik. Es war ziemlich frustrierend, Justin als Zwilling zu haben. Wir lagen acht Jahre auseinander und hatten große Reibungsverluste. Wie im Key to Life mussten wir Texte laut vorlesen, ohne zu stocken oder uns zu versprechen. Wenn ich einen Fehler machte, musste ich innehalten und das Wort nachschlagen, das ich scheinbar nicht verstanden hatte. Justin stoppte mich schon beim kleinsten Versprecher, was natürlich seine Aufgabe war, aber ich leugnete meine Fehler. Er hatte kein Erbarmen und wurde noch ärgerlicher, weil ich ihn anlog. Ehrlich gesagt, begriff ich eigentlich kaum, um was es in dem verflixten Buch ging, aber das konnte ich ihm gegenüber nicht zugeben. Also hoben wir ständig die Hand, damit unser Supervisor als Schlichter eingriff. Mein reizbarer und herrschsüchtiger Bruder machte sich ständig über mich lustig, und dann brach ich in Tränen aus.

Schließlich teilte Justin dem Lehrkörper auf der Ranch mit, dass ich überfordert sei und den LOC nicht absolvieren könne. Außerdem erklärte er, ich hätte nichts aus dem Key to Life-Kurs in Erinnerung behalten. Er fing an, mir vor Mr. Parker und Mr. Bell stichprobenartig Fragen zu stellen, zum Beispiel: »Was ist der Konjunktiv?« Und dann zeigte sich, dass Justin Recht hatte. Sooft ich die Antworten in den letzten drei Monaten auch wiederholt hatte, sie waren bei mir nicht hängen geblieben.

Wenn man bei Scientology etwas vergisst, wird das so angesehen, als ob man es nicht verstanden hätte. Es gilt als Symptom für ein missverstandenes Wort. Durch meine Vergesslichkeit gab ich im Grunde zu, dass ich über Wörter hinweggegangen war, die ich nicht verstanden hatte. Das wurde gleichzeitig auch als gefälschte Beglaubigung eines Kurses angesehen, und das wiederum war ein Vergehen. Daher wurde ich in den niedrigen Ethik-Zustand ›Zweifel‹ zurückgestuft und musste mehrere Wochen Wiedergutmachung leisten, um wieder in die Gruppe aufgenommen zu werden.

Außerdem musste ich den größten Teil des Key to Life-Kurses wiederholen. Dazu fuhr ich morgens zur Int Base, um mit einer Frau, die mir als Zwilling zugewiesen war, zu arbeiten. Ich fuhr mit dem Essenslieferanten hin, und wieder zurück, wenn das Mittagessen gebracht wurde. Glücklicherweise war der Key to Life-Kurs beim zweiten Mal nicht mehr so schwer.

Da ich wegen des Kurses die Decks verpasste, musste ich sie nachmittags nachholen. Aber das war nicht so schlimm, weil ich mit Teddy, einem Freund meines Bruders, zusammen arbeitete. Er gehörte mittlerweile zum Personal der Ranch und wurde Mr. Blackman genannt. Unsere Projekte waren technischer Natur, zum Beispiel reparierten wir den Brunnen auf dem Grundstück. Ich fuhr mit ihm auf dem Motorrad zur Baustelle, saß neben ihm und reichte ihm das Werkzeug. Es war viel entspannter als die normalen Decks, bei denen man ständig unter Druck stand, sich schnell zu bewegen und Leistung zu erbringen. Das hier konnte man eigentlich kaum Arbeit nennen.

Es gefiel mir, mit Teddy zusammen zu sein. Er stellte mir Fragen zu Florida, wo er geboren worden war. Dann erzählte er mir, dass er sehnsüchtig auf seinen Abschluss bei der Cadet Org wartete, um endlich eine Freundin haben zu dürfen. Manchmal kletterten wir auf die Berge am Fluss, um den Sonnenuntergang zu sehen, oder wanderten zu einem herrlichen Wasserfall. Bis dahin hatte ich nicht gewusst, wie schön das Land der Ranch war, da ich nie Zeit gehabt hatte, es mir wirklich anzusehen. Teddy wurde mein Freund, obwohl er mich als Freund meines Bruders wohl eher als lästige kleine Schwester hätte betrachten können.

Meine Freundin Eva fing an, Bemerkungen darüber zu machen, wie nett Teddy zu mir war. Sie schien eifersüchtig zu sein. Ich fand das seltsam, weil sie, so weit ich wusste, nichts mit Teddy zu tun hatte. Die meisten Mädchen auf der Ranch schwärmten etwas für Teddy. Als ich noch jünger war, tat ich das auch, aber eigentlich war er viel zu alt für mich und eher so etwas wie ein Bruder. Ehrlich gesagt, mochte ich einen anderen Jungen in meinem Alter, Corwin, mehr. Er mochte mich ebenfalls und kam manchmal abends in meinen Schlafsaal, um sich mit mir zu unterhalten. Wir saßen in der Kurszeit einander gegenüber, und manchmal waren wir während der Mahlzeiten zusammen. Wenn er auf der Rampe vor dem Big House Skateboard fuhr, sah ich ihm zu und flirtete ein wenig mit ihm.

Ein paar Monate hatten Teddy und ich zusammen Decks-Projekte, aber eines Tages sah ich, wie er beim Appell abgeführt wurde. Das sah nach Ärger aus. Davor hatte ich gesehen, wie Eva in Zivilkleidung von einem Erwachsenen zum Cottage geführt worden war. Es war nie ein gutes Zeichen, an einem Wochentag in Zivil gesehen zu werden. Als Nächstes beobachtete ich, wie Teddy, auch in Zivil, zu einem anderen Gebäude gebracht wurde, und zwar von Rosemarys Sohn Mike, der mittlerweile ebenfalls auf der Ranch arbeitete. Ich wusste nicht, was passiert war, aber es sah so aus, als hätten sie gemeinsam etwas verbrochen. Erst später beim Decks-Appell hörte ich wieder davon, als die Leiterin der Abteilung *Inspections and Reports* der CMO International auf der Ranch auftauchte. Sie war für die Disziplin zuständig und hatte großen Einfluss. Beim Appell verkündete sie in sehr ernstem Ton, dass Eva und Teddy eines Vergehens bezichtigt wurden, das als *Out 2D* bezeichnet wurde, wobei 2D die Kurzform für die zweite Dynamik war. Out 2D, oder Vergehen in der Zweiten Dynamik, waren alle körperlichen Beziehungen, die über Küssen hinausgingen. Das war ein sehr schwerer Vorwurf.

Diese Anklage ging zurück auf die acht Dynamiken, die man bei Entscheidungen berücksichtigen sollte. Da die zweite Dynamik die Familie, private Beziehungen, Sex und Kinder umfasste, hieß 2D, dass Eva und Teddy etwas sexuell Unethisches getan hatten, was gegen den Kodex der Gruppe verstieß.

Ich hatte Angst um sie, denn sie würden wahrscheinlich schwer bestraft werden. Während ich mich noch fragte, was sie wohl erwartete, verkündete die Leiterin der Inspections noch weitere schockierende Neuigkeiten: Justin hatte von der Beziehung gewusst, sie aber nicht gemeldet. Das bedeutete, dass er dieselbe Strafe wie Eva und Teddy bekommen würde. Justin behauptete zwar steif und fest, nichts davon gewusst zu haben, aber sie glaubte ihm nicht und warf ihn aus der Versammlung.

Die nächsten Tage waren die reinste Hexenverfolgung, bei der jeder Angst hatte, er würde als Nächster an die Reihe kommen. Die Inspekteurin der Int blieb auf der Ranch, führte Meter-Checks durch und konfrontierte uns mit Berichten über unethisches Verhalten. Sie zwang viele, Berichte über jede 2D-Aktivität zu verfassen – inklusive Flirten –, die sie selbst unternommen oder mit angesehen hatten. Wir waren so jung, dass wir kaum wussten, was Flirten eigentlich bedeutete, daher war es für uns schon fragwürdig und unakzeptabel, für jemanden zu schwärmen oder Zeit mit ihm zu verbringen.

Ich wurde ebenfalls mit ein paar Berichten konfrontiert, in denen ich beschuldigt wurde, mit Corwin geflirtet zu haben. Obwohl ich wusste, dass alle Kontakte zwischen Mädchen und Jungen von nun an höchst misstrauisch beobachtet wurden, hätte ich weiterhin Zeit mit Corwin verbracht, wenn er nicht gleichzeitig mit meiner alten Freundin und Fluchtgefährtin Rebecca geflirtet hätte. Er kam sogar zu mir und fragte mich, warum ich ihn ignorierte. Ich war ziemlich gemein und teilte ihm nur mit, dass ich nicht mehr mit ihm flirten würde. Ich sah, dass er ein bisschen verletzt war, aber das war ich auch.

Eva und Teddy bekamen großen Ärger, durften aber auf der Ranch bleiben und wurden nicht zur *Rehabilitation Project Force*, kurz RPF, geschickt, was eigentlich die Standardstrafe für einen solchen Verstoß war. Diese Strafabteilung war für alle gedacht, die großen Mist gebaut hatten. Sie durften dort nur Schwarz tragen und niemals gehen, nur rennen, bei den

Decks und bei allem anderen. Sie durften nur sprechen, wenn sie von Crew-Mitgliedern angesprochen wurden, und bekamen nur den halben Lohn und höchstens fünfzehn Minuten Pause für die Mahlzeiten. Wenn sie widersprachen oder nicht gehorchten, mussten sie Runden rennen. Ihre Tage teilten sich in schwere körperliche Arbeiten und Auditing-Sitzungen auf, wo sie alle ihre bösen Absichten offenlegen und mit Hilfe scientologischer Techniken loswerden mussten. Für ein Mitglied der Sea Org gab es nichts Schlimmeres als die RPF. Als ich auf der Ranch ankam, war das RPF-Programm noch dort untergebracht gewesen.

Teddy wurde stattdessen geächtet. Vom coolsten Jungen der Ranch wurde er herabgestuft zum *Paria*, mit dem niemand sprach.

»Früher fand ich ihn so cool«, sagte einmal eine Freundin zu mir, »aber jetzt finde ich, er ist ein Loser.«

Sie war nicht die Einzige, die so dachte. Er war in der Achtung der meisten auf die unterste Stufe gesunken. Später erfuhr ich von Teddys Mutter, dass er nach dem Out 2D mit Eva doch zur RPF verdonnert worden war, dass mein Onkel Dave es aber rückgängig gemacht hatte. Den Grund dafür fand ich nicht heraus, aber ich nahm an, es lag daran, dass Teddy jung und offiziell noch Kadett war, also kein vollwertiges Sea Org-Mitglied.

Ich persönlich konnte Teddy gegenüber nicht solche Verachtung entgegenbringen wie die anderen. Vor allem tat er mir leid. Ich sah in ihm niemanden, der der Gruppe geschadet oder sich gegen Scientology aufgelehnt hatte, sondern nur den Freund meines Bruders, der immer nett zu mir gewesen war.

Zu seiner Rehabilitierung gehörte, dass er LRHs Grundsatzschreiben über Ethik las, die wir in demselben Gebäude wie die Vitamine aufbewahrten. Er rechnete bestimmt damit, dass ich ihn wie alle anderen schnitt, aber wenn niemand hinsah, versuchte ich zumindest, ihn zu grüßen. Wenn ich ihn bei der Arbeit für meinen Posten sah, fragte ich ihn, wie es ihm ging. Teddy war dankbar für jede Freundlichkeit, und ein paarmal sah ich ihn sogar in Tränen ausbrechen.

Eva schien es nicht so viel auszumachen wie Teddy. Ich redete immer noch heimlich mit ihr, obwohl ich Ärger bekam, wenn ich dabei erwischt wurde. Einmal wurde ich gewarnt, wenn ich weiterhin mit ihr sprechen würde, würde ich dieselbe Strafe wie sie bekommen. Aber das hielt mich nicht davon ab, schließlich war sie meine Freundin.

Inzwischen wurde ich wegen einer Beziehung in die Mangel genommen, die Justin mit Tiffany hatte, einem Mädchen von der Ranch. Ich wusste nur, dass Tiffany mir einmal gestanden hatte, sie sei unsterblich in ihn verliebt, doch das hatte ich niemandem erzählt. Während der Befragungen sagte ich dummerweise »Ich werde nichts über meinen Bruder preisgeben!«, was die Sache natürlich noch verdächtiger machte. Ich dachte, mein Bruder wäre mir dankbar, stattdessen wurde er wütend und schimpfte, ich sei ein Idiot.

Schließlich beruhigte sich die Lage, und die Leiterin von Inspections and Reports fuhr zurück zur Int Base, aber ihre Arbeit auf der Ranch hatte eindeutig Wirkung gezeigt. Nachdem jemand erwischt und bestraft worden war, achteten wir nicht nur noch mehr darauf, mit wem wir gesehen wurden, sondern auch, wem wir trauen konnten.

Allerdings hatte der Vorfall mit Eva und Teddy in vielerlei Hinsicht den gegenteiligen Effekt bei mir. Vor dem Besuch der Inspekteurin hatte ich mich manchmal gefragt, was ich wohl tun würde, wenn ein Freund etwas verbrochen hätte und dafür Ärger mit der Gruppe bekäme. Jetzt hatte ich zum ersten Mal die Antwort darauf, und ich war überrascht, wie spontan und natürlich meine Reaktion gewesen war. Ganz gleich, was bei Scientology als richtig oder ethisch betrachtet wurde: Bei mir hatte Freundschaft Vorrang vor allem. Ich brachte es einfach nicht über mich, Freunde zu verraten.

KAPITEL 12

Zurück zur Flag

Im Frühjahr 1995, ich war elf Jahre alt, teilte meine Mom mir mit, dass ich noch mal nach Florida müsse, um meinen Key to Life-Kurs zu wiederholen. Sie meinte, da die Verantwortlichen dort mich nicht ordnungsgemäß durch den Kurs gebracht hätten, müssten sie es jetzt wiedergutmachen. Das Ganze war mir sehr peinlich. Ich hatte Angst, Nikki wäre wegen meiner falschen Meter-Checks wütend auf mich, aber dem würde ich mich stellen, wenn ich erst einmal in Clearwater war.

Bei meiner Ankunft fielen mir einige Veränderungen auf: Sharni arbeitete nicht mehr für Mom, sondern als Köchin im Hibiscus. Es schien ihr sehr zu gefallen, obwohl sie auch meinte, sie vermisse es, mit mir zusammen zu sein. Jetzt sollte Valeska sich um mich kümmern. Außerdem war sie mein neuer Zwilling im Key to Life-Kurs.

Dazu kam, dass Mom einen neuen männlichen Mitarbeiter hatte, mit dem sie scheinbar viel Zeit verbrachte. Er hieß Don Jason und war die rechte Hand des Captains der Flag Service Organization, also ein wichtiger Mann. Er sah gut aus, hatte kurze, blonde Haare und hellblaue Augen. Seine Frau Pilar war ebenfalls eine Führungskraft und arbeitete in Moms Büro. Don leistete uns manchmal beim Essen Gesellschaft, und Mom sprach oft von ihm.

Als ich an meinem ersten Tag im Kursraum auftauchte, war ich wegen Nikki etwas nervös, aber zu meiner Erleichterung machte sie kein großes Aufheben. Ich freundete mich mit einem riesigen Kerl namens Buster und seinem Zwilling Jason an, den ich ziemlich süß fand. Während wir darauf warteten, aufgerufen zu werden, spielten Valeska, Buster, Jason und ich immer *Twenty Questions*.

Nach dem Kurs fuhren Valeska und ich mit dem Bus nach Hause. Dann gingen wir schwimmen, nahmen alberne Videos auf oder schminkten uns. Manchmal half ich Valeska bei der Arbeit und kümmerte mich um die Wäsche und die Snacks. Dann erzählte sie mir Geschichten aus ihrer Kindheit. Sie kam aus der Schweiz, und als sie noch klein war, wollte ihr Vater zur Sea Org in England, aber ihre Mutter war dagegen. Trotzdem beschloss die Familie, von der Schweiz nach England umzuziehen. Als sie während der Fahrt eine Rast machten, verließ ihre Mutter den Wagen und verkündete, sie würde Kaffee holen, kam aber nie zurück.

Eine grauenhafte Geschichte. So genau hatte mir noch niemand von seinen Schwierigkeiten in der Familie erzählt. Auf der Ranch kannte ich zwar ein paar Kinder, bei denen ein Elternteil Probleme verursachte und daher nie besucht wurde, aber damals hatte ich an solche Geschichten kaum einen Gedanken verschwendet. Trotzdem kam mir Valeskas Geschichte glaubwürdig vor. Wenn ihre Mutter nicht wie ihr Vater zur Sea Org wollte, dann konnten sie einfach nicht zusammenbleiben. Allerdings war die Vorstellung, das könnte mit jemandem passieren, der mir nahestand, so grauenhaft, dass ich meiner Mutter abends von der Geschichte erzählen musste. Doch sie sagte nur, dass das nicht wahr sein könne. Ich dachte, sie hätte mir vielleicht nicht richtig zugehört, aber da lag ich falsch. Am nächsten Abend vor dem Schlafengehen sagte sie: »Okay, heute keine traurigen Geschichten.«

Wir redeten nur selten über Schwieriges oder Trauriges. Eines Tages in der Küche ihres Büros sagte sie mir plötzlich und ohne jede Vorwarnung:

»Nur, damit du es weißt: Grandma Janna hat ihren Körper verlassen.« Dabei klang sie nur leicht bedrückt.

Ich hatte nicht mal gewusst, dass Grandma krank gewesen war, allerdings hatte ich sie mit fünf das letzte Mal gesehen. Ein paar Monate zuvor hatte ich ihr eine Weihnachtskarte geschickt, aber offenbar an die falsche Adresse, denn sie kam zurück.

»Ach, Mist!«, sagte ich, weil mir nichts Besseres einfiel. Bei Scientology gab es kein spezifisches Verhaltensmuster oder Ritual bei Trauerfällen. Viele ließen sich verbrennen, weil LRH das auch getan hatte. Normalerweise gab es eine sehr sentimentale Anzeige mit allen guten Taten, die der Verstorbene vollbracht hatte. Wenn er ein Sea Org-Mitglied gewesen war, hieß es normalerweise, er hätte eine zwanzigjährige Freistellung von seinem Eine-Milliarde-Jahre-Vertrag bekommen, damit er sich einen neuen Körper suchen und wieder zurückkehren könnte. Normalerweise gab es auch eine Trauerfeier, aber ich hatte noch keine erlebt. Ich war zwar betrübt, dass Grandma Janna gestorben war, versuchte aber, daran zu denken, dass sie einen neuen Körper bekommen würde.

Mom hingegen wirkte nicht besonders betroffen. »Alles in Ordnung mit dir?«, fragte ich.

»Ich bin zwar traurig«, antwortete sie, »aber deine Großmutter und ich haben schon seit Jahren nicht mehr besonders viel Zeit miteinander verbracht, daher bin ich daran gewöhnt. Ich werde eine Auditing-Sitzung dazu machen.«

Es mag seltsam klingen, aber Grandma Jannas Tod bewirkte bei mir kaum etwas. Obwohl sie dafür gesorgt hatte, dass meine Mom der Kirche beitrat, hatte ich sie nur selten gesehen, und Mom schien mit ihrem Tod gut klarzukommen.

In der Zeit, in der ich bei Mom wohnte, gewöhnte ich mich schnell an den sehr angenehmen Alltag. Dazu trug erheblich bei, dass Valeska sich um mich kümmerte. Sie war mir nicht nur ein Vorbild, sondern auch meine Klassenkameradin, und die Freundschaft mit ihr wurde mir unglaublich wichtig.

Natürlich galt mein Hauptaugenmerk dem Key to Life-Kurs, denn ich musste mich nicht um meine normale Schulbildung, sondern nur um die scientologische Kursarbeit kümmern. Ziemlich schnell absolvierte ich Key to Life und begann mit LOC, den ich ursprünglich mit Justin als Zwilling angefangen, aber nie abgeschlossen hatte. Dieses Mal hatte ich keine Probleme mit dem Kurs, immerhin sorgte er dafür, dass ich noch länger in der Flag bleiben konnte.

Da ich bei Mom wohnte, sah ich Onkel Dave auch häufiger. Er hatte viel in der Flag zu tun und kam deswegen oft nach Clearwater. Manchmal blieb er sogar längere Zeit. Meine Mom bat mich, nicht in ihr Büro zu kommen, wenn er in der Stadt war, sondern im Lemon Tree zu essen. Ich sollte direkt nach dem Kurs mit Valeska heimgehen und sie nicht im WB besuchen.

Dennoch war ich trotz ihrer Anweisung eines Tages im Büro und schrieb Justin auf der Ranch einen Brief, als ich hörte, wie mein Onkel den Korridor herunterkam. Ich rannte durch das Büro, um mich zu verstecken, aber es war zu spät. Als Onkel Dave, Tante Shelly und Mom die Tür öffneten, sahen sie mich hinter dem Regal hocken. Onkel Dave wirkte verwirrt.

»Warum versteckst du dich vor uns, Jenny?«, fragte er.

Dämlicherweise erklärte ich, Mom hätte mir verboten, ins Büro zu kommen, wenn er da war. Daraufhin sah Onkel Dave meine Mom an, die eine verblüffte Miene aufsetzte.

»Das habe ich nie gesagt«, erklärte sie. Nur ein paar Tage zuvor hatte sie noch davon gesprochen, deswegen begriff ich nicht, warum sie es jetzt abstritt.

»Hast du irgendwas Verbotenes getan?«, wollte Tante Shelly wissen.

Noch bevor ich antworten konnte, schaltete sich Onkel Dave wieder ein. »Du musst nicht vor mir wegrennen«, sagte er beruhigend. Er umarmte mich etwas unbeholfen und sagte, sie müssten jetzt los, aber wir würden uns am Abend sehen. Dann gingen sie durch den Korridor zum Aufzug. Ich wusste nicht, wieso wir uns am Abend sehen würden, ging aber wieder in meinen Kurs zurück.

An diesem Tag begegnete ich ihm noch mehrmals im Aufzug. »Ich kann dich sehen!«, scherzte er dann immer grinsend. Am Abend sagte Mom, die anscheinend nicht mehr an den Vorfall dachte, ich solle mir etwas Passendes anziehen, weil wir zu Onkel Dave kommen sollten.

»Jenny!«, rief er, als wir eintraten. »Komm, setz dich auf die Couch!« Mom wirkte stolz, weil er mir so viel Aufmerksamkeit schenkte. »Hast du Lust auf Popcorn?«, fragte er.

Noch bevor ich antworten konnte, wandte er sich an seinen Steward Georgiana und befahl: »George, holen Sie ihr Popcorn.«

Ich ließ mich auf einem der Ledersofas nieder. Im Raum waren viele scientologische Führungskräfte, darunter auch Norman Starkey, LRHs ehemaliger Vermögensverwalter. Wir wollten uns *Star Wars* ansehen, aber zuerst musste etwas mit dem Videorekorder in Ordnung gebracht werden.

Onkel Dave plauderte mit jemandem darüber, dass alle in ein paar Tagen den Film *Apollo 13* sehen wollten, der im Kino von Clearwater gezeigt wurde. »Willst du den Film auch sehen, Jenny?«, fragte er mich.

Ich bejahte das, fügte aber hinzu, dass ich noch lieber *Batman Forever* sehen wollte.

»Aha! Klar«, erwiderte Onkel Dave. »Wer gefällt dir denn in dem Film?«

»Jim Carrey, und Nicole Kidman spielt auch mit.«

Onkel Dave wandte sich von mir ab und redete mit den anderen im Raum über ein paar berühmte Schauspieler in dem Film.

Sie wirkten alle interessiert, aber er wandte sich wieder mir zu. »Jenny, hast du das Gefühl, du würdest unsere Erwachsenengespräche verstehen?«

»Äh, manchmal, aber nicht immer«, antwortete ich.

Da strahlte er mich an, und als alles mit dem Video in Ordnung war, sahen wir den Film.

Innerhalb der nächsten Wochen sahen wir alle drei Teile der *Star Wars*-Trilogie, einen davon auch in Moms Wohnung. Onkel Dave und Tante Shelly fanden mein Zimmer toll. Onkel Dave lieh sich von mir sogar etwas aus meiner CD-Sammlung. Ich fand es ziemlich cool, dass er sich Musik von mir leihen wollte. Ein paar Tage später bekam ich sie zurück.

Für größere Events kam auch mein Vater öfter zur Flag. Eines Abends, als wir hinter der Bühne zusammen waren, bekam ich zufällig mit, wie Onkel Dave über eine Panne redete, die es bei diesem Event mit dem Soundsystem gegeben hatte. Kurz darauf befahl er barsch drei Tontechniker zu sich, die für die Show eigens von der Int hergeflogen waren. Als sie das Zimmer betraten, wirkten sie ziemlich eingeschüchtert, als befürchteten sie etwas Schlimmes. Ich wusste, dass sie wahrscheinlich mit einem *Severe Reality Adjustment* zu rechnen hatten, was nichts anderes hieß, als dass sie heftig angeschrien wurden.

Mein Dad brachte mich fort, damit ich nichts davon mitbekam. Als ich ihm erklärte, ich wüsste, was jetzt geschehen würde, fiel meinem Vater darauf keine Erwiderung ein. Er wusste eindeutig nicht, wie oft wir auf der Ranch angebrüllt wurden. Ich hatte noch nie mitbekommen, wie Onkel Dave jemanden zusammenstauchte, konnte mir aber vorstellen, dass es ziemlich hart war. Ein paar Minuten später kam jemand aus dem Raum in den Flur und meldete, wir könnten wieder hineingehen. Die drei Männer waren nicht mehr da, und Onkel Dave begrüßte mich so, als wäre nichts gewesen.

Es war schwer für mich, den Eindruck, den andere von Onkel Dave und Tante Shelly hatten, mit dem in Einklang zu bringen, wie sie mich behandelten. Mir gegenüber waren sie immer freundlich, ja sogar liebevoll. Ich genoss es, mit ihnen zusammen zu sein, weil ich dann das Gefühl hatte, Zeit mit meiner Familie zu verbringen. Ich merkte aber, dass die anderen sowohl vor Onkel Dave als auch vor Tante Shelly Angst hatten. Sie hatten so viel Macht, dass die meisten wahrscheinlich davon eingeschüchtert waren. Da ich das mitbekam, achtete ich in ihrer Gegenwart immer besonders darauf, was ich sagte und tat. Mir gegenüber verhielten sie sich freundlich, daher verstand ich nicht ganz, warum die anderen immer so ängstlich wirkten.

Wenn Onkel Dave und Tante Shelly in der Stadt waren, verbrachten sie ihre Freizeit normalerweise mit Mom und mir. Wir gingen zum Minigolf oder zu einem Hockeyspiel. Ich sah Tante Shelly immer zu, wenn sie sich zurechtmachte. Wenn sie sich schminkte, fragte ich sie zum Beispiel, wozu sie den Konturenstift brauchte, und sie erklärte, dass in ihrem Alter die Konturen der Lippen verblassten und nachgezogen werden müssten. Sie sagte auch, ich sei noch jung und hübsch und müsste mich nicht schminken.

Als ich ein anderes Mal in ihrer Wohnung war, kam auch Tom, weil er sich um ein Problem mit dem Telefon kümmern sollte. Sie befahl Tom, dafür zu sorgen, dass die Leitungen in ihrer Wohnung funktionierten. Denn es sei jetzt schon mehrfach vorgekommen, dass sie mit Kelly Preston oder John Travolta telefoniert hätte und gleichzeitig jemand anderes in der Leitung gewesen wäre. Auch Kelly hatte es bemerkt und gefragt, ob das etwa eine Sicherheitslücke sei.

Es war nicht das erste Mal, dass ich von einer undichten Stelle im Sicherheitssystem hörte. In meinem LOC gab es einen Mitstudenten, der früher in der Sea Org gearbeitet hatte, jetzt aber öffentlicher Scientologe war. Er hatte mir erzählt, dass er wegen einer Sicherheitslücke in ernste Schwierigkeiten geraten war. Ihm war vorgeworfen worden, er hätte den Medien gegenüber verraten, dass Tom Cruise Scientologe war. Er erklärte mir, er habe zwar über seine Verbindung zur Church gewusst, aber nur jemandem aus seinem engsten Familienkreis davon erzählt. Kurz darauf machte die Geschichte Schlagzeilen, und er wurde dafür zur Verantwortung gezogen.

Obwohl Mom und Tom immer noch eng zusammenarbeiteten, war Don irgendwie präsenter. Mom und Don verstanden sich sehr gut. Sie hatten nicht nur denselben Sinn für Humor, sondern wirkten wie Seelenverwandte, weil sie eine ähnliche Kindheit und ähnliche Ansichten hatten. Ihre Freundschaft wurde immer enger. Mom hielt so viel von Don, dass ich ihn auch mögen wollte. Er war zwar nett und machte ständig Scherze, aber manchmal schüchterte er mich auch ein. Wahrscheinlich wollte ich ihn beeindrucken, weil Mom so ehrfürchtig von ihm sprach.

Je näher Don und Mom sich kamen, desto größer wurde die Distanz zwischen uns beiden. Früher hatte ich abends gewartet, bis sie nach Hause kam, aber jetzt meinte sie, das ginge nicht mehr, weil ich meinen Schlaf bräuchte.

Sie war auch schroffer als früher – manchmal geradezu unfreundlich. Eines Tages, als wir gerade mit einer Gruppe Leute zusammenstanden, gab sie mir eine Tüte mit einem Deo. Ich hatte noch nie Deo benutzt und wusste nicht, was ich damit sollte.

»Warum gibst du mir das?«, fragte ich sie etwas verwirrt.

»Weil du stinkst«, antwortete sie und fing an zu lachen. Ein paar andere aus dem Büro lachten auch, aber ich merkte, dass ich ihnen leidtat.

Je länger ich auf der Flag blieb, desto mehr spürte ich, wie sie sich von mir entfernte. Schließlich im Herbst 1995, als ich kurz vor dem Abschluss des LOC stand, erzählte Mom im Büro die Neuigkeit, dass Onkel Dave ihr eine Stelle beim RTC angeboten hatte. Das Religious Technology Center war in der Int Base untergebracht und stellte die höchste Führungsebene der Church dar. Hier wurden die Maßnahmen gegen Ethik-Verstöße beschlossen und die richtige Anwendung und Nutzung scientologischer Lehrmaterialien und Techniken überwacht. Das Angebot war nicht nur eine große Ehre, sondern bedeutete auch, dass sie nach Hause an die Westküste kommen würde, zu Dad, Justin, Sterling und mir. Sie wirkte unschlüssig, sagte, eigentlich wolle sie nicht zum RTC, weil ihr ihre Stelle in Clearwater so gut gefiel. Doch ihr war auch bewusst, dass sie nicht ablehnen konnte, weil das Angebot von Onkel Dave kam.

Auf ihrer Abschiedsparty wurde sie mit Geschenken überhäuft. Die Mitarbeiter der Flag schienen sie wirklich zu mögen und schenkten ihr eine komplette Wohnzimmerausstattung mit einer eleganten weißen Couch, einem antiken Schrankkoffer, einer Truhe und noch ein paar anderen Accessoires. Ich plante, in dieser Woche ebenfalls eine kleine Feier für meine Mutter zu veranstalten. Manchmal hatte ich nach den Abschlussfeiern am Freitag eine kleine Show vor Mom und ein paar Führungskräften aufgeführt, die sie in ihrer Wohnung empfing. Meine Aufführungen waren ziemlich albern. An einem Freitag gab es eine altmodische Modenschau, bei der ich Moms Kleider anzog und vorführte. Ein anderes Mal führte ich einen Stepptanz auf, obwohl ich nicht die geringste Ahnung davon hatte. Zur Feier von Moms Umzug zur Int Base plante ich daher die größte aller Shows für Mom und ihre Freitagsgäste.

Ich bastelte eine Kulisse aus Pappe und nähte mir aus Küchentüchern ein Kostüm. Als ich gerade Valeska und mich schminkte und danach alles aufräumen wollte, kam Mom ungewöhnlich früh nach Hause. Sie war fuchsteufelswild, dass es so unordentlich war, obwohl sie Gäste erwartete, und schrie mich an. Sie meinte, ich hätte nur Lumpen an, überall läge Müll herum, ich hätte einen CMO-Mitarbeiter von der Arbeit abgehalten, weil er mir Pappe besorgen musste, und wäre nichts anderes als ein verwöhntes Gör. Dann knöpfte sie sich Valeska vor. »Und du«, bellte sie, »werde endlich erwachsen!«

Valeska kam sich mit ihrem bemalten Gesicht und dem albernen Hütchen auf dem Kopf sichtlich lächerlich vor und brach fast in Tränen aus. Mom befahl ihr zu gehen, was sie auch tat.

Ich hatte meine Mutter noch nie angeschrien, aber ich hielt es einfach nicht aus, wie sie Valeska und mich behandelte. Also sagte ich ihr, dass ich im Gegensatz zu anderen keine Angst vor ihr hätte. Ich fluchte sogar mehrfach, als ich ihr sagte, dass wir versucht hatten, nur für sie eine Show auf die Beine zu stellen, und gerade hätten aufräumen wollen. Sie unterbrach mich und schrie zurück, ich sollte nicht fluchen, worauf ich zurückbrüllte, sie sollte mich nicht anschreien.

Das ging eine Weile so hin und her, bis wir beide den Tränen nahe waren. Sie seufzte schwer und sah mich direkt an.

»Verzeih mir, Jenna«, sagte sie. »Nimm mich mal in den Arm. Es tut mir wirklich leid.«

Ich war aufgewühlt und erschöpft. Einen solchen Streit hatten wir noch nie gehabt, also hatten wir uns auch noch nie versöhnen müssen. Widerstrebend umarmte ich sie.

Am Abend kamen ihre Freunde wie geplant zu Besuch, und Mom tat so, als wäre nichts passiert. Ein paar Tage später flogen wir an die Westküste, zurück zur Int und zur Ranch.

KAPITEL 13

Das goldene Zeitalter der Technologie

Mit neuem Selbstvertrauen kehrte ich auf die Ranch zurück. Ich konnte kaum sagen, ob es daran lag, dass ich endlich den Key to Life- und den Life Orientation-Kurs erfolgreich abgeschlossen, dass ich auf der Flag das aufregende Leben innerhalb der Sea Org miterlebt hatte, oder daran, dass ich einfach älter wurde. Ich war so zuversichtlich wie noch nie zuvor.

Teilweise kam mein Enthusiasmus wohl auch daher, dass ich am Ende meines LOCs beauftragt worden war, mein Lebensziel zu finden oder, wie die Scientologen sagen, meinen *Hat in Life* – meinen Hut im Leben. Ich hatte mit Mom darüber gesprochen und ihr viele Fragen zu den unterschiedlichen Posten gestellt, die sie in der Sea Org bereits innegehabt hatte. Aufgrund dieser Gespräche hatte ich beschlossen, im Commodore's Messenger Office, dem CMO, zu arbeiten. Nach dieser Entscheidung ging ich mit neuer Klarheit und Konzentration an alles andere. Obwohl ich noch meinen Abschluss auf der Ranch schaffen musste, bevor ich zum CMO konnte, wusste ich zum ersten Mal, was ich mit meinem Leben anfangen wollte, jetzt musste ich nur noch das tun, was man von mir erwartete.

Tatsächlich fiel es mir mittlerweile leichter, die Regeln zu beachten – selbst die Decks waren nicht mehr so schwer für mich, obwohl ich auf der Flag viele Monate davon verschont geblieben war. Ich war jetzt etwa doppelt so alt wie bei meiner Ankunft auf der Ranch und damit der schweren Arbeit körperlich eher gewachsen. Mittlerweile wurde ich sogar als harter Arbeiter gelobt, was für mich etwas ganz Neues war. Während meiner Abwesenheit hatte ein anderer meinen Posten als Medical Liaison Officer übernommen, daher gab man mir einen neuen Posten, bei dem ich dafür sorgen musste, dass bestimmte Felder korrekt abgeerntet wurden. Doch schon bald bekam ich als Head der Division 2 eine Führungsposition und war für die Gruppe der Kinder verantwortlich.

Mittlerweile gab es die Gruppe der Precadets nicht mehr, sondern nur noch Kadetten und Kinder. Zu meinen Pflichten gehörte es, dafür zu sorgen, dass die Kinder in meiner Obhut es pünktlich zum Morgenappell schafften, sich um ihre Körperpflege kümmerten, sich ethisch verhielten und ihre Decks machten. Einige von ihnen benahmen sich gut, andere weniger. Aber ich wollte zu allen eine gute Beziehung aufbauen. Schließlich hatte ich nicht vergessen, wie sich das Leben auf der Ranch in ihrem Alter anfühlte. Ich kümmerte mich so gut wie möglich um sie. Wenn sie sich bei mir beklagten, dass sie den Posten, den man ihnen zugewiesen hatte, nicht mochten, versuchte ich, ihnen einen zu verschaffen, der besser zu ihnen passte. Ihre Posten waren ziemlich anspruchslos, zum Beispiel mussten sie die Schlafräume mit Toilettenpapier versorgen, Müll sammeln oder Gemüse holen, aber ich versuchte es so hinzubekommen, dass alle zufrieden waren. Ich nahm meinen Posten sehr ernst und wurde sogar einmal Kadett der Woche.

Aber mit meiner Schulbildung haperte es ziemlich. Ich lag fast zwei Jahre hinter meinen Altersgenossen zurück, da ich auf der Flag keinerlei Schulbildung bekommen hatte. Wegen meiner Erfahrungen auf der Flag wollte ich mich nur noch scientologischen Studien widmen, da ich wusste, dass nur die in der Sea Org wirklich von Bedeutung waren. Als ich mit meiner Kursleiterin darüber stritt, ob Schulbildung wichtig sei oder nicht, führte sie mich in ein kleines Zimmer, wo die Bücher aufbewahrt wurden. Sie war erst achtzehn oder neunzehn, aber wesentlich größer als ich. Ich wehrte mich und wollte hinaus, aber sie schlug mich ziemlich heftig ins Gesicht. Ich behielt davon nur einen kleinen blauen Fleck zurück und meldete es niemandem auf der Ranch. Doch als ich es meiner Mutter erzählte, fragte sie nur, womit ich das verdient hätte. Ich wusste nicht, ob sie es jemandem melden würde, traute mich aber nicht nachzufragen, weil sie wirklich davon auszugehen schien, dass ich selbst schuld war.

An den Abenden wurde ich einem Mädchen namens Trisha als Auditor am Clay Table zugewiesen. Wir fuhren beide gemeinsam mit dem Essenslieferanten zur Int Base, und nach dem Abendessen gab ich ihr ein Auditing. Es fiel mir nicht besonders schwer, weil sie meine Freundin und ziemlich unkompliziert war. Da ich abends meistens auf der Int war, lief ich auch öfter Onkel Dave über den Weg. Einmal holte er mich nach dem Kurs mit seinem Motorrad ab. Wir fuhren zu seinem Büro, wo ich mit Tante Shelly plauderte und mit seinen Hunden spielte. Er schoss auch Fotos von mir, während ich so tat, als würde ich an seinem Schreibtisch telefonieren, so als würde ich die Welt regieren.

Obwohl er das Oberhaupt von Scientology und ein mächtiger und furchteinflößender Mann war, zeigte er sich in Momenten wie diesen von seiner menschlichen Seite. Bei solchen Gelegenheiten merkte ich, dass er einfach nur ein normaler, lustiger Onkel sein wollte, der mit seiner Nichte herumalberte, und dann konnte man fast eine Art Sehnsucht nach Familie bei ihm erahnen, eine Seite, die bei ihm sonst fast immer verborgen blieb. Sein Verhalten zeigte mir, dass ich keine Angst vor ihm haben sollte – so wie die meisten Erwachsenen. Leider wurden diese Momente immer seltener. Im Laufe der Jahre bekam ich immer weniger diese Seite von ihm zu sehen. Und wenn man bedenkt, wie alles endete, scheint sie irgendwann vollkommen untergegangen zu sein. Aber ich habe diese liebevolle, menschliche Seite von Onkel Dave nie vergessen.

Mit meinen Freunden auf der Flag blieb ich über Briefe in Kontakt, vor allem mit Valeska, Tom, Jenny und sogar Don und Pilar. Mein Dad gab manchmal Bemerkungen von sich, wenn ich Briefe von Don bekam. Zum Beispiel fragte er: »Hast du den Brief von deinem besten Freund Don bekommen?«, und zwar in einem ziemlich eifersüchtigen Tonfall, aber das überhörte ich einfach. Es waren nicht nur diese Bemerkungen, die mir komisch vorkamen, ich fand auch, dass meine Eltern sich ziemlich häufig und immer heftiger stritten.

In diesem Jahr wollten wir Weihnachten in Onkel Daves Wohnung auf der Int feiern. Mom und Dad schenkten Dave einen teuren Füllfederhalter, und Mom bekam von ihm und Tante Shelly einen hübschen grünen Hosenanzug von Ann Taylor. Tante Shelly meinte zu mir, ich sollte auf so etwas wie Mode nicht allzu viel geben, weil das eine Art Falle sein könnte. Sie setzte sich auch mit mir zusammen, um über Hautpflege und Akne zu reden. Ich hatte ziemlich viele Pickel und Rötungen und wusste nicht, was ich dagegen machen sollte. Tante Shelly schlug mir vor, mit natürlichen Mitteln dagegen vorzugehen. Das war mir zwar peinlich, aber ich war ihr trotzdem dankbar.

Kurz nach Weihnachten trat eine neue Richtlinie in Kraft, nach der Kinder am Samstagabend nicht mehr im Quartier ihrer Eltern übernachten durften. Ich hatte zwiespältige Gefühle deswegen. Mir hatte es immer gefallen, bei meinen Eltern zu übernachten, denn in ihrer Wohnung war es so viel angenehmer als auf der Ranch. Ein paar Jahre zuvor wäre ich noch am Boden zerstört gewesen. Doch da meine Eltern jetzt nicht weit weg von mir auf der Int Base lebten, verbrachte ich die Wochenenden in jedem Fall mit ihnen, daher fand ich die Veränderung nicht so schlimm. Doch mein Dad war fuchsteufels-wild. Die Familienzeit wurde dadurch noch mehr begrenzt, und wenn Eltern ihre Kinder sehen wollten, mussten sie zur Ranch kommen, was für die meisten schwierig war, weil sie mit dem Bus fahren mussten. Außerdem konnten sie sonntags morgens nicht mehr mit ihnen das einkaufen, was man zum Leben brauchte. Ich allerdings durfte sonntags noch zur Int kommen, wenn auch nicht mehr so oft.

Justin und ich sahen uns auch kaum noch. Er war jetzt offizielles Mitglied der Sea Org und wohnte und arbeitete auf der Int. Wenn wir uns trafen, hatte er mir kaum etwas zu sagen. Daher überraschte es mich, als Taryn eines Nachmittags zu mir kam und mir aufgeregt Neuigkeiten über Justin erzählte. Sie arbeitete genau wie Justin als vollwertiges Sea Org-Mitglied auf der Int Base.

»Freust du dich nicht auch, dass Justin bleiben will?«, rief sie und sah mich erwartungsvoll an. Als ich verblüfft zurückblickte, merkte sie, dass ich keine Ahnung hatte, wovon sie sprach. Also nahm sie mich beiseite.

»Justin will schon seit ein paar Jahren die Sea Org verlassen«, sagte sie leise zu mir, »aber dein Dad hat ihn endlich überzeugt, doch zu bleiben.«

Als ich das hörte, wusste ich nicht, was mich mehr schockierte: die Tatsache, dass mein Bruder gehen wollte, oder die, dass Taryn mir davon erzählte. Bei der Sea Org ist es verboten, darüber zu sprechen, dass man aus der Organisation austreten will. Es ist sogar verboten, davon zu hören. Jegliches Gespräch darüber wird als *Suppressive Act* betrachtet – als Antisozialer Akt –, Taryn ging damit also ein großes Risiko ein. Es gab noch weitere Schwerverbrechen, zum Beispiel, negativ über Scientology zu sprechen, Scientology außerhalb der Organisation zu praktizieren, sein Geld zurückzuverlangen, gegen Scientology vor Gericht zu gehen oder gegenüber Vertretern der Medien negativ über Scientology zu sprechen oder zu schreiben. Solche Aktivitäten konnten dazu führen, dass man zur *Suppressive Person*, kurz SP, erklärt wurde. Als solch eine Antisoziale Persönlichkeit war man böse, und alle Scientologen mussten jeglichen Kontakt mit einem abbrechen, sonst wurden sie ebenfalls zur SP.

Je länger ich über Taryns Äußerungen nachdachte, desto einleuchtender kamen sie mir vor. Ich wusste, dass Justin unzufrieden gewesen war. Irgendwie war er immer in Schwierigkeiten geraten – auch wenn er gar nichts falsch machte –, also kam mir die Vorstellung, dass er hatte weggehen wollen, nicht vollkommen abwegig vor. Aber es bestand doch ein himmelweiter Unterschied zwischen Absicht und Umsetzung. Bis jetzt war mir nicht klar gewesen, wie groß die Gefahr gewesen war, ein Familienmitglied zu verlieren. Ich hätte meine Beziehung zu ihm nicht mehr aufrechterhalten können. Es erfüllte mich mit Schrecken, dass ich fast einen geliebten Menschen verloren hätte.

Letzten Endes war ich erleichtert, dass es nicht passiert war, allerdings hatte ich gar nicht die Zeit gehabt, mir wirklich Sorgen darüber zu machen. Alle außer mir schienen von seiner Unzufriedenheit gewusst zu haben. Zum ersten Mal hörte ich von einer Person, die mir sehr nahestand, dass sie an der Bindung zur Sea Org zweifelte. Es sollte nicht das letzte Mal gewesen sein.

Am 9. Mai 1996, dem Jahrestag der Dianetik, wollte Onkel Dave die nächsten großen Schritte für die Zukunft von Scientology verkünden. Er erklärte, Scientology erlebe eine Art Renaissance, und dass er festgestellt habe, dass es beim Auditing noch Verbesserungsbedarf gebe. Daher wolle er das Ausbildungsprogramm für Auditoren mit E-Metern auf den neuesten technischen Stand bringen und die Auditing-Übungen perfektionieren, damit Scientologen den Aufgang zur Brücke der vollkommenen Freiheit bewusster und effizienter vollziehen konnten. Diese Verbesserungen wurden unter dem Begriff *Goldenes Zeitalter der Technologie* zusammengefasst. Sie sollten in Zukunft allen Scientologen ermöglichen, perfekte Auditoren zu werden.

Eine Folge dieses Goldenen Zeitalters war die Entwicklung neuer E-Meter für auszubildende Auditoren. In der Vergangenheit hatten noch Trainer den E-Meter-Check mit den Blechdosen gemacht, um E-Meter-Checks für den Auszubildenden zu simulieren. Jetzt gab es einen richtigen Apparat, auf dem man Knöpfe drücken konnte und sich dadurch die gewünschten Resultate zeigten. Mit diesen moderneren E-Metern und den verbesserten Übungsmethoden würde die Auditoren-Ausbildung zum ersten Mal fehlerfrei verlaufen, sodass auch die Auditoren selbst keinerlei Fehler mehr machen würden.

Ich war sehr aufgeregt, als ich mit ein paar anderen Kadetten dazu ausgewählt wurde, die neuen E-Meter des Goldenen Zeitalters zu prüfen. Sie trugen die Bezeichnung *Mark Super VII Quantum* und wurden von einer Abteilung der *Golden Era Productions* hergestellt. Die Golden Era Productions, oder kurz *Gold*, waren verantwortlich für die weltweite Verbreitung der scientologischen Lehre mit Hilfe von Filmen und Videos, Fernsehen, Internet und internationalen Events. Sie produzierten auch Aufnahmen von LRHs Vorträgen und anderes, wie zum Beispiel E-Meter, Lehrmaterialien und Instrumentarien, um Scientology der Öffentlichkeit und den Anhängern zugänglich zu machen. Die Gold war auf der Int Base untergebracht und wurde von mehreren Hundert Sea Org-Mitgliedern betrieben. Die Eltern etlicher Kinder auf der Ranch arbeiteten dort.

Am ersten Morgen wurden wir nach dem Frühstück mit dem

Bus zur Base gebracht. Unser Team sollte die neuen E-Meter in Gebäude 36, das auch *Hubbard E-Meter Manufacturing* oder HEM genannt wurde, abholen. Da die Apparate zum 9. Mai fertig werden sollten, wimmelte es in dem Gebäude wie in einem Bienenstock. Unzählige Mitarbeiter, auch aus anderen Bereichen, waren nur mit der Produktion der neuen E-Meter beschäftigt. Wir wurden in verschiedene Abschnitte der Produktionskette eingeteilt und wechselten nach einigen Wochen unseren Posten, sodass ich im Verlauf des fast ein Jahr dauernden Herstellungsprozesses fast jede Abteilung einmal zu sehen bekam.

Ich begann damit, in die Plastikgehäuse der E-Meter Ziffern und Buchstaben zu stanzen, und endete in der Qualitätskontrolle, wo ich das fertige Produkt auf mögliche Mängel prüfen sollte. In der Qualitätskontrolle waren nur drei Mitarbeiter, und wir mussten die fertigen E-Meter an alle möglichen Apparate anschließen und verschiedene Tests durchführen. Das HEM hatte eine bestimmte Quote zu erfüllen, der wir mit Heranrücken des 9. Mais immer näher kamen. Jedes Mal, wenn ein E-Meter die Qualitätskontrolle bestand, drückten wir auf einen Klingelknopf, und alle Mitarbeiter applaudierten.

Die Arbeit in der Qualitätskontrolle war manchmal aufregend und manchmal nervenaufreibend. Den gesamten Tag kamen Führungskräfte und sahen uns über die Schulter. In einer gewissen Zeitspanne schickte ich so viele E-Meter zurück, dass man mir einen Techniker zur Seite stellte, um herauszufinden, ob das Problem bei den E-Metern lag oder bei meiner Prüfung. Da der Techniker befand, dass die E-Meter einwandfrei waren, lag das Problem offensichtlich bei mir. Aber ich beharrte darauf, dass die E-Meter aufgrund der Standard-Tests fehlerhaft gewesen seien. Ich führte das Problem sogar mehreren Führungskräften vor, und als sich erwies, dass ich Recht hatte, wurde ich für meine Beharrlichkeit sogar gelobt.

Das E-Meter-Projekt dauerte mehrere Monate. Oft war Mom einer der Inspekteure. Sie umarmte mich kurz, warf einen prüfenden Blick auf meine Arbeit und ging wieder. Ich war beeindruckt, dass alle sie zu lieben und zu respektieren schienen, sie gleichzeitig aber auch fürchteten. In der Sea Org wurde so etwas als Ethik-Präsenz bezeichnet, im Wesentlichen eine Kombination aus Furcht und Respekt, die beide als notwendig für die Kooperationsbereitschaft betrachtet wurden. Da wir bereits an lange Arbeitszeiten gewöhnt waren, empfand ich die Arbeit nicht als Mühe. Außerdem war der Schreibtischjob viel einfacher als die Decks auf der Ranch. Wenn wir in der HEM zu tun hatten, blieben wir den ganzen Tag dort und kamen erst zum Abendessen zur Ranch, um anschließend zu lernen. Zusätzlich musste ich mich noch um die Kinder meiner Division kümmern, bis sie zu Bett gingen.

Nachdem die Nachfrage nach den neuen E-Metern nach dem Dianetik-Tag auf ein normales Maß gesunken war, gingen wir wieder unseren üblichen Aufgaben auf der Ranch nach. Die Arbeit mit den E-Metern hatte mich in meinem Gefühl bestärkt, dass es mit großen Schritten voranging. Allerdings verpuffte dieses Gefühl plötzlich, als ich mich wieder auf der Ranch eingelebt hatte.

Denn eines Tages wurde ohne Vorwarnung verkündet, dass von nun an alle Kadetten auf einer höheren Stufe der Brücke stehen müssten, bevor sie die Ranch verlassen und Sea Org-Mitglieder werden könnten. Dies war eine weitere Maßnahme der Church, perfekte Auditoren zu bekommen. Das Problem für mich war nur, dass es Jahre dauern konnte, ein Klasse V-Auditor zu werden und meinen Abschluss zu machen. Diese Neuigkeit überraschte und deprimierte alle, aber ich empfand sie als besonders hart.

Seit meiner Rückkehr von der Flag hatte ich kontinuierlich

Fortschritte gemacht. Ich hatte mehr Verantwortung bekommen und auch das Gefühl, dass es schneller voranging. Monatelang hatte ich Kraft aus meinem Plan gezogen, nach meinem Abschluss zur CMO zu gehen. Dieser Plan hatte mir eine Perspektive gegeben und mir eine aufregende Zukunft versprochen.

Aber dass ich jetzt ein Klasse V-Auditor werden musste, änderte alles. Möglicherweise vergingen nun Jahre, bevor ich meinen Plan in die Tat umsetzen konnte. Das war sehr bitter für mich, aber die meisten Scientologen erfahren irgendwann, dass solche Anpassungen vollkommen normal sind. Gerade als ich mich in die Regeln eingefunden hatte, wurden sie geändert.

Bei der Hochzeit meines Bruders Sterling ein paar Wochen später hatte ich die Möglichkeit, darüber mit Tante Shelly zu reden. Ich erzählte ihr, dass ich mich sehr über die neuen Abschlussbedingungen ärgern würde. Sie erklärte mir, ihrer Meinung nach sei die Auditorenausbildung das Beste auf der Welt, wenn man wirklich lernen wollte, anderen Menschen zu helfen. Sie meinte, die besten CMO-Messenger seien ausgebildete Auditoren und auch Onkel Dave sei schon sehr jung Auditor geworden. So, wie sie es darstellte, klang alles sehr vernünftig, und ich beruhigte mich ein wenig. Zumindest klang es aus ihrer Sicht ziemlich aufregend. Schließlich strebte man das Clearing des gesamten Planeten mit Hilfe scientologischer Auditoren an, und unser Ziel als Sea Org-Mitglieder war es, jeden einzelnen Menschen auf der Erde in den Zustand eines *Clear* zu bringen. Erst dann konnten wir Frieden finden. Trotzdem sah das Ganze nach viel mehr Schweiß und Tränen aus.

Obwohl ich immer noch frustriert war, konzentrierte ich mich jetzt auf die Hochzeit von Sterling und Suzette. Suzette war Tante Shellys Halbschwester. Aus irgendeinem Grund mochte meine Mutter sie nicht besonders. Ich hingegen verstand mich besser mit ihr als mit Sterling, wir hatten uns auch nie besonders nahegestanden. Er hatte die Ranch schon vor Jahren verlassen, um in der Sea Org zu arbeiten, und davor, noch auf der Ranch, hatte er vor allem mit seinem jüngeren Bruder Nathan zu tun gehabt. Ich war das Blumenmädchen und Justin der Trauzeuge. Aber eigentlich fand ich mich für ein Blumenmädchen zu alt.

Die Trauung fand, wie die meisten Sea Org-Hochzeiten, im Celebrity Center in Los Angeles statt. An diesem Sonntagmorgen probte Justin während der gesamten Fahrt von der Int seine Rede als Trauzeuge. Nach unserer Ankunft ging ich ins Ankleidezimmer, wo sich alle Brautjungfern versammelten. Tante Shelly half mir beim Anziehen und setzte mir den Blumenkranz auf. Ihre anderen Schwestern Clarisse und Camille kümmerten sich um Suzette. Die Hochzeit von Sterling und Suzette war eine traditionelle Feier mit einer Braut in Weiß und dem Ehegelübde. Ungefähr hundert Gäste waren geladen. Zu einer scientologischen Hochzeit gehörte aber auch das ARK-Dreieck. Die Buchstaben standen für ›Affinität‹, ›Realität‹ und ›Kommunikation‹. Das ARK-Dreieck war ein grundlegendes scientologisches Konzept zum Umgang mit Menschen und zum Aufbau verständnisvoller Beziehungen. Die Bedeutung der Kommunikation wurde bei Eheschließungen dadurch unterstrichen, dass Braut und Bräutigam während der Zeremonie versprachen, nie im Streit zu Bett zu gehen. Nach der Feier sahen wir zu, wie Sterling und Suzette ihre Geschenke auspackten.

Eines Sonntagmorgens nach der Hochzeit erzählte ich meiner Mom, ich würde meine Freunde auf der Flag sehr vermissen und sei auch ziemlich frustriert, weil ich erst nach meiner Ausbildung zum Auditor die Ranch verlassen könne. Zu meiner Überraschung antwortete sie, ich könne meine Freunde doch besuchen und sogar länger bleiben, um einen Kurs zu absolvieren. Ich fand die Vorstellung ziemlich faszinierend, aber wirklich begeistert war ich, als sie mir vorschlug, meine gesamte Ausbildung zum Auditor auf der Flag zu machen. Sie meinte, das Auditoren-Training der Flag sei das weltweit beste, allerdings müsse ich dann wahrscheinlich ein Jahr in Florida verbringen. So lange hatte ich eigentlich nicht bleiben wollen, aber ich dachte, man würde mich schon nicht darauf festnageln. Deshalb stimmte ich sofort zu. Meinem Vater gefiel die Vorstellung gar nicht, mich für eine so lange Zeit gehen zu lassen. Er meinte, ich würde ihm zu sehr fehlen. Doch er hielt mich auch nicht davon ab. In den nächsten Wochen zählte ich auf der Ranch nur noch die Stunden und Minuten, bis ich endlich zur Flag fliegen konnte.

Während ich auf den Abreisetag wartete, sorgte Mr. C dafür, dass ich mich noch mehr auf die Ausbildung freute. Denn er versprach mir, das Training sei eine aufregende Zeit mit vielen persönlichen Wundern. Eine seiner Geschichten behielt ich besonders in Erinnerung: Er erklärte, am Ende eines Kurses habe er plötzlich Klavier spielen können, obwohl er sich noch nie zuvor an ein Klavier gesetzt habe. Ich fand die Vorstellung, verborgene Talente zu entdecken, sehr reizvoll. Ich hatte den Eindruck, nach der Ausbildung sei alles möglich.

KAPITEL 14

CMO-Ausbildung

Von dem Moment an, an dem ich im Juni 1996 in Clearwater landete, lief alles schief. Tom, der mich vom Flughafen abholen sollte, war nirgendwo zu sehen. Ich hatte kein Geld, keine Telefonnummer von ihm oder jemand anderem, an den ich mich wenden konnte, und bekam langsam Angst. Ohne zu wissen, was ich tun sollte, stand ich am internationalen Flughafen von Tampa. Als Tom schließlich eine Stunde später auftauchte, schien er sich zwar über meinen Anblick zu freuen, wirkte aber etwas abwesend. Er entschuldigte sich für seine Verspätung und meinte, er habe sich in der Ankunftszeit geirrt und hätte gedacht, der Flieger werde eine Stunde später landen.

Auf der Fahrt zur Base wirkte er sehr gehetzt und ziemlich besorgt, obwohl er freundlich zu mir war. Als wir zur Hacienda kamen, fuhr er an Moms Wohnung vorbei, obwohl ich eigentlich gedacht hatte, ich würde dort wohnen. Stattdessen hielt er vor Block H, wo sich die CMO-Wohnheime befanden. Ich wusste nicht, was als Nächstes kam.

»Wohne ich nicht in Block L?«, fragte ich verwirrt.

Lachend antwortete er: »Nein, der ist für die Führungskräfte der Int gedacht.«

»Ach«, sagte ich und fragte mich plötzlich, worauf ich mich da eingelassen hatte. Ich war die ganze Zeit davon ausgegangen, auf der Flag zu wohnen. Dass ich nicht in Moms Wohnung, sondern in einem Wohnheim unterkommen sollte, war mir nicht mal in den Sinn gekommen.

Wir stiegen aus, holten mein Gepäck aus dem Kofferraum und gingen zur Tür der Wohnung H-2 im Erdgeschoss. Ich erinnerte mich, dass Valeska hier früher gewohnt hatte, aber jetzt war sie nicht da. Tom erklärte mir, sie sei nicht mehr in der CMO und habe deshalb ein anderes Quartier. Mehr erzählte er nicht, und ich fragte nicht nach. Er wirkte so in Eile, dass ich ihm sagte, ich würde jetzt auspacken und mich ein bisschen ausruhen. Daraufhin verschwand er.

Block H war ein Wohnheim für weibliche CMO-Mitglieder. Die meisten von ihnen waren fünfzehn oder sechzehn, aber nicht zwölf wie ich. Das Apartment H-2 hatte eine kleine Küche, ein Bad und zwei Schlafzimmer, die sich jeweils drei Mädchen teilten. Diane, mein alter Zwilling aus dem ersten Key to Life-Kurs wohnte ebenfalls hier und war eine meiner Zimmergenossinnen. Es schien den Mädchen nicht ganz einzuleuchten, wieso ich bei ihnen wohnen sollte, da ich ihnen erklärte, ich wäre erst Kadett, und Kadetten lebten nicht in CMO-Quartieren, sondern in der Cadet Org. Ich sagte nur, ich wisse den Grund dafür auch nicht. Eigentlich hatte ich gedacht, ich würde in Moms Wohnung leben, und mich schon darauf gefreut. Aber jetzt war ich auf mich allein gestellt.

Ich ging ins Bad, um kurz zu duschen. Währenddessen klopfte eines der Mädchen fünfmal an die Tür und schrie, ich sollte mich beeilen. Als ich herauskam, schimpfte sie, ich hätte zu lange gebraucht. Das fand ich ziemlich unfreundlich gegenüber einem Neuankömmling. Ohne ein Wort zu sagen, ließ ich sie einfach stehen. Als ich mich kurz hinlegen wollte, sah ich, dass mein Bett noch nicht bezogen war. Ich traute mich nicht zu fragen, brach vor lauter Dankbarkeit aber fast in Tränen aus, als Diane meinte, ich bräuchte noch Bettwäsche und sie würde mir zeigen, wo ich die bekäme. Ich wusste immer noch nicht, wohin ich danach sollte. Tom hatte mir nichts gesagt. Das war kein vielversprechender Anfang, und plötzlich dämmerte mir, dass es möglicherweise ein großer Fehler gewesen war, zur Flag zurückzukommen.

Eine halbe Stunde lang wälzte ich mich unruhig auf dem Bett hin und her, bis ich beschloss, zu Dons Wohnung in Block H zu gehen, um nachzufragen, ob er wusste, wohin ich sollte. Er war der einzige Mensch, von dem ich wusste, wo er wohnte. Er wirkte auch aufrichtig erfreut, mich zu sehen, und umarmte mich. Zwar sagte er, er habe auch keine Ahnung, wolle aber mit mir zum WB, wo sicherlich jemand Bescheid wisse. Don fuhr einen weißen Mustang Cabrio, laut meiner Mutter ein cooler Wagen, aber ich hatte keine Ahnung von Autos.

Im WB ging ich schnurstracks zu Toms Büro im dritten Stock. Er begrüßte mich herzlich und wies einen seiner Messenger an, mir eine Uniform zu besorgen. Ich war verblüfft, als die Frau mit der blauen Uniform zurückkam, die alle Sea Org-Mitglieder trugen. Eigentlich war ich doch für einen Auditoren-Kurs hier, warum bekam ich jetzt eine Sea Org-Uniform? Doch bevor ich Tom danach fragen konnte, reichte mir sein Messenger schon die dunkelblaue Hose, das hellblaue Hemd mit Epauletten und ansteckbarer Krawatte sowie flache, schwarze Schuhe. Auf dem Namensschild stand *Jenna Miscavige – Trainee, CMO Clearwater*, also war die Sache mit der Uniform offensichtlich kein Irrtum. Ich würde die CMO-Ausbildung durchlaufen, um Auditor zu werden.

Die Sea Org war immer mein großer Traum gewesen, und ich hatte geplant, in die CMO zu gehen. Jetzt war ich plötzlich dabei. Allerdings hatte ich das alles hauptsächlich gewollt, um mit meinen Eltern, Freunden und Verwandten auf der Int zu arbeiten, doch die waren dreitausend Meilen weit weg. Ich wusste nicht, was ich dazu sagen sollte.

Am seltsamsten fand ich, dass ich noch gar nicht die notwendigen Stufen durchlaufen hatte, um in die Sea Org zu kommen. Vor allem die EPF stand noch aus: die *Estate Project Force*, das Aufnahmeritual für die Sea Org. Jeder, der ein Sea Org-Mitglied werden wollte, musste in die EPF, eine Art Boot Camp, in der es ein paar Intensivkurse und viel körperliche Arbeit gab. Außerdem hatte die CMO, in der ich nun Trainee sein sollte, eine eigene EPF. Auch die hatte ich nicht durchlaufen. Es war also in jeder Hinsicht zu früh.

Ich zog mir die Uniform an und ging zu Toms Büro zurück. Bei meinem Anblick lachte er und sagte: »Die kleine Jenna ist erwachsen geworden.« Als ich ihm erklärte, dass mir die ganze Situation unangenehm sei, weil ich keine der beiden EPFs absolviert hätte, meinte er nur, ich sollte mir keine Sorgen machen, vorläufig sei ich ein Mitglied der Sea Org. Ich wusste nicht, ob ich weinen oder lachen sollte, aber Tom schien meinen inneren Aufruhr nicht zu bemerken. Er wies mich an, zum Coachman Building zu gehen und mit dem Kurs anzufangen.

Einer meiner ersten Kurse war der sogenannte *Student Hat*. Da ich im Kursraum mehrere Bekannte sah, fühlte ich mich gleich wohler. Meine erste Aufgabe bestand darin, mich mit einem Stuhl vor eine Wand zu setzen, an der einer der Grundsätze von LRH hing. Eine Stunde lang musste ich dort sitzen und mir LRHs Worte ansehen. Wenn ich mich bewegte, hustete, wegsah oder müde wurde und einschlief, fing die Stunde von vorne an. Damit sollte ich lernen, ein guter Student zu werden. Diese Übung sollte mich außerdem dazu bringen, die Grundsatzpunkte zu lesen, die zur Absolvierung des Kurses nötig waren. Manche in diesem Kursraum hatten Wochen für diese Übung gebraucht. Da ich ein eher unruhiger und bewegungsfreudiger Mensch war, wusste ich, dass auch ich eine

Ewigkeit hier sitzen würde. Deswegen gab ich mir besonders viel Mühe, stillzusitzen.

Die Terminologie des gesamten Kurses überstieg derart mein Begriffsvermögen, dass er auch in einer anderen Sprache hätte abgehalten werden können. Ich musste *Die Zehn Punkte, wie Scientology funktioniert* auswendig lernen, und zwar wortwörtlich. Dazu rezitierte ich sie immer wieder vor einer Wand und wurde von einem anderen Studenten abgehört. Dann musste ich die zehn verschiedenen Möglichkeiten lernen, ein Wort falsch zu verstehen. Außerdem hörte ich mir zwölf Tonaufnahmen von LRHs Vorträgen an, die für ihren Wortreichtum und ihre Komplexität berüchtigt waren, und lernte unzählige technische Begriffe über Fotografie und Druck. Daneben las ich Hunderte seiner Grundsätze. Jedes Mal, wenn ich eine Reihe Schriften gelesen hatte, wurde mein Wissen strengen Tests unterzogen, die auch als *Theory Drills* oder *Was tust du?-Drills* bezeichnet wurden. Dabei stellte mir ein anderer Student eine Reihe Fragen, die Zitaten aus den Grundsätzen entnommen waren. »Was tust du?«, fragte er etwa oder: »Wie lauten die zehn Möglichkeiten, ein Wort falsch zu verstehen?«

Um den Test zu bestehen, musste ich korrekt und ohne zu stocken antworten. Der kürzeste Test bestand aus fünfundzwanzig Fragen, doch normalerweise musste man mit vierzig bis hundert Fragen rechnen. Beantwortete man eine Frage falsch, dann musste man zuerst die ganze Fragenfolge weiter beantworten und dann wieder von vorne beginnen, bis man ohne einen einzigen Schnitzer durchkam. Wie üblich gab es auch in diesem scientologischen Kurs täglich Meter- und Spot-Checks. Ich zählte die Sekunden bis zum Mittagessen, weil ich Bärenhunger hatte (ich war nie rechtzeitig fertig, um den Bus vom Quartier zu bekommen und vor dem Morgenappell zu frühstücken) und auch, weil ich eine Pause herbeisehnte.

Zu Mittag aß ich in der Personalkantine des neu renovierten Clearwater Bank Building direkt gegenüber des Coachman Building. Es freute mich sehr zu sehen, dass Valeska hier arbeitete. Wir umarmten einander und brachten uns auf den neuesten Stand. Sie erzählte mir, dass sie nicht mehr in der CMO sein dürfe, weil ihre Mom öffentlich gegen Scientology reden würde und sie deswegen auch selbst für die Organisation disqualifiziert sei. Jetzt war sie Mannschaftssteward, musste das Essen servieren und für die Mannschaft aufräumen.

Ich fühlte mich sehr unbehaglich in der Kantine. Alle außer mir hatten einen festen Platz, und alle Plätze im CMO-Bereich schienen besetzt zu sein. Wann immer ich mich auf einen Platz setzen wollte, erklärte mir jemand von der CMO, dass dort schon jemand sitzen würde. Ich war so schüchtern, dass ich nicht auf den Platz bestand, sondern schließlich nach den Mahlzeiten zusammen mit Valeska und dem Rest der Küchencrew aß.

Im Grunde passte ich nicht zur CMO-Gruppe. Sie fanden es komisch, dass ich mit dem Küchenpersonal aß, und mieden mich deshalb. Nach Kursende um halb zehn fuhr ich mit dem Bus nach Hause, ging zu Valeska und nur zum Schlafen in mein eigenes Zimmer. Wenn ich mitten in der Nacht Angst bekam, konnte ich immer noch durch den Wohnkomplex zu Valeskas Zimmer rennen und zu ihr ins Bett kriechen. Zwar musste ich mich jetzt selbst um meine Wäsche kümmern, hatte aber keine Ahnung, wie, weil das auf der Ranch immer von einem der Kinder übernommen wurde. Valeska half mir, meine Uniformhemden zu waschen und zu bügeln, und zeigte mir, wie es ging. Ich wusste nicht, was ich ohne sie getan hätte.

Nach ein paar Wochen verschwand Valeska plötzlich ohne ein Wort des Abschieds. Sie tauchte so abrupt unter, dass ich mir wirklich Sorgen machte. Später hörte ich, sie sei auf die

Freewinds abbeordert worden, damit es für ihre Mutter noch schwieriger würde, mit ihr Kontakt aufzunehmen.

Meine Rückkehr zur Flag war ganz anders, als ich gedacht hatte. Weder meine Wohnsituation oder mein Tagesablauf noch meine Kurse oder Freunde entsprachen dem, was ich mir vorgestellt oder bei früheren Aufenthalten erlebt hatte. Während der drei vorherigen Reisen zur Flag war ich vor allem deswegen so begeistert gewesen, da ich am Lebensstil und der Freizeit meiner Mom hatte teilhaben können. Nun musste ich ohne all das auskommen und fühlte mich verloren, ich wusste nicht, ob ich zu den anderen passte und ob ich das überhaupt wollte. Früher war mein Wunsch, der Sea Org beizutreten, von der Flag nur verstärkt worden. Doch jetzt stellte ich mir die Frage, ob ich wirklich zur CMO wollte. Vielleicht hatte ich mich geirrt. Ich war zwölf und durfte bei Entscheidungen, die den Rest meines Lebens beeinflussen würden, keine Fehler machen.

Die Kursarbeit bereitete mir immer Sorgen, weil ich völlig überfordert war. Ich tat alles nur Mögliche, um ihr zu entkommen. Am liebsten versteckte ich mich in einer Toilette oder tat so, als müsste ich etwas in der Bibliothek nachschlagen.

Eines Tages kam Tante Shelly, die gerade mit Onkel Dave in der Stadt war, in der Kantine auf mich zu und bat mich, mit ihr zum Speisesaal für Führungskräfte zu kommen. Auf dem Weg dorthin fragte sie mich, wie meine Tage verliefen. Ich erzählte, ich würde die meiste Zeit studieren und während der Mahlzeiten und abends mit der Küchencrew zusammen sein. Sie wirkte entsetzt, als sie das hörte, doch sie verstand, dass ich es nicht besser wusste.

»Weißt du, Jenna«, sagte sie kopfschüttelnd, »du hättest überhaupt nicht erst zur Flag kommen dürfen. Von nun an wirst du nur noch Zeit mit der CMO verbringen, und zwar ausschließlich. Du wirst zu CMO-Appellen gehen und ein Teil dieser Gruppe werden. Mitglieder der CMO treiben sich nicht mit Küchenpersonal herum.«

Das nahm ich mir zu Herzen. Nach dem Essen zog mich auch Dons Frau Pilar beiseite, die man beauftragt hatte, mir bei der Eingewöhnung zu helfen. Sie sagte mir ins Gesicht, ich sähe in meiner Uniform ganz furchtbar aus und müsste mir eine passende besorgen. Direkt nach diesem Tadel schenkte sie mir mehrere ihrer eigenen Hemden aus ägyptischer Baumwolle, die nur für Führungskräfte vorgesehen waren. Ich fand es etwas verwirrend, dass sie in der einen Minute so gemein und in der nächsten so nett sein konnte. Obwohl die Hemden gebraucht waren, freute ich mich sehr. Sie wurden als die besten angesehen, und ich wusste, ich konnte mich glücklich schätzen, welche tragen zu dürfen. Nach diesen beiden Zurechtweisungen ging ich nach jeder Mahlzeit zum CMO-Appell, genau, wie Tante Shelly angeordnet hatte. Ich bekam auch einen Platz an einem ihrer Tische, was mir den Druck nahm, mir selbst einen zu erobern.

Eines Tages, nicht lange nach meiner Ankunft in Clearwater, sickerte beim Morgenappell die Neuigkeit durch, dass Don Jason abgehauen war. Abzuhauen und aus der Kirche auszutreten, war bei Scientology genauso skandalös wie Verrat. Niemand hatte etwas von ihm gehört, und wie alle anderen um mich herum war ich vollkommen geschockt. Er war eine der wichtigsten Führungskräfte auf der Flag gewesen. Noch wenige Tage zuvor hatte ich ihn in seinem Büro getroffen, und da hatte er vollkommen normal gewirkt. Er hatte mir verraten, dass er auf Moms Bitte hin auf mich aufpassen wollte, was ich sehr nett von ihm fand.

Diese Neuigkeit sorgte für unerhörten Aufruhr. Am liebsten hätte ich Mom angerufen, weil ich wusste, dass sie und Don Freunde gewesen waren, aber ich durfte die Telefone auf dem

Stützpunkt nicht benutzen. Für das Telefonsystem auf der Flag brauchte man einen besonderen Code, den ich nicht kannte, daher benutzte ich mein eigenes System, um zu Hause anzurufen: Abends, wenn Tom und Jenny noch arbeiteten, schlich ich mich in ihre Wohnung und telefonierte von dort aus. Ich fragte irgendein Sea Org-Mitglied, wer den Hauptschlüssel für das Quartier hatte, und schloss damit auf. Der Zuständige vertraute mir, weil er mich von meinen früheren Aufenthalten her kannte und mich schon mit Mom, Sharni und Valeska zusammen gesehen hatte. Er wusste auch, dass ich in der CMO war, also dachte er wohl, ich würde den Schlüssel für die Wäsche oder so benutzen. Tom hatte mir zwar einmal angeboten, ich könnte jederzeit von seiner Wohnung aus telefonieren, aber ich wusste, dass ich seine Großzügigkeit ziemlich ausnutzte. Doch was sollte ich sonst tun?

Am Abend, nachdem die Bombe geplatzt war, schlich ich in Toms Wohnung und rief in Kalifornien an. Ich erreichte Mom über den Empfang des RTC und sagte ihr nur, wie gerne ich wieder nach Hause wollte. Sie schien das von Don bereits erfahren zu haben. Ich erzählte, dass ich traurig wäre und mich für die CMO ungenügend vorbereitet fühlte. Mom war erstaunlich mitfühlend und meinte, sie würde für mich bei der nächsten Gelegenheit einen Rückflug nach Kalifornien buchen.

Zwei Tage später, an einem Mittwoch, hörte ich von Mom, dass ein Flug arrangiert worden war, daher packte ich meine Sachen zusammen und machte mich abreisefertig. Ich schlich mich in die Küche und buk mit Hilfe einer befreundeten Köchin einen Kuchen als Mitbringsel für meine Mom. Ich hatte mich schon von meinen Freunden verabschiedet, die als Stewards arbeiteten, und wartete in der Küche darauf, entweder von Tom oder jemand anderem zum Flughafen gebracht zu werden, als das Küchentelefon klingelte.

Meine Freundin, die Köchin, wirkte leicht besorgt, als sie

es mir reichte. Ich erkannte sofort die Stimme von Mr. Sondra Phillips, einem hochrangigen Offizier in der CMO. Sie befahl mir, unverzüglich zum WB zu kommen. Als ich ihr erklärte, ich sei auf dem Sprung zum Flughafen, um einen Flug zu erwischen, antwortete sie, es habe eine Planänderung gegeben und ich solle sofort zu ihr kommen.

Entnervt und besorgt schleppte ich meine Koffer den ganzen Block zum WB, ging hinauf und fand Mr. Phillips, die mich in ein kleines Büro führte und die Tür hinter uns schloss. Dann schrie sie mich auf einmal mit hochrotem Kopf so heftig an, dass mir Spucketröpfchen ins Gesicht sprühten. Ich fasste es nicht. Sie brüllte, ich sei unethisch – oder vielmehr *out-ethics* – und es heiße, ich sei eine schrecklich schlechte Studentin, die sich vom Rest der Gruppe absondere und ständig die Regeln brechen würde. Sie beendete ihre Schimpftirade mit der Bemerkung, ich würde auf keinen Fall nach Hause fahren, sondern müsse lernen, mich zusammenzureißen, weil ich jetzt ein Sea Org-Mitglied sei.

Das alles kam wie aus dem Nichts. Gerade als ich ihr meine Meinung sagen wollte, tauchte Jenny, Toms Frau, auf und befahl Mr. Phillips zu gehen, da sie sich um die Angelegenheit kümmern würde. Jenny war zum Commanding Officer der CMO Clearwater befördert worden, daher war ich überzeugt, sie würde alles wieder in Ordnung bringen. Ganz gewiss würde sie mir helfen, noch meinen Flug zu erwischen.

Doch zu meinem Entsetzen verkündete Jenny mir ebenfalls, ich würde bleiben, und ich sah ihr an, dass das ihr voller Ernst war.

»Wieso?«, fragte ich völlig fassungslos.

»Weil es so ist«, antwortete sie abweisend. »Du bist hierhergekommen, um Auditor zu werden, also werden wir dich dazu ausbilden.«

Ich wollte widersprechen, doch sie brachte mich zum Schweigen und zitierte dann eine Passage aus LRHs Grundsatzschreiben *Wie Scientology funktioniert.*

»Wenn jemand sich verpflichtet, dann gilt das für die Dauer des Universums – ein unverbindliches Annähern darf nicht geduldet werden. Sollte jemand gehen wollen, muss er es sofort tun. Wenn er sich verpflichtet hat, ist er an Bord, und es gelten dieselben Regeln für ihn wie für alle: gewinnen oder bei dem Versuch sterben… Wir sehen dich lieber tot als unfähig… Die gesamte Zukunft dieses leidgeprüften Planeten, jeder Mann, jede Frau und jedes Kind hängen, genau wie dein eigenes Schicksal, für die nächsten Jahrmilliarden davon ab, was du hier und jetzt in und mit Scientology tust…«

So übertrieben das jetzt wirkt, damals glaubte ich wirklich, dass die Zukunft des Planeten in meinen zwölfjährigen Händen ruhen würde. Gegen diese Worte gab es nichts zu erwidern, so gerne ich es auch wollte. Also fügte ich mich widerstrebend und besiegelte damit mein Schicksal. Ich würde nicht nach Hause zu Mom fliegen. Ich saß hier fest.

KAPITEL 15

Mom

Es war frustrierend, dass ich jetzt doch in Clearwater bleiben musste, doch viel schlimmer fand ich, dass ich in den folgenden Tagen meine Mutter einfach nicht erreichen konnte. Jeden Abend verschaffte ich mir mit dem Hauptschlüssel Zutritt zu Toms und Jennys Wohnung und rief im RTC an, doch dort sagte mir jeder, der sich meldete, meine Mom wäre nicht zu sprechen. Auf meine Frage, wie ich sie denn erreichen könnte, erhielt ich nur vage Antworten und Ausflüchte. Schließlich rief mich mein Vater an und erklärte, ich dürfe nicht mehr im RTC anrufen, um mit Mom zu sprechen. Als ich ihn nach dem Grund fragte, meinte er, sie habe ein Sonderprojekt, mit dem sie Tag und Nacht beschäftigt sei. Doch auch er wollte mir nicht sagen, was genau sie eigentlich tat.

Langsam machte ich mir Sorgen und befürchtete, die ganze Geheimniskrämerei sei ein Zeichen dafür, dass sie in die RPF geschickt worden war. Die Rehabilitation Project Force war die schlimmste Bestrafung durch die Kirche, ein Programm, mit dem Abweichler auf Spur gebracht werden sollten. Oft mussten sie dann in einen von der Öffentlichkeit isolierten Bereich auf der Base, und zwar normalerweise für mindestens zwei Jahre, aber das hing davon ab, wie schnell sie ihr Rehabilitationsprogramm absolvierten. Allerdings konnte ich mir nicht vorstellen, wieso man sie in die RPF hätte schicken sollen. Schließlich hatte sie Onkel Dave erst kurz zuvor zum Lieutenant Commander befördert und am Sea Org Day vor dem gesamten Publikum gelobt. Andererseits war sie noch nie so unerreichbar gewesen. Angestrengt suchte ich nach einem anderen Grund für ihr Verschwinden.

Einen Tag nach meinem Telefonat mit Dad rief mich eine RTC-Abgeordnete namens Sophia Townsend aus meinem Kursraum. Besuch aus dem RTC war fast nie ein gutes Zeichen. Der Religious Technology Center war die ranghöchste Organisation der Church und hatte wesentlichen Anteil an der Durchsetzung der Regeln und der genauen Umsetzung von LRHs Prinzipien. Mr. Townsend ging mit mir hoch in ein Zimmer, um, wie sie sagte, eine ›kurze Sitzung‹ mit mir abzuhalten. Als ich fragte, was sie damit meinte, antwortete sie schroff, das würde ich schon sehen.

Sie begann mit der üblichen Prozedur, fragte mich, ob ich müde oder hungrig sei und ob irgendwelche Gründe dagegen sprächen, mit der Sitzung zu beginnen. Ich antwortete auf diese Fragen mit ›nein‹.

»Das ist die Sitzung!«, rief sie daraufhin laut und starrte mich an.

Sie stellte mir weitere Standardfragen und wollte wissen, ob ich aufgebracht oder mit den Gedanken woanders sei. Nach einer kurzen Besprechung dessen, was mir im Kopf herumging – hauptsächlich das, was mit meiner Mutter zu tun hatte –, kam sie zum eigentlichen Grund unserer Sitzung.

»Ist ein Geheimnis übersehen worden?«, fragte sie. Sie versuchte herauszufinden, ob ich ein Vergehen begangen hatte, das ich geheim halten wollte. Nachdem sie den E-Meter kurz getestet hatte, starrte sie mich erwartungsvoll an.

»Nein«, sagte ich, wie ich fand, berechtigterweise.

Mr. Townsend gefiel diese Antwort nicht. Ich überlegte, ob es hier um kleinere Geheimnisse ging wie die Tatsache, dass ich ungefragt Toms Telefon benutzt hatte, um zu Hause anzurufen. Aber das wollte ich nicht preisgeben, denn dann hätte sie es Tom gesagt, und es wäre vorbei gewesen mit den Anrufen.

»Nein«, wiederholte ich. Offensichtlich zeigte die Nadel an, dass ich log. Ein drittes Mal fragte mich Mr. Townsend nach »übersehenen Geheimnissen«, und wieder lautete meine Antwort: »Nein.« Ich merkte, dass sie langsam richtig wütend wurde.

»Ist gut«, sagte sie. »Hast du eine Bank ausgeraubt?«

»Was?«, rief ich ungläubig. »Nein! Wieso sollte ich das tun?«

»Ist gut. Hast du jemanden umgebracht?«

Die Fragen waren absurd. »Soll das Ihr Ernst sein?«, fragte ich.

»Allerdings«, erwiderte sie in ärgerlichem Ton, der auch in ihrer nächsten Frage mitschwang: »Hattest du Sex mit deinem Vater?«

»Was soll das denn?«, brüllte ich zurück.

»Nun, dann lass uns doch noch mal überlegen, denn ich sehe hier etwas am E-Meter.«

»Nein, habe ich nicht«, sagte ich mit Nachdruck und fügte hinzu, ich könne nicht glauben, dass sie mir so etwas überhaupt zutraue.

Aber Mr. Townsend war noch nicht fertig. »Dann wiederhole ich die Frage: Ist ein Geheimnis übersehen worden?«, sagte sie roboterhaft.

So ging das stundenlang weiter, wie ein Verhör, nur dass ich nicht wusste, weshalb ich angeklagt war. Ich begriff nicht, was das sollte und worum es eigentlich ging. Hatte es etwas mit meiner Mom zu tun? Was genau hatte ich falsch gemacht? Als schließlich klar war, dass das Ganze zu nichts führen würde, weigerte ich mich einfach, noch etwas zu sagen. Also beendete sie die Sitzung mit der Bemerkung, sie würde mich ans Ethik-Department überstellen, weil ich Antworten verweigert hätte, bei denen der E-Meter anzeigte, dass ich sie wüsste.

»Schön«, sagte ich, erleichtert, endlich entkommen zu können, obwohl ich wusste, dass ich in großen Schwierigkeiten steckte. Als Nächstes ging ich, wie es nach jeder Sitzung vorgeschrieben war, zum Prüfer.

»Danke sehr, die Nadel schlägt regelmäßig aus«, erklärte er wie immer. Wenn die Nadel regelmäßig ausschlug, hieß das, man war glücklich und erleichtert, aber nichts hätte unzutreffender sein können: Noch nie war ich so beunruhigt gewesen. Mr. Townsend befahl mir, im Auditing-Zimmer zu warten, bis mich jemand vom Ethik-Department abholen würde.

Kurz darauf wurde ich zum WB eskortiert und bekam unterwegs eine Strafpredigt für meine mangelnde Kooperation mit Mr. Townsend. Schon bald erreichten wir das WB, wo ein paar Minuten später Anne Rathbun, eine andere hochrangige RTC-Abgeordnete, zu mir kam. Ich kannte sie, weil sie mehrere Jahre in Onkel Daves Büro gearbeitet hatte und mit Marty Rathbun, Onkel Daves wichtigstem Lieutenant verheiratet war. Sie erklärte mir, Mr. Townsends Sitzung sei zu hart gewesen, daher würde ich noch eine Sitzung mit einem anderen Auditor bekommen.

Der nächste Auditor, Mr. Angie Trent vom RTC, war viel freundlicher. Sie stellte eine Reihe Fragen von einer vorbereiteten Liste, und wenn der E-Meter anschlug, sah sie mich an. Diese Sitzung verlief wesentlich besser. Danach versprach sie mir, dabei zu helfen, etwas über den Verbleib meiner Mutter zu erfahren.

Ich versuchte, mich wieder auf meine Kurse zu konzentrieren, so schwer es auch war. Tröstlich war nur der Umstand, dass mir jemand zur Seite stand, den ich kannte. Claire Headley war einer meiner Supervisoren gewesen, als Justin und ich als Zwillinge auf der Int einen Kurs absolviert hatten, und obwohl ich meine Schwierigkeiten gehabt hatte, war sie immer optimistisch und ermutigend gewesen. Sie war älter als ich, trotzdem waren wir gute Freunde geworden. Seitdem war sie befördert worden, hatte eine Stelle beim RTC bekommen, half jetzt bei der Umsetzung des Goldenen Zeitalters der Technologie und musste mit Mr. Headley angesprochen werden. Obwohl wir befreundet waren, musste ich sie mit »Sir« anreden, denn jetzt war sie eine RTC-Abgeordnete, die man zu respektieren und zu fürchten hatte.

Trotzdem half sie mir, mich zu beruhigen und mich wieder auf mein Studium konzentrieren zu können. Wochen vergingen, ohne dass ich etwas von meiner Mom hörte, aber Mr. Headley versicherte mir immer wieder, sie versuche, Informationen für mich zu bekommen. Eines Samstagmorgens, während wir unsere Wohnungen auf Hochglanz bringen mussten, kam Mr. Headley zu mir und erklärte, wir würden am nächsten Morgen zusammen zur Int fliegen, um herauszufinden, was mit meiner Mutter geschehen war. Ich war geschockt, aber glücklich. Mr. Headley freute sich ebenfalls, weil sie auf der Int ihren Mann sehen konnte, von dem sie sich trennen musste, als sie zum RTC auf der Flag geschickt worden war.

Wir flogen nach L. A. und fuhren zum Stützpunkt. Mr. Headley brachte mich zur Wohnung meiner Eltern und verschwand, sobald Dad kam, um uns etwas Privatsphäre zu geben.

»Wie geht es dir?«, fragte er und streckte die Arme nach mir aus.

Ich versuchte, die Fassung zu bewahren, doch als ich den Mund öffnete, um zu antworten, spürte ich schon, wie mir die Tränen kamen. Gedanken und Gefühle sprudelten unsortiert aus mir heraus, als ich ihm sagte, wie sehr ich mich um Mom sorgte, weil ich sie einfach nicht hatte erreichen können. Ich erzählte ihm auch von meiner schrecklichen Sitzung mit Mr. Townsend.

»Das tut mir leid«, sagte er und sah mir in die Augen. »Aber in einer Lage wie dieser gehört eine Sitzung wie die mit Mr. Townsend zur Standardprozedur. Das ist zwar unangenehm, aber notwendig.«

Ich wich zurück, verärgert, dass er für sie Partei ergriff, aber auch verwirrt: Was meinte er mit Standardprozedur? Doch noch bevor ich ihn fragen konnte, lieferte er mir schon die Antwort.

»Deine Mom hat einen Out 2D«, sagte er sachlich. Im Klartext hieß das, dass sie eine Affäre hatte. Obwohl mich das schockierte, erkannte ich im selben Moment, dass ich genau das die ganze Zeit geahnt hatte. Deshalb hatte ich befürchtet, sie müsste in die RPF, deshalb hatte es mich so aufgebracht, nicht mit ihr reden zu können. Deshalb hatte Mr. Townsend geprüft, ob ich Geheimnisse für mich behielt – um sicherzustellen, dass ich nichts von Moms Affäre gewusst hatte.

»Mit wem?«, fragte ich.

»Was glaubst du denn?«

»Wahrscheinlich mit Don.«

»Ganz genau«, sagte Dad. »Wusstest du davon?« Sein Tonfall legte nahe, dass er mir unterstellen wollte, ich hätte mich mit Mom verschworen. Ich dachte wieder an meine Sitzung mit Mr. Townsend und ihre intensive Suche nach irgendwelchen Geheimnissen. »Nein«, antwortete ich, »aber sie waren ziemlich gut befreundet, daher lag die Antwort nahe.«

Selbst für mich war offensichtlich gewesen, dass sie nicht nur freundschaftliche Gefühle füreinander hegten, aber ich hatte keine Ahnung gehabt, dass sie so weit gegangen waren.

Ich geriet in Panik, weil ich an die Folgen für Mom dachte. Jemand mit Out 2D wurde als das Allerletzte behandelt. Ich hatte immer zu meiner Mutter aufgeblickt. Trotz allem, was andere zweifellos jetzt von ihr hielten, wusste ich, dass sie viel Gutes für die Church bewirkt hatte und immer noch eine sehr fähige Mitarbeiterin war. Das würde ich nie vergessen. Aber das Wissen, dass sie etwas so strikt Verbotenes getan hatte wie ein Out 2D, erschwerte es mir sehr, rational zu bleiben.

Ich verdrängte meine Gefühle, so gut es ging. Ich versuchte, mich von meinen Emotionen abzuspalten, mich rein logisch zu verhalten, nicht nur zu reagieren, sondern das zu tun, was richtig und notwendig war. Das war genau die Situation, in der sich meine Trainingsroutine mit Provokationen als besonders nützlich erweisen konnte. Ich hatte es gelernt, meine Gefühle zu unterdrücken und nicht emotional, sondern rational zu reagieren. Ich musste meinen Verstand von meinen Gefühlen abtrennen. Selbst in ganz normalen Situationen, die wesentlich unwichtiger waren als die Eröffnung, dass die eigene Mutter eine Affäre hatte, bekam man den Rat, man solle seine TRs wiederholen, sobald man impulsiv oder aufgebracht war, um einen kühlen Kopf zu bewahren. Also nutzte ich nun meine TRs, um mich innerlich abzuspalten, die Technik war in diesem Augenblick sehr hilfreich.

Aber während ich versuchte, meine Gefühle unter Kontrolle zu bringen, verlor Dad die Kontrolle über seine und brach in Tränen aus. Er erzählte mir, er habe das Gefühl, die letzten beiden Jahre ihrer Ehe seien eine einzige Lüge gewesen. Onkel Dave sei so nett gewesen, ihn beiseitezunehmen und ihn persönlich von der Affäre seiner Frau in Kenntnis zu setzen. Ich umarmte ihn mitfühlend, weil mir das als das einzige Richtige erschien.

»Wo ist Mom?«, fragte ich dann, obwohl ich wusste, dass man laut der Regel mit Out 2D sofort ›von Bord‹ musste. Die Regel war noch auf der *Apollo* verfasst worden und hatte damals vorgesehen, dass der Missetäter am Strand ausgesetzt wurde. Jetzt kam er zur Strafe normalerweise in die RPF.

Dad bestätigte das. »Sie ist in der RPF, wo sie hingehört«, sagte er kalt.

»Geht es ihr denn gut?« Dad schien die Frage zu schockieren, so als wäre das unwichtig.

»Ich glaube schon, aber mich interessiert es momentan kaum, ob es ihr gut geht. Sie hat mich verraten«, erwiderte er. »Aber keine Angst. In der RPF bekommt jeder was zu essen und einen Platz zum Schlafen, also geht es ihr sicher gut.«

Ich hatte immer mit den anderen mitgefühlt und ein Herz für jeden, der in Schwierigkeiten geriet, auch wenn sie selbst verschuldet waren. Bei der Vorstellung, dass meine Mom, ganz gleich, wo sie jetzt war, sehr schlecht behandelt wurde und auf all ihre üblichen Privilegien verzichten musste, empfand ich nur noch mehr Mitgefühl. Aber Dad schien, vielleicht verständlicherweise, zu denken, dass sie bekam, was sie verdiente. Offenbar hatte er schon vergessen, dass sie beide selbst ein Out 2D begangen hatten, bevor sie verheiratet gewesen waren.

Dad sagte, er wäre gerade dabei, Moms Sachen durchzugehen und für die Einlagerung zusammenzupacken. Er fragte mich, ob ich ihm helfen wollte. Wenn jemand in die RPF kam, blieb er normalerweise jahrelang dort. Zwei Jahre wurden schon als kurz betrachtet. Als wir anfingen, ihre Garderobe durchzusehen, hielt er immer wieder ein Kleidungsstück in die Höhe und sagte: »Willst du das? Sie wird das *nie* wieder brauchen.« Ich wusste nicht, wie ich auf all das reagieren sollte. Wenn ich strikt den scientologischen Prinzipien gefolgt wäre, hätte ich sie auf der Stelle hassen müssen, und zwar nicht, weil sie unsere Familie gefährdet, sondern weil sie die Regeln gebrochen hatte. Aber zu meiner Beunruhigung stellte ich fest, dass ich sie nicht hasste. Natürlich war ich wütend auf sie, aber ich *hasste* sie nicht. Im Gegenteil, ich liebte sie immer noch. Ich wusste, es war nicht richtig, so zu empfinden, daher behielt ich es für mich.

Mein Schweigen hielt Dad nicht davon ab, mich zu fragen,

wieso ich eigentlich nicht weinte. Er sagte, Onkel Dave hätte ihn gefragt, wie ich wohl auf die Nachricht reagieren würde, und er hätte ihm geantwortet, ich würde ausflippen. Es ärgerte mich, dass er meinte, mich gut genug zu kennen, um solche Aussagen zu machen. Außerdem war ich wütend, dass er mich Onkel Dave gegenüber so kindisch dargestellt hatte, wo ich doch jetzt ein vollwertiges Sea Org-Mitglied war, genau wie er.

Nachdem wir eine Stunde lang Moms persönliche Sachen zusammengepackt hatten, musste Dad zur Arbeit zurück. Mr. Headley kam, umarmte mich und erklärte, wie leid es ihr tue. Erst ihr Mitgefühl trieb mir die Tränen in die Augen, denn ich spürte, dass es aufrichtig war.

Ein paar Minuten später traf Tante Shelly ein.

»Hey, ich habe gehört, du hast es wie eine Erwachsene aufgenommen«, sagte sie. »Sehr schön!« Sie umarmte mich, dann machten wir einen kleinen Spaziergang, um uns zu unterhalten.

»Deiner Mom geht es jetzt gut, und es wird ihr auch weiterhin gut gehen«, erklärte Tante Shelly mir. »Sie hat immer behauptet, die stärkste Frau auf dem gesamten Stützpunkt zu sein, deshalb wird sie die MEST-Arbeit in der RPF schon nicht umbringen.«

Allerdings wurde sie wesentlich kühler, als ich ihr sagte, ich machte mir Sorgen um Mom und wolle nicht, dass sie traurig wäre.

»Wusstest du«, fragte sie daraufhin, »dass deine Mom dich nur für die Auditing-Kurse zur Flag zurückgeschickt hat, um einen Vorwand zu haben, mit Don in Kontakt zu bleiben?« Das tat weh. Ich wusste nicht, ob das die Wahrheit war oder ob Tante Shelly übertrieb. Während ich ihre Worte noch verdaute, versuchte Tante Shelly mir zu erklären, warum die RPF genau der richtige Ort für meine Mom war: Schließlich sei es nicht der erste Vorfall dieser Art, und ein solches Benehmen sei mehr als verwerflich.

Dann sprachen sie und ich über meine Zukunft. Sie sagte, sie habe sich sehr über meine Beförderung zum Messenger gefreut, weil sie wolle, dass ich meine Ausbildung absolvierte und dann zurück zur Int käme, um dort zu arbeiten. Dieser Zukunftsplan, den sie für mich entworfen hatte, gefiel mir sehr. Genau das war doch auch immer mein Traum gewesen. Wir unterhielten uns ein, zwei Stunden. Sie erzählte mir Geschichten aus ihrem Leben, von ihrer Arbeit für LRH, und wie viel es ihr bedeutet hatte, schon mit neun Jahren einer seiner Messenger gewesen zu sein. Am Ende des Gesprächs umarmten und verabschiedeten wir uns.

Die nächsten Tage verbrachte ich viel Zeit mit Mr. Headley. Sie führte mich auf der Int Base herum und zeigte mir alle Veränderungen, die sich seit meiner Abreise ergeben hatten. Der gesamte Stützpunkt erstreckte sich über fünfhundert Hektar. Bevor die Church den Besitz 1978 gekauft hatte, war er ein Resort gewesen und hatte jetzt immer noch einen riesigen künstlichen See, ein Schloss und ein Bewässerungssystem, mit dem trotz des kalifornischen Wüstenklimas alles üppig grün gehalten wurde. Das gesamte Grundstück war mit Stacheldraht und vielen Hundert, zum Teil versteckten, meist aber deutlich sichtbaren Überwachungskameras geschützt. Jetzt zeigte mir Mr. Headley ein neues Gebäude, ein Herrenhaus namens *Bonne View*. Es war bereits bezugsbereit und für den Tag gedacht, an dem LRH zurückkehren würde. »Kommt er in einem anderen Körper?«, fragte ich und überlegte, wie und wann er wohl zurückkehren würde.

»Wahrscheinlich«, antwortete Mr. Headley, die sich über die Einzelheiten ebenfalls nicht sicher zu sein schien.

Stacy Moxon, ein Mitglied des Hauspersonals von Bonne

View, führte uns durch das Gebäude. Eine kleine Gruppe der CMO war eigens dafür abgestellt worden, sich sofort um LRHs persönliche Bedürfnisse zu kümmern, sobald er zurückkam. Das Haus war ein prächtiges Backsteingebäude mit mehreren Kaminen, das in einem wunderschönen Park lag. Es war bei weitem das schönste Anwesen auf dem gesamten Stützpunkt.

Für mich war es eine echte Offenbarung, das ganze Gelände der Int zu entdecken, aber da ich ständig an den Fehltritt meiner Mutter und den Kummer meines Vaters erinnert wurde, sehnte ich mich ziemlich schnell fort. Noch wenige Tage zuvor hatte ich mir nichts mehr gewünscht, als der Flag zu entfliehen; aber jetzt, nach allem, was geschehen war, war ich sehr erleichtert, als Mr. Headley und ich nach Clearwater zurückmussten. Es war ganz gleich, was mich in Clearwater erwartete und welche Schwierigkeiten ich bei der CMO hatte, ich wollte nur weg von der Int und alle Probleme hinter mir lassen.

Trotzdem bestand Dad darauf, dass ich zu Weihnachten nach Kalifornien zurückkommen würde. Ich gehorchte widerwillig, blieb aber einen Großteil der Feiertage auf der Ranch. Zuerst ärgerte ich mich, dass ich in der Cadet Org bleiben musste, schließlich war ich doch jetzt ein Sea Org-Mitglied, obwohl mein Dad das anders sah. Aber nach einer Weile sehnte ich mich in die Zeit vor der CMO zurück, weil ich die Freundschaft mit den anderen auf der Ranch genoss. Hier waren die Menschen, die mich wirklich kannten. Sie waren mit mir zusammen aufgewachsen und verstanden mich auch ohne große Worte.

Bei der alljährlichen Bier-und-Käse-Weihnachtsparty stand ich gerade mit ein paar Freunden von der Ranch zusammen, als Dad zu mir kam und mich beiseite nahm.

»Onkel Dave will dich sehen«, sagte er mit drängender Stimme. »Er ist im Billardzimmer.«

Nervös bahnte ich mir einen Weg durch den Speisesaal bis zu Onkel Daves Privaträumen. Als ich dort eintrat, fragte er mich, wie es mir ergangen war, schien aber kaum auf meine Antwort zu achten. Nach ein paar Minuten entschuldigte er sich.

»Verzeih mir, Jenny, dass ich so abgelenkt bin. Aber ich wollte etwas Wichtiges mit dir besprechen.« Er legte eine Pause ein, als wollte er sehen, wie ich auf seine Eröffnung reagieren würde. Dann fuhr er fort: »Deine Mutter hat mich gebeten, dich sehen zu können.«

Das überraschte mich ein wenig, da ich seit Monaten nichts mehr von ihr gehört hatte. Doch als mein Dad gesagt hatte, dass Onkel Dave mich sprechen wollte, hatte ich mir schon so etwas gedacht. Onkel Dave schien der Einzige zu sein, der Kontakt zu ihr hatte. Zwar war ich nicht wütend auf sie, aber ich fürchtete mich vor peinlichen Geständnissen über ihre Affäre mit Don, falls ich sie sehen sollte.

Als ich über Onkel Daves Eröffnung nachdachte, musste ich mir eingestehen, dass ich sie eigentlich nicht sehen wollte. Und zwar nicht, weil ich wusste, was Onkel Dave hören wollte, sondern weil ich selbst einfach nichts mehr mit der ganzen Angelegenheit zu tun haben wollte. Ich hatte keine Lust darauf, mit ihr zusammenzusitzen und alles noch einmal durchzukauen, und vor allem hatte ich keine Lust auf all die verwirrenden Gefühle, die bei diesem Gespräch unweigerlich aufkommen würden. Ich war nicht wütend auf sie, ich wollte nur – so wie es mir beigebracht worden war – die Emotionalität der Situation vermeiden. Es sollte einfach alles normal sein.

»Ehrlich gesagt, möchte ich sie nicht sehen«, bekannte ich. »Ich hoffe, es geht ihr gut, und wünsche mir, dass sie das Programm erfolgreich durchläuft. Wenn sie damit fertig ist, können wir die ganze unschöne Angelegenheit hinter uns lassen.

Und keiner von uns muss noch einen Gedanken daran verschwenden.«

»Du hast Recht, Jenny«, sagte Onkel Dave erleichtert. »Sie
muss einfach das Programm absolvieren – das wird das Beste
für sie sein. Vielleicht verleiht es ihr zusätzlich Motivation,
wenn sie hört, was du dazu denkst. Bis jetzt war sie nicht besonders kooperativ.«

Das überraschte mich nicht. Einerseits war sie eine hochrangige Führungskraft, die sich hochgearbeitet hatte und wusste,
dass der leichteste Weg zum Erfolg Gehorsam war; andererseits
war sie eine starke, oft eigensinnige Frau. Die Frage war nur,
wie weit sie in ihrem Widerstand gehen würde. Sie wusste so
gut wie jeder andere, dass ihr kaum eine andere Wahl blieb.
Entweder sie ging in die RPF, oder verließ die Sea Org für immer.

»Ich möchte, dass du ihr einen Brief schreibst«, sagte Onkel
Dave, »damit sie weiß, dass es dein Wunsch ist, sie nicht zu sehen, und nicht meiner.«

Er gab mir mehrere Bögen Papier, und ich begann mit »Liebe
Mom…«, aber dann wusste ich nicht weiter. Onkel Dave
machte zwar ein paar Vorschläge, wollte aber nicht, dass der
Brief so klang, als käme er von ihm. Also fasste ich mich kurz
und schrieb nur, dass ich sie zwar noch liebte, aber nur wollte,
dass sie einfach das Programm durchlief, weil es das Beste für
uns beide wäre.

»Danke, Jenny«, sagte Onkel Dave lächelnd, als ich fertig
war. »Ich sorge dafür, dass sie diesen Brief bekommt.«

Am Tag vor Weihnachten wurde ich schwer krank und
musste Weihnachten im Bett verbringen. Ich hatte hohes Fieber, geschwollene Lymphknoten und Schwindelgefühle. Dad
kam mich besuchen und brachte mir Vitamin C und Husten-
bonbons mit. Er hatte sogar ein Klistier mitgebracht, im Auf-

trag von Tante Shelly, die das für eine gute Idee hielt. Aber ich fand das ekelhaft und sagte ihm das auch.

Am Tag nach Weihnachten verkündete Dad, dass für mich ein Rückflug nach Clearwater gebucht sei. Er wollte, dass ich zur Base mitkam, um mich von Onkel Dave und Tante Shelly zu verabschieden, obwohl ich krank war. Wir warteten eine Ewigkeit im Empfangsbereich vor ihren Büros, bis sie endlich zu uns herauskamen. Da Onkel Dave nichts von meiner Krankheit gewusst hatte, gab es einen kleinen Aufruhr, weil man fürchtete, er könnte sich anstecken. Daher eilte er sofort wieder zurück in sein Büro, und nur Tante Shelly verabschiedete sich von mir. Allerdings bestand sie darauf, dass mein Flug um einige Tage verlegt wurde, damit ich mich vorher erholen konnte.

KAPITEL 16

In der Estate Project Force

1997 kehrte ich kurz vor meinem dreizehnten Geburtstag zur Flag zurück und war fest entschlossen, die Monate, die hinter mir lagen, zu vergessen. Zum ersten Mal wollte ich meine Eltern nicht sehen, ich wollte nur meine Aufgaben in der CMO erfüllen und meinen Platz finden.

Natürlich war das leichter gesagt als getan. Es war schwer, das, was passiert war, einfach zu verdrängen. Ich wusste, es wäre das Beste, mich von meinen Gefühlen abzuspalten, schaffte es aber nicht ganz. Immer noch drehten sich meine Gedanken um meine Mom, ich machte mir Sorgen um sie und hoffte, dass man sich um sie kümmerte – ich konnte mich einfach nicht dazu zwingen, mich wie ein guter Scientologe vollkommen von ihr abzulösen. So wäre es auch geblieben, hätte mir nicht ein Lichtblick geholfen, diese Dinge zu überwinden und all meine Energie auf die Sea Org zu konzentrieren.

Ich spürte, dass ich mich mehr als je zuvor von den wöchentlichen Abschlussfeiern auf der Flag inspirieren und motivieren ließ. Als ich noch jünger war, hatte mich einfach das ganze Spektakel fasziniert, doch jetzt ertappte ich mich dabei, dass ich viel mehr auf das achtete, was gesagt wurde: auf die Geschichten, was Scientology bewirken konnte.

Was mich vor allem anzog, waren die Gewinne, von denen die Absolventen jede Woche erzählten. Die Gewinne waren die großen Offenbarungen, die Belohnungen am Ende, die alle veranlassten, immer wiederzukommen, und mir ging es genauso. Diese Bekenntnisse zeigten stets, wie mächtig Scientology war und welches Potential es freisetzen konnte. Es war fast so, als bräuchte ich etwas in dieser schwierigen Zeit, in das ich mich stürzen konnte. Ich wollte mich von den Problemen ablenken und mich auf etwas Positives konzentrieren. Gewinne konnten vollkommen unterschiedlich aussehen. Zum Beispiel erzählten manche, sie hätten zuerst nicht gewusst, ob sie sich die Kosten für die Kurse leisten konnten, doch nach Beendigung der Kurse hätten sie ihr Unternehmen so umgestaltet, dass sie jetzt das Zehnfache ihres früheren Einkommens verdienten. Andere berichteten, sie wären so *extrakorporal*, also außerhalb ihres Körpers gewesen, dass sie nach einer Auditing-Sitzung aufgestanden wären, aber dann gemerkt hätten, dass ihr Körper noch auf dem Stuhl saß. Einmal hörte ich, dass die Schauspielerin Juliette Lewis von ihren Gewinnen erzählte, nachdem sie den Zustand des Clear erreicht hatte. Ich weiß zwar nicht mehr, was sie genau sagte, aber die Tatsache, dass Prominente wie sie Scientology unterstützten, beeindruckte mich und alle anderen.

Die Gewinne motivierten unfehlbar alle, ganz gleich, wer davon erzählte. Je mehr Gewinne man mit den anderen teilte, desto überzeugender zeigte man, dass es funktionierte, und je mehr man darin investierte, desto schwieriger war es, sich von diesen Investitionen abzuwenden. Es war kaum möglich, sich diese aufwühlenden, gefühlsgeladenen Geschichten über persönliche Veränderungen anzuhören und nicht zu glauben, dass Scientology die Macht hatte, das Leben der Menschen und die ganze Welt zu verändern.

Ich nutzte diese Welle der Begeisterung, um mich in die Auditing-Ausbildung zu stürzen, für die ich zur Flag gekommen war. In der CMO und auch im Kurs gab es ein Mädchen in meinem Alter, das Luisa hieß. Wir freundeten uns schnell an.

Ihre Familie kam aus Dänemark, doch da ihr Vater auf der Int stationiert war, war sie in L. A. aufgewachsen und vor der Flag auf der PAC Ranch in der Cadet Org von L. A. gewesen. Luisa war unglaublich schüchtern, hatte aber viel Sinn für Humor, und ich sah sofort, dass ich ihr vertrauen konnte.

Luisa und ich versuchten, im Kursraum ernst zu bleiben, aber manchmal ging es einfach nicht. Dann fanden wir immer öfter Möglichkeiten, in die Toiletten zu flüchten, wo wir zwischen zwei Kabinen einen Klopapier-Krieg anfingen. Ein anderes Mal jagten wir uns die Treppen hinauf und hinunter. Da wir im selben Wohnheim untergebracht waren, erzählte sie mir vor der Bettzeit oder während der Mahlzeiten Geschichten aus ihrer Kindheit auf der PAC Ranch. Ich bekam den Eindruck, dass die Kadetten dort viel weniger arbeiten mussten als wir, aber genauso schlimm behandelt wurden, vielleicht sogar noch schlimmer.

Mein neuer Kurs behandelte *Professionelle Trainingsroutinen*. Die Pro TRs wiesen zwar einige Ähnlichkeiten mit denen auf, die ich schon früher auf der Ranch durchlaufen hatte, waren aber viel anspruchsvoller. Um Auditor zu werden, musste ich sie absolvieren. Nachdem ich ein paar Tage die Theorie und Prinzipien der TRs gelesen und mir dazu Filme und LRHs Vorträge auf Band angesehen hatte, ging es ans praktische Üben. Es war von Anfang an grauenhaft. Ich konzentrierte mich nur darauf, irgendwie durchzukommen: Augen zu und durch.

Ich musste in der Lage sein, zwei Stunden unverkrampft auf einem Stuhl vor einem anderen Studenten zu sitzen, ohne mich zu rühren, zu sprechen, zu zucken, zu husten oder übermäßig zu blinzeln. Wie viele andere brauchte ich Wochen, bis ich diese Trainingsroutine absolviert hatte. Einmal hatte ich neunzig Minuten lang reglos dagesessen, als sich plötzlich eine Fliege auf meine Nase setzte. Als ich sie wegpustete, war ich natürlich durchgefallen und musste von vorne anfangen. Es war eine solche Tortur, dass mir mehrfach die Tränen kamen. Es war mir kaum möglich, mich nicht zu bewegen. Meine Beine fühlten sich an, als würden sie einfach ohne mich weggehen wollen, und nur mit äußerster Selbstbeherrschung gelang es mir, sitzen zu bleiben.

Die Provokations-TR war viel schlimmer als die Version für Kinder. Wir mussten zwei Stunden lang ertragen, wie man uns anschrie, sich über uns lustig machte und verbal sexuell belästigte. Einer der Supervisoren hatte sich darauf spezialisiert, Anzüglichkeiten von sich zu geben, auf die wir nicht reagieren durften. Eine gute Freundin von mir, die ebenfalls dreizehn war, wurde von einem männlichen Studenten provoziert, der sich stundenlang über ihre knospenden Brüste ausließ. Zwar war es ihr gelungen, nicht zu reagieren, aber ich fand die Vorstellung einfach abstoßend.

Als wir mit dem Pro TR-Kurs fertig waren, kamen die TRs der *Höheren Indoktrinierung*, bei denen wir etwas über *Ton 40* lernten, einen mentalen Zustand, in dem wir absolut und hundertprozentig überzeugt waren und keinerlei Zweifel hatten oder Widerspruch duldeten. LRH glaubte, dass man den Gemütszustand aller Menschen auf einer Skala abbilden könne. Die Tonskala begann bei – 40, was für totales Versagen stand, und endete bei + 40, dem Zustand glücklicher Gelassenheit.

Die Tonskala war anwendbar auf die Art und Weise, den Tonfall und den emotionalen Zustand, in dem man etwas sagte. Ein Ton 40-Befehl beispielsweise war so mächtig und präzise, dass der Empfänger diesen Befehl in jedem Fall befolgen musste. Mein Zwilling und ich übten solche Ton 40-Befehle in den Trainingsroutinen, die in LRHs Grundsätzen beschrieben worden waren. Wir mussten an einer Wand sitzen und unserem Zwilling ein Kommando geben, das dieser dann zu befolgen hatte. Jedes Kommando wurde mit einem ›Danke‹ beendet.

»Sieh zur Wand, danke.«

»Geh zu dieser Wand, danke.«

»Berühre die Wand, danke.«

»Dreh dich um, danke.«

So ging das über Stunden.

Die nächste Übung sollte uns dabei helfen, die Kontrolle über diejenigen zu erlangen, mit denen wir ein Auditing veranstalteten. Als Auditoren mussten wir unter allen Umständen verhindern, dass ein Preclear vor Ende der Sitzung ging. Unsere Aufgabe war es, ihn auf seinem Platz zu halten, bis wir ihm die Erlaubnis erteilten zu gehen. In dieser Übung lernten wir, das sowohl verbal als auch körperlich durchzusetzen. Ich hatte immer gehört, dass diese Übung die lustigste wäre. Sie verlief immer nach demselben Muster: »Geh zur Wand, danke.« Aber dieses Mal tat der Zwilling alles, um nicht gehorchen zu müssen: Er rannte weg, entzog sich, schrie, rührte sich nicht mehr und so weiter. Um Erfolg zu haben, musste man ihn körperlich dazu zwingen, dem Kommando zu folgen.

Bei einigen dieser Übungen war mein Freund Buster mein Zwilling. Aber er war so groß und kräftig, dass es für mich ziemlich schwierig wurde. Wie alle anderen, die diese Trainingsroutine mit ihm absolvierten, musste ich mit den Fingern seine Augen offen halten und seinen Kopf zur Wand drehen, wenn ich wollte, dass er zur Wand blickte. Das Schwerste war, ihn zur Wand zu bekommen, dann musste man ihn ziehen, schieben oder sogar tragen. Um das Ganze zu toppen, wurde man dabei ständig provoziert und durfte weder wütend werden noch lachen. Man bestand diese Übung nur, wenn man seinen Zwilling ungeachtet aller physischen oder verbalen Herausforderungen dazu brachte, das Kommando zu befolgen.

Als Nächstes mussten wir aus vollem Hals viereckige Glas-aschenbecher anschreien. Damit sollten wir üben, vollkommen klar unsere Absichten auszudrücken, und wenn wir das schafften, würden wir unsere zukünftigen Preclears erfolgreich mit allen möglichen Dingen konfrontieren können.

Aber das war noch nicht alles. Um unsere Absichten verschiedenen Teilen des Aschenbechers klarzumachen, mussten wir ihm sehr präzise Fragen stellen. Denn die Absicht hinter einer jeden Frage war es, eine Antwort auf diese Frage zu bekommen, genau wie in einer Sitzung mit einem Preclear. Der Aschenbecher sollte viereckig sein und wir mussten Fragen an seine vier Ecken richten.

»Bist du ein Aschenbecher?«

»Bist du eine Ecke?«

»Bist du aus Glas?«

Dieselben Prinzipien, die wir als Auditoren zu lernen und zu begreifen versuchten, verhinderten, dass wir diese lächerlichen Aufgaben in Frage stellten. Wir hatten gelernt, Anweisungen Folge zu leisten, und nun lernten wir, andere dazu zu bringen, unseren Anweisungen Folge zu leisten.

Auch wenn all diese Übungen noch so verschroben waren, damals kamen sie mir vollkommen normal vor. Erst im Rückblick erkenne ich, wie bizarr sie waren. Stundenlang standen wir neben unserem Zwilling, in einem Raum voller Zweierteams, und jedes Team übte einen anderen Teil des Kurses. Manche gaben sich brüllend den Befehl, zur Wand zu gehen, während andere nur schweigend da saßen und sich in die Augen starrten. In einer anderen Ecke des Raums beleidigte jemand seinen Zwilling lautstark, während gleichzeitig ein paar Meter weiter jemand einem Aschenbecher Befehle zubrüllte.

All diese Übungen waren dazu gedacht, Auditoren dazu auszubilden, in den Sitzungen mit Preclears kommunikationsstärker zu werden und sich nicht ablenken zu lassen, doch im Grunde wurden wir nur immer mehr wie Roboter. Unsere Reaktionen wurden automatisiert, und alles, was wir sagten, folgte einem Script. Außerdem führten diese Übungen dazu, dass wir die Menschen in unseren Sitzungen nicht mehr als denkende und fühlende Persönlichkeiten betrachteten, sondern als Wesen mit reaktiven Gedankenmustern, die zu ihrem eigenen Wohl unter Kontrolle gebracht werden mussten. Der Dialog war dazu gedacht, sein Gegenüber zu entmenschlichen. Die Tatsache, dass wir mit einem Aschenbecher übten, unterstrich das nur. Besonders die Ton 40-Kommandos dienten dem Zweck, Menschen dazu zu bringen, widerspruchslos Befehlen zu folgen.

Bei solchen Kursen konnte man oft kaum sagen, worin die Fortschritte bestanden. Manchmal bemühte ich mich sehr, den Anweisungen zu folgen, erntete aber nur frustrierende Ergebnisse, andere Male wurde ich mit Erfolg belohnt. Es gab keine einheitliche Struktur, sodass auch kaum eindeutige Verbesserungen zu erkennen waren. Selbst wenn man bei einer Übung ein Naturtalent war, hatte man den Eindruck, dass man sie erst nach einer bestimmten Zeitvorgabe erfolgreich abgeschlossen hatte. Vieles schien auch dem Gutdünken des Kursleiters unterworfen, aber darüber dachte niemand nach, solange wir in den TR-Levels nur weiterkamen.

Die Ausbildung war harte Arbeit, aber Auditoren hatten einen hohen Status, und ich wollte beweisen, dass ich es schaffen konnte. Ich hatte immer Tante Shellys Bemerkung im Hinterkopf, wie wichtig es war, ein guter Auditor zu sein. Sie hatte mir wiederholt gesagt, dass die besten Messenger Auditoren waren, und während meiner Zeit auf der Flag unterstützte sie mich bei meiner Ausbildung. Ich traf sie, wenn sie alle paar Monate nach Clearwater kam. Dann sprach sie mindestens eine Stunde mit mir, ermutigte mich und sagte, ich könne es schaffen. Sie rief mir immer wieder in Erinnerung, dass die Menschen nur mit Hilfe der Auditoren gerettet werden könnten.

Wenn ich nicht gerade in einem Auditorenkurs war, arbeitete ich stundenweise in der Abteilung der CMO, die für das ethische Verhalten der Leute verantwortlich war. Die Mitarbeiter dieser Abteilung hatten große Macht. Sie hatten die Befugnis, die Regeln durchzusetzen, und nutzten sie entsprechend. Da ich später diese Aufgabe in der CMO Int übernehmen sollte, war das eine gute Übung für mich, obwohl ich keine Strafen verhängen durfte.

Wie sich zeigte, kannte ich meine Mitarbeiterinnen Olivia und Julia schon über Valeska. Über sie hatten wir uns angefreundet, obwohl sie mindestens drei Jahre älter waren als ich. Ich freute mich, dass sie in der CMO und noch dazu in meiner Abteilung waren, denn so konnte ich mit ihnen zusammen sein, ohne Ärger zu bekommen. Sie waren beide sehr nett und äußerst hübsch. Offenbar war mein Onkel von ihren Fähigkeiten beeindruckt gewesen und hatte beide befördert.

Zu einer meiner Pflichten gehörte es, die Post, die die CMO-Mitarbeiter von ihren Angehörigen bekamen, zu Olivia und Julia zu bringen, die alles prüften. In der CMO hatte man schriftlich sein Einverständnis dazu geben müssen, dass die persönliche Post geöffnet und gelesen werden durfte. Jeder Brief wurde vor der Verteilung geprüft. Und wenn es nur die geringsten Anzeichen von Kritik an Scientology gab, wurde er nicht weitergeleitet.

Während ich mich an die Routine meiner Auditorenausbildung gewöhnte, störte es mich zunehmend, dass ich die nötigen Voraussetzungen zum Traineeprogramm der Sea Org eigentlich nicht hatte. Zwar hatte ich bei meiner Ankunft in der Flag gegenüber Tom erwähnt, ich sei nicht im EPF, dem Bootcamp der Organisation, gewesen, doch er hatte nur gemeint, darüber solle ich mir keine Sorgen machen. Obwohl ich versuchte, nicht daran zu denken, kam ich mir wie ein verkleideter Kadett vor, dabei wollte ich ein vollwertiges Sea Org-Mitglied sein.

Besorgt schrieb ich an Tante Shelly. In dem Brief teilte ich ihr mit, ich hätte die EPF nicht durchlaufen, obwohl das doch notwendig sei. Eine Woche später wurde ich ins Büro von Mr. Sue Gentry gerufen, der leitenden RTC-Abgeordneten auf der Flag. Als ich eintrat, gab sie mir einen Brief von Tante Shelly. Darin tadelte sie mich dafür, dass ich nicht ins Bootcamp wolle, und meinte, jeder müsse in die EPF, ohne Ausnahme, auch leitende Angestellte. Sie hatte meinen Brief eindeutig missverstanden und dachte jetzt, ich wolle mich um meine Pflicht drücken.

Offenbar hatte Tante Shelly Mr. Gentry angehalten, dafür zu sorgen, dass mein Anliegen Gehör fand, denn Mr. Gentry verkündete, es sei Zeit, einiges gerade zu rücken. Ich wurde unruhig, als ein weiterer RTC-Abgeordneter namens Wilson hereinkam und sagte, er werde sofort eine Sitzung mit mir durchführen.

Er begann mit den beiden üblichen Fragen, ob ich müde oder hungrig sei. Ich rechnete schon mit dem lauten Ton-40-Kommando: »Dies ist die Sitzung!«, doch stattdessen sagte er: »Dies ist kein Auditing.« Mir sank das Herz in die Hose. Wenn es kein Auditing war, konnte es nur ein *Security-Check* – mit anderen Worten: eine Beichte – sein. Im Gegensatz zum Auditing war eine Beichte nicht vertraulich und konnte mit disziplinarischen Maßnahmen geahndet werden.

Mein Beichtverfahren erstreckte sich über mehrere Wochen. Ich wurde zu allem Möglichen befragt: ob ich gestohlen hatte, ob ich ein Vergehen in der Zweiten Dynamik begangen habe, ob es irgendetwas gab, was meine Eltern nicht erfahren sollten.

Die Befragung stützte sich wie immer auf die Ergebnisse des E-Meters. Wenn die Nadel nicht gleichmäßig ausschlug, variierte mein Auditor eine Frage so oft, bis die Nadel entweder eine klare Verneinung oder Bejahung anzeigte. Das Ergebnis des E-Meters wog immer schwerer als die Antwort, die man gab. Wenn die Nadel ›ja‹ sagte, lautete die Antwort auch ›ja‹, selbst wenn man ›nein‹ gesagt hatte. Schlug sie nicht gleichmäßig aus, hieß das, man verbarg irgendetwas. Bei jeder Verfehlung, die man gestand, wurde in Folge geklärt, wann und wo sie stattgefunden hatte, was genau getan wurde – bis ins letzte Detail –, wie man sie rechtfertigte und wer sie fast herausgefunden hätte. Wie bei jedem Auditing endete der Security-Check mit einer Endprüfung beim *Examiner*. Wenn dort die Nadel nicht regelmäßig ausschlug, wurde man direkt zurückgeschickt, um die Unstimmigkeit aus dem Weg zu räumen.

Besonders quälend bei alldem war nicht so sehr der Umstand, dass die Fragen sehr persönlich waren, sondern wie unerbittlich die Prüfer vorgingen. Sie stellten eine Frage nicht nur einmal, und dann war das Thema erledigt, sondern immer wieder, und jedes Mal wuchs meine Angst, dass der E-Meter meiner Antwort widersprechen würde. Sie waren wie Polizisten, die einen Mord untersuchten, und wenn der E-Meter ihnen das gewünschte Ergebnis gab, dann war man schuldig.

Die Befragung selbst war schon zermürbend, doch die eigentliche Wirkung ging viel tiefer in die Psyche und war sehr beunruhigend: Durch die wiederholten Fragen begann man immer mehr an sich zu zweifeln, vor allem, wenn der E-Meter anzeigte, dass man eine Antwort auf heikle Fragen hatte. Zuerst sagte man die Antwort freiheraus, doch je öfter die Frage gestellt wurde, und zwar mit wachsender Intensität, desto mehr Zweifel kamen einem plötzlich. Dabei ging es um Geständnisse bezüglich einiger Dinge, die mit Sicherheit niemals stattgefunden hatten, doch wenn man dieselbe Frage nur oft und lange genug hörte, schwand die Sicherheit, und man fragte sich, ob die Antwort vielleicht falsch war. Vielleicht hatte man doch etwas getan, in einer Parallelwelt, und wusste nur nichts davon. Vielleicht verdrängte man auch etwas.

Jede Frage sorgte für einen inneren Konflikt: Wenn man zugab, etwas falsch gemacht zu haben, wurde man bestraft, doch wenn man die Wahrheit sagte und der E-Meter widersprach dem, dann wurde die Frage so oft wiederholt, bis man die Antwort gab, die sie hören wollten. Viele Male beendete ich eine Sitzung mit einem falschen Geständnis, nur um endlich Ruhe zu haben. Aber meistens betete ich nur, meine Nadel möge gleichmäßig ausschlagen.

Als Mr. Wilson endlich fertig war, schrieb er einen »Wissensbericht« über alles, was in meinen Sitzungen herausgekommen war. Diesen leitete er ans Ethik-Department weiter, woraufhin ich mich für jedes einzelne Vergehen verantworten musste, indem ich es rückgängig machte oder Wiedergutmachung leistete. Als ich das hinter mir hatte, teilte Mr. Gentry mir mit, ich würde am nächsten Tag mit der Sea Org-EPF beginnen.

Die EPF absolvierte jeder in seinem eigenen Tempo. Bei manchen dauerte es nur zwei, drei Wochen, bei anderen Monate. Es hing davon ab, wie lange man für die Durchleuchtung seiner Lebensgeschichte, für verschiedene Security-Checks und die erforderlichen Kurse brauchte. Die Kurse hatten alle etwas mit der Geschichte, dem Aufbau und dem Verhaltenskodex der Sea Org zu tun. Es gab Kurse wie *Willkommen in der Sea Org, Einführung in scientologische Ethik, Persönliche Pflege* und *Grundsätzliche Ziele eines Sea Org-Mitglieds*. Wir hörten uns auch verschiedene Aufnahmen von LRH an und lernten dabei, was die Ziele und Verhaltensweisen eines Sea Org-Mitglieds waren: »Der eigentliche Daseinsgrund der Sea Org ist, auf diesem Planeten und in diesem Universum *in-ethics* zu sein.«

Für die EPF musste ich in ein anderes Wohnheim in der Hacienda ziehen und mir das Quartier mit zwölf weiteren Mädchen teilen, die ebenfalls gerade in der Sea Org anfingen. Jeden Morgen wurden wir früh geweckt, zogen unsere Uniform aus blauen Shorts, blauen T-Shirts und Boots an und mussten uns militärischen Drillübungen unterziehen. Aber das machte mir nichts aus, weil ich das schon von der Ranch her kannte.

Als Nächstes fuhren wir mit dem Bus in die Flag, wo wir die verschiedenen Restaurants und Hotelzimmer im Fort Harrison und dem *Hubbard Guidance Center* putzen mussten. Dort bekamen öffentliche Scientologen ihr Auditing. Unsere Frühstückspause dauerte fünfzehn Minuten, dann mussten wir den ganzen Speisesaal putzen, in dem Hunderte von Mitarbeitern und Öffentlichen vor uns gegessen hatten. Wenn wir damit fertig waren, folgte die Studierzeit, und danach mussten wir wieder putzen, von den Treppen über die Küchen bis zu allen öffentlichen Räumen, bei denen es nötig war.

Mit mir waren noch etwa zwanzig andere in der EPF, und keiner von uns war älter als achtzehn. Ein kleiner Junge war sogar erst neun. Er war mit seiner Mutter zur Flag gekommen, um seinen Dienst anzutreten. Genau wie jeder andere in der EPF wollte er in die Sea Org eintreten. Es gab immer eine riesige Fluktuation, und jede Woche wurde mindestens einer neu rekrutiert.

Unser Lehrmeister Dave Englehart war eher ein Drillsergeant. Er war ein altgedientes Sea Org-Mitglied und hatte noch mit LRH zusammengearbeitet. Er galt als hart, skrupellos und leicht verrückt und wurde seinem Ruf in jeder Hinsicht gerecht. Damit wir alle Erfahrungen eines Sea Org-Mitglieds machten, fuhr er mit uns in einem Segelboot hinaus, aber statt uns das Segeln beizubringen, brüllte er nur hier und da ein Kommando und wurde dann wütend, wenn wir nicht wussten, wie wir das Boot manövrieren sollten. Beim Appell schnüffelte er und sagte: »Irgendjemand stinkt hier!« Wenn wir uns dann verblüfft ansahen, geriet er in Rage und schrie: »Was ist das für ein Gestank?« Einmal bückte er sich und zog einen russischen Jungen am Fuß, sodass er hinfiel. »Du bist das, du verdammtes Schwein!«, brüllte er dann. »Wasch dir deine verdammten Füße, und erscheine nie, nie wieder mit stinkenden Füßen beim Appell!«

Obwohl ich erst dreizehn war, musste ich ein Formular zur »Lebensgeschichte« ausfüllen, in dem viele persönliche Fragen gestellt wurden, die man zum großen Teil nur als Erwachsener beantworten konnte. Ich musste meinen Namen, mein Geburtsdatum, meine Sozialversicherungsnummer, Nummern verschiedener Ausweise, Kreditkarten und Bankkonten angeben sowie das Datum, wann sie ihre Gültigkeit verloren. Außerdem musste ich die Namen aller Verwandten angeben sowie ihre Einstellung gegenüber Scientology. Ich musste eintragen, ob ich je mit einem Kritiker der Kirche in Verbindung gestanden hatte. Dann musste ich auflisten, welche scientologischen Kurse und Auditings ich bereits absolviert hatte, ob ich jemals eine Straftat begangen hatte oder im Gefängnis gewesen war, ob ich je für die Regierung oder irgendeinen Geheimdienst gearbeitet hatte, ich sollte auch jede einzelne sexuelle Erfahrung auflisten, die ich gehabt hatte, inklusive Masturbation, und angeben, ob ich je etwas Homosexuelles getan hatte, ob und welche Medikamente ich genommen hatte und noch nahm, jeden Krankenhausaufenthalt, Medikamenten- und Drogenmissbrauch, wann und wo.

Ich wusste, dass ich das Formular ausfüllen musste, konnte mir aber kaum vorstellen, warum die Kirche all diese Informationen brauchte. Das Konzept von Geständnissen erschien mir sinnvoll, aber das war keine gewöhnliche Geständnisprozedur, und was hatten meine Verwandten mit meiner Eignung zu tun? Ich war noch zu jung für eine Kreditkarte, aber wozu brauchte man diese Information? Obwohl ich nichts zu verbergen hatte, kam es mir vor, als wollte die Kirche aus reinem Selbstzweck alle Informationen, die über mich zu bekommen waren. Fast, als würde man Material ohne scientologischen Nutzen sammeln, mit dem man mich erpressen konnte. Ich fühlte mich, als würde ich ein Stück meiner selbst ausliefern. Aber ich gehorchte natürlich und redete mir ein, da ich nichts zu verbergen hatte, wäre es auch kein Problem.

Nachdem ich die EPF für die Sea Org durchlaufen hatte, musste ich die EPF absolvieren, die Zulassungsbedingung für die CMO war. Diesmal bestand meine Uniform aus einer dunkelblauen Hose mit einem weißen Poloshirt. Mein Tag begann damit, dass ich frühmorgens mit dem Bus zum WB fuhr, um die Büros der Führungskräfte zu putzen. Dabei mussten wir genau alle Schritte einhalten, die LRH für die Reinigung eines Zimmers aufgelistet hatte. Tatsächlich wurde ein Zimmer dadurch äußerst gründlich geputzt. Bei unseren morgendlichen Studien hatten wir eine Menge Grundlagenkurse wie zum Beispiel *Schlüssel zur Kompetenz*, *Grundkurs Putzen*, *Grundkurs Computer* und *Grundkurs Messengerziele*.

Bei dieser EPF wurde viel geputzt. Wir putzten die Quartiere von Führungskräften der CMO und Abgeordneten des RTC, und alles musste perfekt sein. Wir machten auch ihre Betten, wendeten ihre Laken und stellten Snacks bereit, normalerweise Obst, Käse und Cracker. Wenn man uns darum bat, wuschen wir sogar ihre Autos. Danach kümmerten wir uns um ihre Wäsche und folgten auch dort genau festgelegten Vorgaben. Wir mussten ihre Kleider stärken und bügeln, durften aber keinerlei Bügelfalten hinterlassen. Wir bügelten ihre Hosen, putzten ihre

Schuhe und räumten sie ein, sodass sie griffbereit waren. Alles, was in Kommoden kam, wurde vor dem Einräumen makellos gefaltet. Um unsere EPF bei der CMO abzuschließen, wurden wir sowohl im Putzen als auch beim Waschen, Bügeln und Einräumen der Wäsche geprüft. Die Führungskräfte bekamen Formulare, in denen unsere Fähigkeiten benotet werden mussten.

In der Waschküche standen etwa zwanzig Waschmaschinen und Trockner für die über tausend Mitarbeiter der Flag. Zwei Waschmaschinen und Trockner waren nur für die Führungskräfte gedacht und durften von niemandem sonst benutzt werden, selbst wenn sie leerstanden. Die anderen Mitarbeiter durften sich nur Freitagabend und Samstagmorgen um ihre Wäsche kümmern, was hieß, dass es immer riesige Schlangen gab und viele schon gegen vier Uhr morgens aufstanden, um überhaupt eine freie Maschine zu bekommen. Die Führungskräfte bekamen Hemden ganz nach Bedarf, die normalen Mitarbeiter hatten jedoch nur eines oder zwei, was hieß, dass sie sie täglich mit der Hand waschen und bügeln mussten.

Meine Freundin Luisa und ich arbeiteten häufig mit Charlie zusammen, dem neunjährigen Jungen, der jetzt ebenfalls die EPF der CMO absolvierte. Charlie war ein ziemlicher Faulenzer, auf den man ständig aufpassen musste. Er hatte die unheilvolle Tendenz, beim Putzen eines Quartiers für mehr Schaden als Nutzen zu sorgen. Einmal bekamen wir alle Ärger, weil er schmutziges Geschirr in den Ofen geschoben hatte, anstatt es zu spülen. Dort wurde es erst ein paar Tage später vom Bewohner des Quartiers gefunden. Obwohl unser neunjähriger Faulpelz dafür verantwortlich war, wurden wir alle angeschrien.

Zwar war Charlie eine Nervensäge, aber rückblickend erkenne ich, dass er eigentlich nur ein vernachlässigter kleiner Junge war. Er war häufig überfordert, und zwar in allem, was er tat. Seine Haare waren immer ungekämmt, und nie wusch er seine Kleider, wahrscheinlich, weil er nicht wusste, wie, daher hatte er riesige Flecken auf seiner Uniform. Als ihm einmal von einem Vorgesetzten befohlen wurde, sein Hemd zu waschen, fanden wir ihn fünf Minuten später im Badezimmer, wo er versuchte, sein Hemd in die Toilette zu tauchen.

Obwohl wir Verständnis für seine Lage hatten, brachte er einen mit seinem ungewöhnlichen Verhalten leicht auf die Palme; schließlich wurden auch Luisa und ich deswegen bestraft. Aber ich fand ihn nicht nur nervig, sondern auch irgendwie faszinierend. Damals erkannte ich es noch nicht, aber er war das erste Kind, dem ich begegnete, das sich wirklich wie ein Kind verhielt. Auf der Ranch gab es solche Kinder wie ihn nicht. Die Kinder dort hatten zu viel damit zu tun, sich wie kleine Erwachsene zu verhalten. Charlie zeigte mir jetzt, wie ein Kind in seinem Alter sich normalerweise verhielt. Er kam mir vollkommen verrückt vor, als wären seine Gedanken auf nie gekannte Weise verdreht. Er verhielt sich vollkommen unlogisch und missachtete ständig die Anweisungen. Noch nie hatte ich ein derart impulsives Kind getroffen, und erst jetzt erkenne ich, dass nicht er, sondern ich die Verrückte war, weil ich von ihm erwartete, dass er Befehle befolgte.

KAPITEL 17

Die »Handhabung« der Familie

Innerhalb weniger Monate hatte ich beide EPFs hinter mir und durfte wieder fünf Stunden täglich lernen und die restliche Zeit mit Olivia und Julia arbeiten. Doch gerade, als ich mich wieder in der CMO einlebte, drohten die Probleme mit meiner Familie erneut alles schwieriger zu machen.

Es fing mit meinem Bruder an. Eines Tages beim Mittagessen erzählte mir meine Freundin Jessica, die ich noch aus meiner Anfangszeit von der Ranch kannte, sie hätte meinen Bruder in der Hacienda gesehen. Ich erklärte ihr, das sei unmöglich, da Justin in Kalifornien auf der Int Base sei. Sie müsse ihn verwechselt haben. Doch sie beharrte darauf, dass er hier in der RPF sei. Offenbar hatte er genau wie meine Mutter die Regeln gebrochen und bekam dafür die Höchststrafe der Kirche.

Die RPF wohnte, aß und arbeitete getrennt von den anderen Mitarbeitern, doch hin und wieder sahen wir sie bei verschiedenen Arbeitsprojekten auf der Base. Und natürlich mussten sie dabei immer rennen. Sie wohnten in von den anderen separierten Quartieren in der Hacienda.

Ich konnte es nicht glauben, dass Justin in der RPF war. Ich hatte ihn seit meinem Umzug zur Flag im Juni 1996 nicht mehr gesehen und keine Ahnung, dass er in Schwierigkeiten war. Warum hatte mir das niemand gesagt? Später am Nachmittag kam Mr. Wilson in mein Büro und schloss die Tür hinter sich, weil er gehört hatte, dass ich mich nach Justin erkundigt hatte.

»Du hast also das mit deinem Bruder erfahren?«, fragte er.

»Nun gut, er ist in der RPF, und viel mehr darf ich nicht sagen.«

Mir kamen die Tränen. Ich fand es schwer zu ertragen, dass jetzt zwei Mitglieder meiner Familie in der RPF waren. In den Augen der Kirche wurden wir wahrscheinlich immer mehr zu einer Verbrecherfamilie, aber ich konnte nur daran denken, dass unsere Familie auseinanderbrach.

»Warum weinst du?«, fragte Mr. Wilson. Ich versuchte einen Grund zu finden, der nicht rein emotional war, aber mir fiel keine logische, entschuldbare Rechtfertigung für meine Gefühle ein. »Das ist die Sea Org, und so läuft das hier eben«, bemerkte Mr. Wilson ungerührt. »Ich selbst habe meine Schwester schon Jahre nicht mehr gesehen. Sie war Trainee beim RTC. Aber ich habe keine Ahnung, wo sie jetzt ist. Das ist kein Grund zu weinen. Ich habe auch meine Frau schon seit Jahren nicht mehr gesehen und weiß nicht, wie es ihr geht.«

»Ja, Sir«, sagte ich und versuchte, meine Fassung wiederzugewinnen. Am nächsten Tag bekam ich einen Brief von Tante Shelly, in dem sie mir erklärte, dass Justin zur RPF auf der Flag geschickt worden war. Sie entschuldigte sich im Voraus, dass mich dieser Brief vielleicht zu spät erreichen würde. Es schien ihr leidzutun, mir sagen zu müssen, dass Justin vermutlich ein Out 2D mit meiner Freundin Eva gehabt hatte. Außerdem hatte er die Int Base ohne Erlaubnis verlassen. Tante Shelly bat mich, ihm gegenüber nachsichtig zu sein, da er bereits genug durchgemacht habe.

Sobald ich wusste, dass Justin in der RPF auf der Flag war, lief er mir immer wieder über den Weg. Manchmal konnte ich ihn umarmen und kurz mit ihm reden. Manchmal schickte er mir eine Liste mit Dingen, die er brauchte, wie zum Beispiel Shampoo, und ich bemühte mich nach Kräften, ihm alles zu besorgen. Er bekam nur fünfzehn Dollar die Woche, daher konnte er sich sein Lieblingsshampoo kaum leisten. Also glich ich die Differenz mit meinen fünfundzwanzig Dollar die Woche aus. Aber auch bei mir war das Geld knapp. Nach fünf Uhr nachmittags gab es keine Mahlzeiten mehr, und wenn ich um halb elf nach Hause kam, stand ich kurz vor dem Verhungern, also kaufte ich mir in der Kantine immer Cornflakes, was sich summierte.

Mir war zu Ohren gekommen, dass mein Bruder in der RPF einen *Reinigungs-Rundown* vollziehen musste. Dahinter stand die Idee, dass man durch intensive Saunagänge Restgifte von Umwelttoxinen, Medikamenten und Drogen ausschwitzen konnte. Normalerweise nahm man zuerst eine Reihe Vitamine und Mineralien zu sich, rannte dann eine halbe Stunde und setzte sich anschließend für fünf Stunden, mit Unterbrechungen, in die Sauna. Das Ziel war, die erste Stufe auf LRHs Brücke zur vollkommenen Freiheit zu erreichen.

Angeblich war Justin frühmorgens im für den Reinigungs-Rundown vorgeschriebenen Bereich gesehen worden. Um ihn öfter sprechen zu können, wollte ich jetzt auch den Reinigungs-Rundown absolvieren, obwohl ich ihn bereits mit neun auf der Int Base hinter mich gebracht hatte. Damals mussten wir mehrere Tausend Milligramm Niacin nehmen, eine extrem hohe Dosis, die bei der Lösung der Toxine helfen sollte. Danach kamen die Vitamine und Mineralien, die die ausgeschwitzten wieder ersetzen sollten. Mit neun hatte ich natürlich keine Lust, so viele Pillen zu schlucken, daher versteckte ich sie einfach in meiner Tasche. Dann mussten wir eine Vierteltasse pflanzliches Öl trinken, hochwertiges Fett, das dabei helfen sollte, das schlechte Fett, in dem normalerweise auch die Gifte steckten, auszuschwemmen. Das war wirklich widerlich, und ich brachte es einfach nicht herunter. Am Ende gab es noch einen Cal-Mag-Drink, aber den war ich gewohnt.

Vor dem ersten Saunagang mussten wir eine halbe Stunde rennen, damit das Niacin in unseren Blutkreislauf gelangte. Da mir das viel zu anstrengend war, ging ich die meiste Zeit. Trotzdem bekam ich einen Niacinflush, der sich als roter, unangenehm juckender Ausschlag zeigte. Danach saß ich stundenlang in der Sauna. Mit mir saßen meist ältere Männer dort, denen der Schweiß nur so herunterlief, aber weil ich noch so jung war, schwitzte ich kaum. Sobald ich länger als ein paar Minuten die Sauna verließ, drängte mich ein Mitarbeiter vom Reinigungsteam wieder hinein und schimpfte, ich würde zu oft Pausen machen. Der gesamte Reinigungs-Rundown dauerte mehrere Wochen, und am Ende wollte ich nur noch, dass es aufhörte. Mein junger Körper kam einfach nicht mit so hohen Temperaturen zurecht.

Die Reinigung konnte wegen all der Vitamine und der Hitze eine echte Qual sein, aber während der stundenlangen Sitzungen in der Sauna durfte man sich mit anderen unterhalten, sein Lieblingsbuch lesen oder sogar Brettspiele spielen, was viel lustiger und aufregender war, als zu lernen. Jetzt war jedoch das Wichtigste, dass ich dabei meinen Bruder sehen konnte.

Ich versuchte, mit allen Mitteln in den Reinigungs-Rundown zu kommen. Ich gestand, dass ich bei meiner Reinigung auf der Ranch einen Großteil der Vitamine nicht genommen hatte. Ich sagte, ich wüsste nicht, ob ich die Endphenomena erreicht hätte, und erwähnte, ich hätte danach Nasenbluten gehabt, was darauf hindeutete, dass die Reinigung nicht erfolgreich gewesen war. Als mein Fallbetreuer das hörte, gestattete er mir den nächsten Schritt, und ich fing fast unverzüglich damit an.

Leider war alles vergeblich. Ich hatte den Reinigungs-Rundown nur wegen Justin noch einmal auf mich genommen, aber ein paar Tage später erfuhr ich, dass alle in der RPF ihren Reinigungs-Rundown nachts vollziehen mussten. Der Schuss war nach hinten losgegangen, und wie beim ersten Mal fand ich die Sauna viel zu heiß. Ich machte häufig Pause oder legte mich auf den Boden, wo es kühler war. Das Schlimmste jedoch war die halbe Stunde Rennen vor der Sauna. Glücklicherweise war Lisa Marie Presley zur gleichen Zeit im Reinigungs-Rundown, daher wurde meine Laufzeit oft abgekürzt. Denn wenn sie im Fitness-Studio war, durfte niemand sonst dort sein. Sie rannte auf dem Laufband und hörte dabei Madonna.

Ich hatte Lisa Marie zwar noch nie zuvor gesehen, wusste aber wie die meisten Scientologen, dass sie Mitglied der Kirche war. Sie erschien in vielen scientologischen Werbefilmen, und einige ihrer Projekte wurden bei kirchlichen Events angekündigt. Das Celebrity Center gab sogar eine Zeitschrift heraus, in der oft Erfolgsstorys und Glaubensbekenntnisse von Prominenten abgedruckt wurden. Jeder Prominente hatte einen Decknamen, der auf ihren Preclear-Akten stand, damit ihre Privatsphäre geschützt blieb. Lisa Marie hieß »Norma« oder »Norma Darling«. Ich nahm an, die Decknamen sollten verhindern, dass jemand herumschnüffelte oder die Akten in falsche Hände gerieten.

Im Reinigungs-Rundown hatte Lisa Marie eine Sauna für sich allein, während sich fünf oder sechs Personen die andere teilen mussten. Manchmal sah ich sie auf dem Flur oder beim Betreten oder Verlassen der Sauna. Sie war schüchtern, aber freundlich. Sie hatte irgendwo meinen Namen gesehen und fragte mich, ob ich etwas mit David Miscavige zu tun hätte. Ich erzählte ihr, ich sei seine Nichte. Von da an grüßte sie mich immer.

Als ich eines Nachmittags mit meinen Saunagängen fertig war, kam Anne Rathbun zu mir, die mittlerweile die leitende Abgeordnete des RTC war. Sie erzählte mir, dass mein Bruder die Sea Org verlassen wollte, und bat mich, ihm das auszureden. Ich erklärte mich bereit, Justin in den Sicherheitsbüros zu treffen, die sich in der Garage des Fort Harrison Hotels befanden. Es waren kleine Räume mit Überwachungskameras, die alles aufzeichneten, was besprochen wurde.

Von Anfang an fühlte ich mich unbehaglich. Ich versuchte, Justin zum Bleiben zu überreden, fand es aber sehr unangenehm zu wissen, dass alles, was wir besprachen, aufgezeichnet wurde. Ich hatte ihn seit fast zwei Jahren nicht mehr gesehen und wollte einfach nur normal mit ihm reden. Doch wenn wir uns in einem dieser Räume befanden (und sogar, wenn wir davorstanden), weigerte Justin sich schlichtweg, mit mir über die Sea Org zu sprechen. Er wusste genau wie ich, dass wir gefilmt wurden. Ich merkte, dass er wirklich verstört war, weil er normalerweise immer eine fröhliche Miene aufsetzte. Aber diesmal nicht.

Es verwirrte mich auch, dass er plötzlich Justin Tompkins genannt werden sollte und nicht mehr Justin Miscavige. Mein Dad hatte meine Mom geheiratet, als Justin zwei war, und von da an war auch sein Nachname Miscavige gewesen. Ich fragte Mr. Rathbun nach dem Grund, und sie meinte, es wäre wegen der PR: Es sollte niemand in der Church erfahren, dass ein Miscavige in der RPF war oder sogar gehen wollte. Mr. Rathbun verbot mir auch, mit irgendjemandem über Justin zu sprechen.

Alles wurde nur noch schlimmer, als ich von Mr. Rodriguez, der Auditorin meines Bruders beim RTC, erfuhr, dass Justin als *List One Rock Slammer* eingestuft worden war. Das bedeutete, seine Nadel hatte in einer Sitzung, als er über Scientology sprach, wild ausgeschlagen. Dieser fast unkontrollierbare Ausschlag war ein Zeichen für böse Hintergedanken beim angesprochenen Thema – was in Justins Fall Scientology selbst war. LRH hatte gesagt, dass List One Rock Slammers in ihrer gesamten Vergangenheit, Leben für Leben, nichts Gutes vollbracht, sondern nur Leid bei den Menschen bewirkt hätten. Dann zeigte mir Mr. Rodriguez LRHs Schreiben über List One Rock Slammers. Eine meiner Freundinnen war nur wegen eines einzigen wilden Ausschlags in die RPF geschickt worden. Als ich Mr. Rodriguez erklärte, ich glaubte nicht, dass Justin ein Rock Slammer sei, antwortete sie, es sei alles auf Video aufgezeichnet worden.

Als ich das nächste Mal meinen Bruder traf, schien ihm seine Einstufung wirklich sehr zuzusetzen. Um ihn zu trösten, sagte ich, ich glaubte nicht, dass er ein Rock Slammer sei. Allerdings war mittlerweile klar, dass ich ihn nicht zum Bleiben überreden konnte. Mr. Rathbun erklärte also schließlich, ich dürfe nicht mehr mit Justin sprechen, da es nicht funktioniere und es außerdem verboten sei, über Austritte aus der Sea Org oder aus der Church zu sprechen.

Ich war enttäuscht, dass ich Justin und der Church nicht besser helfen konnte, andererseits erkannte etwas in mir langsam, dass all das möglicherweise aus gutem Grund geschah. Zwar hätte ich es nie gegenüber irgendjemandem zugegeben, doch nach und nach dämmerte mir, dass Justin vielleicht nur dann wirklich glücklich werden konnte, wenn er austrat, was er offenbar schon seit langer Zeit wollte. Bis dahin hatte ich, wenn davon die Rede war, nie in Betracht gezogen, was für ihn das Beste war, sondern nur, was das Beste für die Church war. Aber als ich mir seine Gründe und Gedanken dazu anhörte, konnte ich verstehen, warum er über einen Austritt nachdachte.

Ein paar Wochen später wurde ich nachmittags aus der Sauna gerufen und direkt zum WB beordert. Zuerst protestierte ich, weil man das Minimum von fünf Stunden Sauna nicht unterschreiten durfte. Aber mir wurde gesagt, ich müsse unbedingt dorthin, weil jemand Wichtiges mich sprechen wolle. Also zog ich meine Uniform an und fuhr mit einem der Shuttle-Busse zum WB.

Ich wusste nicht, ob ich beunruhigt sein sollte oder nicht. Im WB führte man mich zu einem der oberen Auditing-Räume am Ende des Flurs. Zu meiner Überraschung kam der Inspector General RTC Marty Rathbun persönlich herein. Er war der zweitmächtigste Mann der Church of Scientology und einer der wenigen Mitarbeiter meines Onkels, die ich noch nicht kennengelernt hatte. Daher wusste ich nicht, was mich erwartete.

»Hi, Jenna«, sagte er, lächelte kurz und stellte sich vor. »Hast du im letzten Jahr irgendetwas von deiner Mutter gehört?«

»Nein, Sir«, sagte ich, was auch der Wahrheit entsprach. Ich hatte keine Ahnung, was sie gerade machte, da ich weder Anrufe noch Briefe noch Berichte aus zweiter Hand bekommen hatte, nicht mal von meinem Vater. Dad schrieb mir mehrmals die Woche, erwähnte sie aber nie. Er bestand auch darauf, dass ich ihn anrief, und hatte mir sogar eine Telefonkarte geschickt, weil ich von den Apparaten der CMO keine Auswärtstelefonate führen konnte. Wann immer ich nach ihr fragte, sagte er nur, er wisse nichts und nehme an, dass sie ihr Programm absolviere. Leider hatte Mr. Rathbun nur noch mehr schlechte Neuigkeiten für mich.

»Deine Mom wird als Antisoziale Person deklariert werden«, sagte er betont sachlich. »Sie will die Sea Org verlassen. Sie hat sich bereits mehrere Male unerlaubt entfernt, missachtet immer noch die Regeln und hat jetzt sogar angefangen, lächerliche Vorwürfe gegen die Church zu erheben. Ich habe mein Bestmögliches getan, doch jetzt werden wir sie wahrscheinlich ziehen lassen.« Er verstummte kurz, damit ich die Nachricht aufnehmen konnte, dann fuhr er fort: »Aber bevor sie geht, sollst du sie besuchen, damit sie nachher nicht die Kirche verklagen und behaupten kann, wir hätten verhindert, dass sie ihre Tochter sieht.«

Das war es also. Ich saß mit unbewegter Miene da, aber in mir brach eine Welt zusammen. Die Vorstellung, dass meine Mom die Church verließ, war schon schlimm genug, aber dass es so kurz nach Justins Austrittsverkündigung kam, war einfach zu viel für mich. Nie hätte ich gedacht, dass ein Mitglied meiner Familie als Antisoziale Person deklariert werden könnte, und jetzt sollten es gleich zwei sein? Die Aussicht, dass meine ohnehin gefährdete Familie ganz auseinanderzubrechen drohte, war mehr als erschreckend. Aber ich schaffte es, Haltung zu bewahren.

»Mr. Rathbun, wenn ich sie besuchen dürfte, könnte ich sie sicher dazu bewegen zu bleiben.« Ich riss mich nicht gerade um die Aufgabe, wusste aber, es war meine Pflicht, es wenigstens zu versuchen. Nach dem, was Mr. Rathbun mir gesagt hatte, schien es mir möglich, dass meine Entscheidung, nicht mit ihr zu reden, vielleicht zu ihrem Entschluss beigetragen hatte. Schließlich hatte sie offenbar Fotos von mir haben wollen. Eigentlich wollte ich nicht den Mittler spielen, im Grunde wollte ich mit alldem überhaupt nichts zu tun haben, doch ich war überzeugt, sie zum Bleiben überreden zu können. Und wenn sie wirklich die Kirche verließ, wollte ich sie noch einmal sehen, bevor es zu spät war.

»Tatsächlich?«, fragte er, als würde er darüber nachdenken. »Dann schauen wir mal, was passiert.«

Und dann erklärte er mir, wir würden noch am selben Abend gemeinsam nach L. A. fliegen. Wir flogen sogar erster Klasse, und Ray Mithoff, eine weitere wichtige Führungskraft der Church, begleitete uns. Ich konnte kaum glauben, dass ich mit diesen beiden bedeutenden Männern in der ersten Klasse sitzen sollte, wo doch meine Füße kaum den Boden berühren konnten. Daher ließ ich mich in meinem breiten, weichen Sitz weit nach vorne gleiten und setzte die Füße fest auf dem Boden auf, während ich daran dachte, dass ich noch ein paar Stunden zuvor meiner Alltagsroutine auf der Flag gefolgt war und jetzt quer durchs Land flog, um meine Mom zu sehen. Ich hoffte aufrichtig, mein Versprechen einlösen zu können, war aber nervös, weil ich nicht wusste, was dabei herauskommen würde. Die Verantwortung, die ich für meine Familienmitglieder übernommen hatte, lastete schwer auf mir, und ich fragte mich, wie wohl die Konsequenzen aussähen, wenn ich versagen würde. Ich war erst vierzehn, musste aber meinen Bruder zum Bleiben überreden, auf die Briefe meines Vaters antworten, der mir seit Moms Verschwinden manchmal ziemlich bedürftig und anhänglich vorkam, und reiste jetzt nach Kalifornien, um meine Mom davon abzuhalten, die Church zu verlassen.

Nach unserer Landung fuhren wir zur Int Base, wo ich meine Mutter treffen sollte. Mr. Rathbun bat mich, in Gebäude 36 in einem Zimmer zu warten, während er alles Notwendige arrangierte. Etwa eine halbe Stunde später kam er zu mir.

»Sie wartet im Nebenzimmer«, sagte er. Ich stand langsam auf, weil mir vor dem, was jetzt kam, ziemlich graute. »Du weißt ja, Jenna, dass ich eigentlich dabei sein sollte, wenn du mit ihr sprichst. Soll ich mich an eurem Gespräch beteiligen, oder ist es dir lieber, wenn ich mich im Hintergrund halte?«

Ich sah ihn an und dachte über sein Angebot nach. Ehrlich gesagt, wollte ich ihn überhaupt nirgendwo haben, denn ich hatte nicht die geringste Lust auf ein Gespräch mit meiner Mom und noch weniger auf einen Aufpasser. Ich wollte nicht mit ihr über das heikle Thema sprechen, aber ich fühlte mich dazu verpflichtet.

»Ehrlich gesagt, Mr. Rathbun, würde ich am liebsten allein hineingehen.«

Meine Antwort schien ihn zu überraschen, aber er nickte zustimmend.

»Ist gut, Jenna, wenn du das willst, dann erlaube ich es.«

Als die Tür aufschwang, sah ich zum ersten Mal seit über einem Jahr meine Mutter. Sie war dünn und wirkte abgezehrt, hatte gebräunte Haut und ausgeblichene Haare, so als hätte sie viel im Freien gearbeitet. Als ich ins Zimmer trat, stand sie auf und brach in Tränen aus. Erst da bemerkte ich, wie sehr sie mir gefehlt hatte. Plötzlich fühlte ich mich schrecklich, ich hätte mich mehr bemühen müssen, etwas von ihr zu erfahren, hatte einfach missachtet, wie dringend sie mit mir sprechen wollte. Ich hatte nicht einmal daran gedacht, was das für ihren eigenen Heilungsprozess bedeuten würde. Wir umarmten uns und ließen uns lange Zeit nicht los. Da sie nichts sagte, fing ich an:

»Hör mal, Mom«, sagte ich stockend, »ich möchte nicht, dass du dich schlecht fühlst.« Ich versuchte, Wörter wie Out 2D zu umschiffen, weil ich wirklich nicht darüber sprechen wollte. »Ich glaube nicht, dass das hilfreich wäre, und deshalb bin ich auch nicht gekommen. Ich möchte nur, dass du darüber nachdenkst, warum das alles passiert ist. Dann löse es, damit du weitermachen kannst.«

»Ich habe so viel Schlimmes getan. Ich hab das Gefühl, ich könnte es nie wiedergutmachen«, stammelte sie unter Tränen. Es überraschte mich, das zu hören, hatte mir Mr. Rathbun doch ein paar Stunden zuvor noch erzählt, sie sei unkooperativ. Es setzte mir sehr zu, diese starke Frau, die ich mein ganzes Leben respektiert und bewundert hatte, so aufgewühlt zu sehen, aber ich gab mir Mühe, die Fassung zu bewahren.

»Mom, vergiss nie, dass du ein guter Mensch bist, ganz gleich, was andere sagen, tun oder dir unterstellen. LRH hätte seine ganze Technologie nicht hierhergebracht, um Menschen zu helfen, wenn sie es nicht verdienen würden. Jeder, der dir das Gefühl gibt, schuldig oder wertlos zu sein, ist selbst schuldig und wertlos.« Meine Mom unterdrückte mühsam ihr Schluchzen, sodass ich fortfahren konnte: »Wenn du dein Programm absolvierst, können wir wieder zusammen sein.«

»Ja, das würde ich gerne«, sagte sie und nickte, als wäre sie einverstanden. »Ich würde sehr gerne wieder mit dir in Verbindung sein. Das würde mir helfen, wenn es schwierig wird.«

»Mom, natürlich werde ich dir schreiben«, sagte ich, damit sie etwas hatte, worauf sie sich freuen konnte. »Ich schicke dir auch alles, was du brauchst. Du musst es mich einfach nur wissen lassen.«

Als ich das sagte, lächelte sie. Uns beiden entging nicht, dass wir die Rollen getauscht hatten. War es wirklich so verwerflich oder unnatürlich, dass sie nach jahrelanger Trennung von ihrem Mann, meinem Vater, Einsamkeit verspürt und Trost bei einem anderen gesucht hatte? Es waren die besten Voraussetzungen für ein Out 2D gewesen. Trotz ihres Fehlers hatte sie ihr ganzes Leben der Church gewidmet, hart gearbeitet und so viele persönliche Opfer gebracht, dass ich nicht einsah, wie ein einziger Fehltritt all das zunichtemachen konnte. So viel hatte sie für die Kirche aufgegeben, da kam mir die Strafe, obwohl sie zu erwarten und regelgerecht war, ziemlich erbarmungslos vor.

»Wie geht es Justin?«, fragte Mom und wechselte damit das Thema. Als ich ihr mitteilte, was los war und dass er wahrscheinlich austreten würde, wirkte sie nicht überrascht. »Vielleicht wird er so glücklicher«, sagte sie und klang ein bisschen hoffnungsvoller. »Er wollte schon lange gehen.«

»Ja, wahrscheinlich«, bestätigte ich.

Danach umarmten wir uns noch einmal lange und verabschiedeten uns voneinander.

Mr. Rathbun wartete im Nebenzimmer auf mich. Er sah mich erwartungsvoll an und winkte mich herein. Als ich ihm eröffnete, dass meine Mom jetzt ihr Programm absolvieren würde, wirkte er geschockt.

»Im Ernst?«, fragte er verblüfft.

»Ja«, sagte ich.

Trotz des Schocks schien er sich aufrichtig über Moms Entscheidung zu freuen. Er ging zu ihr, um persönlich mit ihr zu sprechen. Als er zurückkam, sagte er, er könne nicht fassen, dass ich das ganze Problem für ihn gelöst hätte. Er war einfach sprachlos.

Am nächsten Morgen suchte mich Mr. Rathbun erneut auf. Er sagte, er halte mich für einen so guten Ethik-Offizier, dass er mich nun bitten würde, mit meinem Vater zu sprechen, da er seit Moms Out 2D nicht mehr so gut seiner Arbeit nachkommen würde. Ich war mir nicht sicher, ob er mich richtig beurteilte, würde es aber gerne versuchen.

Doch meine Unterhaltung mit Dad war ziemlich unangenehm. Als ich ihn fragte, wie es ihm gehe, sagte er, es sei ihm schon mal besser gegangen. Ich sprach ähnlich mit ihm wie mit Mom, sagte, ich würde an ihn glauben, er sei ein fähiger Mensch und würde es schaffen, sich zusammenzureißen. Er freute sich, mich zu sehen, war aber weder an meiner Meinung noch an meinem Rat interessiert. Er war verschlossen und wollte über das ganze Thema nicht sprechen, was in gewisser Hinsicht verständlich war. Offenbar war ich als Ethik-Offizier doch nicht so gut, wie Mr. Rathbun gedacht hatte.

KAPITEL 18

Erste Fragen

Mit zwiespältigen Gefühlen kehrte ich in die Flag zurück. Einerseits war ich stolz darauf, Mom zum Bleiben überredet zu haben, andererseits bereitete es mir Sorgen, dass ich mich nicht mehr um Dad gekümmert hatte. Kaum hatte ich Zeit, in mein Alltagsleben zurückzufinden, da traf die Nachricht ein, vor der ich mich gefürchtet hatte: Ein Familienmitglied verließ die Church. Doch es war nicht Mom, es war Justin.

Nach allem, was ich mit ihm erlebt hatte, überraschte mich sein Schritt nicht wirklich. Diese Reaktion zeigt vielleicht am besten, wie sehr ich mich in so einer kurzen Zeit bereits verändert hatte. Ich erinnerte mich noch gut an den Schock, den zuvor allein die Information von Taryn, Justin würde in Erwägung ziehen, die Sea Org zu verlassen, bei mir ausgelöst hatte. Ich wusste noch, wie nervös mich allein die Vorstellung gemacht hatte, den Gedanken eines Austritts auch nur offen ausgesprochen zu hören. Damals war die Vorstellung, ein Familienmitglied könnte nicht in der Church sein, nahezu undenkbar gewesen. Inzwischen konnte ich seinen Entschluss nicht nur begreifen, er schien mir sogar vernünftig.

Mein Verständnis für seine Entscheidung machte den Abschied jedoch kein bisschen leichter. Mein ganzes Leben verabschiedete ich mich von anderen – von Freunden, meinen Eltern. Oft verschwanden die Menschen aus meinem Leben, wenn ich sie gerade näher kennengelernt hatte. Aber bei diesen Menschen wusste ich zumindest, dass sie in der Church bleiben würden und ich ihnen auf meinem Lebensweg wieder begegnen würde. Doch als ich nun erlebte, wie Justin sich auf seinen einsamen Weg in die Wog-Welt vorbereitete, konnte ich diese Hoffnung nicht haben. Ich wusste zwar nicht, ob er zur SP erklärt würde, aber die Wahrscheinlichkeit war hoch. Im Regelfall wurde jeder aus der Int, der die Sea Org verließ, als SP deklariert, und genau dort war er vor seiner Zeit im RPF stationiert gewesen. Mir war bewusst, dass wir womöglich nie wieder miteinander reden würden.

Noch dazu spielte mein anderer Bruder, Sterling, keine große Rolle in meinem Leben, ja, ich wusste nicht einmal, ob er vom Austritt seines eigenen Zwillingsbruders erfahren hatte. Sterling besaß einen Posten im Int, und wir hatten eigentlich nur selten Kontakt. Unser Verhältnis war schon früher nicht sonderlich eng gewesen, und in den letzten Jahren, vor meiner Überstellung in die Flag, hatte Sterling sich ganz auf die Hierarchie in der Church und seine eigene Stellung konzentriert. Bei ihm konnte ich ganz sicher keinen Trost suchen.

Schließlich wurde mir mitgeteilt, dass es Zeit wurde, sich von Justin zu verabschieden. Ich ging zu seinem Quartier in der Hacienda und war vom ersten Augenblick an verblüfft, wie glücklich er wirkte. Obwohl ich selbst traurig war, erleichterte mich sein lächelndes Gesicht enorm. Ich gab ihm meinen Discman und eine Zeitschrift, die er sich von mir hatte ausleihen wollen. Er versuchte nicht einmal, mich zu überreden, seinem Schritt zu folgen. Was er tat, war in seinen Augen keineswegs für jeden das Richtige. Er wusste lediglich, dass es für ihn das Richtige war.

Wir plauderten ein wenig, dann umarmte er mich ein letztes Mal, und ich ging. Mit knapper Not schaffte ich es nach draußen, bevor ich in Tränen ausbrach. Natürlich schmerzte es mich, meinen Bruder zu verlieren, aber meine Gefühle waren noch deutlich vielschichtiger. Meine Familie schrumpfte beständig. Justin hatte in meinem Leben einen größeren Raum eingenommen als meine Eltern. Auf der Ranch war ich jeden Tag mit ihm zusammen gewesen, was für meine Eltern mehr als ein Jahrzehnt lang nicht gegolten hatte.

Jetzt, da ich ihn sah, wie er die Flag Base für immer verließ, und zugleich wusste, in welchen Schwierigkeiten Mom und er gesteckt hatten, begriff ich plötzlich, dass die von mir geliebten Menschen mich hier womöglich allein zurückließen, dass ich eines Tages die Letzte hier sein könnte, die übrig blieb – die letzte Gläubige von allen.

Anfang 1999, unmittelbar nach meinem fünfzehnten Geburtstag, feierte die Church die Wiederauflage des *Volume Zero* von LRHs achtbändigem *Organization Executive Course*. Das Buch wurde mit großem Wirbel begrüßt, was allerdings auch bedeutete, dass jeder Mitarbeiter es kaufen, lesen und eine beiliegende Checkliste ausfüllen musste. Der Preis betrug achtzig Dollar und damit das Vielfache eines Wochenlohns. Ich bezog mit fünfundzwanzig Dollar nur ein halbes Gehalt und musste manchmal drei Wochen ohne jede Bezahlung zurechtkommen.

Wenn ich ein wenig Geld hatte, wollte ich mir Essen davon kaufen, kein Buch für achtzig Dollar. Man ermahnte uns, *Volume Zero* auch nicht auszuleihen oder mit anderen zu teilen, da jeder von uns eine eigene Ausgabe besitzen sollte. Wahrscheinlich wollte man die Verkaufszahlen in die Höhe treiben. Ich gehörte auf dem Stützpunkt zu den Letzten, die sich das Buch besorgten, und musste glücklicherweise nicht dafür bezahlen. Zu meiner großen Erleichterung schickte mein Vater mir das Werbeexemplar, das er aufgrund seines Postens bekommen hatte.

Da ich kurz zuvor in einem Kurs den Umgang mit dem

E-Meter gelernt hatte, konnte ich mich ganz dem Studium von *Volume Zero* widmen. *Basic Staff Hat* war schrecklich und achthundert Seiten lang. Einmal studierte ich gemeinsam mit meiner Freundin Marcella in den allgemeinen Kursräumen des Coachman Building den Text. Ich begann einen Abschnitt zu lesen, der sich *The Structure of Organization: What Is Policy?* nannte. Es handelte sich um ein elfseitiges Grundsatzschreiben bestehend aus siebenhundert Wörter starken Paragrafen, von denen ich als Fünfzehnjährige nicht das Geringste verstand. Im typischen LRH-Stil wimmelte es von vielsilbigen Wortungetümen und Bezügen auf irgendwelche obskuren Dinge und Personen aus den Vierziger bis Sechziger Jahren. Endlos wurde ausgeführt, warum gewisse Leute namens King, Nimitz und Short komplette Idioten waren, die Pearl Harbor erst ermöglicht hatten. Hochkonzentriert hätte ich vielleicht noch ein wenig davon verstanden, aber es war so langweilig und umständlich geschrieben, dass ich ständig den Faden verlor.

Marcella und ich machten einen Abstecher in die Bibliothek, um in den riesigen Wörterbüchern dort nach der richtigen Bedeutung eines der Wörter zu suchen. Bei unserer Rückkehr saß ein Junge in unserem Alter neben unseren Plätzen und hatte meine Brille auf der Nase.

»Entschuldige mal, das ist meine Brille!«

»Oh, tatsächlich«, erwiderte er grinsend. »Das tut mir aber leid.«

Leid tat es ihm offenbar keineswegs, denn er behielt sie auf und ließ sie auf der Nase tanzen. Seine großspurige Art überraschte mich. Meist fürchteten sich die Leute vor CMO-Mitgliedern oder begegneten uns zumindest sehr zurückhaltend.

»Na, wie läuft's?«, fragte er und sah mir offen ins Gesicht. »Welchen Kurs macht ihr denn gerade?«

Ich blickte mich um, ob jemand hinter mir stand, aber offensichtlich sprach er mit mir, obwohl Unterhaltungen im Kursraum eigentlich nicht erlaubt waren.

»Wir sind bei *Vol Zero*, Martino«, erwiderte Marcella an meiner Stelle. Ihr Ton war herablassend, aber auf eine vertraute Art. Sie war mit Martino zusammen in der Flag Cadet Org aufgewachsen, die im ehemaligen Quality Inn am Highway U.S. 19 untergebracht war. Anders als auf der Ranch durften Sea Org-Mitglieder auf der Flag die Nächte gemeinsam mit ihren Kindern verbringen. Ein Bus-Shuttle brachte sie von und zur Base. Ein paar der Motelzimmer waren zu Kursräumen umfunktioniert worden, damit die Kadetten ihren Unterricht abhalten konnten. Einmal die Woche, normalerweise sonntags, fuhren minderjährige Sea Org-Mitglieder mit dem Bus zum Unterricht hinaus und kehrten am selben Abend um halb elf auf die Hacienda zurück.

Martinos Gehabe hätte mich fast dazu gebracht, meine Sachen zu packen und zu verschwinden, aber neben ihm saß Tyler, ein Junge, den ich nett fand, also blieb ich. Den restlichen Vormittag waren Marcella und ich ihrem albernen Herumgekasper ausgeliefert. Beim Clearing von Wörtern bauten sie ständig unsere Namen in ihre Sätze ein. Den Supervisor nannten sie »Sarge«, obwohl sein richtiger Name Sergio war. Den ganzen Vormittag tauschten sie untereinander meine Brille, mit der sie uns dann nachäfften. Sosehr wir sie auch zu ignorieren versuchten, lachen mussten Marcella und ich doch über sie.

In den folgenden Wochen ging ich mit meiner Freundin Cece in den Kursraum. Wir hatten uns angefreundet, als sie mit mir in der CMO war, aber später war sie wegen irgendwelcher Dummheiten, die sie gemacht hatte, zur Cadet Org degradiert worden. Eigentlich war es CMO-Angehörigen zwar verboten, mit Kadetten oder anderen Sea Org-Mitgliedern zu tun zu haben, da wir genau genommen aber nur gemeinsam studierten, bekam ich deswegen keine Schwierigkeiten. Als ich bei einer Einheit nicht weiterkam und ich den Supervisor bat, mir jemanden zum Wort-Clearing zu nennen, verwies er mich an Martino. Zuerst zögerte ich. Ich hielt Martino für einen Spinner, aber wenigstens war er ein Kadett und keiner der öffentlichen Scientologen, mit denen es meistens noch unangenehmer war zu arbeiten.

Wir gingen in den Ausbildungsraum und setzten uns einander gegenüber. Martino stellte mir die standardmäßige Eröffnungsfrage für jedes Arbeitsblatt: »Wie buchstabierst du deinen Namen?« Sobald ich ihm geantwortet hatte, stellte er auch schon seine zweite Frage – und die entsprach nicht dem üblichen Muster: »Wann triffst du deine Eltern?«

Ich war ein wenig verwirrt, da er die Frage eindeutig wegen meines Nachnamens Miscavige gestellt hatte. Noch nie war ich von jemandem so etwas gefragt worden. Ich hätte ihm nicht antworten müssen, aber ich hatte Lust dazu.

»Ich treffe sie immer, wenn sie nach Clearwater kommen«, erklärte ich offen und ehrlich. »Im letzten Jahr war mein Dad einmal hier, und da hab ich ihn ein paar Minuten gesehen.«

Martinos Gesichtsausdruck wandelte sich von amüsiert zu fassungslos. »Sekunde, du siehst deine Eltern also höchstens einmal im Jahr?«

»Mm-hm, genau«, sagte ich und hatte irgendwie das Gefühl, erklären zu müssen, warum das nicht so schlimm war, wie es klang.

»Aber du bist doch noch ein Kind.«

»Nein, ich bin ein Sea Org-Mitglied, und so ist es nun einmal.«

»Du bist ein Sea Org-Mitglied«, sagte er höhnisch. »Was soll das schon heißen? Du bist ein Kind. Wie alt bist du?«

Ich sagte ihm, dass ich fünfzehn sei, und er sprach weiter:

»Ja, fünfzehn, genau wie ich. Bloß weil du in der Sea Org bist und so eine schicke CMO-Uniform trägst …« Er streckte seine Brust wichtigtuerisch heraus, um seine Bemerkung zu unterstreichen, und ich musste lachen. Unbeeindruckt fuhr er fort: »Im Ernst, ich würde sterben, wenn ich meine Mom nicht sehen dürfte«, sagte er leise und sah mich erwartungsvoll an.

»Ich weiß nicht, ich finde nur … wir sind Thetane«, fügte ich zögernd hinzu, »… und Thetane können nicht wirklich die Eltern eines anderen Thetans sein. Daher ist Familie nichts wirklich Echtes oder nicht so ungeheuer wichtig.« Ich wiederholte, was Tante Shelly mir vor vielen Monaten in ihrem Büro erzählt hatte, als ich von einem Besuch bei meiner Mutter zurückgekommen war.

»Ja, aber vermisst du deine Mutter denn überhaupt nicht?«

Er klang aufrichtig besorgt, und das rührte mich fast zu Tränen. Noch am selben Tag hatte mich Mr. Anne Rathbun in ihr Büro gerufen und mir einen bereits geöffneten Brief meiner Mutter gezeigt. In dem Brief berichtete mir Mom, die noch immer im RPF steckte, wie erfolgreich sie ihr Programm bewältigte. Lang und breit erzählte sie von der Gartenarbeit, die ihr so viel Freude bereitete, und wie bestimmte Dinge sie an mich erinnerten. Sie hatte ein paar Fotos beigelegt und schrieb, dass sie mich liebe. In Gegenwart von Mr. Rathbun traute ich mich nicht, meine Gefühle zu zeigen. Ich wollte den Brief mit auf mein Zimmer nehmen, damit ich ihn unter mein Kopfkissen legen und immer wieder und wieder lesen konnte, aber Mr. Rathbun nahm ihn an sich, sobald ich aufgestanden war, um zu gehen. Auf meinen fragenden Blick hin erklärte sie mir, sie müsse ihn behalten, da er vertrauliche Fotos der Int enthielt. Natürlich hätte ich mir das denken können.

Es war merkwürdig, dass Martino sich für meine Beziehung zu meiner Mom interessierte, aber diese Mischung aus Neugier

Auf diesem Foto, das meine Mutter und mich in New Hampshire zeigt, bin ich knapp ein Jahr alt. Im Hintergrund sieht man die Anfänge des Traumhauses, das meine Eltern für uns bauten.

Dieses Foto zeigt mein erstes Weihnachtsfest. Unglaublich, wie sehr meine Tochter heute mir als Kleinkind ähnelt.

Auch hier sind wir noch in New Hampshire, kurz bevor meine Eltern entschieden, ihr Leben und ihr neues Haus aufzugeben, um nach Kalifornien zu ziehen und ihr Leben in den Dienst der Church zu stellen.

Regina Regenbogen auf meinem T-Shirt war meine Lieblingscomicfigur. Mir gefiel, dass sie eine Heldin war, deren Mission darin bestand, Farbe in die Welt zu bringen.

Das ist in der Kindertagesstätte der Church in L. A. Auf dem Regal links von mir stehen Bücher, in denen es um Werte wie Teilen, Fantasie, Respekt und Wahrheit geht. Man sieht, wie früh unsere scientologische Erziehung bereits begann.

Während dieser Zeit holte mich mein Bruder Justin nach der Tagesstätte vom Bus ab, um mit mir zur Wohnung zurückzugehen.

Ich war eigentlich immer ein typisches Mädchen, obwohl ich auf der Ranch lange Zeit den Wildfang spielte, um mich anzupassen.

Ich liebte meine Babypuppe und den Kinderwagen und nahm sie eine Zeitlang überall mit hin.

Ich schnitt meine Haare kurz, um auszusehen wie meine Mom, die ich in dieser Zeit auf der Ranch sehr vermisste. Hier stehe ich vor den Motels, den schlichten Unterkünften, in denen unsere Schlafzimmer untergebracht waren.

In unseren Zimmern durften wir eigentlich keine Haustiere halten, aber tatsächlich gab es einige Tiere auf der Ranch. Auf diesem Foto streichle ich meine Katze Bella.

Dieses Foto wurde an einem Sonntag aufgenommen, da ich meine Uniform nicht trage. Man bekommt einen Eindruck von der verlassenen Gegend, in der wir lebten.

Hier sind wir beim Minigolf mit meiner Urgroßmutter, die ich dreimal in meinem Leben traf. Am Bildrand kann man David Miscavige erkennen, meinen Onkel und das Oberhaupt der Church.

Hier sind wir in der Wohnung meiner Eltern im Vista Gardens-Wohnkomplex. Es ist an einem Sonntagmorgen aufgenommen worden – der Tag, an dem ich meine Eltern sehen durfte.

Mein Mann Dallas und ich konnten für eine Mission nach Australien reisen, um Geld für die Church zu sammeln. Es war eine wunderbare Erfahrung, auch deshalb, weil wir dort eigenständiger und unabhängiger leben konnten als zu Hause.

Wenn ich mir dieses Foto von meinem Mann, meinem Sohn, meiner Tochter und mir ansehe, weiß ich, dass sich alles gelohnt hat. Hätte ich die Church nicht verlassen, hätte ich nie eine Familie haben können.

und Aufrichtigkeit zog mich an. Er machte einen ungekünstelten Eindruck und bemühte sich erst gar nicht, ethischer als ich zu wirken. Von ihm ging eine Natürlichkeit aus, der ich so noch nie begegnet war. Ich kannte ihn zwar nicht, aber irgendwie schien er zu denken wie ich. Während alle anderen mir seit Jahren erzählten, dass es falsch sei, wie sehr ich meine Eltern vermisste, und dass ich an ihre Abwesenheit gewöhnt sein sollte, war er der Erste, dem aufzufallen schien, wie bizarr die Situation eigentlich war. Alle anderen sagten einfach, meine Art zu denken, sei der Fehler. Doch nun kam mir zum ersten Mal in den Sinn, dass womöglich sie diejenigen waren, die falschlagen, nicht ich.

In den nächsten Wochen arbeiteten Martino und ich ständig zusammen, obwohl wir kaum wirklich studierten. Wir sprachen einfach über alles. Er erzählte mir von seiner frühen Kindheit in Italien, wie seine Eltern sich getrennt hatten und er mit seiner Mutter nach Florida gezogen war. Seiner Mom stand er extrem nahe, und ohne sie wäre er verloren gewesen. Er beschrieb, wie er in der Flag Cadet Org aufgewachsen war, und ich schilderte das Leben auf der Ranch. Hinsichtlich körperlicher Arbeit und Zwang unterschieden sich diese beiden Orte offenbar sehr. Die Flag Cadets waren nicht zur Arbeit verpflichtet, und viele weigerten sich schlichtweg, wenn sie dazu aufgefordert wurden. Stattdessen konnten sie sogar die Straße zu den Kinos hinunterlaufen, denn die Flag Cadet Org lag nicht so abgelegen wie die Ranch. Im Gegensatz zu uns zählten sie nicht zu den Sea Org-Mitgliedern, obwohl fast alle von ihnen letztlich in der Sea Org landeten.

Neben den Geschichten aus der Vergangenheit, die wir uns gegenseitig erzählten, waren wir aber auch einfach zwei Fünfzehnjährige, die sich mochten. Manchmal gaben wir vor, in der Bibliothek arbeiten zu müssen. Dort zogen wir dann wahllos irgendein Nachschlagewerk aus dem Regal und lasen Artikel zu den verschiedensten Themen. Natürlich war Sexualverhalten das Lieblingsthema von Martino. Ich fand es komisch, wie offen er darüber sprach.

Unsere Unterhaltungen über Scientology verliefen ebenfalls ungewöhnlich. Wir redeten tatsächlich viel mehr über den Glauben, was wir sonst in keinem unserer Kurse taten. Wir sprachen über Thetane, und er war keineswegs davon überzeugt, einer zu sein. Für mich war es unfassbar, wie er so etwas sagen konnte. Ich wusste dagegen zweifellos, dass ich einer war.

»Und woher *weißt* du das?«, fragte er.

»Ich weiß es einfach«, erwiderte ich kategorisch.

In Wahrheit hatte ich keine Ahnung. Es war mir nur seit frühester Kindheit erzählt worden, und deswegen glaubte ich auch daran. Nie hatte ich mich als bloßen Körper verstanden. Nie hatte ich mich als *bloßes Stück Fleisch* verstanden, wie die Scientologen den menschlichen Körper bezeichneten. Die Vorstellung, Martino könne das anders sehen, ließ mich das ganze Konzept des Thetans auf eine Weise prüfen, die sich fremd anfühlte.

An anderen Tagen kamen wir auf Scientologys kostbarstes Geheimnis zu sprechen – die OT-Level. Da die Flag zu den wenigen Orten gehörte, an denen höhere OT-Stufen verliehen werden durften, war die geheimnisvolle Atmosphäre, die sie umgab, überall zu spüren. Regelmäßig informierten die höheren Ränge alle Mitarbeiter über verbesserte Sicherheitsvorkehrungen hinsichtlich der OT-Level und betonten dabei stolz die Tatsache, dass die Level nun sicherer denn je seien. In ihren Bekanntmachungen listeten sie auf, welche Maßnahmen die Verleihung der OT-Stufen nun perfekt schützten. So waren etwa gewisse Bereiche der Basis, die mit den OT-Level zu tun hatten, nur über Codeschlösser und spezielle Schlüsselkarten zugänglich.

Kein Wunder, dass mich diese ganze Heimlichtuerei nur noch neugieriger auf die Level selbst und die Geheimnisse dahinter machte. Ob es eine bewusste Taktik der Kirche war, kann ich nicht sagen, aber letzten Endes verstärkte das Gerede darüber das Verlangen, die Wahrheit zu erfahren, enorm. Ich konnte es kaum erwarten, die Brücke hinaufzusteigen und herauszufinden, was die OT-Level waren. Meiner Ansicht nach mussten sie etwas mit dem Ursprung unserer aller Existenz zu tun haben, eine Frage, die mich häufig beschäftigte. Manchmal versuchte ich, der Bibliothekarin Informationen oder zumindest ein paar Andeutungen über die Level zu entlocken, aber natürlich sagte sie nichts. Sie kannte genauso gut wie ich die Gefahr, dass man körperliche Schäden davontragen konnte, sollte man die Level ohne Einhaltung der richtigen Reihenfolge erlernen.

Diese verwirrende Idee, der Körper könne Schäden davontragen, fesselte mich fast ebenso wie der mysteriöse Inhalt der Stufen selbst. In meinen Gesprächen mit Martino kam ich immer wieder auf die simple Frage zurück: Wie konnten Informationen körperlichen Schaden verursachen? Dass jemand von Informationen emotional aus dem Gleichgewicht geworfen werden konnte, ergab Sinn – aber körperlicher Schaden? Ich versuchte mir vorzustellen, worin dieser Schaden bestehen sollte. Irgendetwas an dieser ganzen Idee schien nicht zu stimmen. Angst rief diese Androhung von Schmerz oder sogar Tod dennoch hervor.

Meine Diskussionen mit Martino waren so offen, wie ich es nie zuvor erlebt hatte. Sie waren weder inhaltlich beschränkt, noch folgten sie einem vorgegebenen Ablauf. Sie entwickelten sich einfach nach der jeweiligen Situation und den Dingen, über die wir uns gerade gerne unterhalten wollten. Schon bald vertraute ich ihm an, dass meine Mom Schwierigkeiten hatte und im RPF steckte. Er war sichtlich betroffen, als ich ihm erzählte, was geschehen war. Nach diesem Tag erkundigte er sich ständig nach Neuigkeiten über meine Mutter und reagierte fast so aufgeregt wie ich, wenn ein Brief von ihr eintraf. Da Mr. Rathbun nie einen Brief freigab, konnte ich sie ihm zwar nicht zeigen, aber er freute sich dennoch.

Es war vor allem sein ehrliches Mitgefühl, das es mir erleichterte, mit seinen skeptischen Meinungen zur Church unbefangen umzugehen. Ich wusste, dass er eigentlich ein guter Mensch war, daher konnte diese Haltung nichts mit irgendeinem bösartigen Wunsch nach Aufsässigkeit oder danach, mich in Schwierigkeiten zu bringen, zu tun haben. Er war kein schlechter Mensch, und er wollte nicht die gesamte Kirche untergraben. Er versuchte lediglich, die Welt zu begreifen, in der er aufgewachsen war, und stellte in diesem Zusammenhang eben ein paar unbequeme Fragen.

Es lag nicht allein an Martinos ehrlicher Art, dass ich solchen Ideen gegenüber immer aufgeschlossener wurde. Nach meinen Erfahrungen mit Justins Austritt und Moms Beinahe-Bruch mit der Kirche begann ich mir einzugestehen, dass viele Menschen, darunter die, die mir am nächsten standen, sich mit solchen Gedanken beschäftigten. Wäre ich Martino nur ein Jahr früher begegnet, wahrscheinlich hätte ich seine Fragen als aufdringlich und gefährlich empfunden. Doch nicht zuletzt wegen der Geschehnisse um Justin entsprach seine Nachdenklichkeit jetzt immer stärker meiner eigenen.

Dabei ging es ihm gar nicht um eine zentrale Streitfrage, sondern eher um viele kleine. Warum war ich von meinen Eltern getrennt worden? Was bedeuteten diese Kurse wirklich? Warum mussten wir alle so schuften? Was hieß es tatsächlich,

244

ein Thetan zu sein? Es war zugleich anstrengend und belebend, über diese Fragen auf eine andere Weise nachzudenken. Das Heikle an diesen kleinen Fragen war natürlich, dass sie keine Ruhe mehr geben wollten, sobald ich sie mir einmal gestellt hatte.

Ein paar Monate später war Martino mein mit Abstand bester Freund. Er wusste alles von mir und ich alles von ihm. Er verstand Dinge auf eine Art, wie es meine Freunde in der CMO nicht konnten. Sie alle wirkten inzwischen auf mich künstlich und automatenhaft. Ich freundete mich mit seiner Clique an. Tyler gehörte dazu. Er war nett, witzig und ein guter Freund, aber verknallt war ich mittlerweile in Martino. Und das Beste daran war, dass er eindeutig das Gleiche für mich empfand.

Das einzige Problem bestand darin, dass wir außerhalb des Kursraums eigentlich nicht miteinander reden durften, da er nicht in der Sea Org war. Also mussten wir alles daransetzen, die anderen nicht merken zu lassen, was los war. Unsere Freundschaft ließen wir uns von diesem Verbot nicht kaputt machen, aber es machte das Leben deutlich komplizierter. Meine Beziehung zu den anderen Leuten in der CMO wurde durch die Freundschaft zu Martino schwieriger. Diese Leute dachten nicht wie er und diskutierten auf ganz andere Art. Es war nicht leicht, vom Offenen und Ehrlichen umzuschalten und alles sofort wieder zu unterdrücken. Besonders bei Olivia und Julia, mit denen ich arbeitete.

Die beiden waren bei ihrer Arbeit immer schon sehr verbissen gewesen, aber seit ich mehr Zeit mit Martino verbrachte, erkannte ich, dass sie nicht nur verbissen waren, sondern die Macht ihrer Stellung dazu nutzten, die anderen in der Gruppe einzuschüchtern. Den Leitgedanken unserer Abteilung zufolge sollten wir den Leuten *helfen*, ihre Jobs zu erledigen – wir sollten dabei helfen, Störungen oder niedrige Statistiken in irgendeinem Bereich der Organisation aufzuspüren, diese Störungen zu untersuchen und zu identifizieren, wer sie verursachte. Vor allem Julia wurde jedoch regelrecht besessen davon, die Einhaltung der Vorschriften durchzusetzen und die Post der anderen zu kontrollieren. Olivia machte häufig mit, wenn auch ohne wirkliche Begeisterung, wie ich den Eindruck hatte. Sie liefen mit *Swagger Sticks* herum – Stöcke, mit denen Sea Org-Mitglieder ihre Autorität demonstrierten – und schlugen damit auf die Schreibtische, wenn jemand zögerte, seine Tagesstatistik vorzuzeigen. Julia brüllte jeden an, dessen Statistik gesunken war, was dazu führte, dass viele so wie ich ihre Statistikaufstellungen fälschten. Wer dabei erwischt wurde, bekam natürlich noch mehr Ärger und erhielt einen niedrigeren Ethik-Zustand. Fiel jemand bei einem E-Meter-Check durch, musste er ein Ethik-Interview absolvieren, bei dem Julia drohend hinter dem E-Meter-Operator stand und den Beschuldigten schreiend aufforderte, seine Missetaten zu gestehen.

Zu dieser Zeit wurden CMO-Mitarbeiter vor der gesamten Gruppe dafür bestraft, wenn sie abends die Kantine besucht und sich dort mit Flag-Angehörigen angefreundet hatten. Einige mussten sich vor der Gruppe rechtfertigen, weil sie es gewagt hatten, Tanktops zu tragen, die als zu knapp geschnitten und vulgär galten. Die CMO-Gruppe wurde komplett in den Zustand ›Gefahr‹ gestuft, womit bis zur Aufhebung Kinobesuche, Ausflüge und freie Tage gestrichen waren.

Auf meine *Libs*-Tage hatte ich mich bis dahin immer besonders gefreut. Mir standen nur ein oder zwei im Monat zur Verfügung, und gewöhnlich verbrachte ich sie mit Grandma Loretta, der Mutter meines Vaters, oder mit Tante Denise, ihrer Schwester. Es waren die einzigen Verwandten von mir, die in Clearwater lebten. Sie nahmen mich zum Shoppen mit, kauften mir, was ich brauchte, und luden mich ins Restaurant ein. Manchmal gingen wir auch mit meinen Cousins Taylor und Whitney, die ich von ihren Kursbesuchen auf der Base her kannte, an den Strand. Da sie alle öffentliche Scientologen waren und keine Sea Org-Mitglieder, wirkte ihr Leben auf mich aufregend und lustig.

Es war seltsam, dass ich ihnen nicht von Moms Überstellung ins RPF erzählen konnte. Im Nachhinein wünschte ich, ich hätte es getan. Sie waren die einzige wirkliche Unterstützung, die ich hatte, und sie hätten mir den Beistand gegeben, den ich brauchte. Doch Mom war eine hochrangige Führungskraft in der Flag gewesen, und jede Mitteilung über sie wäre als *Out-PR* für die Flag, die Int und meinen Familiennamen gewertet worden, auch wenn sie alle ebenfalls Miscaviges waren. Ethik-Probleme von Sea Org-Mitgliedern gingen Leute in niedrigeren Orgs oder außerhalb der Sea Org überhaupt nichts an. Und Moms Fall war sogar noch vertraulicher, da es sich bei ihr um die Schwägerin von David Miscavige handelte.

Die Gefahr, andere Leute und meine Familie in Verlegenheit zu bringen, war einfach zu groß, und ich fürchtete mich vor den Konsequenzen, dennoch hätte ich meiner Grandma vertrauen sollen. Sie war überaus gütig, wahrscheinlich einer der einfühlsamsten Menschen, die ich kannte. Ein paarmal hatte sie bei meinen Libs-Besuchen die Fassung verloren und mir erzählt, wie gerne sie meinen Dad häufiger sehen würde. Er war im Int und hatte nur wenig Freizeit. Außerdem beschwerte sie sich über Tante Shelly, die ihr vorgeworfen hatte, meinen Cousin Whitney nicht in der Sea Org untergebracht zu haben, und ihn mit diesem Kommentar zum Weinen gebracht hatte.

Doch Grandma Loretta hatte nicht nur mit Tante Shelly ein Problem. Sie konnte einige der Regeln, die ihr eigener Sohn aufgestellt hatte, nicht nachvollziehen. Als ausgebildete Krankenschwester gefiel es ihr zum Beispiel nicht, dass eine der lokalen RTC-Abgeordneten ihr Fitnessprogramm überwachte, und sie konnte auch nicht verstehen, warum ihr nicht erlaubt wurde, in ihrem gelernten Beruf zu arbeiten. Sie erzählte mir, dass Onkel Dave es ihr verboten hatte, aber ich erfuhr nie, warum oder ob es überhaupt der Wahrheit entsprach. Vermutlich hatte Onkel Dave etwas dagegen, weil medizinische Berufe ein schlechtes Ansehen hatten, da dabei häufig Medikamente verschrieben wurden. Krankenpflege stand außerdem für ein Eingeständnis der Macht des Körpers. Wie auch immer, ich stellte jedenfalls keine Fragen, weil zu viel auf dem Spiel stand. Noch tiefer in Grandma Lorettas Meinungsverschiedenheiten mit meinem Onkel vorzudringen, hätte mich auf gefährliches Terrain bringen können. Womöglich wäre ich gefragt worden, warum ich denn den Führer von Scientology, der doch so hart arbeitete und so viel für uns tat, nicht verteidigt hätte. Nachempfinden konnte ich ihre Haltung allerdings nur zu gut, da auch ich wegen des Namens Miscavige auf so vieles verzichten musste.

Statt als Krankenpflegerin arbeitete Grandma als Buchhalterin und Assistentin für die Fox-Fernsehmoderatorin Greta Van Susteren und deren Ehemann, den Rechtsanwalt John Coale, die beide Scientology angehörten. Mir war kein Fernsehen erlaubt, daher kannte ich die beiden nicht, aber an meinen freien Tagen war ich ein paarmal in ihrem Strandhaus gewesen. Es war wundervoll. Direkt am Meer, dreigeschossig, mit Aufzug. Sie besaßen auch eine Yacht, auf der ich einige Ausflüge machen durfte. Sie behandelten mich sehr freundlich. John war ähnlich sarkastisch und selbstironisch wie Grandma. Greta wirkte tougher und kompromissloser, ein wenig wie meine Tante Shelly.

Die Streichung der Libs-Tage war hart, aber immerhin besuchte meine Großmutter denselben Kursraum wie ich, sodass ich sie treffen und mit ihr sprechen konnte. Meine Freunde lernten sie ebenfalls kennen, und wir alberten gemeinsam bis zum Beginn der Kurse herum. Ich konnte sehen, wie sehr Grandma es genoss. Sie war froh, dass ich Freunde gefunden hatte, da das mein Leben ein klein wenig normaler machte, und als öffentlicher Scientologe wusste sie Normalität zu schätzen.

Rückblickend denke ich, dass genau das einer der Gründe war, warum mir die freien Tage mit ihr so wichtig waren: Grandma zeigte mir, dass es da draußen, außerhalb der Mauern der Sea Org, noch dieses andere Leben gab. Sie zeigte mir, dass Menschen wie Olivia, Julia und Mr. Anne Rathbun zwar besessen von der Erteilung immer neuer Anweisungen und Strafen sein mochten, dass es jedoch auch möglich war, Scientologe zu sein, ohne derart viele Verpflichtungen zu haben. Trotz ihres Glaubens und der Rücksichtnahme auf einen Sohn, der die Leitung der gesamten Church innehatte, war es ihr ein Leben lang gelungen, mit den Füßen auf dem Boden zu bleiben.

Im Unterschied zu vielen anderen in der Kirche nahm sie sich selbst nie zu wichtig, ein Charakterzug, den ich sehr an ihr mochte und den ich auch bei Martino sah und liebte.

KAPITEL 19

»Think for yourself«

Es begann den anderen aufzufallen, wie viel Zeit Martino und ich miteinander verbrachten. Einige behaupteten, wir seien verliebt. Cece, die früher einmal in ihn verknallt gewesen war, erzählte mir, er habe sich völlig verändert, seit wir uns kennen würden. Aus dem unreifen Jungen, der ständig herumblödelte und nervte, sei ein erwachsener Mann geworden, der sich in andere einfühlte und um andere sorgte. Ihre Bemerkung machte mich glücklich.

Leider fiel es Leuten auf allen Stufen auf, darunter auch den Erwachsenen. Martino wurde deutlich gesagt, er solle gefälligst weniger Zeit mit mir verbringen und stattdessen lieber am Clearing seiner falsch verstandenen Wörter arbeiten. Also arbeiteten wir von nun an nur noch wenige Tage die Woche zusammen. Bei diesen Gelegenheiten mussten wir gar nicht viel sprechen, um uns zu vergewissern, wie sehr wir einander vermissten. Es genügte, dass er sich zu mir beugte, sein Bein um meines schlang oder heimlich meine Hand nahm. Ich sehnte mich danach, die Gesten zu erwidern, aber das hätte ernsthafte Schwierigkeiten nach sich gezogen.

Mein Unmut darüber, in der CMO zu sein und nicht frei über meine Freundschaften und mein Liebesleben entscheiden zu können, wuchs stetig. Mein ganzes Leben hatte ich mich mit Regeln, Vorschriften und Forderungen auseinandersetzen müssen, aber so schwer war es mir noch nie gefallen, ihnen zu gehorchen. Durch Martino und dessen Freunde hatte ich meine alte Liebe zur Musik wiederentdeckt. Ich hatte sogar wieder angefangen, abends vor dem Schlafen zu zeichnen. Das hatte ich beim Essen oder in den fünf Minuten, bevor auf der Ranch das Licht gelöscht wurde, immer getan, aber in den darauffolgenden Jahren schienen all die Regeln, die zu beachten waren, meine Kreativität erstickt zu haben. Bei Scientology sorgten die Vorschriften dafür, dass wir uns alle gleich benahmen. Sie ermutigten die Leute nicht, sich ihre eigenen Gedanken zu machen, obwohl der neue Scientology-Slogan lautete: »Think for yourself«. Sobald ich mich wieder mit Musik und Zeichnen beschäftigte, wurde mir bewusst, wie sehr ich das vermisst hatte und wie sehr ich es hasste, derart eingeschränkt zu sein. Es fühlte sich so natürlich an, meiner kreativen Seite Raum zu bieten.

Bei Martino hatte ich nicht das Gefühl, mich ständig vorbildhaft verhalten zu müssen. Ich wollte einfach nur ich selbst sein dürfen, wusste aber, wie unerreichbar diese Freiheit war. Die ganze Situation stürzte mich in einen inneren Konflikt: Einerseits wollte ich so viel Zeit wie möglich mit ihm verbringen, andererseits fürchtete ich, dass unsere Freundschaft unhaltbar war. Und die Gefahr blieb auch den anderen nicht verborgen. Freunde, die uns zusammen sahen, raunten uns Warnungen zu, ermahnten uns, vorsichtig zu sein.

Ich beschloss, Tante Shelly einen Brief zu schreiben, in dem ich um meine Rücksendung zur Ranch bat. In meinem Antrag erwähnte ich Martino mit keiner Silbe, sondern betonte, dass ich wieder der Cadet Org auf der Ranch beitreten und meinen Schulabschluss machen wolle. Die CMO und Sea Org zu verlassen, um zurück zu den Kadetten zu gehen, war eine gravierende Entscheidung, so viel war mir klar. Wenn ihr überhaupt stattgegeben werden würde, machte ich damit in den Augen der Church einen großen Rückschritt – allerdings geschah so etwas auch nicht zum ersten Mal. Es gab Präzedenzfälle. Alles hing davon ab, wie meine Tante Shelly die Gesetze auf meine Situation anwandte. Bei einer Bewilligung würde ich Martino nicht wiedersehen, müsste mir aber zumindest keine Sorgen mehr darüber machen, ständig jemanden zu küssen, der streng genommen kein Sea Org-Mitglied war, was ein Out 2D darstellte und mich wie Mom in die RPF bringen konnte. Würde mir die Zustimmung, zur Ranch zurückzukehren, verweigert, bestand noch die Möglichkeit, zu Martino und meinen anderen Freunden in die Flag Cadet Org zu kommen. Beide Szenarien bedeuteten eine einstweilige Trennung von der CMO und der Sea Org. Eine bloße Nachfrage konnte meiner Einschätzung nach nicht schaden, da es ein LRH-Grundsatz verbot, wegen des Verfassens einer Petition in Schwierigkeiten zu geraten.

Den Antrag einzureichen mochte dreist sein, doch ich beruhigte mich damit, dass ich nur so Ärger vermeiden und auf dem richtigen Weg bleiben konnte. Durch meine Liebe zu Martino war ich bereits jetzt der Überschreitung einer Linie gefährlich nahe gekommen. Ich hatte Angst, in einer noch weitaus schlimmeren Lage zu enden, wenn ich die Sache einfach weiterlaufen ließ. Es zerriss mich innerlich, und Martino, den die Nachricht vom Brief an meine Tante tief bestürzte, ging es nicht anders.

Verschlimmert wurde meine verwirrende Lage durch eine allgemeine Unruhe auf der Base, die das Leben jedes Einzelnen zusätzlich verkomplizierte. Auslöser waren Demonstranten, die täglich vor der Base auftauchten, was die paranoide Stimmung, die uns ständig umgab, nur noch weiter anheizte.

Angefangen hatte der ganze Ärger, als die Church zwei schwerer Verbrechen angeklagt wurde; und zwar im Zusammenhang mit dem Tod von Lisa McPherson, einer öffentlichen Scientologin, die am 5. Dezember 1995 in der Obhut von Mitarbeitern der Church auf der Flag Land Base gestorben war. Vorausgegangen war ein unbedeutender Autounfall am 18. November in der Gegend von Tampa/Clearwater. Den Rettungssanitätern zufolge hatte die sechsunddreißigjährige Lisa keine physischen Verletzungen davongetragen, verhielt sich jedoch psychisch auffällig. Sie versuchte beispielsweise dauernd, ihre Kleidung auszuziehen. Die Mediziner wollten sie deshalb zur Beobachtung in ein Krankenhaus einweisen, wogegen sie sich wehrte, weil sie die religiöse Pflege und Hilfe durch andere Scientologen wünschte. Abgesandte der Church kamen, unterstützten sie bei ihrer Entlassung und brachten sie zur Genesung auf die Base zurück. Lisa war seit ihrem achtzehnten Lebensjahr Mitglied bei Scientology und glaubte sich in besten Händen. Stattdessen wurde sie unter eine sogenannte *Isolation Watch* gestellt, letztlich ein vierundzwanzigstündiges *Monitoring*, und das, obwohl ihr erst einen Monat zuvor der Clear-Status zuerkannt worden war.

Angeblich soll Lisa in den letzten Monaten ihres Lebens extrem verstört gewesen sein. Die offizielle Todesursache lautete nach der ersten Leichenbeschau auf »Dehydrierung«. Die anschließende Untersuchung führte zu zwei strafrechtlichen Anklagepunkten gegen die Church: »Misshandlung und/oder Vernachlässigung einer behinderten Person« sowie »ärztliches Praktizieren ohne gültige Zulassung«. Die Kirche ihrerseits leugnete vehement jedes eigene Fehlverhalten.

Die Tatsache, dass Lisa zum Zeitpunkt ihres Todes in der Obhut von Scientologen war, löste Empörung aus. Einige Berichte behaupteten sogar, mein Onkel sei persönlich an dem Auditing beteiligt gewesen, das in Lisas Clear endete, womit auch sein Name befleckt war. Schließlich strengte die Familie von Lisa McPherson 1997 einen Zivilprozess wegen »widerrechtlicher Tötung« gegen die Church an.

Mächtig Auftrieb erfuhr diese Anti-Scientology-Stimmung, als der millionenschwere Geschäftsmann Bob Minton 1999 die Lisa McPherson-Stiftung gründete, deren Ziel es war, die »irreführenden und manipulierenden Praktiken von Scientology aufzudecken« und »denen zu helfen, die von ihr [der Church of Scientology] geschädigt wurden«. Fünf Mitarbeiter hatte diese Stiftung, darunter vier ehemalige Scientologen. Der fünfte war Minton selbst.

Zum vierten Jahrestag von Lisas Tod organisierte Minton eine große Mahnwache in Clearwater und forderte, die Kirche solle für diesen Tod zur Rechenschaft gezogen werden. Aufgrund der zahlreichen Demonstranten an der Base informierte uns das *Office of Special Affairs* regelmäßig über alle Maßnahmen, die zur Kontrolle der Stiftungsleute unternommen wurden.

Ein paar der Hintergründe kannte ich. Onkel Dave hatte die gesamte Flag-Crew gebrieft. Erbost hatte er uns erklärt, dass dieser ganze Aufruhr nur entstanden sei, weil wir, die Mitarbeiter der Base und alle, die für Dienstleistungen verantwortlich waren, entgegen strikter Verbote einer Person (Lisa), die eine PTS – also eine *Potential Trouble Source* – war, Zugang zu Scientology gewährt hätten. Lisa galt demzufolge als PTS Typ 3, worunter im Grunde jemand verstanden wurde, der geisteskrank war und – nach LRHs Definition – Marsmenschen sah.

Nach dem Briefing versuchte ich, mit Tante Shelly über den Fall zu sprechen, doch sie fuhr mich sofort an: »Es gibt so vieles zu bereden, und dann fragst du mich ausgerechnet danach? Warst du nicht beim Briefing? Begreifst du nicht, dass die Kirche bei einer Verurteilung einen Eintrag ins Strafregister erhält? Wir wären die erste Kirche in der Geschichte mit solch einem Eintrag«, sagte sie wütend.

Später, nachdem die Anklagepunkte gegen die Church fallengelassen worden waren, erklärte mein Onkel Dave gegenüber anderen Scientologen, dass der Kirche bei einer Verurteilung die Aberkennung der Steuerbefreiung gedroht hätte und mit dieser auch der exklusiven Copyrights, was einer Katastrophe gleichgekommen wäre.

Das mit der Außendarstellung der Church betraute Office of Special Affairs (OSA) behauptete, die Situation und die Demonstranten im Griff zu haben. In Wahrheit versuchten OSA-Mitarbeiter die Protestierenden loszuwerden, indem sie diese zu unbedachten Aktionen reizten und dann so taten, als seien sie gestoßen oder geschlagen worden, auch wenn das überhaupt nicht stimmte. Anschließend riefen sie dann die Polizei, um die Demonstration auflösen oder den betreffenden Demonstranten verhaften zu lassen. Außerdem pflasterte die OSA die Nachbarschaft aller Protestierenden mit deren Steckbriefen und behauptete, es handele sich um sexuell Perverse und Väter, die keinen Unterhalt zahlen würden. Selbst im Inneren unserer Gebäude brachte sie Fotos der Demonstranten mit den Aufstellungen ihrer vermeintlichen Verbrechen an, damit nur keiner einen anderen Eindruck von ihnen bekommen konnte.

Und als ob das nicht schon genug gewesen wäre, warnte uns die OSA davor, die Schilder der Demonstranten zu lesen, da sie womöglich Material des OT Level III beinhalteten. Solange man diese Stufe auf der Brücke noch nicht erreicht hatte, konnte die Konfrontation damit ernste Folgen haben, wurde uns gesagt. Immerhin könnte es zu schweren Schädigungen oder sogar dem Tod führen, wenn wir uns mit diesem Wissen auseinandersetzten.

Der beste Weg, uns vor dem versehentlichen Lesen überfordernder Texte zu bewahren, bestand in den Augen des Office of Special Affairs darin, unsere Bewegungsmöglichkeiten einzuschränken. Wir erhielten die Anweisung, wegen des Aufruhrs nicht länger von einem Gebäude zum anderen zu gehen. Stattdessen mussten wir für alle Strecken die Vans nehmen, selbst wenn das Ziel nur auf der anderen Straßenseite lag. Die Fenster der Kleinbusse waren mit milchigem Kontaktpapier abgeklebt, sodass wir nichts von den Aktionen auf der Straße sehen und keine Schilder lesen konnten. Manchmal versuchten die Demonstranten uns beim Aussteigen zu filmen. Es war nervend, bei jedem Schritt von Kameras verfolgt zu werden, sobald man aus dem Van oder Bus stieg. Die Filmerei zwang die Busfahrer mitunter, mehrmals um den Block zu fahren, wodurch wir dann unser Frühstück verpassten. All diese Angst vor den Demonstranten machte unser Leben noch klaustrophobischer.

Die ganze Situation vermasselte mir immer wieder meine so schon knappe Zeit mit Martino. Stets erwarteten CMO-Leute die Vans, und ich musste vortäuschen, Martino nicht zu kennen, wenn er in meiner Umgebung war. Mein Verhalten schien ihm nicht zu gefallen, aber er sollte bald erfahren, warum es so sein musste.

Ungefähr zwei Wochen nach meinem Brief an Tante Shelly gab Tom, der inzwischen die CMO leitete, beim Mittagsappell etwas bekannt, das zu meiner großen Überraschung mich betraf.

Vor der ganzen Gruppe verkündete Tom in allen Einzelheiten den Antrag, den ich an Tante Shelly geschickt hatte, und informierte damit jeden, dass ich um meine Rückkehr in die Cadet Org gebeten hatte. Einen Moment lang hätte man eine Stecknadel fallen hören können. Alle sahen mich an. Abgesehen von Tante Shelly hatte ich lediglich meinem Auditor davon erzählt, weil ich ihr über alles Bericht zu erstatten hatte. Natürlich wusste es auch Martino, aber der hatte mich bestimmt nicht verraten. Jetzt war mein Privatleben mit einem Schlag allen bekannt, und selbst Julia, der letzte Mensch, dem ich so etwas anvertrauen würde, wusste Bescheid.

Nach dem Appell ging ich zu Tom, den ich seit drei Jahren mit Mr. Devotch anzureden hatte. In diesem Moment kümmerte mich seine Stellung jedoch nicht, ich kochte vor Wut. Ich konnte nicht fassen, dass er einen derartigen Aufwand betrieb, um mich zu demütigen – noch dazu über eine Petition, deren Abfassung eigentlich niemandem zum Vorwurf gemacht werden sollte. Ich hatte kaum begonnen, mich zu rechtfertigen, da schnitt mir Tom aus Entrüstung über meinen mangelnden Respekt das Wort ab. Wütend schrie er mich an: »Jenna, du steckst in riesigen Schwierigkeiten. Erst freundest du dich mit Kadetten an, und dann kommandierst du mich auch noch herum, als wärst du hier der Boss. Du bist ungezogen, respektlos und gehörst eigentlich ins RPF. Und jetzt verschwinde aus meinem Büro.«

Mit diesen Worten wurde ich in mein Apartment auf der Hacienda geführt und dort unter Hausarrest gestellt. Seine Zurechtweisung war wie ein Schlag ins Gesicht, von dem mir noch in meinem Zimmer der Kopf schwirrte.

Eigentlich hätte ich meine Bestrafung kommen sehen müssen, nicht allein wegen Martino, sondern weil erst kürzlich Mädchen in der CMO mächtig Ärger für Flirten und ähnliches Fehlverhalten bekommen hatten. Angefangen hatte alles ausgerechnet mit Olivia und Julia, den beiden größten Regelverfechtern überhaupt. Sie hatten vorübergehend für meinen Onkel gearbeitet und waren dort des Flirtens mit Mitarbeitern beschuldigt worden, obwohl sie doch beide bereits verheiratet waren. Ironischerweise dürften sowohl Olivia als auch Julia für die Arbeit bei meinem Onkel gerade ausgesucht worden sein, weil sie so gut aussahen, besser jedenfalls als alle anderen in der CMO. Mit attraktiven Frauen umgab er sich gern.

Außer Olivia und Julia hatte auch meine Mitbewohnerin Mayra wegen eines Typen Schwierigkeiten bekommen. Sie war ein paar Jahre älter als ich und hatte sich auf ein Verhältnis mit einem RTC-Abgeordneten eingelassen, den sie noch von der Cadet Org kannte. Jahrelang hatten sie Heiratspläne geschmiedet, was verboten war, da er der RTC angehörte und sie der CMO. Nachdem ihre Beziehung bei einem Security-Check ans Licht kam, musste sie ebenfalls mit einer harten Maßregelung rechnen.

In Reaktion auf diese Verstöße hatte die Kirche damit begonnen, beim Appell diejenigen bloßzustellen, die out ethics waren. Die Absicht bestand darin, »einen Kopf auf die Lanze zu spießen«, wie LRH in einer seiner Ethikrichtlinien schrieb, was wiederum andere abschrecken sollte, ebenfalls out ethics zu werden. Obwohl ich miterlebt hatte, wie es den anderen Mädchen ergangen war, hatte ich irgendwie nicht für möglich gehalten, dass auch ich so vor aller Augen vorgeführt werden würde.

Toms Bemerkungen nach dem Appell ließen keinen Zweifel daran, dass er von meinem unethischen Tun wusste. Und seiner abweisenden Schroffheit nach zu urteilen, würde mein Antrag offenkundig nicht positiv beschieden, auch wenn die Rückkehr zur Cadet Org in vorangegangenen Fällen schon genehmigt worden war. Wahrscheinlich würde ich sogar für meinen Wunsch, die Sea Org zu verlassen, bestraft werden.

Wie Tom mir für das Abfassen einer Petition allerdings gleich mit RPF drohen konnte, blieb mir unbegreiflich. Allein die Buchstaben RPF zu hören, löste bei mir nach allem, was ich durch Mom und Justin miterlebt hatte, eine intuitive Abwehrhaltung aus. Worin auch immer mein Vergehen liegen mochten – sei es meine Nähe zu Martino oder mein Drang, wieder ein Kadett zu werden –, eine Bestrafung mit RPF war völlig unangemessen. Schließlich hatte ich nur versucht, das Richtige zu tun.

Ich warf mich auf mein Bett und bemerkte erst jetzt Mayra, die auch unter Hausarrest stand. Zusätzlich zu der verbotenen Beziehung, die sie unterhalten hatte, war sie vor ein paar Tagen

dabei erwischt worden, wie sie abhauen wollte, was zu Dauer-
beobachtung und der Verriegelung unserer rückwärtigen Ter-
rassentür geführt hatte. Mayra hatte sich aus der Sea Org abset-
zen wollen. Derartige Fluchtversuche waren selten und erregten
immense Aufmerksamkeit. Die Abstrafung erfolgte stets rasch
und mit großer Härte. Da ich ihren Versuch zu verschwinden
nicht bemerkt hatte, galt ich als mitverdächtig, worum ich mir
im Augenblick jedoch die geringsten Sorgen machte.

Kurze Zeit später kam die Mitteilung, ich solle gemeinsam
mit Mayra und einigen anderen, die Ärger bekommen hatten,
MEST-Dienst leisten, doch ich weigerte mich. Mein Verhalten
war falsch, das wusste ich, aber ich glaubte nicht, Zwangsarbeit
als Strafe verdient zu haben. Einen niedrigeren Ethikzustand
vielleicht, aber keine schwere körperliche Arbeit. Ich hatte das
Bittgesuch an Tante Shelly in gutem Willen verfasst. Ich hatte
zudem meinem Auditor von der Freundschaft mit Martino berichtet, und sie hatte mir versichert, ich würde mich korrekt
verhalten. Dennoch wurde ich so hart bestraft.

Mayra versuchte, mich umzustimmen, und sagte, dass sie
meine Gefühle gut nachempfinden könne, aber ich blieb bo-
ckig. Inzwischen war es Abend geworden. Ich hatte Angst und
fürchtete mich vor dem, was mit mir geschehen würde, lenkte
jedoch nicht ein. Ich wollte meinen Dad anrufen. Natürlich war
ein solcher Anruf nicht der beste Weg, um mit meiner Verärge-
rung umzugehen, aber nachdem ich von Martino gehört hatte,
was für eine wichtige Rolle seine Mom in seinem Leben spielte,
hielt ich es für einen Versuch wert, mich an meinen Vater zu
wenden und zu sehen, ob er helfen konnte. Wobei es weder
zum Aufgabenbereich meines Dads noch meiner Mom gehörte, sich um mich zu kümmern. Alle diesbezüglichen Fragen
hatten sich an Org-Richtlinien zu orientieren. Darüber hinaus
konnte mein Anruf als aufwühlende Störung meiner Eltern bei

deren Arbeit betrachtet werden, was mir weiteren Ärger einbringen würde. Bei Verstimmungen sollte ich eigentlich einen Bericht verfassen, der dann entweder als »geschwätzig« oder als »lamentierend« betrachtet wurde, was bedeutete, ich hätte Withholds, was wiederum hieß, dass ich einen Security-Check über mich ergehen lassen müsste, was letzten Endes sowieso geschehen würde. So sah der Kreislauf aus, die endlose Rückkoppelungsschleife bei Ungehorsam, die, einmal in Gang gesetzt, kaum zu durchbrechen war.

Dieser ewige Kreislauf oder dessen Konsequenzen kümmerten mich in diesem Moment allerdings wenig, denn am meisten fürchtete ich mich davor, von Tom ins RPF geschickt zu werden und meine Eltern schon bald überhaupt nicht mehr kontaktieren zu können. Mein Dad war derjenige, der am ehesten Rat für mich wusste und der mir vielleicht sogar beistehen würde.

Unser Apartment verfügte über ein genehmigtes Telefon, für dessen Gebrauch allein eine meiner Mitbewohnerinnen autorisiert war. Es sollte ihr ermöglichen, bei einem nächtlichen Fluchtversuch den Sicherheitsdienst zu verständigen. Ich nahm den Hörer und rief die Vermittlung der CMO Int an. Zu meiner freudigen Verblüffung meldete sich tatsächlich jemand, doch dann erhielt ich leider die Auskunft, dass mein Vater nicht im Haus war. Allerdings erklärte die Frau in der Vermittlung, ich könne mit meiner Mutter sprechen, was mich vollends in Verwirrung stürzte. Meiner letzten Information nach war sie noch im RPF. Die Zentrale ließ mich kurz warten, bevor sie mir mitteilte, dass meine Mutter zurzeit nicht erreichbar war, ich es aber gerne in Kürze noch einmal versuchen könne. In all der Panik war ich für einen winzigen Augenblick wie vor den Kopf geschlagen. Warum hatte es nach allem, was wir durchgemacht hatten, niemand für nötig befunden, mir zu sagen, dass sie aus dem RPF war?

Kurz darauf versuchte ich erneut anzurufen, doch diesmal bemerkte Mayra mich. Sofort rannte sie los und holte Olivia. Dass sie mich verpfiff, wunderte mich nicht. Auch wenn wir beide derzeit mit Strafen belegt waren, so konnten wir doch Wiedergutmachung leisten, indem wir das Fehlverhalten der anderen meldeten und so unsere Loyalität bewiesen. Dies ist eine Methode, mit der die Sea Org ihre Mitglieder zum gegenseitigen Anschwärzen ermuntert und das Misstrauen hochhält.

»Du kannst deine Eltern nicht anrufen«, sagte Olivia, als sie den Raum betrat.

»Fick dich«, schoss ich zurück, ohne mir länger Gedanken um die Folgen zu machen. Ich ergriff wieder den Hörer, doch sie hielt die Trenntaste gedrückt. Sosehr ich mich bemühte, sie ließ nicht los.

»Na schön, dann geh ich zu den Münztelefonen.« Ich wandte mich zur Tür, aber Olivia versperrte mir den Weg. Ich versuchte, mich mit Gewalt an ihr vorbeizuschieben, doch Mayra eilte ihr zu Hilfe und hielt mich fest.

»Sorry, Jenna, das kann ich nicht zulassen«, erklärte Mayra entschuldigend. Ich riss mich ohne große Probleme von den beiden los.

Ein Mädchen aus dem Nebenzimmer tauchte auf und beteiligte sich daran, mich aufzuhalten, wobei sie schrie, wie unethisch ich mich doch aufführte. Sie hielten mich an Armen und Beinen gepackt, während ich mich mit aller Kraft zu befreien versuchte. Als es mir endlich gelang, mischte sich auch noch meine alte Freundin Melinda Bleeker ein und warf sich auf mich. Ich spuckte ihr ins Gesicht, woraufhin sie mich einen Moment lang losließ. Womöglich hätte ich es sogar aus der Tür geschafft, wäre nicht der herbeigerufene Security Guard gewesen, der gerade mit dem Fahrrad ankam. Er sagte mir, dass ich nirgendwohin gehen würde, und er klang äußerst entschieden.

Inzwischen wollte ich nur noch weg und strampelte wild mit Armen und Beinen. Ich versuchte sie abzuschütteln, aber sie zogen mich in alle vier Richtungen. Und selbst wenn ich mich von einem oder mehreren Mädchen losreißen konnte, kam ich noch immer nicht an dem Sicherheitsmann vorbei. Die rückwärtige Tür war nach Mayras kürzlichem Fluchtversuch fest verschlossen, womit diese Option also auch wegfiel. Außerdem ließ sich Mayra die Chance zur Rehabilitation nicht nehmen und hielt mich gnadenlos umklammert.

Einige Male konnte ich mich fast befreien. Dann sah ich Tom vor der Tür stehen. Anscheinend hatte Olivia ihn benachrichtigt. Er wollte auf die ernste, rationale Weise versuchen, mich in den Griff zu bekommen. Zuerst weigerte ich mich vor lauter Wut, mit ihm zu reden, doch rasch wurde mir bewusst, dass er allein mich hier rausholen konnte.

»Beruhige dich, Jenna«, sagte er, »dann werde ich mich oben in meinem Quartier mit dir unterhalten und sehen, ob wir zu einer Lösung kommen.« Mein vergeblicher Kampf hatte mich erschöpft, und so willigte ich zögernd ein.

Oben in seinem Zimmer setzten wir uns beide hin. »Dass es so weit kommt, habe ich nicht gewollt, aber ich begreife nicht, was in dich gefahren ist. Als wärst du plötzlich ein anderer Mensch geworden. Was ist los?«

Idiotischerweise bemühte ich mich ehrlich zu sein. Ich erzählte ihm die ganze Geschichte mit Martino, wie ich zur CMO stand und warum ich den Antrag an Tante Shelly geschrieben hatte. Als ich fertig war, schwieg er einen Moment und schien über das Gesagte nachzudenken.

»Ich verstehe, Jenna. Ich werde versuchen, morgen alles wieder in Ordnung zu bringen.«

Am nächsten Morgen ging ich zum Kurs, wo ich Martino sah und ihm erzählte, was geschehen war. Er war beunruhigt und sorgte sich um mich. In seinen Ohren klang die ganze Situation verrückt. Etwa eine Stunde später erschien Tom im Kursraum und erklärte, Martino und ich sollten ihm folgen. Ich bat Tom, Martino aus der Sache rauszuhalten, und er tat mir zumindest vorläufig den Gefallen.

Wir fuhren eine Weile, und ich merkte, dass wir zur Hacienda zurückkehrten. Er sagte mir, ich würde auf der Hacienda MEST-Dienst verrichten und mein Programm absolvieren. Abgesehen von Martinos Entlastung hatten all meine Worte ganz offensichtlich nichts bewirkt. Erwartete man nun wirklich, ich würde Reue zeigen und meine Strafe akzeptieren? Ich lehnte jede Maßregelung ab, die meinem Vergehen nicht angemessen war.

Meine Wut kochte wieder hoch, und ich verweigerte erneut jeglichen MEST-Dienst. Mayra drang mit unterschiedlichen Taktiken auf mich ein, schrie mich an, redete mit mir, flehte mich an, aber ich gab nicht nach. Natürlich hatte ich schreckliche Angst, aber ich wollte nicht länger in der CMO bleiben, und das erklärte ich Mayra auch. Ich sagte sogar, dass ich mir nicht mehr sicher sei, der Sea Org angehören zu wollen. Wie jedes gute Sea Org-Mitglied berichtete sie all das natürlich sofort nach oben.

An diesem Abend kam Tom in mein Zimmer. »Deine Eltern sind am Telefon und wollen mit dir sprechen.« Tom blieb während des Gesprächs direkt neben mir sitzen. Sie erzählten, dass sie gehört hätten, ich würde in Schwierigkeiten stecken. Sie erinnerten mich daran, was ich bereits geleistet hatte, wie stark ich war und dass ich diese Phase meistern konnte. Auch sie hätte ihr Programm erfolgreich zu Ende geführt, erwähnte Mom noch, um mich zu beruhigen und zu motivieren. Außerdem würde sich Tom um mich kümmern, das habe er versprochen. Seit meiner Übersiedlung nach Florida war Tom mein *Guardian*, und im Großen und Ganzen waren wir immer gut miteinander ausgekommen. Das hatte sich mit dem letzten Vorfall jedoch vollkommen geändert.

»Denk daran, uns anzurufen und auf dem Laufenden zu halten«, sagten sie.

»Ich rufe euch morgen zurück, wenn ich kann.«

Ich war weiter fest entschlossen, nicht nachzugeben. Ich blieb einfach stur. Vor harter körperlicher Arbeit hatte ich keine Angst, daran lag es nicht. Es ging ums Prinzip. Ich hatte bereits reichlich MEST-Dienst auf der Hacienda verrichtet und hätte falls nötig problemlos noch mehr machen können. Aber ich hatte einfach keine Lust. Klar, mein Auditoren- und Security-Trainer war größer und stärker, und sie konnte sich durchsetzen, indem sie mich stundenlang im Raum festhielt.

Am Ende bekannte ich mich zu ein paar Withholds und tat erleichtert, damit meine Nadel ausschlagen und sie die Sitzung beenden konnte. Auditoren standen unter beträchtlichem Druck, sich keinerlei Withholds entgehen zu lassen, und konnten eine Sitzung nicht abschließen, bevor sie nicht einen Erfolg verbucht hatten. In vielen Fällen spielte ich nur aus Mitgefühl für den Auditor mit.

Am nächsten Tag kam Mr. Anne Rathbun zu mir. Ich dachte schon, sie würde mich womöglich verteidigen, aber da sollte ich mich irren. Ihrer Meinung nach verhielt ich mich derart unangebracht und out ethics, dass es schon einer Untertreibung gleichkomme zu behaupten, sie sei von mir enttäuscht. Sie ermahnte mich, ich solle gefälligst wieder zu Sinnen kommen, und schüchterte mich mit ihrer emphatischen Ansprache gehörig ein. Bei meinem nächsten Auditing probierte ich aus, ob mir größeres Entgegenkommen irgendwie weiterhalf, aber es nützte nichts. Übrig blieb lediglich das Gefühl, etwas gegen meinen Willen zugelassen zu haben.

Als ich am nächsten Morgen aufwachte, wurde mir gesagt,

dass ich unverzüglich zur Base kommen müsse, wo jemand dringend mit mir reden wolle. Es handele sich um einen Notfall, ich solle nur schnell irgendetwas anziehen und zur Base kommen. Ich bekam einen fürchterlichen Schrecken.

Den Fahrer kannte ich von der CMO. Er raste wie ein Verrückter auf dem Weg zum WB. Oben empfing mich Mr. Rathbun und wies mich barsch an, meine Overts und Withholds aufzulisten, während ich im Auditing-Raum wartete. Ich schrieb bereits, als ein paar Minuten später Onkel Dave eintrat. Er wirkte unzufrieden.

»Was machst du da?«, fragte er.

»Ich schreibe meine Overts und Withholds auf, wie Mr. Rathbun es mir aufgetragen hat«, erwiderte ich.

»Hmm, verstehe«, sagte er sehr distanziert. »Steckst du in ethischen Schwierigkeiten?«

»Ja, Sir«, sagte ich und wäre beinahe in Tränen ausgebrochen.

»Weshalb?«, wollte er wissen.

»Ich habe versucht, meine Eltern anzurufen, und ich habe mich mit anderen geschlagen und ...«

Er schnitt mir mit einem gebrummten »unfassbar, einfach unfassbar« das Wort ab. Dann hob er seine Stimme deutlich und sagte: »Es wird keinerlei Sonderbehandlung mehr für dich geben.« Mit dieser Erklärung verließ er das Zimmer. Er hatte sich nicht einmal meine Geschichte zu Ende angehört. Seine Wut besänftigt hätte das allerdings auch nicht.

Nur Sekunden später trat Tante Shelly ein, gefolgt von dem CO, Olivia und Mr. Anne Rathbun. Sie stellten sich alle mit verschränkten Armen an einer Seite des Zimmers auf und sahen mich an. Tante Shelly war besonders aufgebracht.

»Jenna, ich war stets wie ein Guardian ... nein, wie ein Guardian Angel zu dir«, begann sie, ihre Großzügigkeit zu beschreiben. »Ich hab dir meine Zeit geschenkt, mich um dich gesorgt, und du nutzt das alles bloß aus.« Dann fasste sie zusammen, was sie von mir hielt. »Du hast dich absolut empörend aufgeführt. Was ist denn in dich gefahren? Du lernst irgendeinen Schwachkopf kennen und benimmst dich sofort wie er?« Offenbar spielte sie auf Martino an.

Und so ging es weiter und weiter. Sie stellte klar, dass Onkel Dave der einzige Mensch auf dem Planeten war, der direkt bei der Int Base anrufen dürfe, führte an, dass ich immer schon beim geringsten Anlass zu meinen Eltern gerannt sei, womit ich diese – Verstoß eins – von ihrer Arbeit abhielt und mich außerdem – Verstoß zwei – übertrieben hilfsbedürftig und privilegiert aufführte.

Ich wollte einwerfen, dass ich die beiden in den vergangenen drei Jahren nur einmal gesehen hatte, aber sie ließ mir keine Chance.

»Untersteh dich, mir Widerworte zu geben!«, bellte sie.

Sie fuhr mit ihren Vorwürfen fort und verwertete dazu meine Petition und alles, was sie sonst noch über mein Verhalten erfahren hatte. Mein Flirten während der Kurse sei entschieden out ethics und rangiere gerade mal eine Stufe unter Sex. Gegenüber meinen Auditoren sei ich stets unethisch und unkooperativ aufgetreten und habe sie nun auch noch physisch angegriffen, indem ich Olivia geschlagen und Melinda angespuckt hatte. Der zornige Blick, mit dem sie mich während ihrer Schimpftirade bedachte, brachte mich schließlich zum Weinen.

»Genau so, du führst dich auf wie ein Baby«, sagte sie wütend. »Das ist bloß noch einer von deinen Tricks. Also hör auf damit, sofort.«

Ich unterdrückte meine Tränen mit aller Macht, aber sie war noch nicht fertig.

»Wo du auch hingehst, hinterlässt du einen Trümmerhaufen. Die Ranch wurde deinetwegen eingerichtet, und jetzt ist sie deinetwegen ein einziger Chaosladen, den ich wieder in Ordnung bringen muss.«

An diesem Punkt hätte sie alles erzählen können, dermaßen absurd waren ihre Anschuldigungen geworden. Und mit ihrer nächsten Drohung setzte sie noch eins drauf. »Wenn du so weitermachst, wird dein Name geändert werden müssen, da er völlig out PR ist.« Sie spielte darauf an, dass ich als eine Miscavige meine Familie repräsentierte und mein Verhalten daher vorbildlich zu sein hatte. »Du wirst ein Programm absolvieren, und du wirst gefälligst kooperieren. Du wirst dich einsichtig zeigen und dich gefälligst daran halten.«

Ihre Stimme klang ernst. »Ja, Sir«, beeilte ich mich zu sagen, als sie sich zum Gehen wandte.

»Werden Sie denn noch mit mir sprechen?«, fragte ich flehentlich und versuchte, nicht wieder in Tränen auszubrechen.

»Ich weiß es nicht, Jenna«, sagte sie und ließ ein wenig Betrübnis und gerade die richtige Dosis Verführung mitschwingen. »Vielleicht, wenn du dein Programm erfolgreich abschließt.« Mit diesen Worten marschierte die ganze Gruppe aus dem Zimmer.

Ich konnte nicht fassen, wie ich es so weit hatte kommen lassen, wie unethisch ich mich verhalten hatte. Ich hatte alles aufs Spiel gesetzt, wofür ich mein ganzes Leben gearbeitet, wovon ich geträumt hatte, und das für einen Typen, den ich erst ein paar Monate kannte. Mir war bewusst, dass ich das wiedergutmachen musste, dass ein langer Weg vor mir lag, aber ich schwor mir, es zu schaffen. Ich war kaum mit dem Gedanken zu Ende, da kehrte Anne Rathbun ins Zimmer zurück, schloss die Tür hinter sich und befahl mir mit durchdringendem Blick, die Mülleimer auszuleeren.

KAPITEL 20

Strafe

Mr. Anne Rathbun unterzog mich einem Ethik-Interview mit E-Meter, im Grunde genommen einem auf eine Sitzung komprimierten Security-Check, und degradierte mich anschließend mit sofortiger Wirkung ins CMO EPF. Nachdem so viel schiefgelaufen war und sich sogar mein Onkel und meine Tante eingeschaltet hatten, war ich noch froh, dass die Strafe nicht schlimmer ausfiel. Ich konnte nicht glauben, dass ich wieder dorthin zurückkehren musste. Um meine Degradierung sichtbar zu machen, musste ich eine andere Uniform tragen. Mayra, Julia und ein weiteres Mädchen waren alle wegen Flirtens ebenfalls ins EPF gesteckt worden.

So streng und abgesondert wie beim RPF war es hier zwar nicht, aber es blieb erniedrigend, und darin lag ja auch die Absicht. Jede Mahlzeit bestand für uns aus Reis mit Bohnen. Ich musste Security-Checks über mich ergehen lassen und wurde dem Wäsche- und Putzdienst zugeteilt. Wohnen durften wir weiterhin in unserem Quartier auf der Hacienda. Anfangs quälte ich mich jeden Abend vor dem Schlafen mit Selbstvorwürfen über meine vielen Schwächen und hielt mich für die unwürdigste Person in der gesamten Sea Org. Ich bedauerte nicht, Martino getroffen zu haben, war jedoch von meinem unethischen Verhalten enttäuscht. Ich verstand nicht, wie ich meine Familie so hatte hintergehen und mich derart gegen sie hatte auflehnen können. Es würde mich noch viel Zeit kosten, so freundlich, respektvoll und glaubenstreu zu werden, wie es von mir erwartet wurde.

Morgens nach dem Aufwachen fühlte ich mich völlig mutlos, ohne Hoffnung auf Besserung, als würde eine dunkle Wolke über meinem Kopf hängen. Mir wurde gesagt, Cece, Martino, Tyler und die anderen hätten sich nur meines Namens wegen mit mir angefreundet, nicht weil ich ihnen sympathisch gewesen wäre. Es wurde mir nicht erlaubt, mit ihnen zu sprechen. Ich besaß kein eigenes Leben und nichts, worauf ich mich hätte freuen können. Es kostete mich alle meine Kräfte, jeden Morgen aufzustehen und die Aufgaben zu erledigen, die mich wieder aus diesem Elend herausbringen sollten. Damit zeigte ich natürlich genau die Reaktion, die man beabsichtigt hatte. In vielerlei Hinsicht ähnelte dies den Empfindungen, die ich mit zwölf bei meiner Ankunft auf der Flag gehabt hatte, doch diesmal war alles noch viel schlimmer.

Mayra hatte den Auftrag, mich zu beobachten und ständig im Blick zu behalten. Selbst im Waschraum musste sie vor meiner Kabine aufpassen. Es war mir verboten zu telefonieren, auch mit meinen Eltern. Sogar innerhalb des Wäschereidiensts wurden wir noch herabgestuft. Für die Schmutzwäsche der Leitungsebene waren wir nicht mehr vertrauenswürdig genug, stattdessen mussten wir für die CMO-Mitarbeiter waschen.

Im Zentrum meines Tagesablaufs standen die Security-Checks mit Mr. Rathbun. Inzwischen wurde mir klar, dass alle Freundlichkeit, die sie mir gegenüber demonstriert hatte, nur gespielt gewesen war. Im Grunde genommen hasste sie mich. Da ich jetzt bei Onkel Dave und Tante Shelly in Ungnade gefallen war, hatte sie es nicht mehr nötig, auf meine Verwandtschaftsbeziehungen Rücksicht zu nehmen. Jetzt konnte sie mir in aller Offenheit sagen, was für ein Riesenstück Scheiße ich doch war. Permanent betonte sie, ich würde eigentlich ins

RPF gehören und wäre nur mit viel Glück davongekommen. Manchmal fand ich den Mut, ihr zu sagen, dann solle sie mich doch einfach überstellen, statt hier ihre kostbare Zeit mit mir zu verschwenden. »Vielleicht tue ich das auch«, schnappte sie dann zurück, ohne jedoch jemals etwas zu unternehmen.

Unsere Sitzungen waren lächerlich. Der Ablauf blieb immer der gleiche.

»Hast du deinen Namen in unangemessener Weise dazu benutzt, deine persönlichen Wünsche durchzusetzen?«, fragte sie etwa und sah mich erwartungsvoll an, so als hätte der E-Meter das bereits bestätigt.

»Nein«, antwortete ich dann, woraufhin sie rot anlief, die Lippen zusammenpresste und sich anscheinend nur mit größter Selbstbeherrschung davon abhalten konnte, mir für diese dürftige Antwort auf ihre Frage nicht eine schallende Ohrfeige zu verpassen.

Anschließend wiederholte sie zwanzig Minuten die gleiche Frage, bis ich mir endlich etwas aus den Fingern sog.

»Also gut«, begann ich an diesem Punkt und erklärte beispielsweise: »Letztens kam der Steward vom Service an unseren Tisch und fragte, ob wir noch etwas bräuchten, und ich bat ihn, ein wenig Butter zu bringen. Sofort war er mit der Butter zurück, und ich hatte den Eindruck, er beeilte sich nur so sehr, weil er wusste, wer mein Onkel war, und prompt hatte ich ein schlechtes Gewissen.«

Meine Antworten stachelten Mr. Rathbun unvermeidlich dazu an, sich noch üblere Dinge auszudenken. »Und, führte deine Bitte dazu, dass er die anderen nicht mehr nach bestem Vermögen bedienen konnte?« Gefolgt von: »Wie viele andere konnte er nicht bedienen, weil er zu sehr damit beschäftigt war, dir deine Sachen zu bringen?«

Der E-Meter hielt fünfzehn für die richtige Antwort, also

stimmte ich einfach zu. So liefen diese Security-Checks. Wer nichts zu gestehen hatte, musste geschickt genug sein, aus dem Stegreif etwas Passendes zu erfinden, um es hinter sich zu bringen.

War ich nicht beim Saubermachen, Wäschewaschen oder in Sitzungen bei Mr. Rathbun, dann hörte ich mir in der Mitarbeiterschule LRHs *State of Man*-Kongressvorträge an. Im typischen LRH-Stil rangierten die Themen dieser Vorlesungen von diversen griechischen Philosophen über die Geschichte des alten Roms und dessen Niedergang wegen Out 2Ds bis zu all den früheren Leben, die L. Ron Hubbard während dieser Zeiträume angeblich gelebt hatte. Letzten Endes ging es darum, wie wichtig Ehrlichkeit und untadelige Gefolgsleute waren. Alle, die Scientology ablehnten oder die schlecht über andere Menschen oder Dinge sprachen, taten das nur, weil sie etwas Schändliches zu verbergen hatten. Inwiefern ihre Aussagen tatsächlich zutrafen, spielte dabei keine Rolle.

Mit anderen Worten, wer mit etwas nicht einverstanden war und den Mund aufmachte, dem wurde vorgeworfen, bloß selbst etwas zu verbergen zu haben. Und wenn sich in dessen heutigem Leben nichts finden ließ, dann musste dieses Fehlverhalten aus der persönlichen Vergangenheit rühren. Daher war mir nie klar, ob ich womöglich nur so fühlte, weil ich in meinem früheren Leben die schrecklichsten Verbrechen begangen hatte, die man sich überhaupt vorstellen konnte. Verbrechen, die so schlimm waren, dass sie in meinem tiefsten Inneren vergraben waren. Worin aber bestanden diese verborgenen Verbrechen, die mir jeder einzureden versuchte?

An einem der vielen eintönigen Tage saß ich mittags in den Schulungsräumen und hörte meine Bänder, als ein Mädchen eintrat, dessen Gesicht mir bekannt vorkam. Es war Kiri, ihm folgten ungefähr zwanzig weitere Kids von der Ranch, darunter auch B. J. Ich war verblüfft. Ich konnte mir nicht erklären, was sie hier wollten. Sobald sie mich sahen, lächelten und winkten sie alle aufgeregt, als sie jedoch näher kommen wollten, ermahnte die Aufsicht sie zum Weitergehen, da Gespräche im Kursraum strikt verboten waren.

Mayra behielt mich ständig im Auge, das hatte ich nicht vergessen, aber ich wusste auch, dass sie während der Kurse nicht dazu verpflichtet war, mir auf die Toilette zu folgen. Jetzt musste nur noch Kiri dieselbe Taktik anwenden. Und tatsächlich warfen Kiri und ihre Freundin Caitlin mir zwanzig Minuten später vielsagende Blicke zu und gingen in Richtung Toiletten.

Ich wartete eine knappe Minute und erhob mich dann ebenfalls. »Wohin willst du?«, fragte Mayra. Ich sagte, ich müsse auf die Toilette, und sie gab ihr Einverständnis unter der Bedingung, anschließend einen E-Meter-Check durchzuführen. Gib mir zehn Meter-Checks, dachte ich. Mir doch egal. Ich wollte bloß meine Freundinnen treffen.

Sie erwarteten mich bereits. Ich umarmte sie herzlich und freute mich riesig. Dann wollte ich wissen, was sie hier machten.

»Wir sind ins EPF gesteckt worden«, erklärte Kiri. »Wir werden jetzt auf die Flag versetzt.« Ich erschrak.

»Und was ist mit der Ranch?«, fragte ich.

»Deine Mom und dein Dad waren im Rahmen irgendeiner Spezialmaßnahme auf der Ranch, um für jeden von uns einen Guardian zu finden und uns dann auf die Flag zu schicken. Wer untauglich für die Flag war, kam ins PAC. Auf der Ranch ist keiner mehr.«

Es verschlug mir die Sprache. Eine Ranch ohne Kinder war kaum vorstellbar. Keiner wusste genau, warum sie geschlossen wurde. Jahre später erwähnte Mom erst, dass Onkel Dave ihr gegenüber gesagt habe, die Ranch sei nicht nur eine Geldver-schwendung, sondern auch eine störende Ablenkung für die El-tern auf der Int Base. Die Kids sollten in scientologischen Stu-dien geschult werden und einen richtigen Job erlernen.

Trotz meines Entsetzens freute ich mich wahnsinnig, dass sie in Clearwater waren. Aber ich sah auch die Angst in ihren Gesichtern. Sie alle waren gerade an einen Ort dreitausend Mei-len weit weg von ihren Eltern in der Int geschickt worden. Doch zumindest blieben sie zusammen. Ich hatte vor drei Jahren den Trip mit gerade mal zwölf Jahren ganz allein machen müssen. Ich umarmte sie noch einmal und beruhigte sie, dass es ihnen hier schon gefallen würde. Sie erkannten an meiner CMO EPF-Uniform, dass ich in irgendwelchen Schwierigkeiten steckte, und ich erzählte ihnen in aller Kürze, was geschehen war.

In diesem Moment kam Mayra herein. Augenscheinlich wusste sie, was ablief, war aber glücklicherweise nicht in Petz-laune. Sie schien bereit, Stillschweigen über unser Toilettentref-fen zu bewahren, bedeutete uns mit ihren Blicken jedoch, jetzt Schluss zu machen. Kiri, Caitlin und ich drückten einander die Hände und kehrten zu unseren Textstudien zurück.

In der Folgezeit war es der Höhepunkt meines Tages, wenn sie in den Kursraum traten und lächelten und mir zuwinkten. Ich versuchte immer, einen Platz mit Blick zur Tür zu ergattern, allerdings hatte ich nicht immer Erfolg. An einem anderen Tag in dieser Woche ging ich in ihren Kursraum unter dem Vor-wand, dort putzen zu müssen. Kiri erzählte mir unter Tränen, wie sehr es sie ängstigte, so weit von ihren Eltern entfernt zu wohnen. Ich versuchte, sie zu beruhigen, und versicherte ihr, immer für sie da zu sein.

Etwas später an diesem Tag beschloss ich, mich für meine Freundinnen, die unübersehbar Probleme hatten, einzusetzen. Da ich ganz ähnliche Erfahrungen gemacht hatte, glaubte ich mich in der idealen Lage, helfen zu können. Ich schrieb meinem CO und berichtete ihr, dass einige der neuen Kadetten vermutlich irritiert und beunruhigt waren, weil sie ihre Eltern nicht mehr sehen konnten. Ich erzählte, wie niedergeschlagen Kiri war, und regte an, doch etwas dagegen zu tun, etwa eine große aufmunternde Sitzung für sie zu gestalten. Ich bot sogar an, selbst eine motivierende Rede zu halten.

Mein Plan ging nach hinten los. Am nächsten Tag nahm mein CO mich beiseite und schrie mich an: »Die Kinder von der Ranch sind noch keine Woche hier, und du flößt ihnen bereits dein Gift ein! Ich habe mit Kiri gesprochen. Es geht ihr ausgezeichnet!« Sie verbot mir, mit ihnen zu sprechen und sie zu treffen.

Ich spürte, wie ich vor Wut rot anlief, aber noch mehr Widerworte und ich würde ins RPF wandern. Julia reizte mich auch so schon bis zur Weißglut mit ihren ständigen gezielten Anfeindungen. Zu ihrer chronischen Quasselsucht kam jetzt noch ihr Hass auf mich, und diese Kombination war tödlich. Solange Höherrangige in der Nähe waren, gab sie sich übertrieben freundlich und höflich. Doch sobald sie fort waren, betrachtete sie mich voller Abscheu. Durch ihre anbiedernde Art und die Anschwärzungen anderer wuchs ihre Beliebtheit bei den Oberen immer stärker. Im Gegensatz dazu erhielt ich die Anweisung, nicht den üblichen Hin- und Rückweg zum WB zu nehmen, damit ich nicht versehentlich Onkel Dave oder Tante Shelly begegnen und sie stören würde.

Wochenlang musste ich all die negativen Bezeichnungen ertragen, mit denen Julia, mein CO und Mr. Anne Rathbun mich bedachten. Letztere griff mich nach jeder Sitzung persönlich an, nannte mich out ethics, einen Verbrecher und schließlich eine SP. Die dauernden Vorhaltungen, wie böse und schlecht ich doch sei, nötigten mich dazu, meine eigenen Empfindungen, Absichten und innersten Überzeugungen zu hinterfragen. Daraufhin vollzog sich bei mir ein geistiger Wandel. Ich begriff, dass all diese Leute, die mich als böse bezeichneten, ein einziger Haufen von Heuchlern waren, nichts weiter. Sie behaupteten, aus Sorge um andere Menschen zu handeln, obwohl in Wahrheit ihre Selbstsucht leicht auszumachen war. Man musste nur danach suchen und seinem Urteil vertrauen. Ich wusste, ich hatte Fehler gemacht, aber ich wusste auch, dass meine Vergehen keineswegs so schlimm waren, wie meine Umgebung mir einreden wollte.

Plötzlich hatte ich keine Angst mehr, die Dinge beim Namen zu nennen und meinem Urteil über andere, aber auch über mich selbst Vertrauen zu schenken. Bis dahin hatte ich meine Gefühle stets mit dem verglichen, was ich laut Scientology eigentlich empfinden sollte. Fühlte ich etwas anderes, dann lag das sicherlich an mir. Folgerichtig zweifelte ich ständig an mir selbst. Ich zweifelte daran, ein guter Mensch zu sein. Ich zweifelte daran, dass meine Freunde gute Menschen waren. Ich zweifelte daran, die richtigen Empfindungen zu haben – und das alles nur, weil Scientology mir das Gefühl gab, dass ich das Problem sei.

Zum ersten Mal konnte ich mich nun als das sehen, was ich war: ein Mensch, der Fehler machte und sich bessern wollte. Ich mochte nicht die besten Entscheidungen getroffen haben, aber deshalb war ich noch lange nicht schlecht oder gar böse. »Böse« – damit hatten sie den Bogen überspannt. In der ein oder anderen Frage hatte ich vielleicht schon geschwankt, aber ich war fest davon überzeugt, nicht böse zu sein. Das Leben anderer Menschen bedeutete mir viel, dessen war ich mir sicherer als irgendetwas sonst. Meine Freunde bedeuteten mir extrem viel, und ich hätte ihr Wohl jederzeit über mein eigenes gestellt. Ich konnte also keine SP sein, denn SPs dachten anders. Ich hegte nicht den geringsten Zweifel daran, ein guter Mensch zu sein, und es war mir völlig egal, was andere darüber dachten oder sagten, mochten sie auch noch so bedeutend sein.

Mit dieser Erkenntnis begann ich mit einem Mal auf mich selbst zu hören. Statt meine Gefühle und Wahrnehmungen abzutun, folgte ich ihnen nun, selbst wenn sie mich zu einer Ansicht führten, die Scientology für falsch hielt.

Es war erstaunlich. Wenn mich jetzt jemand anschrie, sagte ich lediglich »Yes, Sir«, und dies derart gelangweilt, unglaubwürdig und sinnentleert, dass es die Leute mit der Zeit richtig auf die Palme brachte. Ich ließ sie einfach nicht an mich herankommen. Ich lächelte sogar ein wenig, da ich ihnen sowieso nicht zuhörte und sie sich dann so schön aufregten. Bei Dienstgruppentreffen wurde ich aufgefordert, vor versammelter Mannschaft meinen *Flap* zu schildern. Dabei handelte es sich um irgendeinen Schnitzer, der in meinen Sitzungen zur Sprache gekommen war. Womöglich hatte ich einer Freundin zugelächelt, was mangelnder Konzentration auf meine Studien gleichkam. Oder ich hatte mich kurz mit Mayra unterhalten, statt wie ein Sklave zu schuften. Jeder kleine Fehler musste in meinen Sitzungen behandelt werden.

»Jenna, hast du einen Flap zu berichten?«, forderte mich der CO dann vor allen anderen auf.

»Nein, außer dem, über den jeder hier Bescheid weiß und von dem ich letzte Woche bereits berichtet habe«, erwiderte ich.

Das würde mir unweigerlich neue Vorwürfe einbringen. »Oh, wirklich sehr clever, Jenna! Musst du wieder vor allen den Klugscheißer gegenüber deinem CO abgeben! Ändere gefälligst deine Einstellung, oder du landest ganz schnell beim Töpfe- und Pfannenspülen in der Kombüse!« Sie benutzte mich vor den anderen als Musterbeispiel, wie man sich nicht zu verhalten hatte.

Toms Frau Jenny war inzwischen auf der Flag und beklei-

dete den ehemaligen Posten meiner Mom im Überwachungs-
ausschuss. Ich erinnerte mich noch immer gern an die Zeit, die
ich mit ihr bei meinem Key to Life-Kurs verbracht hatte. Sie
wollte mit mir allein sprechen in der Hoffnung, meine Sicht
der Dinge ändern zu können. Sie erzählte mir, dass auch sie ein
paarmal in Schwierigkeiten gesteckt und nicht immer die Folgen, die sich daraus für sie ergeben hatten, für gerechtfertigt
gehalten habe, doch das wiederholte Aufsagen von zwei Regeln
LRHs für glückliches Leben habe ihr bei der Bewältigung dieser Phase geholfen. Die eine, »Sei zu allen Erfahrungen fähig«,
und die andere, »Verursache nur Dinge, die andere problemlos
zu erfahren fähig sind«.

Ich war mir nicht ganz sicher, ob ich sie richtig verstand,
glaubte jedoch, dass sie auf meiner Seite war. Am nächsten Tag
appellierte sie dann aber vor allen anderen an mich, dankbar zu
sein dafür, dass mir so viel geschenkt wurde, und mehr Mitgefühl zu zeigen.

Ich war perplex. »Mitgefühl?«, fragte ich. »Meinen Sie das
im Ernst?«

Ich hatte diesen ganzen Ärger doch nicht, weil ich zu wenig, sondern weil ich zu viel Mitgefühl gezeigt hatte. Ich hatte
mit Menschen Freundschaft geschlossen, die als zu tiefstehend
für Freundschaften angesehen wurden. Unwillkürlich ging mir
durch den Kopf, wie widersprüchlich und selbstgefällig eine
anerkannte Autorität hier doch auftrat.

Ich hatte lediglich versucht, Kiri ein wenig Sicherheit zu geben, weil ich früher ebenso verängstigt gewesen war wie sie.
Ich hatte mich also um das höhere Wohl bemüht und war dafür als selbstsüchtiges, privilegiertes Gör hingestellt worden. Im
Moment hatte ich nicht den Eindruck, dass die CMO sich dem
Dienst an der Menschheit verpflichtet fühlte. Es schien ihr vielmehr um ein Anziehen der Daumenschrauben zu gehen.

Jenny tat meine heftige Reaktion mit einem Lachen ab. »Na, das war ja wieder echt Jenna.« Keine Ahnung, was sie damit meinte, aber wenigstens wurde ich nicht beschuldigt, Widerworte gegeben zu haben.

Nach zwei Monaten gab Mr. Rathbun meine Security-Check-Sitzungen an Jelena ab, einen CMO-Auditor. Jelena trug während unserer Sitzungen stets einen Kopfhörer und ein Mikro. Immer wieder konnte ich hören, wie ihr über Kopfhörer Anweisungen erteilt wurden, welche Fragen sie mir stellen sollte, wodurch die Sitzungen häufig bis zu acht Stunden dauerten. Um die Sache hinter mich zu bringen, konnte ich nur so schnell wie möglich antworten und versuchen, die Nadel ins Schweben zu bringen, indem ich an etwas Erfreuliches dachte – eine Aufgabe, die mir in letzter Zeit zunehmend Probleme bereitete.

Nach einigen Monaten im EPF wurde mir eines Tages endlich wieder erlaubt, mit allen anderen sonntags zur Schule zu gehen. Dort sah ich auch Martino wieder. Da Mayra zu alt für die Schule war, stand ich an diesem Tag unter der Beobachtung von Steven, einem jungen CMO-Mitglied. Ich bemerkte sofort, dass Martino, der zu MEST-Dienst abkommandiert worden war, ebenfalls Aufpasser hatte. Als Steven für einen Moment den Anschluss verlor, schlüpfte ich rasch in den Raum, in dem Martino sich aufhielt.

Er wirkte sehr vorsichtig. Ich bedeutete ihm, dass ich mit ihm reden wolle, aber er sah nur zu seinen beiden Begleitern, die mich misstrauisch beäugten. Ich winkte ihm, trotzdem zu kommen. Seine Aufpasser tauschten Blicke aus und sahen dann fort, was hieß, sie würden tun, als merkten sie nichts. Sie waren halt nur Kadetten und damit nicht so engstirnig wie die CMO-Leute, die mich verfolgten. Tränen traten mir in die Augen, sobald Martino sich näherte.

»Es tut mir so schrecklich leid«, flüsterte ich ihm zu. »Ich habe nie gewollt, dass so etwas geschieht. Ich hab sie angefleht, dich aus alldem herauszuhalten. Es ist mir so furchtbar unangenehm, dich hineingeritten zu haben.«

Er fiel mir ins Wort und wollte davon nichts hören. »Aber das ist doch nicht deine Schuld«, sagte er. »Davon kann überhaupt keine Rede sein. Ich habe eher das Gefühl, dir alles versaut zu haben. Immerhin steckst du jetzt im CMO EPF.« Entschuldigend deutete er auf meine Uniform.

In diesem Augenblick kam der kleine Steven herein. »Was ist denn hier los?«, fragte er im ernsten Ton eines Polizeibeamten, aber mit der Stimme eines kleinen Jungen. Er war erst zehn und einen ganzen Kopf kleiner als ich. Es wäre in jeder Situation schwierig gewesen, ihn überhaupt ernst zu nehmen, aber es war schon bestürzend zu sehen, wie gebieterisch ein kleiner Junge als Wächter auftreten konnte, sobald man ihm ein wenig Macht gab. Martino drückte mir kurz die Hand, dann wandte er sich zum Gehen. Die beiden Jungs, die ihn beobachteten, waren Freunde von ihm, und so würde er nach diesem Miniplausch vermutlich eher ungeschoren davonkommen als ich.

Nachdem Martino verschwunden war, sah ich Steven bittend an, nichts zu sagen. Steven war vor dieser ganzen Sache mal mein Freund gewesen. Ich hatte ihn sogar einmal vor dem Zorn Julias gerettet und hoffte nun, er würde sich revanchieren, aber ich hatte Pech. Ein paar Minuten später hing er bereits am Telefon und berichtete, was vorgefallen war. Ungefähr eine halbe Stunde dauerte es, dann fuhr der Wagen der Org am Quality Inn vor, um mich abzuholen. Die Schule war beendet, bevor sie begonnen hatte. Ein weiterer Besuch wurde mir verboten.

Es schien unmöglich, den Kreislauf zu durchbrechen. Selbst wenn ich mich tadellos verhielt, tauchten unentwegt Dinge auf, die mich zurückwarfen. Es raubte mir die letzten Kräfte.

Ich war bereits seit Monaten ein Schandfleck für das ganze Universum, als mein CO mich fragte, was mich davon abhielt, mein Programm erfolgreich zu absolvieren. Ich war ehrlich und antwortete ihr, dass ich einige der Behauptungen, die über mich gemacht worden waren, einfach nicht auf sich beruhen lassen konnte. Etwa, dass ich beim geringsten Anlass sofort zu meinen Eltern rennen würde oder dass die Ranch meinetwegen geschlossen wurde. Außerdem war ich nicht einverstanden, wie viel Aufhebens darüber gemacht wurde, dass ich das Telefon benutzte. Ich erzählte ihr, mir sei aus vertraulichen Gesprächen mit Freunden von der Ranch bekannt, dass andere ständig mit ihren Eltern auf der Int telefonierten.

Ich bat um ein Gespräch mit Tante Shelly. Diese willigte zögerlich, aber auch erleichtert ein, so als hätte sie schon seit einer Weile mit mir reden wollen. Das Treffen fand in einem der Auditing-Räume im WB statt. Shelly trat schroff und reserviert auf und begrüßte mich nur mit einem kurzen Hallo statt mit der sonst üblichen Umarmung.

Nachdem ich meine Fortschritte aufgezählt hatte, fing ich an, die Vorwürfe, die man mir gemacht hatte, anzufechten. Doch sobald ich die Einzelheiten erwähnte, wurde sie stinksauer.

»Ich nehme mir extra Zeit, um mit dir zu reden, und dann willst du mir bloß erzählen, dass ich unrecht hatte? Selbst wenn einige Vorwürfe gegen dich nicht hundertprozentig zutreffend gewesen sein sollten, eine Menge Dinge in deiner Ethik-Akte stimmen definitiv.« Sie ließ ihre Worte wirken, bevor sie in sanfterem Ton fortfuhr: »Meiner Meinung nach gründen deine Schwierigkeiten in falsch verstandenen Worten aus Kursen, insbesondere Worten aus *Vol Zero*. Du musst einfach zurückgehen und die Worte clearen.« Das war ihre Art einzugestehen, dass ich nicht allein die Schuld trug und kein von Grund auf schlechter Mensch war.

Ich dachte schon, sie würde es dabei belassen, doch dann schloss sie noch eine Warnung bezüglich Männern an: »Viele gieren nach Macht und Informationen und heiraten aus diesem Motiv heraus CMO-Mädchen, die sie anschließend nach unten ziehen. Darauf musst du unbedingt achtgeben, denn in der Vergangenheit ist das schon oft passiert.«

Obwohl sie es nicht offen aussprach, war ich damit offenbar mehr oder weniger begnadigt. Die Nebenbemerkung über Männer bedeutete wohl, dass sie Martino eine Teilschuld gab und mich für sein ahnungsloses Opfer hielt. Ich sollte mich also von ihm fernhalten und mich auf das Clearing meiner missverstandenen Wörter konzentrieren. Shelly schloss mich nach der Unterhaltung sogar kurz in die Arme.

Wundersamerweise wurde ich am nächsten Tag bereits ganz anders behandelt. Anscheinend brachte Tante Shelly zumindest ein paar meiner Einwände Verständnis entgegen, denn ihr Sinneswandel war entschieden genug, sich sofort auf ihre Umgebung abzufärben. Ursprünglich hatte sie bestimmt demonstrieren wollen, dass Widerspruch ihr gegenüber nicht akzeptabel war und niemand damit ungeschoren davonkam. Allerdings dürfte ihre Wut weitgehend eine bloße Pflichtübung gewesen sein, da wahrscheinlich vor allem mein Onkel sich über meine unerwünschten Freundschaften aufgeregt hatte. Tante Shelly musste mächtig verärgert tun, weil sie sonst selbst in Schwierigkeiten geraten wäre. Was auch immer dahintergesteckt haben mochte, sie war es jedenfalls leid, auf mich sauer zu sein, und zeigte sich deutlich umgänglicher.

Plötzlich wurde ich nicht länger als Feind der Gruppe betrachtet, sondern als jemand, der immense Fortschritte auf seinem Weg der Erholung gemacht hatte und der schon bald wieder mit allen gut klarkommen würde. Damals betrachtete ich diesen Wandel schlicht als willkommene Erleichterung, aber rückblickend stellte er auf exemplarische Weise dar, welchen gewaltigen Einfluss Onkel Dave und Tante Shelly auf alle anderen ausübten. Monatelang hatte man mich vorgeführt und schikaniert. Ich war zurechtgestutzt und zum niedersten aller Geschöpfe erklärt worden. Und schließlich bedurfte es lediglich eines Gesprächs mit Tante Shelly, um die Dinge wieder ins rechte Licht zu rücken. In meinem Fall hatte sich dieser Einfluss zu meinem Vorteil ausgewirkt, da Tante Shelly mir wohlgesonnen war und mir vergeben wollte, aber ich musste mit Schrecken daran denken, was geschehen konnte, wenn Onkel Dave oder Tante Shelly jemandem schlichtweg nicht vergeben wollten.

Von meinen CMO EPF-Pflichten befreit war ich dadurch allerdings längst noch nicht. Immerhin wurden mir kurze Gespräche mit meinen Freunden von der Ranch gestattet, solange ich nicht zu engen Kontakt mit ihnen hatte. Schon bald kamen viele der Kinder von der Flag Cadet Org ins EPF, darunter Martino, Jasmine und Cece. Das war gut, denn meine Flag-Freunde schlossen rasch Freundschaft mit meinen Bekannten von der Ranch, insbesondere mit B. J., dem der Abschied von der Westküste noch immer große Probleme bereitete. Ein wenig wohl auch mir zuliebe kümmerten sie sich um ihn. Im November 1999, fünf Monate nach meiner Degradierung ins CMO EPF, durfte ich schließlich wieder aufsteigen.

Als nunmehr wieder vollwertiges Mitglied der CMO wurde mir ein neuer Aufgabenbereich zugeteilt. Ich wurde *Flag Crew Programs Operator*. Die Flag Crew bestand aus fünfhundert Leuten und war für den Betrieb jener fünf Hotels und vier Restaurants zuständig, die von öffentlichen Scientologen, wenn sie in Clearwater waren, genutzt wurden. Jedes Hotel hatte seine eigenen Zimmermädchen, sein eigenes Wartungspersonal, jedes Restaurant seinen eigenen Leiter, seine Kellner, Köche, Spüler und Hilfskellner. Meine Arbeit bestand darin, Programme durchzuführen, um organisatorische Störungen zu beseitigen.

Die Stellung gefiel mir viel besser, als ein Vollzeitschüler zu sein. Ich hatte einen Job, was ich mir immer gewünscht hatte. Ich war nicht den ganzen Tag in einem Kursraum eingesperrt, sondern konnte mich frei im Haus bewegen. Ich lernte neue Menschen kennen, gewann Freunde und hatte das Gefühl, etwas Produktives zu tun. Mein Chef, der den Betrieb leitete, war ein richtig cooler Typ. Er war intelligent, hilfsbereit, verständnisvoll, und er wusste meinen hohen Arbeitseinsatz zu schätzen. Gelegentlich wurde ich dafür gerügt, meine Zivilkleidung auf unschickliche Art zu tragen. Aus PR-Gründen war es uns gestattet, sonntags in Zivil herumzulaufen, aber mein CO musste mich wiederholt ermahnen, etwas anzuziehen, das weniger körperbetont und meiner Position angemessener war, da ich schließlich kein kleines Mädchen mehr sei. Meiner Ansicht nach war meine Kleiderwahl nicht sonderlich extravagant.

Martino sah ich kaum noch. Nach seinem Abschluss der EPF hatte er den Job übernommen, Preclear-Akten von und zu den jeweiligen Fallbetreuern zu bringen, und da das nichts mit meinem Bereich zu tun hatte, kam ich auch nur selten in seine Nähe. Ein- oder zweimal lief ich durch das Hotel, um zu sehen, ob ich ihm zufällig begegnete, hatte aber kein Glück. Ich liebte ihn noch immer und musste ständig an ihn denken. Ich hörte Gerüchte von anderen Mädchen, die in ihn verliebt waren, und nahm an, dass er dadurch abgelenkt wurde. Außerdem wusste ich, dass ihm mit RPF gedroht worden war, sollte er noch einmal Mist bauen. Zu unseren gemeinsamen Freunden hatte ich allerdings weiter engen Kontakt.

Weihnachten kam und ging, ein weiteres Weihnachten weit fort von meiner Familie, nichts weiter. Flüge zur Int, um Bier-

und-Käse-Partys zu besuchen oder mit den anderen Miscaviges Familientrips zur Skihütte zu unternehmen, waren schon lange Geschichte. Mit meinen Eltern hatte ich seit Juli, kurz bevor ich ins CMO EPF gehen musste, nicht mehr gesprochen. Ab und zu trafen Briefe ein, meist von Dad. Keine Ahnung warum, aber es verlieh mir ein wenig Sicherheit, sie wieder zusammen zu wissen. Es gab mir das Gefühl, als wäre alles wieder ein wenig so wie vor Don und vor Moms RPF. Vermutlich machten sie beide inzwischen ihre lange Trennung für Moms Affäre verantwortlich. Praktische Folgen hatte das alles für mich natürlich nicht, dafür traf ich sie zu selten.

Mit der Zeit gelang es mir besser, die ständigen Gedanken an Martino zu verdrängen. Ich wechselte meinen Unterrichtstag, damit ich ihm sonntags nicht begegnen konnte. Während der Kurse saß ich stets neben einem Jungen namens Wil, der sehr groß und sehr nett war. Er hielt mir immer einen Platz frei, daher wusste ich, dass er mich mochte. Er war cool und lustig, und er spielte Gitarre, was mich sehr beeindruckte. Ich unterhielt mich gern mit ihm, da er auch gut zuhören konnte. Er war nicht in der Sea Org aufgewachsen, und ich lauschte fasziniert, wenn er von seinem Leben in der Wog-Welt sprach.

Ich empfand für Wil jedoch nie dasselbe wie für Martino, auch wenn ich ihm nicht länger nachtrauerte. Alles verlief gut, bis ich eines Tages nach dem Unterricht mit den anderen auf den Bus zurück zur Hacienda wartete. Wil wartete mit mir und hielt meine Hand, um sich von mir zu verabschieden. Plötzlich sah ich Martino vorbeirennen. Demonstrativ sah er in die andere Richtung. Da wir nicht mehr am selben Tag Unterricht hatten, war es ein wirklich seltsamer Zufall. Ich hatte ihn seit Ewigkeiten nicht mehr gesehen. In der darauffolgenden Woche kam ich in den Kursraum und nahm neben Wil Platz. Auf der anderen Seite von ihm saß Martino und grinste mich breit an. Ich hatte absichtlich meinen Kurstag geändert, um ihm und neuen Scherereien aus dem Weg zu gehen, und nun saß er direkt an meinem Tisch. Ich war genervt und sogar ein wenig wütend auf ihn. In meinen Augen hatte er einfach das Interesse an mir verloren und dadurch natürlich meine Gefühle verletzt. Andererseits war es auch denkbar, dass er mir nur ausgewichen war, um keine Schwierigkeiten zu bekommen. So oder so, ich gab mir alle Mühe, über ihn hinwegzukommen, und glaubte auch, es geschafft zu haben.

Martino schien die Unruhe zu genießen, die er durch seine Anwesenheit erzeugte, was meinen Ärger noch verstärkte. Ich packte Wils Arm, und wir wechselten in den Nebenraum, aber Martino wechselte ebenfalls und setzte sich wieder direkt an unseren Tisch. Ich hätte ihn am liebsten gewürgt, aber selbst Wil fand die Sache offenbar eher komisch als unangenehm. Ich konnte einfach nicht begreifen, warum Martino das tat. Ich hatte endlich einen Schlussstrich gezogen, und jetzt mischte er sich wieder ein. Ich beschloss, so zu tun, als ob er nicht da wäre.

In der folgenden Woche sollte es noch schlimmer kommen. Ich hatte kürzlich Neuigkeiten von Justin gehört, von dem ich seit über einem Jahr keine Nachricht mehr bekommen hatte. Ein Freund von der Ranch, der die Flag besuchte, hatte mit ihm gesprochen und kannte seine Nummer. Ich nahm mir vor, ihn während der Mittagspause anzurufen.

Der Vorwahl zufolge musste er irgendwo in L. A. wohnen. Auch wenn er der Sea Org den Rücken gekehrt hatte, so dachte ich doch, dass er womöglich noch in irgendeiner Form zur Scientology gehörte. Eine junge Frau meldete sich und holte ihn ans Telefon. Sein »Hallo« klang alles andere als begeistert, während ich vor Aufregung ganz aus dem Häuschen war. Zuerst tat er, als wüsste er gar nicht, wer ich war. Endlich nach reichlich Drängen und Bohren sprach er ganz offen.

»Hör mal. Meine Familie interessiert mich einen Dreck. Sie bedeutet mir überhaupt nichts. Du bist mit Ronnie und Bitty zusammen und ziehst deren Ding durch, und mit denen will ich auch nichts mehr zu tun haben.«

»Aber, Justin, ich bin gar nicht mit ihnen zusammen. Ich habe mit ihnen seit ewigen Zeiten nicht geredet. Was haben denn die Probleme, die du mit ihnen hast, mit mir zu tun?«

Es hatte alles keinen Sinn. Man konnte mit ihm nicht vernünftig reden.

»Die beiden interessieren mich einen Dreck. Und du interessierst mich auch einen Dreck. Ich hab keine Schwester.«

Mit diesen Worten legte er auf.

Ich war am Boden zerstört. Ich hatte keine Ahnung, was gerade geschehen war oder warum. Und dabei war es nicht ganz ungefährlich für mich gewesen, ihn anzurufen.

Als ich zurück in den Unterricht ging, konnte ich nur mit Mühe die Fassung bewahren. Ich hatte mit Justin zwar seit seiner Trennung von der Sea Org nicht mehr geredet, dass unser erstes Gespräch jedoch so verlaufen würde, hätte ich niemals für möglich gehalten. Nie hätte ich so viel Wut in ihm vermutet. Seine Worte bestätigten die schlimmsten Befürchtungen, die mich bei seinem Abgang von der Flag beschlichen hatten: dass ich ihn verlieren würde. Und jetzt wünschte er sich das sogar, das war das Schlimmste.

Wil merkte nichts, aber Martino, der erneut an unserem Tisch saß, erkannte sofort, wie aufgewühlt ich war, und fragte mich, was passiert sei. Ich bemühte mich mit aller Macht, ihm ohne zu weinen von meinem Anruf zu berichten. Martino fühlte mit mir und erklärte ein wenig albern, dafür würde er Justin windelweich prügeln, was mich zum Lachen brachte, da mein Bruder erheblich kräftiger war als Martino. Wil saß stumm da-

neben und nahm an der Unterhaltung überhaupt keinen Anteil. Als er ein paar Minuten später in Richtung Toiletten verschwand, legte Martino seine Hand auf meine. Ich hätte meine
wegziehen können, tat es aber nicht.

Der restliche Tag verflog im Nu. Als ich zum Bus musste,
wollte Wil mir einen Abschiedskuss geben, aber ich wich ihm
aus, woraufhin er mich rundheraus fragte, ob es wegen Martino
sei. Ich log und sagte, es würde nicht an ihm liegen, ich wolle es
nur etwas langsamer angehen.

In den nächsten Tagen versuchte ich Wil aus dem Weg zu
gehen, aber er ließ sich einfach nicht abschütteln. Ständig rief
er meinen Pager an und trieb mich in die Enge. Bis er endlich
seinen freien Tag hatte und nicht in der Schule war. Martino
und ich konnten ungestört reden. Wir waren sofort wieder auf
einer Wellenlänge, unterhielten uns über alles und nahmen Anteil an den Problemen des anderen. Als frischgebackenes Sea
Org-Mitglied hinterfragte er Scientology nicht mehr so vehement wie früher, aber das tat ich ja auch nicht. Auswirkungen
auf unser ungezwungenes Verhältnis hatte diese Veränderung
jedenfalls nicht. Und beim Gehen lehnte er sich schließlich in
so vertrauter Weise an mich, dass all die alten Gefühle wieder
auf mich einstürmten. Ende der Woche konnte ich Wil einfach nicht länger im Unklaren lassen, was ich für Martino noch
immer empfand. Er war traurig und hatte schon damit gerechnet. Als ich mit ihm Schluss machte, reagierte er dennoch richtig aufgebracht, aber ich wollte ihn nicht unnötig hinhalten.

Zwischen Martino und mir lief es danach fast wieder so wie
vor dem großen Drama. Im Kursraum saßen wir mit unter dem
Tisch ineinander verknoteten Beinen, und in den Pausen unterhielten wir uns. Der Schultag wurde wieder mein Lieblings-
tag der Woche.

Eines Nachmittags warteten wir auf den Bus und sprachen

darüber, wie nervig es doch war, nicht fest befreundet sein zu dürfen. Wir waren beide in der Sea Org, also sollte es uns gestattet sein. Im Weg stand bloß, dass Tante Shelly und Anne Rathbun es verboten. Offen ausgesprochen wurde es nicht, aber im Grunde hielten sie ihn für einen schlechten Umgang, daher blieb ich unter permanenter Beobachtung. Da ich durch die Beziehung mit ihm bereits in Schwierigkeiten geraten war, würde eine Rückkehr zu ihm nur zeigen, dass ich mich nicht geändert hatte.

»Weißt du, Jenna«, sagte er, sah mich kurz an und senkte dann seinen Blick. »Ich … ich bin an einem Punkt, an dem es mir eigentlich schon egal ist, ob wir Ärger bekommen können.«

Und dann zog er mich an sich und küsste mich.

KAPITEL 21

Security-Checks

An diesem Abend kam ich nach Hause und erzählte all meinen Mitbewohnerinnen, dass Martino mich geküsst hatte. Ich war so glücklich, ich konnte mich einfach nicht bremsen. Trotz des Risikos trafen Martino und ich uns jetzt häufiger. Streng genommen war uns das erlaubt, da er kein Kadett mehr war, aber Tante Shelly und Anne Rathbun hatten mir durch ihre Ermahnungen eindeutig zu verstehen gegeben, dass sie uns beide nicht zusammen sehen wollten. Werktags konnten wir uns nur heimlich treffen. Wenn jemand unerwartet hereinkam, blieb uns gerade noch Zeit für einen raschen Händedruck, bevor ich mich davonschlich.

Ende September ging es mir besser denn je. Ich liebte meinen Job, hatte massenweise Freunde sowohl innerhalb als auch außerhalb der CMO, auch wenn die Kontakte im Verborgenen liefen, und all meine alten Freunde von der Ranch waren jetzt auf der Flag. Und zur Krönung von allem war ich endlich mit Martino zusammen. Ich hätte mir denken können, dass es schon zu viel des Guten war. Vor allem hätte ich auf meine Freunde hören sollen, die Martino und mich zur Vorsicht mahnten, da wir zu der exakt gleichen Zeit schon im Vorjahr aufgeflogen waren.

Ein paar Tage später rief Mr. Rathbun mich in ihr Büro. Sie erklärte, ein E-Meter-kontrolliertes Interview mit mir durchführen zu wollen, und stellte alle möglichen sonderbaren Fragen, etwa über die Münzsammlung meiner Eltern oder darüber, ob ich die Fotos kannte, die sie mir vorlegte. Laut Mr. Rathbun stammten die Aufnahmen von einer Filmrolle, die ich meinem Vater geschickt hatte. Auf einem der Bilder war meine Mitbewohnerin Mayra versehentlich in Unterwäsche und T-Shirt zu sehen. Über mehrere Monate hinweg hatte ich eine Reihe von Fotos gemacht und die volle Rolle anschließend meinem Vater zum Entwickeln geschickt. Ich war ein wenig irritiert, woher sie die Bilder hatte, aber mehr als ihre eigentümlichen Fragen wunderte mich noch, dass sie mich überhaupt nicht nach Martino fragte. Ich nahm mir vor, so gut ich nur konnte zu kooperieren, um ihre Aufmerksamkeit nicht auf ihn zu lenken.

Alles in allem verlief das Interview ungewöhnlich reibungslos, und Mr. Rathbun erklärte am Ende, sie würde sich bei mir melden, wenn sie noch weitere Fragen hätte. Am besten gefiel mir, dass sie keine einzige Frage zu Martino gestellt hatte.

Unglücklicherweise rief sie mich am folgenden Tag erneut zu sich. Diesmal wurde sie schnell persönlicher und wollte wissen, ob ich etwas verheimlichen würde, also genau die Fragen, von denen ich am Tag zuvor zu meiner Freude verschont geblieben war. Die Geschichte mit Martino schien ihr noch nicht zu Ohren gekommen zu sein, stattdessen fragte sie mich über meine Eltern aus. Ich versuchte ihren Fragen auszuweichen, womit ich jedoch weder bei ihr noch beim E-Meter durchkam.

»Ich werde herausfinden, was du verheimlichst«, erklärte sie in Unheil verkündendem Ton.

Nach diversen Stunden eindringlicher Befragung brach ich schließlich zusammen und gestand, Martino geküsst zu haben. Zuerst wollte sie wissen, warum ich glaubte, das verheimlichen zu müssen. Ich hielt das für eine ziemlich dämliche Frage. Dann quetschte sie jede kleinste Einzelheit aus mir heraus: Wie nah wir uns gekommen waren, als wir uns geküsst hatten. Wie lange es gedauert hatte. Was meine Absichten waren. Wie es dazu hatte kommen können. Jede noch so winzige Überlegung und Handlung. All diese Details über einen solch intimen Moment preiszugeben, tat unglaublich weh. Derart persönliche Dinge sollten außer mir niemanden etwas angehen. Ganz abgesehen davon, dass uns ohne Tante Shelly und Mr. Rathbuns voreingenommene Haltung gegen Martino das Küssen ja erlaubt gewesen wäre. Out 2D betraf nur heftiges Petting und Sex, daher wusste ich gar nicht, warum ich dieser eingehenden Vernehmung unterzogen wurde.

Ich war mir sicher, tief in Schwierigkeiten zu stecken, aber am Ende sagte Mr. Rathbun nur, ich könne an meine Arbeit zurück. Keineswegs beruhigt erzählte ich Martino von der Sitzung. Er schien sich zwar ein wenig Sorgen um mich zu machen, gab jedoch ansonsten vor, sich nicht weiter für ihre Meinung zu interessieren. Er fand, wir taten nichts Falsches, also bestand auch kein Anlass, etwas zu befürchten. Zwei Tage gingen vorüber, und ich glaubte schon, clear zu sein, da wurde ich erneut einbestellt. Diesmal teilte Mr. Rathbun mir mit, ich würde einen weiteren mehrwöchigen Security-Check durchlaufen.

Der erste Withhold, den ich für den Sec-Check gestand, war das Bauchnabelpiercing, das ich mir ein paar Wochen zuvor während meines ersten freien Tags seit Monaten hatte machen lassen. Ich hatte es mir zum sechzehnten Geburtstag gewünscht und war von meinen Cousins, einigen von deren Freunden sowie von meiner Tante Denise begleitet worden, die sich als meine Mutter ausgegeben und die Einwilligung unterschrieben hatte. Meine Großmutter hatte mich noch gewarnt, dass ich Ärger bekommen würde, aber ich hatte es trotzdem getan.

Merkwürdigerweise schien Mr. Rathbun keine Einwände zu

haben, und ihre Aussagen zu Martino klangen sogar noch besser.

»Leg einfach nur eine kleine Pause mit ihm ein, Jenna«, erklärte sie mir. »Nur solange der Security-Check läuft, danach könnt ihr beide wieder da weitermachen, wo ihr aufgehört habt.«

Ich konnte nicht fassen, dass sie das tatsächlich gesagt hatte. So schmerzlich es auch sein würde, ihn eine Weile nicht treffen zu dürfen, wenn das im Gegenzug bedeutete, dass Martino und ich in ein paar Wochen diese Heimlichtuereien endlich aufgeben konnten, dann war es das allemal wert. Bei der nächsten Gelegenheit überbrachte ich Martino die Neuigkeit. Er war genervt und niedergeschlagen, dass wir warten mussten, aber ich versicherte ihm, ich würde die Sache so schnell wie möglich hinter mich bringen. Ohne große Begeisterung willigte er ein.

Ein paar Tage später sah ich ihn in Begleitung seiner Mutter, einer temperamentvollen Italienerin mit einer beeindruckenden Ausstrahlung. Sie flüsterte mir ins Ohr, ich solle stark bleiben und mich nicht verunsichern lassen, weil schlechte Menschen sich als Zielscheibe immer die guten aussuchen würden. Nachdem sie mich umarmt hatte, drückte Martino mir mit einem traurigen Lächeln die Hand, bat mich, den Security-Check schnell hinter mich zu bringen, und ging davon. Es war das letzte Mal, dass ich ihn sehen sollte.

An diesem Nachmittag hatte Mr. Rathbun eine Überraschung für mich. In ihrem Büro warteten bereits meine beiden Vorgesetzten, mein CO und der Betriebsleiter. Mr. Rathbun fuhr mich auf die gleiche Weise an wie Tante Shelly einst und sagte, ich sei völlig out ethics und gehöre ins RPF. Ich verstand überhaupt nicht, was sich seit unserem letzten Treffen geändert hatte. Sie war plötzlich von verletzender Schärfe. In unmissverständlichen Worten machte sie mir klar, dass meine sogenannten Freunde mich nur wegen meines Namens mochten und dass ich in meinem Innersten ein Rock Slammer sei, der bislang bloß unentdeckt geblieben wäre. Sie war nicht wiederzuerkennen. Ich fühlte mich von ihr getäuscht.

Mr. Rathbun ordnete an, dass ich mit sofortiger Wirkung rund um die Uhr unter Beobachtung stand und wieder eine CMO EPF-Uniform tragen musste, obwohl ich eigentlich nicht im EPF war.

Unter den Augen der neuen Leiterin der Abteilung musste ich daraufhin endlos Toiletten und Treppenaufgänge putzen. Stundenlang stand sie im Treppenhaus oder den Toilettenräumen herum, während ich saubermachte. Später verlor sie jedoch ihren Posten und wurde ersetzt, weil herausgekommen war, dass sie sich mit mir anzufreunden begann und mir zum Zeitvertreib sogar Geschichten aus *Harry Potter* erzählte.

So verärgert ich auch war, ich hatte meine Emotionen weitaus besser unter Kontrolle als nach dem Brief an Tante Shelly, in dem ich um Rückversetzung zu den Kadetten gebeten hatte. Ich war gerade so zufrieden mit meiner Lebenssituation gewesen, dass ich schon allein deswegen nur meine Aufgaben erfüllen und möglichst rasch zur Normalität zurückkehren wollte. Ich tat einfach, was ich tun musste, damit sie mich früher oder später wieder zu Martino und meinem alten Leben zurückkehren ließen.

Eine Sache machte mir bei meiner Bestrafung allerdings doch zu schaffen: Ich verstand nicht, womit ich sie verdient hatte. Ich mochte die Sache mit Martino verheimlicht haben, zugegeben, aber auch hier stand die Tat erneut in keinem Verhältnis zur Strafe. Kein Scientology-Gesetz war verletzt worden, ich hatte lediglich die Bemerkungen von Tante Shelly und Mr. Rathbun nicht beherzigt. Ja, ich hatte Martino getroffen, und ja, ich hatte mir den Nabel piercen lassen, aber das alles verstieß nicht gegen die Regeln. In meinem Job hatte ich gelegentlich ein wenig gebummelt, statt zu arbeiten, aber nie mehr als die anderen. Doch denen hing das RTC nicht ständig im Nacken, um bei jeder Unaufmerksamkeit gleich Security-Checks anzuordnen. Warum also mir?

Wenn ich nicht putzte, absolvierte ich zermürbende Sitzungen bei Mr. Rathbun. Ein Großteil der Fragen war extra auf mich zugeschnitten: Hast du deinen Namen in unangemessener Weise dazu benutzt, deinen Willen durchzusetzen? Verfolgst du böse Absichten hinsichtlich deines Onkels? Für die Church stellten Security-Checks den wichtigsten Kontrollmechanismus dar. Sämtliche Sitzungen wurden auf Video aufgezeichnet. Meist benutzten sie Security-Checks, um jemanden für eine Rückkehr auf die Brücke vorzubereiten. In meinem Fall sollte sie mich jedoch davon abhalten, aus der Reihe zu tanzen. Ich erhielt Checks, weil ich zu viel redete, widersprach, schwierig war oder mich regelmäßig aufregte, was *ARC Breaky* genannt wurde. Zwischen zwölf und fünfzehn durchlief ich wenigstens acht Security-Checks. Ich kannte niemanden in meiner Umgebung, der in einem solch kurzen Zeitraum auf diese hohe Zahl gekommen war, abgesehen natürlich von denen, die im RPF gelandet waren. Ich hasste Security-Checks und begriff nie, warum ich so viele davon bekam.

Sobald sich jemand ärgerte oder mit Dingen innerhalb der Organisation nicht einverstanden war, erklärte die Church, derjenige hätte Withholds. Jede Kritik, die man vorbrachte, alles, worin man nicht übereinstimmte, letztlich also jede abweichende Meinung, lag darin begründet, dass man irgendwann etwas Schlechtes getan hatte. Auf diese Weise brachten sie die Menschen zum Schweigen. Neben der Suche in meinem jetzigen Leben riet und erwartete man von mir, dass ich auch meine ehemaligen Leben nach Withholds durchforschte, die bei mir schon früher vergleichbare Reaktionen hervorgerufen hatten.

Ich durfte jedoch nicht einfach in frühere Leben springen. Es war ein langsamer Prozess, in dem ich alle Fragen meines Auditors in der gestellten Reihenfolge beantworten musste. Erst wenn mein E-Meter angab, dass ich mich auf einem früheren, ähnlich gelagerten Weg befand, wurde ich zum nächsten Schritt aufgefordert. Bei dieser Konzentration auf frühere Leben hatte ich immer das Gefühl, Antworten nur zu erfinden. Aber es erleichterte die Dinge auch. Wenn mir einfach keine tatsächlichen Withholds einfallen wollten, was meist der Fall war, konnte ich sehr bequem in die Fantasiewelt früherer Leben abtauchen, in denen dann alles möglich war. Manchmal fühlte ich mich dabei sogar besser, aber das dürfte vor allem daran gelegen haben, dass ich nicht über mein tatsächliches Leben sprechen musste, sondern Withholds aus einer erträumten Biografie schildern konnte, die mich nicht weiter berührten. Solange der Auditor sagte, der E-Meter zeige mich auf dem richtigen Weg, wurde nichts von meinen Erzählungen in Zweifel gezogen. Niemand überprüfte die Glaubwürdigkeit meiner Geschichten etwa mit wissenschaftlichen Mitteln.

Viele Leute erfanden die wildesten Storys. Sie dachten sich Overts aus, in denen sie zugaben, Planeten mit Bomben in die Luft gesprengt zu haben und ähnlich haarsträubendes Zeug. Sie fantasierten sich ausgeklügelte Plots und komplexe Charaktere zusammen, die häufig kaum glaubhaft waren. Ich hielt mich da eher zurück und mied voll ausgeprägte Figuren oder vielschichtige Stories. Mir fehlte die Dreistigkeit, auf Dauer so zu tun, als wäre ich mir bei der ganzen Sache wirklich sicher. Ich verwendete meine Erinnerungen an frühere Leben gezielt dazu, eine Sitzung schneller zu Ende zu bringen.

Oft trat in meinen vergangenen Leben bloß eine Art Kopie

meiner selbst auf. Dann war ich nur ein Mädchen in einer kurzen Szene, ein kleiner Ausschnitt eines früheren Lebens, das ich in seiner Gesamtheit nie sah. Beispielsweise lebte ich angeblich vor Hunderten von Jahren als armes Mädchen, das etwas stehlen musste. Oder ich erinnerte mich, als Mädchen von einem bösen, furchteinflößenden Mann die Straße hinabgejagt zu werden, den ich am Ende umbrachte. Seinerzeit stellte ich mir tatsächlich vor, dieser Bösewicht sei ein Zeugnis aus einem früheren Leben und der Grund dafür, dass ich mich nachts fürchtete und mir ständig einbildete, verfolgt zu werden. Manchmal übernahm ich auch einfach etwas aus einem Film, den ich gesehen, oder einem Buch, das ich gelesen hatte, und gab es als mein Leben aus. Sofern meine Nadel am Ende schwebte, war ich damit zufrieden. Mit der Genauigkeit meiner Geschichten hatte der Nadelausschlag meiner Meinung nach nicht wirklich etwas zu tun. Mir wurde erklärt, meine Erinnerung an frühere Leben würde sich kontinuierlich verbessern, je höher ich auf der Brücke stieg.

Obwohl ich mich durch die früheren Leben hindurchfantasierte, stand ich dem ganzen Ansatz keineswegs skeptisch gegenüber. Mein ganzes Leben hatte ich von vergangenen Leben gewusst. Da ich sie nicht richtig nachempfinden konnte, kam ich mir zwar ein wenig wie eine Schwindlerin vor, aber mitunter redete ich mir selbst ein, dass das tatsächlich meine früheren Leben waren, vor allem, wenn es mir dadurch gelang, die Sitzung schneller hinter mich zu bringen.

Frühere Leben hin, frühere Leben her, die Sitzungen selbst waren grauenhaft und dauerten bis zu sechs Stunden. Mehrmals spielte ich ernstlich mit dem Gedanken, den E-Meter aus dem Fenster zu schleudern. Ständig legte Mr. Rathbun mir Worte in den Mund und zwang mich, Dinge zu gestehen, die ich überhaupt nicht getan hatte, nur damit ich ihre Fragen endlich irgendwie beantworten konnte. Reagierte meine Nadel zu langsam, musste ich essen, ob ich hungrig war oder nicht, wahrscheinlich weil die Nadel bei satten Menschen angeblich schneller reagierte.

Besonders verstörend fand ich, dass Mr. Rathbun sich in den Pausen manchmal wie eine Freundin mit mir unterhielt. Ihrer Meinung nach war mein Hauptproblem, dass ich übertriebene Ansprüche stellte. Da ich von der Int stammte und den Nachnamen Miscavige trug, würde ich mir einbilden, bevorzugt behandelt werden zu müssen. In Wahrheit war es völlig anders. Ich betrachtete nämlich nicht die Miscaviges als meine Familie, sondern meine Freunde in der Sea Org. Und ich war hier zu Hause, auf der Flag.

Nach ein paar Wochen wurde Mr. Rathbun die ganze Farce leid und erklärte mir in ihrem feindseligsten Ton, ich hätte derart viele Withholds, dass ich sie besser am Computer aufschreiben würde. Auf diese Weise konnte sie alles ausdrucken und zuschicken, wem auch immer sie es zuschicken musste. Einem Computer zu beichten, fiel weitaus leichter als ihr. Immerhin konnte ich Dinge aufschreiben, die tatsächlich geschehen waren, ohne dafür gleich in die Mangel genommen zu werden. Das Verfahren wurde allerdings von Meter-Checks begleitet. Und sobald der Drucker nicht genügend Seiten auswarf, bekam sie einen Wutanfall und schrie, was mir einfiele, ihr so die Zeit zu stehlen. Es dauerte nicht lange, und die Security-Checks wurden wieder ohne Computer durchgeführt.

Gab es keine Sitzungen, musste ich mir erneut die gefürchteten State of Man-Kongressvorträge anhören oder die Toiletten und die Fliesenfugen mit einer Zahnbürste schrubben. Wenn sich Onkel Dave oder Tante Shelly in dem Gebäude aufhielten, in dem ich putzte, wurde ich angewiesen, meine Mahlzeiten ebenfalls in den Toilettenräumen einzunehmen, damit sie mir nicht versehentlich auf dem Gang begegnen und von mir aus dem Gleichgewicht gebracht werden konnten, was wiederum Scientology geschadet hätte.

Ich fühlte mich von morgens bis abends gefangen. Entweder war ich in den Toiletten der WB eingesperrt, oder ich saß im Auditing-Raum bei Mr. Rathbun oder in einem anderen Büro, wo ich mir LRH-Kassetten anhörte. Es war mir verboten, mit dem Bus nach Hause zu fahren, stattdessen brachte man mich mit dem Auto, um mich von meinen Freunden fernzuhalten. Fünf Minuten lang durfte ich duschen, dann musste ich ins Bett gehen. Meist konnte ich abends nicht einschlafen, aber aufstehen war unmöglich, da ständig jemand vor meiner Tür postiert war. Selbst die Briefe meiner Freunde wurden konfisziert.

Nachdem ich monatelang Toiletten geschrubbt hatte, erschien Mr. Rathbun eines Abends an meiner Tür, um mir etwas Wichtiges mitzuteilen. Wie üblich stand mein CO unmittelbar hinter ihr.

»Dein Ethik-Programm ist abgeschlossen«, sagte sie. »Du hast die Fehler deines Tuns eingesehen, daher kommst du heute Abend nach Hause.« Die Bemerkung war irgendwie absurd, schließlich war ich bereits auf der Flag Base, meinem Zuhause.

»Was heißt nach Hause?«, fragte ich, da ich annahm, sie würde vielleicht ein anderes Zimmer meinen.

»Int«, erwiderte sie. Diese eine Silbe genügte, um mir alle meine hoffnungsvollen Erwartungen zu rauben. Die Flag war mein Zuhause. Meine Großmutter, Tante Denise und meine Cousins wohnten alle in Clearwater. Hier hatte ich endlich Verwandte in der Nähe. All meine Freunde lebten auf der Flag, und vor allem war Martino hier. Neben den vielen Problemen, mit denen ich hier in den letzten Jahren gekämpft hatte, war ich hier auch glücklicher gewesen als irgendwo sonst. Und jetzt sollte ich all das zurücklassen und damit auch die Hoffnung, jemals wieder dieses Glück zu erleben.

»Darf ich zurückkommen?«, flehte ich. »Darf ich mich von meiner Großmutter verabschieden?« Ich wagte erst gar nicht, um einen Abschied von meinen Freunden zu bitten oder gar von Martino.

»Wir werden ihr deinen Gruß ausrichten«, säuselte mein CO aus dem Hintergrund.

»Okay«, sagte ich fassungslos und versuchte mich mit dem Gedanken zu trösten, dass ich in einigen Tagen wahrscheinlich wieder zurück sein würde. Ohne weitere Vorreden schoben sich die beiden in mein Zimmer und halfen mir dabei, alle meine Habseligkeiten in ein paar Taschen zu verstauen. Ich sagte, ich brauche nicht alles mitzunehmen, aber sie erklärten, ich solle es tun, für alle Fälle. Ich verstand nicht, was sie damit meinten, aber es jagte mir Angst ein. Sie umarmten mich, als wären wir stets beste Freunde gewesen, und verabschiedeten sich. Tom brachte mich zum Flughafen. Ich bat ihn, Martino von mir zu grüßen, und er versprach, es ihm auszurichten.

KAPITEL 22

L. A.

Ich weinte den halben Flug über und hatte bei meiner Ankunft in Los Angeles ganz verquollene Augen. Auch wenn ich meine Eltern in den letzten vier Jahren kaum gesehen hatte, war ich diese dreitausend Meilen schon häufiger geflogen. So geärgert hatte ich mich über die Strecke aber noch nie.

Eine Frau, die mir vage bekannt vorkam, holte mich am Flughafen ab. Schon auf der Fahrt in die Stadt zog mich die aufregende Atmosphäre von Los Angeles in ihren Bann. Während wir im morgendlichen Berufsverkehr feststeckten, sah ich überall riesige Werbetafeln mit Modeartikeln, in der Ferne erhoben sich Hügel, und Menschen eilten die Straße entlang oder standen in Trauben zusammen und unterhielten sich. Ich kam mir vor wie in einer anderen Welt.

Ich ging davon aus, dass wir in L. A. sofort Richtung Osten abbiegen würden, um auf der Route 60 die zwei Stunden bis zur Int zu fahren, und machte es mir gemütlich. Stattdessen fuhr der Wagen jedoch auf einen Parkplatz, dessen Tor sich automatisch hinter uns schloss. Wir überquerten die Straße und betraten ein großes, mir unbekanntes Gebäude, das Hollywood Guaranty Building. Die Wände der Eingangshalle waren mit Marmor verkleidet, und um die hohe Decke verlief ein Wandgemälde. Ich wusste noch immer nicht, was wir hier wollten, stellte aber keine Fragen, da die Frau vermutlich nur die Fahrerin war. Andere Sea Org-Mitglieder, denen wir hier begegneten, sahen irgendwie anders aus. Sie trugen noch das alte Sea Org-Blau, das wir schon eine Weile nicht mehr benutzten. Die neue Uniform hob sich stärker vom Navy-Stil ab, und Hemd sowie Tuch besaßen eine andere Farbe. Auf den Rest der Sea Org-Welt wirkte jeder im veraltete Sea Org-Blau so seltsam, dass ich mich wie auf einer Zeitreise zurückversetzt fühlte.

Der Sicherheitsangestellte am Eingang grüßte meine Begleiterin und ließ uns passieren. Wir nahmen den Fahrstuhl in den zwölften Stock und gingen in einen mit grünem Teppichboden ausgelegten Konferenzraum. Um einen großen, rötlich schimmernden Holztisch standen einige Stühle. Ich sah aus dem Fenster, dachte über meine Situation nach und kam mir vor, als würde ich in einem schlechten Traum auf eine fremde Welt hinabblicken. Vor zwölf Stunden hatte ich mich zwar noch mit Mr. Anne Rathbun auseinandersetzen müssen, aber zumindest hatte ich gewusst, wo ich mich befand und wer die Menschen in meiner unmittelbaren Umgebung waren. Jetzt hatte ich keine Ahnung, was als Nächstes geschehen würde.

»Setz dich«, wies die Fahrerin mich an. »Es wird sich gleich jemand um dich kümmern.« Ich wartete ungeduldig. Meine Händen waren eiskalt, dennoch schwitzte ich an den Innenflächen. Ich war übernächtigt und erschöpft, zugleich versetzte mich die Sorge, was eigentlich los war, in Anspannung.

Dreißig Minuten später trat Marty ein, der Ehemann von Anne Rathbun, in Begleitung von unserem früheren Mitbewohner Mike Rinder, dem Vater von B. J., der inzwischen das Office of Special Affairs leitete. Ich war völlig überrascht, sie hier zu treffen, andererseits erfolgten solche abrupten Wendungen in meinem Leben nicht zum ersten Mal. Sie lächelten mir zu und fragten, ob ich einen Wunsch hätte. Ich verneinte.

Mr. Rathbun machte den Anfang. »Weißt du, Jenna, ich denke, das Beste wird sein, es dir gleich ganz offen zu sagen.

Ronnie und Bitty« – womit er meine Eltern meinte – »sind nicht mehr länger in der Sea Org.«

Seine Stimme klang nüchtern und ausdruckslos. Er wartete auf meine Reaktion. Ich brauchte einige Sekunden, um zu verstehen, was er gesagt hatte. Dann bemühte ich mich darum, meine Gefühle nicht offen zu zeigen.

»Was ist passiert?«, fragte ich ruhig.

»Ich kann an dieser Stelle nicht in die Einzelheiten gehen«, erwiderte er.

Er begann zu schildern, was nun geschehen würde, und zwei Dinge wurden bei seinen Worten klar. Zum einen begriff ich, dass alles, was ich durchgemacht hatte – die Monate voller Security-Checks, Toilettenschrubben, die CMO EPF-Uniform und die Zwangstrennung von Martino und meinen Freunden –, nicht die Folge von etwas war, das ich getan hatte, sondern an dem Entschluss meiner Eltern lag, die Sea Org zu verlassen. Ich war überrascht und stinksauer. Also hatte ich all die Zeit im Prinzip eingesperrt im Klo verbracht und mir das Hirn zermartert, mit welchem Vergehen ich eine solche Strafe verdiente, obwohl ich nicht einmal dafür verantwortlich war. Zum anderen verstand ich, dass es nur einen einzigen Grund dafür geben konnte, mich dieser ganzen Prozedur zu unterziehen: Ich wurde weggeschickt, wurde gezwungen, meinen Eltern zu folgen, wohin sie auch immer gegangen sein mochten. Man hatte mir einen abschließenden Security-Check erteilt, den alle Mitglieder vor ihrem Ausscheiden absolvieren mussten, und ich hatte es nicht einmal gemerkt. Dienen sollte ein solcher *Leaving Staff Security Check* offiziell dazu, die jeweilige Person vor dem Weggang von all ihren Overts und Withholds zu entlasten. Viel wahrscheinlicher allerdings war es, dass damit persönliche Informationen gesammelt wurden, die nützlich sein konnten, wenn sich die Betreffenden kritisch zur Kirche äußern sollten.

Ich wartete, bis Mr. Rathbun fertig war, und fragte dann geradeheraus: »Und jetzt wird von mir erwartet, mit ihnen zu gehen?«

Mr. Rathbun machte eine zerknirschte Miene und bestätigte
meinen Verdacht rasch mit einem kurzen Nicken. »Du wirst zu
ihnen müssen. Geplant ist, dass du online Scientology-Kurse
besuchst, und sobald du achtzehn bist, kannst du gerne zurückkommen, wenn du möchtest.«

So viel stürzte mit einem Schlag auf mich ein, dass ich keinen klaren Gedanken mehr fassen konnte. Ich hatte gerade erst
eine albtraumhafte Phase hinter mir, aber jetzt sollte ich alles
verlassen, was ich jemals gekannt hatte, alle meine Freunde,
mein ganzes Leben, und das nur, um bei meinen Eltern zu sein,
die ich jahrelang kaum gesehen, mit denen ich nur sporadisch
gesprochen hatte und die nichts von mir zu wissen schienen.
Und alles nur, weil sie beschlossen hatten, die Sea Org zu verlassen. Sie stellten mein gesamtes Leben auf den Kopf, ausgerechnet in einem Moment, in dem ich mich zurechtzufinden
begann.

Mr. Rathbun und Mr. Rinder zeigten sich sehr rücksichtsvoll
und gaben mir Zeit zum Nachdenken. So liebenswürdig ihre
Haltung auch sein mochte, sie machte mich nervös. Denn in all
dem verwirrenden Chaos blieb eine Sache glasklar: Normal war
diese Situation nicht. In aller Regel verhielten sich Sea Org-Mitglieder gegenüber Verwandten abtrünniger Mitglieder nicht
derart nachsichtig. Die Schuldfrage spielte dabei keine Rolle,
ein Ausscheiden erregte grundsätzlich Missfallen. Höchstwahrscheinlich würden meine Eltern zu SPs erklärt werden, daher
beschloss ich, kein Blatt vor den Mund zu nehmen.

»Wenn ich gehe, dann sitze ich doch mit ihnen im selben
Boot, oder?«, fragte ich.

Mr. Rathbun lächelte über meine rasche Auffassungsgabe

und erklärte, ich könne mit achtzehn zurückkehren. Aber wir wussten beide, dass das eine Lüge war, um mich zu besänftigen. Er warf einen kurzen Blick zu Mike Rinder, der unsicher wirkte, und meinte dann: »Nun, um ganz ehrlich zu sein, ja.«

Ich sah zur Seite und dachte weiter darüber nach. Ich dachte an Martino und daran, dass Anne Rathbun mir gesagt hatte, wir könnten da weitermachen, wo wir aufgehört hatten. Die Hoffnung darauf hatte ich noch nicht aufgegeben. Ich dachte an meine Großmutter Loretta. Ich dachte daran, wie alles ein paar Monate zuvor gewesen war, bevor Anne Rathbun mich in ihr Büro gerufen hatte, vor den Security-Checks, als ich nach langem Warten endlich ein eigenes Leben hatte führen können. Ich dachte daran, wie ernst mir der Wunsch war, anderen zu helfen, und wie fest ich an meine Berufung glaubte, durch Scientology in diesem Sinne wirken zu können. Ich dachte, dass Mr. Anne Rathbun das alles womöglich bereits gewusst hatte und mir dennoch nicht erlaubt hatte, mich von meinen Freunden zu verabschieden, die ich jetzt niemals wiedersehen würde. Ich hasste sie dafür, aber die Church machte ich für keine ihrer Handlungen verantwortlich. Ich verurteilte nur sie persönlich und ihre eigene Art, die Regeln der Church anzuwenden.

Dann dachte ich über den Schritt meiner Eltern nach. Mein Ärger darüber wuchs, wie selbstsüchtig sie sich verhielten. Sie schienen völlig zu vergessen oder sich nicht dafür zu interessieren, dass ich inzwischen mein eigenes Leben führte, ein Leben, zu dem sie mich mit ihren Entscheidungen gezwungen hatten. Ich stellte mir vor, das alles hinter mir zu lassen. Ich würde eine öffentliche Schule besuchen, wo man mich für dumm erklären und hänseln würde, weil ich so weit hinterher war. Ich dachte daran, wie sehr ich bereits daran gewöhnt war, allein zu sein.

Ich wusste, mir blieb nur ein kurzer Moment, um auszusprechen, was ich zu sagen hatte, bevor diese beiden Männer das Reden für mich übernehmen würden. Ich musste rasch einen Entschluss fassen, und ich folgte meinem Bauchgefühl. Ich sah ihnen offen in die Augen und erklärte: »Ich will nicht gehen.«

Tonskala Stufe 40. Ein Nein als Antwort kam nicht in Frage. Sie tauschten erstaunte Blicke aus. Endlich sprach Mr. Rathbun: »Was meinst du damit, Jenna?«

»Ich will nicht gehen«, wiederholte ich und fügte bekräftigend hinzu: »Lieber ins RPF als fortgehen.« Das war zugegebenermaßen etwas übertrieben, da ich ganz sicher nicht ins RPF wollte. Ich versuchte nur, ihnen auf diese Weise verständlich zu machen, wie ernst es mir war. Mein Entschluss sollte unumkehrbar klingen.

Schockiert und belustigt zugleich sahen sie einander an. »Mit dir wird die Kirche eines Tages eine enorme Verstärkung haben«, sagte Mr. Rinder dann mit strahlendem Lächeln.

Die beiden mussten nun darüber nachdenken, was das bedeutete und ob eine solche Möglichkeit überhaupt bestand. Sie baten mich zu warten, während sie sich draußen besprachen. Etwa eine Stunde später kam Mr. Rathbun zurück und schenkte mir einen väterlichen Blick. Er sagte mir, sie müssten sich noch um andere Kirchenangelegenheiten kümmern und würden mir empfehlen, in der Zwischenzeit *Volume Zero* zu studieren. Mit seinen unzähligen Strategiebeschreibungen, Vorschriften und Anordnungen bildete dieses dicke Verwaltungsregelwerk der Church meinen unbeliebtesten Kurs.

Die nächsten Stunden tat ich, als würde ich darin lesen, starrte in Wahrheit aber nur die grünen Buchstaben an, während ich über meine Zukunft nachdachte. Ich fragte mich, ob ich bleiben durfte, und stellte mir vor, wie es, wenn sie meine Bitte ablehnen würden, in einer öffentlichen Schule sein würde. Mindestens acht Stunden vergingen, bis Mr. Rathbun endlich zurückkam. Eine Frau begleitete ihn, und er wirkte nervös. Bedauernd erklärte er, man sei von anderen Dingen aufgehalten worden, habe nicht gemerkt, wie die Zeit verging, und ganz vergessen, dass ich noch hier saß. »Da es jetzt schon eins ist, werden wir dich erst einmal gehen lassen«, sagte er. »Morgen werden wir uns dann um die Sache kümmern.«

Er setzte ein bemühtes Lächeln auf, als ich nur »okay« erwiderte. Ich wusste nicht, was ich sonst hätte tun sollen.

Dann stellte er mich Linda vor, der Frau neben ihm. Sie trug einen Sweater zu ihrem Sea Org-Blau und machte einen ganz netten Eindruck. Mr. Rathbun erklärte, sie würde mich zu einer Übernachtungsmöglichkeit bringen. Sie lächelte, und ich folgte ihr durch die Tür. »Bis morgen früh!«, rief Mr. Rathbun und winkte uns beiden hinterher.

Wir fuhren zu demselben Gebäudekomplex auf der PAC-Base, in dem ich mit meiner Familie gewohnt hatte, als sie vor vierzehn Jahren in die Sea Org eingetreten war. Es hatte sich nichts verändert, auch wenn ich mich nicht mehr genau daran erinnerte, wo was war. Die Sea Org-Mitglieder, die um diese Uhrzeit noch unterwegs waren, musterten uns – vor allem mich – mit unverhohlener Neugier. Wir nahmen den Aufzug in den dritten Stock, wo zwei nur in Badetücher gehüllte Frauen aus dem Duschraum kamen und Linda im Vorbeigehen mit »Hi, Sir« grüßten.

Mein Zimmer lag am Ende des Flurs. Linda führte mich hinein. »Oh, prima. Das Zimmer hat eine eigene Dusche«, sagte sie. »Ich treff dich dann morgen früh um neun vor dem Haus.« Dann verschwand sie, während ich vor dem Spiegel stand und mich fragte, warum mir bloß ständig so viele verrückte Dinge passierten.

Was an einer eigenen Dusche so besonders war, wusste ich nicht, meine jedenfalls hatte weder Seife noch Handtücher, also war ich selbst anscheinend nicht besonders genug. Ich wusch Körper und Gesicht mit dem Shampoo, das ich mitgebracht hatte, und trocknete mich mit einem Hemd aus meinem Gepäck ab. Als ich das Badezimmer verließ, sah ich eine riesige Kakerlake über den Boden krabbeln. Statt sie zu beseitigen, zog ich lieber die Tür hinter mir zu und ignorierte sie.

Ich setzte mich auf das Bett. An meinen Füßen klebte der Dreck vom Fußboden, nebenan dröhnte Musik, und vor meiner Tür hörte ich laute Stimmen. Ich wollte absperren, doch es war nicht möglich. Die Tür hatte kein Schloss. Und selbst wenn, der Sicherheitsdienst und ein Haufen anderer Leute hätten sicher einen Universalschlüssel gehabt, der auf alle Schlösser passte, also machte es auch keinen Unterschied. Ich öffnete die Tür und sah ein paar Teenager, die mich wie ein Wesen von einem anderen Stern anstarrten. Ich schlug die Tür so abrupt zu, wie ich sie geöffnet hatte.

Unaufhörlich klapperte das Fenster in meinem Zimmer. Das grelle Licht der Scientology-Leuchtschrift auf dem Dach fiel hinein, aber es gab keinen Vorhang, den ich hätte zuziehen können. Als ich endlich im Bett lag, fürchtete ich mich so sehr, dass ich das Licht brennen ließ. Ich stellte den Wecker, starrte an die Decke und konnte nicht einschlafen. Es waren nicht Zweifel an meiner Entscheidung oder der Church, die mich beschäftigten, sondern die Vorstellung, wie mein Leben draußen wohl aussehen würde. Ich malte mir aus, ein eigenes Zimmer und keine Verpflichtungen durch irgendwelche Ämter zu haben und nicht arbeiten zu müssen.

Trotz dieser Bilder sah ich mich am Ende stets in einer öffentlichen Schule, wo ich dauernd mein fehlendes Wissen eingestehen musste und für meine Dummheit gehänselt wurde. Ich erinnerte mich an Filme, in denen immer jemand nach vorne gerufen wurde, der dann vor der gesamten Klasse Fragen beantworten musste, und wie peinlich es für mich sein würde, dort zu versagen. Ich stellte mir vor, zum Schulpsychologen geschickt zu werden.

Schließlich weinte ich, bis das Licht in meinem Zimmer zu verschwimmen begann und ich einschlief.

Morgens brauchte ich einige Minuten, um den Rückweg in die Lobby zu finden, wo Linda bereits auf mich wartete. Wir fuhren zum Hollywood Guaranty Building zurück und gingen in denselben Konferenzraum wie am Tag zuvor. Mr. Rathbun kam so schwungvoll hereingestürzt, als wäre er schon Stunden wach. »Hi, Jenna!«, sagte er freundlich. »Gut geschlafen?«

»Ja, Sir«, log ich.

»Schön, das dürftest du heute auch brauchen können«, murmelte er mit einem Lächeln. Ich lächelte vorsichtig zurück in der Hoffnung, dass er damit nicht auf eine weitere Sitzung anspielte.

Mr. Rathbun erzählte, dass Ronnie und Bitty auf meinen Wunsch, in der Church bleiben zu wollen, nicht besonders erfreut reagiert hätten. Mr. Rathbun und Mr. Rinder hatten sie zu überzeugen versucht, aber die Sache sah nicht gut aus. Er sagte, insbesondere mein Vater habe begonnen Drohungen zu formulieren, und ich müsse verstehen, dass ihre Möglichkeiten, mir zu helfen, begrenzt sind.

Ich sagte, dass ich Verständnis dafür hätte, zeigte mich aber auch verwundert darüber, dass meine Eltern glaubten, irgendeine Art von Anrecht auf mich geltend machen zu können, nachdem sie mein bisheriges Leben weitestgehend verpasst hatten. Natürlich hatte ich mich vor allem in den ersten Jahren in Notfällen an sie gewandt, auch kürzlich noch, als ich sie nach meiner ersten EPF-Bestrafung angerufen hatte, weil mir sonst niemand eingefallen war. Aber selbst da hatten sie mir kaum helfen können. Außerdem waren diese Ausnahmesituationen über die vergangenen vier Jahre hinweg an einer Hand abzuzählen.

Erst ließen sie mich jahrelang allein, zogen sich aus meinem Leben zurück und verlangten, dass ich mich selbst durchschlug, und jetzt auf einmal glaubten sie, Entscheidungen für mich treffen zu können. Jetzt auf einmal wollten sie Anteil an meinem Leben nehmen. Jetzt, da ich sechzehn war und mich endlich mit meiner Rolle in der Church anzufreunden begann. Jetzt wollten sie weggehen und mich einfach mitnehmen. Ganze vier Mal waren wir uns seit meinem zwölften Lebensjahr begegnet. Sie waren keine Fremden, aber in mancher Hinsicht hätten sie es genauso gut sein können.

»Ich kann versuchen, selbst mit ihnen zu sprechen, wenn das hilft«, bot ich an. Vielleicht dachten meine Eltern, die Church würde mich gegen meinen Willen festhalten, und ich könnte den Irrtum aufklären.

Mr. Rathbun verließ den Raum und kehrte ein paar Minuten später zurück. »Du darfst mit ihnen sprechen«, erklärte er. »Keine Angst, ich höre an dem anderen Apparat mit.«

Ich hatte keine Angst, merkte aber, als ich Moms Stimme hörte, dass dafür durchaus Anlass bestand. Sie kochte vor Wut, und im Hintergrund konnte ich Dad hören, der ganz ähnlich klang – gefasst, aber eindeutig stinksauer.

»Jenna«, hob meine Mutter an, »was ist los? Uns wurde versprochen, dass du mit uns kommen würdest. Was ist passiert?«

Bevor ich noch antworten konnte, fuhr meine Mom fort: »Mir wurde gesagt, dass sie dich inzwischen sogar gegen deinen Willen wegschicken würden. Das zeigt doch, wie gleichgültig ihnen du und deine Gefühle sind.«

Bei ihren Worten geriet ich erneut ins Grübeln. Sie hätte viele andere Argumente vorbringen können, um mich vom

Weggehen zu überzeugen, dieses war eine zu offensichtliche Lüge. Warum hätten Marty und Mike vor einem Gespräch mit mir meinen Eltern schon zusichern sollen, dass ich auf jeden Fall gehen würde, nur um mir dann später zu erklären, dass sie sich für mein Bleiben einsetzen würden?

In diesem Moment begann sie bereits, meine Frage mit ihren eigenen Mutmaßungen zu beantworten: »Marty und Mike haben dich reingelegt. Sie haben so getan, als würdest du zurück auf die Int kommen, um deine Erwartungen hochzuschrauben. In Wahrheit sollte dich dadurch aber nur die Nachricht noch mehr umhauen, dass du rausgeschmissen wirst. Sie spielen bloß ihre Psychospielchen mit dir.«

Diese Bemerkung ärgerte mich. Wie konnte Mom sich einbilden, irgendetwas von meinen Gedanken und Gefühlen zu verstehen. Schon ihre Annahme, ich würde mir eine Rückkehr auf die Int wünschen, bewies doch, wie wenig Ahnung sie von meinem Leben hatte. Ich wollte nicht auf die Int, ich wollte auf der Flag bleiben. In meinen Augen versuchte sie, Mr. Rathbun und Mr. Rinder mit manipulativen Tricks und Tatsachenverdrehungen feindselige Absichten zu unterstellen, obwohl doch in Wirklichkeit sie und Dad es waren, die mich zum Weggehen zwingen wollten. Als ich endlich die Chance bekam zu antworten, blieb ich standhaft.

»Keine Ahnung, Mom, vielleicht bist du hier ja auch diejenige, die paranoid reagiert und ständig annimmt, dass alle gegen sie sind.« Ich erklärte ihr, dass ihre Generalisierungen nicht zutreffend seien, ein Vorwurf, der in dieser Form üblicherweise SPs gemacht wurde.

Ich spürte sofort, wie sehr meine Worte Mom verletzt hatten, was mir wiederum leidtat. Ihre Antwort klang gekränkt und sogar ein wenig verzweifelt.

In gewisser Weise hätte mein Wunsch, in der Sea Org zu

bleiben, meine Mutter eigentlich nicht überraschen sollen. Schließlich hatten ihre Eltern, wie ich nun zum ersten Mal erfuhr, sie in etwa demselben Alter ebenfalls vergeblich beschworen, die Sea Org zu verlassen. Mir wurde bei dieser Schilderung klar, wie wenig ich von meiner Mutter wusste. Jetzt wiederholte sich ihre Geschichte in meinem Leben, und diesmal war sie der Erwachsene, der gehen wollte.

»Weißt du, Jenna, Menschen wie ich, die von der Sea Org weggehen... wir sind keine... wir sind deshalb kein wertloser Haufen Fleisch.«

»Das weiß ich, Mom«, sagte ich leise. Meine Eltern glücklich zu machen, war mir immer wichtig gewesen. So sehr ich es ihnen auch verübelte, dass sie mir meine Freunde und meine Welt nehmen wollten, es verursachte mir dennoch Gewissensbisse, sie so aufzubringen. »Es tut mir leid, aber mein Leben ist hier, und ich möchte bleiben.«

Wir schwiegen alle drei einen Moment, bis ich die Stille durchbrach.

»Was ist das für Musik im Hintergrund?«, fragte ich.

Während unseres Gesprächs waren die ganze Zeit Fetzen von merkwürdiger, mexikanisch klingender Musik zu hören gewesen.

»Wir wohnen in Cabo San Lucas, in Mexiko«, sagte sie. Ich war baff, obwohl ich mir rasch zusammenreimte, dass die Church sie mit diesem Schritt erst einmal von der Bildfläche verschwinden lassen wollte. Immerhin verließ hier der Bruder des Scientology-Führers die Church, und diese Nachricht sollte kein PR-Problem werden.

Nachdem sich der angriffslustige Ton zwischen uns ein wenig gelegt hatte, sprach ich noch mit meinem Vater. Er schlug in die gleiche Kerbe wie Mom, äußerte seine Bedenken, ließ mir jedoch auch Gelegenheit zu erklären, warum ich bleiben wollte. Er war sehr vorsichtig mit seinen Äußerungen über Marty und Mike, in erster Linie wohl, weil er mich nicht verstimmen wollte. Außerdem wusste er vermutlich, dass sie mithörten. Am Ende waren Mom und Dad von der Ernsthaftigkeit meines Wunsches überzeugt und erklärten beide, keine gerichtlichen Schritte zu unternehmen, um meinen Austritt zu erzwingen. Erleichtert atmete ich auf.

Beim Abschied erklärten wir, einander zu lieben, aber die eine Sache, die jedem durch den Kopf ging, sprach keiner aus: Wann würden wir uns wiedersehen? Uns allen war klar, dass dieser Zeitpunkt lange, lange auf sich warten lassen würde. Von den Grundregeln her war ein Treffen nun sogar ausgeschlossen, da sie die Church verlassen hatten.

Als ich auflegte, empfand ich eine Mischung aus Erleichterung und Schuld. Erleichtert war ich darüber, mich durchgesetzt zu haben, aber ich hatte meinen Eltern wehgetan.

Mr. Rathbun schien froh, dass nun alles geklärt war, obwohl ihm der Vorwurf meiner Eltern, mich mit Tricks zum Bleiben gedrängt zu haben, gar nicht gefiel.

»Also gut, und wie geht's jetzt weiter?«, rief er. Es war eher eine Zusammenfassung der aktuellen Lage als eine wirkliche Frage.

»Keine Ahnung«, erwiderte ich und hoffte bloß, er hätte vergessen, was ich am Vortag über meine Bereitschaft zu RPF-Diensten gesagt hatte. Ich wurde in den Konferenzraum zurückgeschickt, wo ich einige Stunden wartete, bis Mr. Rathbun mich abholte und erklärte, wir würden ein E-Meter-Interview durchführen.

Er nahm die einschüchternde Haltung eines harten Sec-Checkers an, was in mir stets den gegenteiligen Effekt auslöste. Ich ließ mich nicht leicht einschüchtern. Es folgte das übliche Trommelfeuer an Sitzungsfragen: Ob ich etwas verbarg. Was meine wahren Beweggründe waren, nicht mitzugehen. Was ich für meine Familie empfand. Was für meinen Onkel. Mindestens drei Stunden ging es so weiter. Am Ende war ihm klar, dass ich blieb, weil ich ein Sea Org-Mitglied sein wollte. Allerdings entdeckte er auch, dass ich seiner Frau, Mr. Anne Rathbun, gegenüber gelogen hatte. Ich hatte mein Piercing nicht, wie behauptet, entfernt. Es war noch immer da.

KAPITEL 23

Meine Wahl

Ich wartete einige Stunden im Konferenzraum, dann kam Mr. Marty Rathbun endlich zurück. In seiner Begleitung waren zwei weibliche RTC-Abgeordnete, die von nun an als meine Guardians fungieren sollten. Die gute Nachricht war, dass ich nicht ins RPF geschickt wurde. Die schlechte, dass ich wohl auch nicht auf die Flag zurückdurfte. Stattdessen würde ich ein Programm absolvieren und anschließend der für Kirchenangebote zuständigen Abteilung in einer der beiden CMOs im Großraum L. A. überstellt werden. Die beiden Stützpunkte, die CMO PAC und die CMO IXU, lagen nur wenige Meilen voneinander entfernt.

Mr. Rathbun zufolge sollte ich bis auf Weiteres unbedingt zurückhaltend auftreten, wobei mir meine neuen Guardians behilflich sein würden. Er betonte zudem, dass ich weder die Situation mit meinen Eltern noch deren Ausscheiden mit irgendjemand anderem besprechen durfte. Besonders auf diesen Punkt legte er größten Wert.

Während er alle Einzelheiten schilderte, beschäftigte mich noch immer die einzige Sache, die mich an seinen Erklärungen wirklich interessierte. »Ich gehe also nicht auf die Flag zurück?«, fragte ich in der Hoffnung, ihn falsch verstanden zu haben. Bevor er überhaupt begriffen hatte, warum ich fragte, antwortete er in schroffem Ton: »Nein, bei allem, was da los ist, können wir uns ein solches Sicherheitsrisiko in der Flag Base nicht leisten.« Dann schien ihm bewusst zu werden, wie sehr mich seine Worte trafen. »Vergiss nicht, Jenna, es war deine Wahl«, fügte er ein wenig verärgert über meine Undankbarkeit hinzu.

Kraftlos sackte ich auf meinem Platz zusammen. Es mochte meine Wahl gewesen sein, aber nie hätte ich gedacht, dabei alles zu verlieren. Meine Eltern zu verlieren, war eine Sache. Unser Verhältnis war so stark vorbelastet, dass mich eine Trennung von ihnen nicht mehr überraschte. Aber meine Freunde und meine Verwandtschaft in Clearwater zu verlieren, traf mich vollkommen unvorbereitet. Ich hatte erwartet, wieder auf die Flag zurückgehen zu dürfen, zurück in mein altes Leben. Und jetzt, nichts dergleichen. Ich wurde zum Sicherheitsrisiko erklärt und erneut von all den Menschen getrennt, die mir etwas bedeuteten. Ich fühlte mich einmal mehr völlig allein auf der Welt.

Dennoch sagte ich, was ich um des höheren Wohls willen zu sagen hatte: »Ja, Sir.«

Er lächelte mich an, schüttelte mir die Hand und wünschte mir alles Gute. Dann folgte ich meinen neuen Guardians, Mr. Laura Rodriguez und Mr. Kara Hansen, nach draußen. Mr. Rodriguez kannte ich von der Flag und Mr. H sporadisch vom RTC, aber ich kannte keine von beiden wirklich gut. Wir waren kaum auf dem Parkplatz, da begann Mr. Rodriguez schon zu sticheln. »Satansbraten!«, rief sie. Ich sah sie verwirrt an. Auf der Flag war sie Justins Auditor gewesen. Sie hatte mir seinerzeit erklärt, er sei ein Rock Slammer, daher war sie mir sowieso schon unsympathisch. An ihrem Blick konnte ich erkennen, dass sie mich gemeint hatte und dass »Satansbraten« mein Spitzname unter den RTC-Abgeordneten gewesen sein musste. »Wir werden schon dafür sorgen, dass du verteufelt artig bleibst«, sagte sie grinsend, als sie mich abends an meiner Unterkunft absetzte. Nach allem, was an diesem Tag geschehen war, fand ich die Bemerkung nicht so lustig wie sie. Meine wenig amüsierte Reaktion schien sie als persönliche Beleidigung zu begreifen.

Am nächsten Morgen schlief ich noch, als sie in mein Zimmer platzte und schrie: »Raus aus den Federn!« Sie hielt eine Kneifzange in der Hand und kam direkt auf mich zu. »Fangen wir gleich mit dem Wichtigsten an und befreien dich für immer und ewig von diesem Piercing.« Sie befahl mir liegen zu bleiben, setzte die Zange an dem Stein auf meinem Ring an, knackte ihn entzwei und zog den Ring heraus.

»Autsch«, sagte ich. Die Demütigung schmerzte mehr als das Entfernen.

Danach brachte sie eine Kosmetiktasche zum Vorschein und sagte, ich würde von nun an keinen blauen Eyeliner mehr tragen, da das unschicklich für einen Commodore's Messenger sei. Mr. Rodriguez empfahl mir zudem, meine Teenagerhaut mit Abdeckcreme zu kaschieren. Es war alles höchst peinlich. Ich zog die Uniform bestehend aus dunkelblauen Hosen und hellblauem Hemd an, die sie mir gab, woraufhin sie behauptete, ich sehe schon viel besser aus.

Draußen beim Kleinbus der RTC trafen wir Mr. H, mit der zusammen wir zum Frühstücken ins Hollywood Guaranty Building fahren sollten. Ihr »Guten Morgen«-Gruß wurde von einem sarkastischen Lächeln begleitet, so als wäre sie gar nicht erfreut darüber, meinetwegen von ihrer gewohnten Morgenroutine abweichen zu müssen. Auf dem Weg zum HGB ließen die beiden Frauen ein *Harry Potter*-Hörbuch laufen, was zwar nicht mir zuliebe geschah, mir aber eine willkommene Gesprächspause einbrachte. Ich wusste wirklich nicht, wie lange ich die Sticheleien von Mr. Rodriguez noch ertragen würde.

In der Eingangshalle des HGB bemerkte ich zwei Leute, die ich von der Flag kannte. Erfreut sie zu sehen, blieb ich stehen und begrüßte sie. Sofort packte Mr. Rodriguez meinen Arm und zerrte mich fort. Die beiden sahen mich mit verblüfften Mienen an. »Weiter geht's«, sagte Mr. Rodriguez, bezichtigte einen der Flag-Leute noch, sich nur einschleimen zu wollen, und schob mich davon.

Wir fuhren mit dem Fahrstuhl in den sechsten Stock, wo sich die Mitarbeiterkantine befand. Sie bestand aus einem großen Saal mit Klapptischen und wirkte erheblich hässlicher und dreckiger als die auf der Flag.

Mindestens fünf Leute kannten mich und wollten mich begrüßen, aber ich winkte ab und bedeutete ihnen stumm, dass ich keine Unterhaltungen führen durfte. Alle Augen waren auf uns gerichtet, als Mr. Rodriguez, Mr. H und ich an der Stirnseite des Saals an einem großen runden Tisch für die leitenden Mitarbeiter Platz nahmen. Führungskräfte aßen an runden Tischen, während die Tische der restlichen Mitarbeiter rechteckig waren.

Beim Anblick der vielen bekannten Gesichter an den Nebentischen fühlte ich mich schon ein wenig wohler, in dieser Base stationiert zu sein, auch wenn mir der Wechsel noch immer schwer im Magen lag. Da sie RTC-Abgeordnete in meiner Gesellschaft sahen, blieben die meisten wohlweislich auf Distanz.

»Miss Popular«, kommentierte Mr. H höhnisch.

Kurz darauf kam eine deutschstämmige Frau an unseren Tisch und fragte, was wir zum Frühstück wünschten. Meine Guardians bestellten beide Müsli, und ich schloss mich an. Ich fühlte mich nicht in der Lage zu essen, aber sie bestanden darauf, weil ich nur so »studierfähig« sei, ein Adjektiv, das bedeutete, dass man zum Lernen angemessen ernährt und ausgeschlafen sein sollte. Widerwillig aß ich ein paar Löffel, während die anderen beiden miteinander plauderten. Ab und zu sprachen sie mich an, aber ich fühlte mich so unglücklich, dort zu sein, dass irgendwie nichts von ihnen bei mir ankam. Nach dem Frühstück gingen wir in den fünften Stock hinunter. Mr. H führte mich in einen separaten Bereich mit drei Auditing-

Räumen. Es waren die Auditing-Räume des RTC, in denen ich nun studieren, Ethik-Zustände erfüllen und sonst alles tun musste, was von mir verlangt wurde. Eigentlich war ich davon ausgegangen, das alles inzwischen hinter mir zu haben, aber da hatte ich mich geirrt.

Meine erste Sitzung mit Mr. Hansen nannte sich *Wahrheits-Rundown*. Er wurde mir auferlegt, weil ich am Morgen des Telefonats mit meinen Eltern angeblich Mr. Rathbuns Autorität in Frage gestellt hatte. Dabei hatte ich damals lediglich wissen wollen, warum meinen Eltern überhaupt die Auskunft gegeben worden war, dass ich auch gegen meinen Willen mit ihnen gehen würde. Eingebrockt hatte ich mir mit dieser Frage jetzt einen Wahrheits-Rundown, ein Verfahren zur Aufdeckung aller *Schwarzer PR* – also schlechter Propaganda –, der ich bei dem Gespräch mit meinen Eltern ausgesetzt gewesen war. Ich sollte an den Punkt geführt werden, als ich den Aussagen meiner Eltern zu glauben begonnen hatte, und sobald ich den gefunden hatte, den Overt ausmachen, den ich unmittelbar vor diesem Punkt begangen haben musste und der mich dann erst dazu verleitet hatte, ihnen zu glauben. Im Rückblick sehe ich in dieser Technik die ultimative Methode zur Gehirnwäsche.

Zuerst beharrte ich gegenüber Mr. Rodriguez darauf, dass meine Mutter mir die Wahrheit erzählt haben dürfte, da Mr. Rathbun und Mr. Rinder tatsächlich beabsichtigt hatten, mich fortzuschicken. Davon wollte sie jedoch nichts wissen. Schließlich erfand ich irgendeinen Zeitpunkt samt der dazugehörigen Overts und Withholds und wir konnten die Sitzung beenden.

Als Nächstes stand der PTS/SP-Kurs auf meinem Programm. Das war ein zentraler Scientology-Kurs, der sich mit SPs und PTSs, also Potential Trouble Sources, beschäftigte. Dieser Lehrgang vermittelte LRHs Ansichten und Techniken darüber, wie SPs zu identifizieren und zu behandeln sind und was geschieht, wenn man selbst in Verbindung zu einem solch bösen Menschen stand. Der Kurs zielte darauf ab, die betreffenden Zeiten, in denen man krank war oder einen schwierigen Lebensabschnitt durchlief, zusammenzuführen, den exakten Grund zu bestimmen und die eigene Verbindung zur verantwortlichen Urquelle, der Suppressive Person, in gebührender Weise anzupassen oder zu kappen. Das Opfer einer SP war der PTS, weil dieser potentielle Problembereiter in der Gegenwart einer SP unweigerlich versagen würde. Er würde krank werden, Schwierigkeiten bekommen, einen Verlust verursachen, letzten Endes also eine Krise in seinem Leben erleiden.

In meinem Fall lag die unausgesprochene Notwendigkeit für diesen Kurs darin, dass meine Eltern SPs waren, daher musste ich über die typischen Unterdrückungstechniken Bescheid wissen, um mich ihnen widersetzen und der Unterdrückung endlich entziehen zu können. Allerdings machten sie auf mich noch immer nicht den Eindruck von SPs. Und so folgte ich nicht der Meinung der Church, sondern meiner eigenen Einschätzung und weigerte mich, in ihnen die Giftquelle zu sehen, zu der Scientology sie erklärte. Natürlich erlaubte meine Lage nicht, diese Ansicht offen zu vertreten.

Die nächsten Wochen verbrachte ich damit, im Kurs sämtliche Charakteristiken eines SP zu lernen sowie die genaue Anwendung der Tonskala. Mr. Rodriguez und Mr. H waren äußerst strenge Lehrmeister, ahnten jedoch nicht, dass ich noch immer nicht – wie beabsichtigt – in meinen Eltern jene SPs sah, die der Kurs beschrieb. Meine Eltern hatte mich niemals »entkräftet«, ein Scientology-Begriff für herabsetzen, oder mir Schuldgefühle eingeredet. »Unterdrückerisch« war ein weiteres Schlüsselwort des Kurses und sollte bedeuten, dass man von etwas gebremst oder eingeengt wurde, aber auch das traf auf das Verhalten meiner Eltern nicht wirklich zu. Ein- oder zweimal waren sie vielleicht sauer auf mich gewesen, sie deshalb gleich für unterdrückerisch zu halten, war lächerlich. Ich hatte gewiss viele Probleme mit meinen Eltern, doch damit hatten Begriffe wie »entkräftet« und »unterdrückerisch« nicht das Geringste zu tun.

Wiederholt beschlich mich in dem Kurs sogar der Gedanke, dass ich eher von der Organisation unterdrückt wurde. Und selbst meine Tante Shelly hatte mir eher das Gefühl gegeben, entkräftet zu werden, als meine Eltern. Immerhin hatte sie mir vorgeworfen, unethisch zu sein, und absurderweise behauptet, meinetwegen sei die Ranch aufgegeben worden. Trotzdem mochte ich sie, und meine tatsächlichen Empfindungen vorzubringen, hätte in einem Desaster geendet. Auch Anne Rathbun hielt ich im Übrigen für jemanden, der mich persönlich viel stärker »entkräftete« als meine Eltern.

In den Folgemonaten verlief mein Leben in extrem kontrollierten Bahnen. Aus Sorge vor all den Gefahren, die von mir ausgingen, versuchten sie mich regelrecht umzuprogrammieren. Es sollte sichergestellt werden, dass ich mich nicht über meine Eltern unterhalten und ihr Ausscheiden nicht zur Verbreitung unterdrückerischer Gedanken verwenden würde. Ich durfte nirgends allein hingehen, musste sogar an Mr. Hs Tür klopfen, wenn ich auf die Toilette oder in den Waschraum wollte, damit ich die Erlaubnis und den Begleitschutz dafür erhielt. Mahlzeiten hatte ich grundsätzlich gemeinsam mit Mr. H und Mr. Rodriguez einzunehmen und durfte Freunden, denen ich in der Kantine begegnete, allenfalls zuwinken. Ich hatte mir eingebildet, meine Zeiten als Gefangene wären mit dem Umzug nach L. A. endgültig vorbei, stattdessen wurde ich zur Belohnung für meine Loyalität nur noch weiter bestraft. Eine von beiden behielt mich ständig im Auge. Beim Essen zog Mr. Rodriguez häufig über meinen Bruder her und sagte mir, wie völlig aus der Spur er geworden sei. Über meine Mom und Don sowie über Justin erzählte sie mir unangebrachte Dinge und sexuelles Zeug. Ich fand das einfach nur widerwärtig.

In gedämpftem Ton tratschte Mr. Rodriguez gegenüber Mr. H auch über ihr Auditing von Lisa Marie Presley. Aus ihrem Verhalten schloss ich, dass hier nichts vertraulich oder geschützt blieb, sondern alles nur Stoff für neue Tuscheleien lieferte. Eigentlich sollte keine Gruppe innerhalb der Scientology die Grundlagen und Regeln treuer befolgen und umzusetzen helfen als das RTC. Meinen Erfahrungen nach waren sie jedoch die Schlimmsten. Ich hatte schon viele Auditoren aus anderen Gruppen erlebt, und keine davon hatte mich jemals mit einer solchen Schärfe und einem solchen Mangel an Respekt behandelt wie die RTC-Abgeordneten. Sie nahmen beispielsweise während einer Sitzung mitten in einer Frage einen Anruf entgegen, was gegen die Richtlinien für Auditoren verstieß. Es ist mir damals nicht bewusst gewesen, aber die Trennung von allen Menschen, die mir nahestanden, verursachte bei mir damals regelrecht Depressionen. Beim Essen bekam ich kaum etwas herunter. Einmal schrie Mr. H mich so laut an, gefälligst zu essen, dass alle in der Kantine zu uns herübersahen.

Nichts entwickelte sich so, wie ich es erwartet hatte. Alle Freiheiten, die ich auf der Flag vor dem Austritt meiner Eltern genossen hatte, waren verloren, und nichts deutete darauf hin, dass ich sie je zurückgewinnen würde. Ich hatte geglaubt, zwischen meinen Eltern und der Rückkehr nach Clearwater zu wählen, doch in Wahrheit bestand die Wahl nur zwischen der Trennung von meinen Freunden, um zu meinen Eltern zu ziehen, und der Trennung von meinen Freunden, um nach L.A. zu gehen. Keine dieser Möglichkeiten hatte ich gewollt, trotzdem bedauerte ich meine Entscheidung nicht. Im Nachhinein mochte ich kaum eine Wahl gehabt haben, doch ein Leben in L.A. schien mir zwar mies, aber immer noch besser als eins bei meinen Eltern in Mexiko. Zumindest blieb mir so die Hoffnung, meine Freunde eines Tages wiedersehen zu können.

Am meisten frustrierte es mich, dass ich die Kirche meinen Eltern vorgezogen hatte und für diesen Treuebeweis auch noch bestraft wurde. Statt das Opfer, das ich gebracht hatte, zu würdigen und mich dafür nach Clearwater zurückgehen zu lassen, bestand ihre Reaktion darin, mich meiner Freiheit zu berauben und mein Leben noch stärker zu reglementieren.

Diese Entwicklung lastete wie ein dunkler Schatten über jedem Aspekt meines Lebens. In meiner depressiven Stimmung befielen mich immer wieder Weinkrämpfe, die ich auf der Toilette oder abends auf meinem Zimmer vor den anderen verbergen wollte. Ständig bekam ich Ärger mit Mr. H, weil ich nicht essen oder mich nicht unterhalten wollte. Im Unterschied zu Mr. Rodriguez war Mr. H aber nicht ganz so schlimm. Sie sah, wie schwer es mir fiel, und zeigte Mitleid. Einmal erkundigte sie sich sogar, ob ich wegen Martino so aufgebracht sei, dessen Namen sie offenbar meinen Security-Check-Berichten entnommen hatte. Abends ging sie mit mir spazieren, was LRH bei Schlaflosigkeit empfahl, und unterwegs sprachen wir miteinander. Sie hatte sich aus irgendeinem Grund von ihrem Mann scheiden lassen, und ich konnte an der Art, wie sie über ihn redete, erkennen, dass sie ihn vermisste. In solchen Augenblicken strahlte sie eine Menschlichkeit aus, die mir guttat. Zwar änderte sich damit nichts an meiner Lage, doch ich hatte wenigstens das Gefühl, auf einen Hauch von Verständnis zu treffen.

Nach etwa zwei Monaten SP/PTS-Kurs gestattete mir Mr. H erste kleine Arbeiten außerhalb des Kursraums, etwa indem ich gewisse CMO-Führungskräfte mit Kaffee und Erfrischungsgetränken versorgte. Zu meiner Freude entdeckte ich, dass ich viele von ihnen schon kannte, einige von der Flag, andere von der Int.

Einem glücklichen Zufall verdankte ich die Begegnung mit einem Freund von der Flag, der nun auf der PAC stationiert war. Mr. Rodriguez und Mr. H begleiteten mich gerade auf mein Zimmer, als ich ihm auf dem Flur begegnete. Bevor Mr. Rodriguez mich weiterdrängte, konnte ich ihm zuflüstern, dass ich gleich zurückkäme. Also gab ich Mr. Rodriguez und Mr. H ausreichend Zeit, auf ihre Zimmer zu gehen, und schlich dann zurück zur Aufzugstür, wo er tatsächlich noch wartete.

Er war froh mich zu sehen. Auf der Flag erzählten wohl alle nur, dass ich eines Tages einfach verschwunden sei. Niemand wusste, wo ich war. Er freute sich schon, nun all meinen Freunden berichten zu können, dass er mich getroffen hatte. Wir beendeten unsere Unterhaltung mit einer raschen Umarmung, und gerade als er mir versprach, alle von mir zu grüßen, stieg – nicht ganz zufällig – Mr. Rodriguez aus dem Fahrstuhl und packte meinen Arm. Anscheinend hatte sie der Sicherheitsdienst alarmiert, deren Überwachungskameras mich entdeckt haben mussten.

»Was sollte denn das nun wieder?«, fuhr sie mich erregt an. Sie war tatsächlich so unverfroren, mich zu fragen, warum ich es nötig hatte, hier herumzuschleichen.

»Das liegt nur daran, dass Sie mich ständig wegzerren, wenn ich einem Bekannten begegne«, erwiderte ich. Glücklicherweise beließ sie es bei einem kurzen Auflachen und bestrafte mich für die Widerworte nicht.

Ein paar Monate später stand Weihnachten vor der Tür, und ich fühlte mich elend. Früher war Weihnachten immer eine feierliche Zeit mit meinen Freunden gewesen, aber in diesem Jahr hatte ich weder einen einzigen Brief erhalten, noch hatte ich selbst einen einzigen schreiben dürfen. So etwas hatte ich noch nie erlebt. Das Schreiben von Briefen war sonst immer erlaubt gewesen. Ich hörte von keinem meiner Verwandten auch nur

das Geringste. Am Weihnachtsabend musste ich mit Mr. Rodriguez und Mr. H im Restaurant essen gehen, was sich kaum
von unserem täglichen Zusammensein in der Kantine unterschied. Zur Feier des Tages wurde mir außerdem gestattet, zwei
Folgen von *Dharma & Greg* zu sehen. Jenna Elfman, die Dar-
stellerin der Dharma, war Scientologin.

Das Beste an Weihnachten war noch das Geschenk von Mr.
Marty Rathbun, mein erstes *Harry Potter*-Buch. Ich lag nachts
wach, bis ich es ausgelesen hatte. Es gefiel mir wahnsinnig gut.
Für eine Weile konnte ich dank dieser Lektüre meinem wirklichen Leben entfliehen.

Irgendwann im Januar schloss ich meinen PTS/SP-Kurs ab.
Mr. H zufolge durfte ich jetzt einen Posten antreten, musste für
die konkreten Einzelheiten aber noch ein paar Wochen warten. Sie sagte mir, dass ich auf jeden Fall nicht im CMO PAC,
sondern im CMO IXU arbeiten würde. Die Nachricht freute
mich, da ich viele Leute dort bereits kannte, zugleich war
mein Traum von einer Rückkehr auf die Flag damit endgültig
geplatzt.

Zwei Wochen später hatte ich meinen Job: Ich wurde als
Word Clearer eingesetzt, was mich völlig frustete. Ich hätte
gerne wieder im Bereich der Programmangebote und Dienstleistungen gearbeitet, stattdessen würde ich nichts anderes tun,
als Leuten, die feststeckten oder Ärger wegen ihrer Studien
oder ihrer Arbeit bekommen hatten, dabei zu helfen, ihre missverstandenen Worte zu finden. Das Gute daran war, dass ich
mich in der Kantine künftig zu meinen Freunden setzen konnte
und nicht länger mit Mr. Rodriguez und Mr. H am RTC-Tisch
essen musste. Das Schlechte war, dass die Verpflegung der einfachen Mitarbeiter ungenießbar war. Jeder investierte sein Gehalt in zusätzliches Essen.

Untergebracht war ich jetzt mit fünf anderen Mädchen in

einer Wohneinheit am Hollywood Boulevard. Unser knapp fünfzig Quadratmeter großes Zimmer lag im achten Stock des Hollywood Inn. Es gab keine Klimaanlage, das Wasser war entweder eiskalt oder siedend heiß, und der Fahrstuhl funktionierte nicht. Nachts trieben sich ständig irgendwelche Leute vor dem Haus herum und machten Lärm. Sie feierten, schrien und stritten sich – manchmal alles gleichzeitig. Dabei durfte ich mich offenbar noch glücklich schätzen, denn das Hollywood Inn, in dem CMO und leitende Mitarbeiter einquartiert wurden, war angeblich noch schick verglichen mit dem Anthony Building an der Fountain Avenue, in dem Crewmitglieder sonst wohnten. Trotz des ekligen Essens und der schlechten Unterbringung war ich schon froh über die kleinen Freiheiten. Ich wohnte mit Freunden zusammen, konnte mit ihnen gemeinsam essen und musste nicht auf jedem Gang zur Toilette begleitet werden. Ich würde mein altes Leben und meine alten Freunde nicht zurückbekommen, aber wenigstens erhielt ich jetzt die Chance, neue zu finden, was gar nicht so schwer war, da die Mitarbeiter im CMO IXU erheblich lockerer waren als im PAC.

Mir wurde ein Büro zugewiesen, in dem ich tagsüber meinen Wortklärungsaufgaben nachkommen sollte. Für Mr. H wurde eine Überwachungskamera installiert, damit sie an ihrer Dienststelle stets kontrollieren konnte, dass ich artig blieb. Es war mir weiterhin nicht erlaubt zu telefonieren, und mindestens einmal am Tag hatte ich mich bei Mr. H zu melden. Dennoch blieb es ein Fortschritt, und ich hatte das Gefühl, wieder besseren Zeiten entgegenzusehen. Ich gewann viele neue Freunde.

Meine Post wanderte ebenfalls direkt zu Mr. H. Eines Tages erwähnte sie beiläufig Briefe von meinen Freunden an mich, woraufhin ich sie fragte, ob denn welche eingetroffen wären. Zu meiner Bestürzung bejahte sie. Seit Monaten schon hatten viele meiner Freunde Briefe geschickt, darunter auch Martino. Sie habe mir die Schreiben nicht aushändigen können, da sie zum Teil unangebrachte Bemerkungen über Vorgesetzte enthielten. Alle Briefe seien an die Ethik weitergereicht worden. Ich war erbost. Über Monate hinweg hatten meine Freunde mir geschrieben, und ich hatte es nicht einmal erfahren. Womöglich waren sie jetzt der Meinung, ich hätte ihre Briefe gar nicht beachtet oder – noch schlimmer – hätte sie selbst der Ethik gemeldet.

Als ich von den Briefen meiner alten Freunde erfuhr, hoffte ich wieder, doch einen Weg auf die Flag zurück zu finden, doch ich erkannte schnell, wie illusorisch diese Vorstellung war. Und aller Wahrscheinlichkeit nach würde auch keiner meine Flagfreunde jemals hierhin überstellt werden. Ich schrieb jedem Einzelnen, obwohl ich gar nicht wusste, wer genau mir geschrieben hatte. Alle Briefe wurden von Mr. H gegengelesen, daher war ich sehr eingeschränkt in dem, was ich sagen konnte.

Martino antwortete mir ein paarmal. Nachdem er wegen vorangegangener Briefe, die ich nie hatte lesen dürfen, offenbar in Schwierigkeiten geraten war, achtete er jetzt mehr auf den Inhalt seiner Briefe. Seinen Berichten zufolge ging es ihm richtig gut auf der Flag. Er hatte sogar wieder Kontakt zu seinem lange verschollenen Vater und entdeckt, wie ähnlich sie einander doch waren und wie cool es war, ihn besser kennenzulernen. Martino fand ganz unverkennbar immer größeren Gefallen an Scientology und daran, der Sea Org anzugehören. Er berichtete sogar, Auditing-Sitzungen absolviert zu haben. Er schickte Fotos und schrieb, wie sehr er mich vermisste. Ich vermisste ihn ebenfalls, aber aufgrund der Entfernung schien eine Wiederbelebung dieser Gefühle schwieriger zu sein als je zuvor. Daher blieben meine Briefe locker und zwanglos. Wir würden niemals zusammen sein, diese Überzeugung verfestigte sich bei mir mehr und mehr. Es war einfach nicht machbar.

KAPITEL 24

Dallas

Dallas Hill sah ich zum ersten Mal, als ich mit einer Freundin aus der Kantine kam. Es sprühten nicht sofort die Funken oder so etwas, eigentlich fiel er mir eher wegen seines guten Aussehens auf. Er war nicht so dunkel und geheimnisvoll wie Martino, eher auf eine jungenhafte Art attraktiv. Er blickte mich im Vorbeigehen kurz an, und ich lächelte ihm zu. Weiter reichte unsere erste Begegnung nicht.

Später traf ich ihn ein paarmal auf dem Gang, wenn er in Mr. Hs Büro im fünften Stock etwas abzugeben hatte, kannte aber noch immer nicht einmal seinen Namen.

»Hi, Sir«, grüßte er mich dann so, wie jemand aus der CMO gegrüßt werden musste.

»Hi«, erwiderte ich und lächelte zurück.

Mit »Sir« angeredet zu werden, war mir immer ein wenig peinlich. Da mein Status als Ranghöhere anerkannt werden musste, konnte ich die Leute aber auch nicht darum bitten, auf das Sir zu verzichten. Also beschloss ich, jedem mit einem Lächeln und einem freundlichen Hallo zu antworten, der mich grüßte. Eines Tages würde ich gewiss wieder einmal in ernsten Schwierigkeiten stecken, und dann hätten sie vielleicht Mitleid mit mir, weil ich immer nett zu ihnen gewesen war.

Keinen Monat nach meinem ersten Zusammentreffen mit Dallas vor der Kantine kontrollierte ich die Eingänge in meiner Ablage und fand ein *Goldenrod*, in dem gerichtliche Maßnahmen gegen ein Kirchenmitglied angekündigt wurden, dessen Name mir nichts sagte. Goldenrods wurden gewöhnlich verfasst, wenn jemand in seinem Job Mist gebaut oder sonst etwas getan hatte, was aus Sicht der Church verwerflich war, und nun ein Exempel an ihm statuiert werden sollte. Eingang fanden nur persönliche Dinge, die als unethisch gewertet wurden. Das konnte alles Mögliche sein, vom Stehlen bis zur Beeinflussbarkeit durch Außenstehende, also der Annahme von Geschenken oder familiärer Unterstützung ohne Gegenleistung. Diesen Tatbestand erfüllte man beispielsweise schon, wenn man sich von anderen Lebensmittel kaufen oder die Autoversicherung bezahlen ließ, ohne die Beträge zurückzuerstatten, was bei dem geringen Gehalt von Sea Org-Mitgliedern kaum machbar war. Neben der öffentlichen Anprangerung ihres Fehlverhaltens wurden auch häufig höchst private, vermeintlich unethische Dinge bekannt gemacht, etwa die Masturbationsgewohnheiten des Betreffenden oder andere sehr persönliche Einzelheiten, die ihn bloßstellen sollten. In der Regel basierten diese Erklärungen bloß auf widerlichen Verdrehungen der Wahrheit, doch das Schlimme an ihnen war, dass sie allen fünfhundert Angehörigen der Base zugeschickt wurden und damit jeder von den Anschuldigungen wusste.

»Ethikgericht, Dallas T. Hill«, lautete die Überschrift dieses Goldenrod.

»Ich glaub's nicht«, platzte jemand im Büro heraus. »Hat der Kerl doch glatt darauf bestanden, dass das Ethikgericht das T seines zweiten Vornamens ins Urteil aufnimmt!« Alle mussten lachen, auch ich. Initialen eines zweiten Vornamens erschienen in solchen Bekanntmachungen nur selten. Wer legte schon Wert darauf, seinen vollen Namen unter einem derartigen Text zu lesen? Ich vermutete hinter dem merkwürdig formell klingenden Dallas T. Hill jedenfalls einen hochbetagten Mann.

Als ich erfuhr, dass es sich in Wirklichkeit um den hübschen Jungen handelte, der auf dem Gang im fünften Stock mein Lächeln so freundlich erwidert hatte, war ich geschockt. Er hatte einen so anständigen Eindruck gemacht. Zögernd las ich weiter. Obwohl ich wusste, wie stark die Wahrheit in diesen Urteilen häufig verdreht wurde, fürchtete ich doch, durch die Lektüre negativ beeinflusst zu werden. Es zeigte sich allerdings, dass der Goldenrod in diesem Fall nichts Persönliches oder Sexuelles betraf. Dallas war wegen Verfehlungen an seinem Arbeitsplatz in Schwierigkeiten geraten. Offenbar hatte er auf einige *Telexe* nicht reagiert, also auf Nachrichten, die zwischen Kirchenleitung und untergeordneten Scientology-Gemeinden ausgetauscht wurden. Für ein solches Bagatellvergehen gleich das Ethikgericht auf den Hals zu bekommen, schien ein wenig absurd, aber vermutlich hatte er seine Aufgaben einfach zu häufig vernachlässigt.

Mir fehlte allerdings die Zeit, mich mit Dallas' misslicher Lage zu beschäftigen, denn ich hatte in dieser Woche schon genug mit den Turbulenzen in meinem eigenen Leben zu kämpfen. Es gab Anschuldigungen, ich hätte mit einem verheirateten Italiener in der CMO geflirtet, und nun musste ich mich dagegen verteidigen. Dabei waren wir nur lose befreundet und unterhielten uns ab und zu gerne miteinander. Er hatte mich schon an meinem ersten Tag in L. A. gesehen, als ich in den Konferenzraum kam, um mit Mr. Rathbun und Mr. Rinder über meine Eltern zu sprechen. Auch am nächsten Tag waren wir uns auf meinem Weg zum Ethik-Interview mit Mr. Rathbun begegnet. Wir kamen über die Tatsache ins Gespräch, dass er vage über meine Situation Bescheid wusste, ohne Einzelheiten zu kennen. Dennoch hatte ich ganz sicher nicht mit ihm geflirtet und war, um ehrlich zu sein, auch wirklich sauer, als ich von den Unterstellungen erfuhr.

Natürlich bestritt ich alles, aber sobald derartige Anschuldigungen gemeldet wurden, galten sie als erwiesen, und die einzig akzeptable Reaktion war ein vollständiges Geständnis. Ich wusste, wie diese Sachen liefen, auch wenn sie mir zum Hals heraushingen. Und ohne den knappen, aber netten Überredungsversuch von Mr. H, obwohl sie dabei natürlich versuchte, entschieden und respekteinflößend zu klingen, hätte ich es auch nicht getan, sondern lieber meinen Kopf hingehalten. Im Grunde erklärte sie, mich eigentlich nur für jemanden zu halten, der Männern wie Frauen ausgesprochen freundlich und offen begegne, was zu Missverständnissen geführt haben könnte. Sie bat mich um unser beider Willen, die Sache mit einem Geständnis rasch zu beenden oder wenigstens Verantwortung zu übernehmen für den »Eindruck«, den ich erweckt hatte. Es ging mir immer gegen den Strich, wenn die Tatsachen so verdreht wurden, aber in diesen Abläufen hatten stets sie am Ende das letzte Wort, und selbst ohne ein Geständnis von mir würden sie die Sache nachher klingen lassen, als hätte ich alles zugegeben. Also brachte ich es hinter mich, gestand und redete nie wieder ein Wort mit meinem italienischen Freund. Es ärgerte mich noch immer, aber nach den vielen Security-Checks, in denen meinem Auditor genauso klar gewesen war wie mir, dass die Hälfte des Gesagten nicht zutraf, bedeutete es für mich nichts Neues, einer Sitzung durch ein falsches Geständnis ein rasches Ende zu bereiten.

Mit der Ankunft meiner Freundin Molly verbesserten sich die Dinge vorübergehend. Ich kannte Molly seit meinem fünften Lebensjahr, als wir gemeinsam auf der Ranch aufgewachsen waren. Später wurde sie mit den anderen Kindern von der Ranch auf die Flag überstellt und landete schließlich bei mir in der CMO. Sie war unkompliziert, hochintelligent und ein richtiger Bücherwurm. Befreundet waren wir schon immer, allerdings standen wir uns noch nie so nahe wie jetzt. Molly kannte nicht nur meine Vergangenheit, sie hatte auch auf der Flag gelebt, war mit Martino, Cece und all meinen anderen Freunden im EPF gewesen und hatte sich mit ihnen ebenfalls angefreundet.

Nicht lange und ich vertraute ihr alles an, was mit meinen Eltern passiert war. Der Schritt war riskant. Ich wusste, dass ich mit niemandem sprechen durfte, aber ich hatte das Gefühl, Molly würde mich verstehen. Sie hatte ihre eigenen Probleme mit ihrem Vater. Seit drei Jahren hatte sie ihn nicht gesehen. Auch ihre Mutter hatte sie schon Jahre nicht mehr getroffen. Molly wusste, wie es war, sich allein auf der Welt zu fühlen und nur auf seine Freunde zählen zu können. Sie wusste auch, wie wichtig es war, Geheimnisse für sich zu behalten. Zum ersten Mal seit meiner Ankunft in L. A. erzählte ich jemandem die Geschichte vom Austritt meiner Eltern. Sicher, ich übertrat damit ein Verbot, aber es war eine solche Erleichterung, endlich mit jemandem über meine Gefühle sprechen zu können und eine Vertraute zu haben.

Mollys Ankunft bedeutete eine willkommene Veränderung, und zum ersten Mal seit langem glaubte ich, mein Leben wieder in den Griff zu bekommen. Dann schleppte mich Mr. H eines Tages in ihr Büro und begann mich anzubrüllen. Sie hatte herausgefunden, dass ich mit Molly über den Weggang meiner Eltern aus der Sea Org gesprochen hatte. Am meisten regte sie dabei auf, dass Molly gelogen hatte, um mich zu schützen, und Mr. H sie erst mit der Behauptung, ich habe bereits gestanden, überlisten musste. Die Taktik war unglaublich hinterhältig, aber letztlich zu erwarten gewesen. Ich war bloß sauer, erwischt worden zu sein.

Molly und ich würden beide Ärger bekommen, ihre Loyalität bedeutete mir allerdings viel. Innerhalb der Sea Org begegnete man nicht häufig echter Freundschaft. Sobald man in

Schwierigkeiten geriet, mieden einen die Leute, die zuvor noch deine Freunde gewesen waren, und leugneten jede Verbindung mit dir, um ihren eigenen Hals zu retten. Loyalität sollte stets nur der Gruppe insgesamt entgegengebracht werden, keinem Einzelnen, weshalb wir auch alle ständig dazu ermuntert wurden, misstrauisch zu sein. Untereinander sollte nie Vertrauen herrschen, stets hatte das Wohl der Gruppe Vorrang. Abgesehen davon gab es wohl keinen schlimmeren Verstoß, als einen RTC-Abgeordneten zu belügen oder ihm respektlos zu begegnen. Wer irgendeinem Höherrangigen den Gehorsam verweigerte, verhielt sich bereits out ethics, wer sich jedoch Vertretern des höchsten Führungskreises der Church widersetzte, beging praktisch Verrat. Er konnte unverzüglich ins RPF geschickt werden, so viel Macht besaßen diese Menschen.

Ich war mir also sehr wohl bewusst, wie heldenhaft Molly mein Geheimnis verteidigt hatte. Nur wahre Freunde gingen so weit, die Folgen waren dennoch beschissen. Wir beide hatten wochenlang Wiedergutmachungsdienste zu leisten, bevor wir jedes Mitglied der Gruppe einzeln bitten mussten, uns wieder aufzunehmen, was sie am Ende auch alle taten.

Molly wurde anschließend auf die PAC-Base versetzt. Die lag zwar nur fünfzehn Autominuten entfernt, doch es hätten genauso gut tausend Meilen sein können. Die Versetzung auf die PAC bedeutete, dass ich sie von nun an nur noch einige wenige Male im Jahr sehen würde. Wieder war mir ein Freund genommen worden.

Nach Ableistung meiner Strafdienste kehrte die Alltagsroutine zurück. Ich vermisste die Flag noch immer und fühlte mich nicht so glücklich wie damals. Neben meinen vielen Freunden auf der Flag war auch das Umfeld dort einfach ganz anders gewesen. Wir hatten mehr Freiheiten gehabt, und es fiel schwer,

daran zurückzudenken, ohne ein wenig Sehnsucht zu verspüren.

Zugleich traf ich mich in dieser Zeit häufiger mit Dallas und
stand sogar ein wenig auf ihn. Dann eröffnete mir zu meiner
Überraschung und Bestürzung meine Freundin Suzy, dass sie in
ihn verknallt sei, was natürlich ärgerlich für mich war. Ich wusste
kaum etwas von ihm, nur dass er aus San Diego stammte, ziemlich lässig wirkte und eng mit einem etwas eigentümlichen italienischen Jungen befreundet war, mit dem er zusammenarbeitete.
Dass er nicht in der Sea Org aufgewachsen war, machte den Umgang mit ihm angenehm unkompliziert. Je mehr Suzy von ihm
erzählte, desto besser gefiel er mir.

Aus ihren Berichten erfuhr ich auch, dass Dallas bereits mit
einem Mädchen namens Katie hatte ausgehen wollen, auch
wenn das schon ein paar Monate zurücklag. Katie war eine
große Blondine mit Modelmaßen, bei der die Jungs Schlange
standen, obwohl sie jedem eine Abfuhr erteilte. Sie war erst seit
kurzem in der Sea Org, nachdem sie eine Weile als Schauspielerin in Nebenrollen bei großen Produktionen wie *American Pie*
und *Ungeküsst* mitgewirkt hatte. Ihre Eltern waren bedeutende
Geldgeber für Scientology, und sie waren mehrfach für ihre
mutigen Anstrengungen um die Verbreitung der Lehre ausgezeichnet worden. Eigentlich unnötig zu erwähnen, dass sie mit
ihrem strahlenden perfekten Leben all das verkörperte, was ich
nicht war. Ich war nichts weiter als eine elternlose Schülerin
mit lausigen Leistungen, ein Sea Org-Mitglied, auf das man genauso gut verzichten konnte, und ein Teenager, der für einen
Jungen schwärmte, an den sie vermutlich niemals rankommen
würde. Wie sich herausstellte, hatte Katie auch Dallas abblitzen
lassen.

In den nächsten Wochen versuchte ich mit ihm zu reden,
wann immer sich eine Gelegenheit dazu bot. Inzwischen

kannte er mich auch und schien sogar einigermaßen interessiert zu sein, aber wirklich sicher war ich mir da nie. Im September 2001 war ich eines späten Abends noch mit einer Freundin in der Wäscherei und wartete darauf, dass einer der sieben Wäschetrockner, die es für die zweihundert Mitarbeiter gab, frei wurde. Wir waren alle verpflichtet, die Maschinen an zugeteilten Waschtagen zu benutzen, weshalb wir mitunter die halbe Nacht aufbleiben mussten, um an die Reihe zu kommen. Kaum hatten wir den Raum betreten, da begann eine riesige Kakerlake über den Boden der Wäscherei zu krabbeln. Wir rannten alle kreischend zur anderen Seite, als Dallas mit seiner Schmutzwäsche durch die Tür kam. Lachend fing er die Kakerlake ein und befreite uns von ihr. Seine zurückhaltende Art gefiel mir, aber ich war verlegen und ein wenig gehemmt, weil ich erfahren hatte, dass eine unserer Freundinnen beim CMO, die mit einem Mitbewohner von Dallas ging, ihm von meiner Schwäche für ihn erzählt hatte.

Die Freude über meine nächtliche Begegnung mit Dallas in der Wäscherei wurde einen Abend später von der sonderbaren Aufforderung meines Supervisors überschattet, mich auf der Stelle bei Mr. H zu melden. Kaum hatte ich geklopft, da flog die Tür auch schon auf. »Komm mit«, befahl Mr. H und stürmte in Richtung der Treppen. Wir gingen zu einem Konferenzraum, und einige Minuten später traten Mr. Rathbun und Mr. Rinder ein.

Mr. Rathbun übernahm das Reden: »Wir haben nur wenig Zeit«, begann er. »Hier sind einige der Briefe, die Ronnie und Bitty dir in den letzten Monaten geschickt haben. Warum liest du sie nicht einfach erst einmal?« Er schob ein Päckchen von sechs oder sieben Briefen über den Konferenztisch. Seit dem Gespräch, in dem ich ihnen erklärt hatte, nicht nach Mexiko zu kommen, war fast ein Jahr vergangen.

Die Schrift meiner Eltern war unverkennbar. Ich hatte gar nicht mit Post gerechnet, da sie und Dad sich ja denken konnten, dass keine Briefe durchkamen. Beim Anblick ihrer Schrift überfiel mich für einen kurzen Moment Wehmut, aber dann machte ich mir sofort Sorgen, ihre Kontaktaufnahme könnte mich in Schwierigkeiten bringen.

»Soll ich sie direkt lesen?«, fragte ich. Immerhin wusste ich ja genau, dass den beiden Männern der Inhalt bekannt war.

»Ja«, erwiderte Mr. Rathbun und bedeutete mir ungeduldig, dass er und Mr. Rinder warteten.

Es fühlte sich irgendwie komisch an, die Briefe in ihrem Beisein zu lesen. Ich überflog sie schnell auf der Suche nach etwas Bedeutsamem, das Ärger bedeuten könnte. Dad schrieb, welcher Arbeit Mom und er nachgingen. Es hatte irgendetwas mit dem Verkauf von Ferienwohnungen zu tun. Dann ging es um Pläne, meine Großmutter in Clearwater zu besuchen. Mom schrieb, sie hätten einen Wagen, den sie mir irgendwann überlassen wollten (ich besaß nicht einmal einen Führerschein), und dass sie in die Vereinigten Staaten zurückkommen und mich gerne treffen würden. In diesem letzten Punkt bestand das Problem, so viel war mir sofort klar.

»Okay«, sagte ich, um Mr. Rathbun und Mr. Rinder zu signalisieren, dass ich fertig gelesen hatte.

»Hast du irgendwelche Fragen?«, wollte Mr. Rinder wissen, als er mir die Briefe wieder abnahm.

»Nein, eigentlich nicht.«

»Also gut, sie … ähh, werden morgen am Flughafen eintreffen, und wir möchten, dass du den Tag mit ihnen verbringst. Ist das okay?«

Damit hatte ich nicht gerechnet. Ich fragte mich, ob Onkel Dave wusste, dass sie mich sehen wollten. Abgesehen von einer Weihnachtskarte und einem kleinen Geschenk hatte er sich nicht mehr bei mir gemeldet. Auch mit Tante Shelly hatte ich schon seit einer ganzen Weile nicht mehr geredet. Ich habe nie verstanden, warum mein Onkel über Familienangelegenheiten nicht einfach persönlich mit mir sprach. Vermutlich war für ihn alles eine Angelegenheit der Church, schließlich gab es so etwas wie Familie nicht wirklich. Sie diente allein zur Ablenkung jener Menschen, die am Clearing des Planeten arbeiteten. Darüber hinaus musste er als oberster Kopf von Scientology natürlich mit allen Mitteln gegen jede Art der Unterdrückung geschützt werden.

Ich hatte ernsthaft daran gezweifelt, jemals wieder mit meinen Eltern zu sprechen, und jetzt bat man mich darum, gleich einen ganzen Tag frei von jeden Arbeits- oder Scientology-Verpflichtungen mit ihnen zu verbringen. Abgesehen von Weihnachten und dem Sea Org Day, die ich zuletzt mit elf gemeinsam mit ihnen gefeiert hatte, war mir so etwas, seit ich sieben war, nicht mehr passiert.

Ich war hin- und hergerissen. Einerseits würde ich nicht arbeiten müssen, wenn ich sie traf, was immer eine tolle Sache war, und auch ein Ausflug von der Base wirkte verlockend. Andererseits freute ich mich nicht unbedingt auf die verkrampften Peinlichkeiten, zu denen es unweigerlich kommen würde. Schließlich hatten wir uns nicht nur seit Jahren nicht mehr gesehen, sie waren im Grunde genommen auch zu SPs erklärt worden, wie es mir Mr. Rathbun an meinem ersten Tag in L. A. zu verstehen gegeben hatte. Wenn ich sie also traf und sie nicht wegen ihrer antisozialen, individualitätsverliebten Austrittsentscheidung kritisierte, versagte ich als Sea Org-Mitglied. Andererseits, wenn ich sie traf und kritisierte, würde ich mich beschissen fühlen.

»Ähh, ja. Ich denke, ich mach's«, stammelte ich.

Als hätte er meine Gedanken gelesen, meinte Mr. Rinder:

»Pass mal auf, wir wollen bloß keinen Ärger für die Church. Also würde ich dich bitten, die Sache ganz gelassen hinter dich zu bringen. Einfach immer schön freundlich sein. Ich glaube nicht, dass sie irgendwelche Tricks versuchen werden. Okay?«

»Ja, Sir«, sagte ich ungeheuer erleichtert. Ich würde nur den Tag mit ihnen verbringen müssen. Aber was hier vor sich ging und warum, begriff ich nicht.

Es war höchst merkwürdig, dass meine Eltern, die die Sea Org, das Land und mich verlassen hatten, mich sehen wollten und mir das Treffen mit ihnen sogar gestattet wurde. Nicht nur gestattet, man hatte mich unterschwellig sogar dazu ermuntert. Ich hatte zu dieser Zeit keine Ahnung, worauf Mr. Rathbun mit »Ärger für die Church« anspielte. Erst viel später erfuhr ich, dass mein Vater Onkel Dave darüber informiert hatte, dass er und meine Mutter in der Gegend von L. A. Urlaub machen würden und mich gerne sehen würden. Die Sache ging wohl eine Weile hin und her, bis meine Eltern schließlich erklärten, entweder die Church würde ein Treffen organisieren oder sie würden kommen und mich holen, auch wenn das gerichtliche Schritte erfordere.

Als sie in L. A. landeten, teilte Onkel Dave ihnen mit, dass sie zu ihm und Tante Shelly in ein Flughafenhotel kommen sollten. Jahre später erzählte Mom mir, wie sie und Dad vor Wut schäumend im Hotel ankamen und Onkel Dave sie schon bei ihrem Eintreten sofort zu beruhigen versuchte.

»Ihr werdet Jenna sehen«, versicherte er ihnen. »Es war nie meine Absicht, sie euch vorzuenthalten.«

In dem Treffen ging es nur um PR und Beschwichtigung. Onkel Dave zufolge hätten Marty und Mike sich ihnen gegenüber völlig falsch verhalten, und von nun an würde er die Sache selbst in die Hand nehmen. Er bot ihnen sogar an, sein Hotelzimmer für ein paar Tage zu nutzen. Letztlich war er darum bemüht, sie auf jede erdenkliche Weise zu besänftigen. Ja, er zahlte meinem Vater sogar einen Teil seiner Gehaltsrückstände aus und versprach, dass sie künftig ohne jede Einschränkung mit mir kommunizieren könnten.

All das wusste ich damals nicht, als ich von Mr. Rathbun und Mr. Rinder meine letzten Instruktionen erhielt. Maddie würde mich am nächsten Morgen im Empfangsbereich des HGB erwarten und mich an diesem Tag fahren. Ich solle Zivilkleidung tragen, keine Uniform. Nach dem Treffen würden wir wieder zusammenkommen, um zu hören, wie es gelaufen sei.

Mr. Rathbun lächelte, als er mit Mr. Rinder den Raum verließ. In solchen Augenblicken hatte ich das Gefühl, ihm im Grunde leid zu tun. Bei unseren Begegnungen kam es mir immer so vor, dass ihn nur seine persönliche Lage und sein Posten dazu zwangen, sich auf gewisse Weise zu verhalten und bestimmte Dinge zu tun, und dass er in seinem tiefsten Innern viel menschlicher war und mich durchaus mochte. Während seine Frau es regelrecht zu genießen schien, mich zu ärgern, zeigte er heimlich sein Mitgefühl. Vielleicht bildete ich es mir auch nur ein, aber meiner Ansicht nach belastete viele oberste Führungskräfte der ständige Druck, das zu tun, was mein Onkel von ihnen verlangte.

An diesem Abend musterte ich auf dem Heimweg all die anderen Sea Org-Mitglieder, die in dem vollbesetzten Bus mitfuhren. In den wenigen Monaten, die ich inzwischen in L. A. lebte, hatten mich zahlreiche, mir vollkommen unbekannte Sea Org-Leute einfach so angesprochen, um mir zu erzählen, dass sie einst mit meinem Vater oder meiner Mutter zusammengearbeitet hatten und wie sehr sie sie bewunderten. Ich fragte mich, was diese Menschen wohl denken würden, wenn sie wüssten, dass Ronnie und Bitty Miscavige die Sea Org längst verlassen hatten und jetzt in Mexiko wohnten und dort mit Immobilien handelten. Es wäre bekannt geworden, dass es einen Riss in den obersten Rängen der Kirche gab. Viele Mitarbeiter mochten meine Eltern. Die Nachricht von ihrem Austritt aus der Sea Org hätte für Aufregung und Gerede gesorgt, vielleicht sogar zu heimlichen Spekulationen über ein Zerwürfnis mit meinem Onkel geführt. Deshalb musste ich auch um jeden Preis Stillschweigen bewahren. Nach dem Erlebnis mit Molly war mir nur zu sehr bewusst, dass ich mit keiner Menschenseele über die Verabredung mit meinen Eltern am nächsten Tag reden durfte.

Am Morgen war Maddie pünktlich zur Stelle und brachte mich zum Hotel am Flughafen. Der Wagen hatte noch nicht angehalten, da sah ich meine Mom schon mit breitem Lächeln auf uns zukommen. Es war unübersehbar, dass sie und Dad eine Menge auf sich genommen hatten, um dieses Wiedersehen möglich zu machen. Maddie reichte mir ein Handy. »Das steht dir heute zur Verfügung. Mit dieser Taste kannst du mich anrufen, wenn du abgeholt werden möchtest.« Als autorisierte Besitzerin eines sonst verbotenen Handys kam ich mir für einen Moment ungeheuer seriös und erwachsen vor.

Ich stieg aus dem Wagen und musste lächeln. Wenn jemand offensichtlich so überglücklich ist, dich zu sehen, dann kannst du gar nicht anders, als dich zu freuen. Mom drückte mich fest an sich, und ich erwiderte die Umarmung. Mir war unwohl, dass Maddie mich dabei beobachtete, wie ich eine SP umarmte, aber als ich mich umdrehte, lächelte sie nur und winkte auch meiner Mom freundlich zu. Meine Mom winkte zurück und führte mich ins Hotel.

Der Tag mit meinen Eltern verlief super. Sie waren sichtbar gealtert, machten dabei aber den Eindruck, dass es ihnen gut ging. Natürlich wussten sie, welche Themen sie vermeiden und wie sie etwas formulieren mussten. So sprachen wir zum Beispiel kein einziges Wort über die Church. Den Vormittag verbrachten wir mit Shopping auf dem Universal CityWalk. Zeitweise schämte ich mich dafür, mich so gut zu amüsieren. Dass sie SPs waren, machte die Sache besonders schräg, aber es fiel mir schwer, sie als solche zu betrachten.

Zu keinem Moment versuchten Mom und Dad mich zu überreden, die Sea Org zu verlassen und zu ihnen zu ziehen. Sie stellten mir tatsächlich überhaupt keine Fragen über die Church. Hätten sie gefragt oder mich zu etwas gedrängt, wäre ich sofort auf Konfrontationskurs gegangen. Damit hätten sie mir nur die nötige Rechtfertigung gegeben, mich endgültig von ihnen loszusagen, und das wussten sie genau. Meine Eltern zweifelten nicht daran, dass es meine Entscheidung gewesen war, in der Sea Org zu bleiben, aber ihnen war auch klar, dass man mich einer Gehirnwäsche unterzogen hatte. Und das Letzte, was jemand nach einer Gehirnwäsche hören will, ist, dass er einer Gehirnwäsche unterzogen worden war. Stattdessen taten sie ihr Bestes, freundlich und liebevoll zu mir zu sein, und mich so die Berechtigung ihres SP-Status hinterfragen zu lassen. Indem sie nett zu mir waren und meinen Ansichten nicht widersprachen, legten sie die Grundlage dafür, dass ich später aus freien Stücken Scientology verließ.

Kurz bevor wir uns abends voneinander verabschiedeten, gab Dad mir noch ein Holzkistchen mit Lederdeckel.

»Bitte nimm das mit«, sagte er und reichte mir die Schachtel. »So hast du etwas, das dich an uns erinnert.«

Ich öffnete das Kistchen und fand darin Fotos von meinen Eltern und ihrem neuen Haus sowie eine Kreditkarte auf meinen Namen.

»Was ist das?«, fragte ich verwirrt.

Wahrscheinlich hatte mein Dad schon damit gerechnet, dass ich sie ablehnen oder zumindest Einwände haben würde.

»Nur für absolute Notfälle«, erklärte er in der Hoffnung, ich würde sie vielleicht doch annehmen.

In gewisser Weise schien das Geschenk für mich Sinn zu machen. Wenn irgendetwas passieren sollte oder ich jemals die Kirche verlassen müsste, verfügte ich über keinerlei Mittel und konnte mich an niemanden wenden. Mr. Rathbun und Mr. Rinder würden vermutlich nicht damit einverstanden sein, aber die simple Erklärung meines Vaters war einleuchtend. Ich fühlte mich damit sicherer und beschützt. Ich beschloss, die Karte zu behalten und Mr. Rathbun oder Mr. Rinder nur davon zu erzählen, wenn sie direkt danach fragten.

Maddie traf ein, und meine Eltern umarmten mich ein letztes Mal. Ich war erstaunt, wie traurig mich der Abschied machte. Ich wusste allerdings auch, dass mein Leben auf der Base auf mich wartete. In dieser Hinsicht hatte mich das Wiedersehen mit meinen Eltern nicht ins Wanken gebracht. Als Maddie losfuhr, winkten wir uns noch einmal zu.

Wenig später war ich bereits zurück in dem Konferenzraum im zwölften Stock. Nach einem knappen Bericht darüber, was ich alles mit meinen Eltern unternommen hatte, wurde ich nach Hause geschickt. Ich hatte sogar die Sache mit der Kreditkarte gestanden, und zu meiner Überraschung beschlagnahmte sie Mr. Rathbun nicht.

Weit nach Mitternacht kehrte ich auf mein Zimmer zurück. Da ich noch nicht müde war, ging ich in den Keller, um meine Wäsche zu machen. Ausnahmsweise war die Wäscherei heute mal menschenleer, und als ich meine schmutzige Wäsche in eine der Maschinen stopfte, sah ich Dallas mit seinem Wäschesack hereinspazieren.

»Hi«, sagte er, offenbar ohne mein verlegenes Erröten zu bemerken. Tatsächlich wirkte auch er ein wenig verlegen.

Bald legten sich die holprigen Anfangsmomente, und wir

setzten uns vor die Tür der Wäscherei und unterhielten uns etwa zwanzig Minuten lang. Erst als ich Leute die Treppe herunterkommen hörte, wurde mir bewusst, wie spät es war. Dallas meinte lächelnd, wir sollten uns doch häufiger sehen, und ich stimmte zu. Bevor wir uns Gute Nacht wünschten, beugte er sich zu mir, legte seine Hand auf meine, und dann küssten wir uns.

Was für ein Tag.

KAPITEL 25

Im Celebrity Center

Es dauerte nicht lange, und ich war fest mit Dallas zusammen. Er war intelligent, freundlich und brachte mich ständig zum Lachen. In seiner Nähe konnte ich ganz ich selbst sein. Er war ein absoluter Familienmensch und erzählte mir von seinen Eltern, seinem älteren Bruder, seiner jüngeren Schwester und davon, wie er gemeinsam mit seinen Cousins aufgewachsen war. Er liebte seine Familie über alles, das war offensichtlich. Er hatte eine sorgenfreie Kindheit gehabt und war stolz auf sein Elternhaus.

Die Geschichten, die ich ihm über meine Familie erzählte, waren voller Leerstellen. Da ich ihm nicht sagen durfte, wo meine Eltern lebten, und ich den Aufenthaltsort meines Bruders gar nicht kannte, versuchte ich, Einzelheiten nach Möglichkeit zu vermeiden.

Mr. H missbilligte mein Verhältnis zu Dallas und konnte nicht verstehen, warum ich nicht einfach Single blieb. Streng genommen mussten Liebesbeziehungen nicht offiziell abgesegnet werden. Es gab zwar grundsätzliche Regeln, Sea Org-Mitglieder durften beispielsweise nur Partner aus ihrer Base haben, das Gleiche galt für CMO, aber wer genau mit wem ging, bedurfte keiner gesonderten Genehmigung, solange die allgemeinen Vorgaben für Dates eingehalten wurden. Da sie meine tägliche Kontaktperson war, hatte Mr. H das Recht, sich in meine Beziehungen einzumischen. Anschließend würde sie ihren

Vorgesetzten, wahrscheinlich also Tante Shelly oder Mr. Rathbun, Bericht erstatten. Ich war eine Miscavige, und in meinem Verhalten wurde auch immer eine Vertretung des Namens Miscavige gesehen.

Es machte mir nichts aus, dass Mr. H mich wegen Dallas aufzog. Ich glaubte sogar, dass sie mir auf diese Weise auch ihre Zustimmung signalisieren wollte. Seit Mr. Rodriguez auf die Flag versetzt worden war, verstanden wir uns besser. Im Grunde war Mr. H ein guter Mensch, obwohl sie auch gnadenlos hart sein konnte. Sie war etwa in Taryns Alter und stellte damit so etwas wie eine ältere Schwester für mich dar. Tatsächlich hatte sie eine jüngere Schwester, von der sie viel erzählte und die wie ich gerne zeichnete. Ihre Schwester war nicht in der Sea Org, und Mr. H vermisste sie offenbar sehr. Zu Weihnachten bekam ich stets ein Geschenk von Mr. H, und als ich noch mit ihr gemeinsam essen musste, erzählte sie mir häufig von Filmen, die sie gesehen, und von Büchern, die sie gelesen hatte. Ich glaube, sie war traurig, als ich schließlich an anderen Tischen essen durfte, weil sie nun ganz alleine saß. Dass ich mich über diese Freiheit auch noch freute, dürfte ihre Traurigkeit noch verstärkt haben. Aber als RTC-Abgeordnete musste sie natürlich ihr Gesicht wahren. Ihre Stellung beim RTC verlieh Mr. H eine Menge Autorität, sie verbot ihr jedoch zugleich, Freundschaften zu schließen. Es wurde wirklich einsamer, je höher man kletterte.

Meine Freunde fanden alle schnell Gefallen an Dallas. Da er jetzt an meinem Tisch aß, lernten sie ihn schnell kennen. Er war einfach ein richtig netter Kerl, unkompliziert und offen im Gespräch und dazu extrem höflich. Stets öffnete er vor mir die Tür und bot seine Hilfe an, wo immer jemand sie brauchte. Nach Feierabend saßen wir oft draußen auf der Feuertreppe neben meinem Zimmer und unterhielten uns die halbe Nacht. Er war Jahrgang 1980 und damit vier Jahre älter als ich. Seine

Eltern waren Scientologen, aber nicht in der Sea Org. Bei seiner Geburt hatten sie gerade für eine örtliche Mission in San Diego gearbeitet. Sie waren keine Anwerber im engeren Sinne, aber sein Vater verstand sich darauf, Leute als feste Anhänger der Church zu gewinnen. Die Eltern von Dallas waren beide mit achtzehn zur Scientology gekommen. Auch wenn sie nicht der Sea Org direkt angehörten, so waren sie doch bedeutende Geldspender der Kirche und sehr umtriebige Anwerber.

Verglichen mit meiner wirkte Dallas' Kindheit ungeheuer traditionell. Er erzählte mir Geschichten aus seinem Elternhaus und von Familienausflügen mit Tanten, Onkels und Cousins, von denen nur wenige Scientology angehörten. Besonders angetan hatte es ihm das Meer, und er schwärmte von einer Reise nach Mexiko, während der er mit seinen Cousins hatte surfen können. Snowboarden gefiel ihm ebenfalls, und er versprach, es mir eines Tages beizubringen. Ich hatte diese Art von Familienleben oder auch nur diesen Luxus an Freizeit in meiner Kindheit nie erlebt. Nachts im Bett durchlebte ich die Geschichten von Dallas noch einmal in meinem Kopf und wünschte mir, es wären meine eigenen.

Er war auch mit Scientology ganz anders in Berührung gekommen. In Dallas' Kindheit hatte Scientology nicht im Vordergrund gestanden, sondern nur eine Nebenrolle gespielt. Bis zur sechsten Klasse war er sogar in eine öffentliche Schule in San Diego gegangen. Dann hatte er wegen einer schlechten Note Streit mit einem Lehrer bekommen, und seine Eltern hatten ihn ab der siebten auf eine lokale Scientology-Schule geschickt. In einem einzigen Klassenraum wurden hier gerade mal zwölf Schüler der Stufe sechs und höher gemeinsam unterrichtet. Daneben gab es noch einen Zweig für dreißig bis fünfzig jüngere Kinder der ersten Klassen, in den seine Schwester gegangen war.

Ich musste lachen, als Dallas mir erzählte, wie er mehr als eine Woche gebraucht hatte, um die Bedeutung seines ersten Scientology-Worts »Beingness« (»Sein«) zu erfassen. Ihm war nicht klar gewesen, dass Scientology eine eigene Sprache besaß, deren Terminologie oftmals sehr verwirrend sein konnte. Die Highschool absolvierte er auf einem kleinen Scientology-Internat, das zwei ehemalige Sea Org-Mitglieder in ihrem Haus etwa eine Autostunde außerhalb von L. A. leiteten. Es gelang ihm bei diesem Ehepaar, den Lehrstoff von vier Jahren in bewundernswert kurzer Zeit von nur zwei Jahren zu bewältigen. Wie er berichtete, besuchten Anwerber der Sea Org die Schule regelmäßig, um Kinder für ihre Organisation zu gewinnen, aber er hatte immer abgelehnt, weil er eigentlich Schauspieler werden wollte.

Für das College war Dallas nach seinem Highschool-Abschluss mit sechzehn Jahren noch zu jung, und er hätte auch gar nicht gehen wollen, wie er sagte. Viele Scientologen sahen einen Collegebesuch als reine Zeitverschwendung. Seine Eltern waren Teilhaber eines großen, umsatzstarken Schmuckladens in San Diego, also begann er dort zu arbeiten, um sich das nötige Geld für einen Umzug nach L. A. und den Start seiner Schauspielerkarriere zu verdienen. Er sparte außerdem sechstausend Dollar für die Kurse im Celebrity Center zusammen. Auf diese Weise konnte er Scientology-Kurse belegen und zugleich mit berühmten Leuten in Kontakt kommen, die ihm beim Einstieg in die Branche womöglich helfen würden. Sein Traum war es, Schauspieler zu werden, nicht Sea Org-Mitglied. Er konnte sehr gut singen, aus dem Stegreif in irgendwelche Rollen schlüpfen und sogar steppen.

In der San Diego Org hatte er erstmals am eigenen Leib erfahren, dass Scientology funktionierte. Damals nahm er gerade Auditing-Sitzungen und ließ eine ausfallen, da ihn eine

Erkältung erwischt hatte. Der Auditor rief an, flippte aus und erklärte ihm, er müsse gerade jetzt unbedingt kommen, da die Krankheit ein Zeichen dafür sei, dass etwas falsch gelaufen war. Am nächsten Tag ging er also trotz der Beschwerden in die Org, und es folgte die beste Sitzung, die er jemals hatte, wie er mir sagte. Noch während der Sitzung verließ die Krankheit seinen Körper, und in diesem Moment war ihm klar, dass Scientology für ihn funktionierte.

Mit achtzehn ging er zum Celebrity Center in L. A. und zahlte sechstausend Dollar für seinen Key to Life- und Life Orientation-Kurs, die ich beide schon einige Jahre zuvor auf der Flag absolviert hatte. Als Zwilling wurde ihm der fünfzehnjährige Dylan Purcell zugeteilt, der Sohn der Schauspielerin Lee Purcell. Dallas meinte, Dylan sei ein echter Spaßvogel gewesen, dessen Albernheiten auch ihm ständig Besuche beim Ethics Officer eingebracht hätten. Er hing damals mit zahlreichen angehenden Schauspielern zusammen, von denen inzwischen einige Karriere in der Branche gemacht hatten. Abends nahm er Schauspielunterricht bei einem Schauspieler und Scientologen, der auch Juliette Lewis und Giovanni Ribisi unterrichtet hatte, beide ebenfalls Angehörige von Scientology.

Häufig stellte Dallas mir Fragen über meine Familie. Als er wissen wollte, ob er meine Eltern einmal kennenlernen könne, erfand ich Ausreden, die er mir aber nicht abkaufte. Vor allem Mr. H erinnerte mich tagtäglich daran, dass ich ihm auf keinen Fall etwas vom Austritt meiner Eltern sagen dürfe. Sie übte mit mir sogar, wie ich mich am besten verhielt, wenn er zu beharrlich nachbohrte. Dann übernahm sie seine Rolle und stellte Fragen, denen ich möglichst geschickt ausweichen musste. Allerdings machten es diese Übungen nie einfacher, ihm offen und ehrlich zu antworten, wenn er nachfragte.

Eines Tages entschloss ich mich, alle Warnungen von Mr.

H zu ignorieren und Dallas alles über meine Eltern zu erzählen. Er zeigte sehr viel Mitgefühl mit mir. Immerhin verstand er nun, warum ich immer so komisch reagiert hatte, wenn das Gespräch auf meine Eltern gekommen war. Natürlich musste ich nun lügen, wenn Mr. H sich erkundigte, ob ich das Geheimnis gewahrt hatte. Aber ich konnte nicht anders, sonst hätte ich das Gefühl gehabt, Dallas zu betrügen.

Im Unterschied zu den meisten Sea Org-Mitgliedern besaß Dallas ein Auto, das es uns ermöglichte, an Sonntagvormittagen die Base zu verlassen und draußen zu frühstücken, wenn wir unsere Dienste erledigt hatten. Morgens mussten nämlich die Quartiere ordentlich aufgeräumt und gesäubert werden und anschließend die Inspektion überstehen. Dafür hatten wir eigentlich Zeit bis mittags, also beeilten wir uns, damit wir in der restlichen Zeit etwas unternehmen konnten.

Einmal fuhren wir bei dieser Gelegenheit – ungeachtet der Bedenken von Mr. H – ins Celebrity Center, wo wir uns im Renaissance Restaurant mit Dallas' Mom zum Brunch treffen wollten. Dallas hatte dort nicht nur vor seiner Sea Org-Zeit die Kurse absolviert, er hatte in den späten Neunzigern vor seinem Highschool-Abschluss auch dort im Hubbard Communication Office gearbeitet. Daher wusste er aus erster Hand, dass mit Prominenten in der Church ganz anders umgegangen wurde. Leute wie John Travolta, Kirstie Alley, Catherine Bell, Jason Lee, Priscilla und Lisa Marie Presley oder Marisol Nichols nahmen hier ständig bestimmte Angebote wahr. Jason Beghe und Jack Armstrong waren seinerzeit die Promis im Center, die am meisten verehrt wurden, da sie sich beide Vollzeit dem Studium der Scientology widmeten und mit Feuereifer bei der Sache waren.

Verglichen mit anderen Scientology-Gemeinden wurde den Prominenten hier hinsichtlich Exklusivität und ungestörter Pri-

vatsphäre nur das Feinste geboten. Das fing an mit einer eigenen Zufahrt an der Ecke Franklin und Bronson Avenue, wo ein
Doppelflügeltor zu einem abgetrennten, vom Sicherheitsdienst
überwachten Bereich der Tiefgarage führte. Das Gebäude betraten Prominente durch das *President's Office*, das über eine
eigene Lobby, einen gesonderten Behandlungsbereich zur »Reinigung« sowie über persönliche Büroräume verfügte. Im oberen Stockwerk befanden sich zwei Auditing-Räume und ein
Einzelkursraum, die ausschließlich von Prominenten oder anderen wichtigen Persönlichkeiten – etwa bedeutenden finanziellen Förderern der Church – genutzt werden durften. Unter
einem Prominenten versteht Scientology jede wirklich einflussreiche Person, deshalb fanden sich darunter nicht nur bekannte
Namen wir Tom Cruise und John Travolta, sondern auch Leute
wie Craig Jensen, Firmenchef von Condusiv Technologies, oder
Izzy Chait, ein erfolgreicher Kunsthändler aus Beverly Hills
und der größte Geldgeber der Church. Die Sicherheitsmaß-
nahmen für die Prominenten waren äußerst streng, zugleich
aber so unauffällig, dass berühmte Leute Angebote wahrneh-
men konnten und die meisten Menschen im Center nicht einmal deren Anwesenheit bemerkten.

Auch Gästezimmer gab es im Celebrity Center. Das waren
keine speziell für Promis gestalteten Räume, vielmehr konnte
sich dort jeder einmieten, vorausgesetzt er verfügte über die
nötigen finanziellen Mittel, denn für einige der Zimmer wurden gewaltige Preise pro Übernachtung verlangt. Alles hing natürlich von der Größe und Ausstattung des jeweiligen Raums
ab, grundsätzlich ähnelten die Preise aber denen anderer hoch-
klassiger Hotels in der Stadt. Als meine Mom die Renovierungsarbeiten im Celebrity Center mit beaufsichtigt hatte, war
ich selbst ein paarmal in diesem Hotel gewesen. Damals hatten
wir eine wunderschöne Doppelsuite bewohnt, in der angeblich

auch schon Kirstie Alley abgestiegen war. Als Dallas hier gear- beitet hatte, war Kirstie die einzige ihm bekannte Prominente gewesen, die auch übernachtet hatte. Die anderen kamen im- mer nur tagsüber zu ihren Angeboten und Kursen und fuhren anschließend wieder nach Hause.

Dallas zufolge benahmen sich die Prominenten bei ihren Besuchen im Center alle ziemlich ungezwungen. Einige wa- ren richtig nett, andere eher reserviert und wollten nicht ge- stört werden. Dann gab es natürlich jene, die anderen Promis gegenüber immer überfreundlich waren, während sie die Mit- arbeiter des Zentrums in schroffem Ton behandelten. Alles in allem also eine breite Mischung aus Verhaltensweisen und so unterschiedlich wie die vielen VIPs selbst, die das Zentrum be- suchten. Immerhin sollte John Travolta, wie Dallas meinte, den Sea Org-Mitgliedern unter dem Personal große Anerkennung für ihre harte Arbeit gezollt haben. Einmal war er Travolta auch persönlich begegnet, und der hatte ihn für sein Engagement ausdrücklich gelobt.

Die vielen Geschichten weckten natürlich zwangsläufig Neu- gier auf den berühmtesten Scientologen von allen: Tom Cruise. In der Zeit, in der Dallas im Celebrity Center gearbeitet hatte, war Tom offenbar nicht aufgetaucht. Tom gehörte damals zwar weiterhin der Scientology an, war nur vorübergehend nicht so stark involviert. Mitglieder des CC-Staff erzählten Dallas, dass Tom aufgrund seiner Heirat mit Nicole Kidman, die der Church scheinbar distanzierter gegenüberstand, als Potential Trouble Source eingestuft worden sei, was wiederum seinen Aufstieg innerhalb von Scientology gebremst habe.

Da Nicoles Vater Psychologe war, lag dieser Schritt nahe. Menschen, die im Gesundheitswesen arbeiteten, waren böse und schlecht, das wurde uns beigebracht. Wir glaubten den Ausführungen LRHs, der geschrieben hatte, dass diese Leute die eigentlichen Drahtzieher hinter Personen wie Adolf Hitler waren und der Grund für alles andere Übel, das je auf der *Gesamtzeitspur* passiert sei, also in dem in unseren Köpfen abgespeicherten Gesamtprotokoll von Dingen, die uns über Billionen von Jahren hinweg widerfahren sind.

Die Schilderungen von Dallas erinnerten mich an etwas, das Tante Shelly mir einmal auf der Flag erzählt hatte. Damals fand Tom Cruise gerade seinen Weg zurück in die Church, und überall schrieben die Zeitschriften darüber. Ich machte eine Bemerkung Tante Shelly gegenüber, woraufhin sie ausführte, wie ähnlich sich Tom Cruise und Onkel Dave doch in Bezug auf ihre unbeirrbare Einsatzbereitschaft waren. Anscheinend hatte man ihnen deshalb sogar denselben Spitznamen verpasst, der irgendetwas mit dem Wort »Laser« zu tun hatte. Ich sagte zu Tante Shelly, meiner Ansicht nach könne Nicole mit Scientology offenbar nicht wirklich etwas anfangen. Sie schien überrascht, dass ich das erkannt hatte, und erklärte, ich habe ganz Recht und dass sie sich um die Lösung dieses Problems gerade bemühten.

Besonders beliebt war bei Prominenten sämtlicher Bekanntheitsgrade der Kommunikationskurs, den das Center anbot. Hier sollte den Teilnehmern das sichere Auftreten beim Vorsprechen und der effektive Aufbau eines persönlichen Netzwerks beigebracht werden. Reizvoll war für viele auch die Tatsache, dass die Auditing-Sitzungen einer dem Beichtgeheimnis vergleichbaren Vertraulichkeit unterworfen waren, mit anderen Worten: Wie ein Priester über Gebeichtetes Stillschweigen bewahrte, so drang auch über alles, was in den Sitzungen gesagt wurde, nichts nach außen. Prominente verleitete diese Sicherheit natürlich dazu, offen über ihre Probleme oder über Angewohnheiten, die sie ablegen wollten, zu reden.

Schon die Einrichtungen und der Service, die den Prominenten im Celebrity Center zur Verfügung standen, gingen weit über das Angebot für gewöhnliche Scientologen hinaus. Doch es war nicht nur das. Prominente genossen auch Vorzüge, was ihre finanzielle Belastung und ihre Kursbesuche betraf. Für normale Angehörige der Church spielte die Kunst, mit Scientology Einnahmen zu generieren, eine ganz andere Rolle als für Promis. So waren Prominente etwa nicht dem ständigen *Regging* ausgesetzt, bei dem die Kirche ihre Anhänger permanent dazu drängte, für Projekte oder weitere Angebote zu bezahlen. Auch sie wurden zwar um Spenden gebeten und mussten für unmittelbar anstehende Leistungen zahlen, doch sie hatten es dabei stets nur mit einem Bevollmächtigten der Church zu tun und wurden nicht wie die normalen Scientologen gleich von diversen Mitarbeitern unter Druck gesetzt. Außerdem blieb es Prominenten selbst überlassen, in welchem Tempo sie sich mit Scientology beschäftigen wollten, während alle anderen nach einer freizügigen Anfangsphase schon rasch andauernd dazu aufgefordert und ermahnt wurden, die nächste Stufe anzustreben, was natürlich zusätzliche Kosten für sie bedeutete.

Geldforderungen beschränkten sich bei anderen Scientologen nicht allein auf Kursangebote. Die Eltern von Dallas wurden beispielsweise laufend gedrängt, Geld zu spenden und Kurse zu buchen, selbst wenn sie bereits für die nächsten drei Kurse bezahlt hatten. Prominenten gegenüber wäre ein solches Vorgehen niemals geduldet worden. Und wenn Scientologen nach San Diego fuhren, um Spenden für irgendwelche Projekte der Church einzutreiben, dann suchten sie seine Eltern oft noch spätabends zu Hause auf und forderten einen Beitrag ein. Ein Prominenter wäre selbstverständlich niemals mit solchen Hausbesuchen belästigt worden.

Die Erfahrungen mit Scientology waren für Prominente daher letztlich völlig anders als die der meisten Scientologen. Ob den Promis das Ausmaß ihrer Sonderbehandlung wirklich bewusst war oder ob sie irgendeine Vorstellung davon hatten, wie das Leben der Sea Org-Mitglieder, die sie von vorne bis hinten bedienten, in Wahrheit aussah, blieb mir immer unklar.

Für die Show, die Scientology ihren Prominenten bot, stellte das Celebrity Center jedenfalls die perfekte Bühne dar. Der Komfort war exquisit, und die herrliche Anlage machte jeden Aufenthalt zu einem Genuss. Alles war streng überwacht und durcharrangiert, und solange die Prominenten nichts hinterfragten, sahen sie nur das, was man ihnen präsentierte, und erkannten nie, was hinter den Kulissen vor sich ging. Kinderarbeit oder andere Dinge, die die Kirche sie nicht sehen lassen wollte, blieben ihren Augen sicher verborgen. Die Sea Org-Mitglieder im Celebrity Center machten einen glücklichen Eindruck, da genau darin ihre Aufgabe bestand, und so erfuhren die Prominenten aus ihren Beobachtungen oder Gesprächen mit ihnen nie, ob sie ihre fünfundvierzig Dollar Lohn in dieser Woche überhaupt erhalten hatten oder ob sie ihre Familien vermissten.

Das Celebrity Center mit seinem Blendwerk war für die Kirche von entscheidender Bedeutung, wenn es darum ging, Prominente zu erreichen und zum Eintritt zu gewinnen. Einfach gesagt, funktionierte es ähnlich wie an anderen Orten, wo Leuten Kurse und Auditing-Sitzungen angeboten wurden, es konzentrierte sich bloß als Zielgruppe allein auf Prominente. Dabei musste nicht jeder unbedingt schon berühmt sein, sie interessierten sich auch für aufstrebende Künstler oder Prominente, die in Vergessenheit geraten waren und ihre Karriere wieder in Schwung bringen wollten. In einer Vielzahl von Grundsätzen zum Umgang mit Prominenten wurde ausgeführt, wie wichtig sie für eine gute PR der Kirche waren.

Letzten Endes machten all diese Faktoren das Center zu

einem der schlagkräftigsten Rekrutierungsmittel, über das die Church verfügte. Hier wurde Prominenten die Möglichkeit geboten, sich mit gleichgesinnten Scientologen zu treffen und ihren Glauben abseits der Öffentlichkeit auszuüben. Damit entsprach es dem Anspruchsdenken vieler Prominenter und deren Wunsch nach Exklusivität. Aus diesem Grund suchten selbst Nicht-Scientologen das Center gelegentlich auf. Als meine Mutter noch beim Aufbau des Celebrity Center mitgearbeitet hatte, war ihr etwa Brad Pitt begegnet, weil er sich mit Juliette Lewis treffen wollte. Und bei anderen Gelegenheiten hörte ich, dass Leute wie Bono und Colin Farrell an Empfängen teilgenommen hatten, obwohl sie selbst keine Scientologen waren.

Als ich mich sonntags mit Dallas und dessen Mom zum Brunch traf, war das Restaurant nur schwach besucht. Die Einrichtung war in üppigem Renaissancestil gehalten. Wir saßen an einem Tisch im Garten. Gail, die Mutter von Dallas, war klein, nett und hatte ständig ein Lächeln auf den Lippen. Es war unübersehbar, wie sehr Dallas und sie sich mochten. Mir gegenüber verhielt sie sich überaus freundlich, obwohl ich sehr schüchtern war und nur wenig sagte.

Irgendwann im Verlauf der Unterhaltung fragte sie mich nach meinem Nachnamen und erfuhr, dass ich die Nichte von David Miscavige war. »Dann werd ich gut aufpassen, nichts Falsches zu tun, wenn du in der Nähe bist«, meinte sie amüsiert.

In den nächsten Monaten wurde die Sache mit Dallas immer ernster. Ich lernte den Rest seiner Familie kennen, die genauso nett wie er und seine Mutter war. Dallas wurde schon bald mein engster Vertrauter. Er war mein fester Freund, was bedeutete, dass ich ihn eines Tages heiraten könnte. Sonntagvormittags kamen uns manchmal seine Eltern besuchen und behandelten mich dann immer wie ein Mitglied der Familie. Wenn ich niedergeschlagen war, holte Dallas mich aus dem Tief. Ich konnte mit ihm über alles sprechen, genau wie er mit mir.

Eines Abends machte Dallas mir auf der Feuertreppe einen Heiratsantrag. Wir waren zwar erst zwei Monate zusammen, aber in der Sea Org kam es relativ häufig zu solch raschen Verlobungen. Ich hatte also schon auf einen baldigen Antrag gehofft, aber gerade an diesem Tag hatte ich in keinster Weise mit etwas Außergewöhnlichem gerechnet.

In der neonlichterhellten Nacht von Los Angeles sank Dallas auf der alten, an der Hausrückwand festgeschraubten Eisenleiter auf die Knie und zog einen Ring hervor. Wie immer, wenn er aufgeregt war, geriet er ins Stottern und Stocken. Zuerst sagte er, dass er meinen Vater zuvor nicht hatte fragen können, da er nicht wusste, wo er war. Und dann fragte er mich, ob ich ihn heiraten wolle.

Jeder so wichtige Satz dieses Gesprächs wurde untermalt von einer plärrenden Hupe, einer Sirene, brüllenden Stimmen oder einem Einkaufswagen, den ein Obdachloser ratternd vor sich herschob. Dabei mussten wir bereits ständig die laute Musik übertönen, die aus dem Pig 'n' Whistle-Restaurant im Nebengebäude schallte. Aber all das kümmerte mich nicht, mir fiel es nicht einmal mehr auf. Ich schrie nur »Ja!« vor unbändiger Freude. Endlich würde ich meine eigene Familie haben.

KAPITEL 26

Heimliche Verlobung

Als ich Mr. H erzählte, dass Dallas und ich uns verloben würden, wusste sie nicht, ob sie sich freuen oder besorgt sein sollte. Am nächsten Tag teilte sie mir mit, ich dürfe niemanden darüber informieren. In wessen Auftrag sie diese Anweisung an mich weiterleitete, blieb unklar, aber vermutlich steckten Onkel Dave, Tante Shelly oder Mr. Rathbun dahinter. Wohlgemerkt sagte Mr. H nicht, ich könne nicht heiraten, sondern nur, ich dürfe niemandem davon erzählen. Keine Ahnung, weshalb nicht, aber inzwischen war es sowieso zu spät. Wir hatten bereits mehr oder weniger jedem davon erzählt, auch all meinen Freunden auf der Flag.

Ich dachte nicht, dass meine Beziehung zu Dallas in irgendeiner Weise vom Schicksal vorbestimmt war. An dieses alberne Zeug glaubte ich nicht. Ich hatte bloß das Gefühl, dass niemand auf der Welt besser zu mir passte als er. Er war witzig, abenteuerlustig und unglaublich nett. Besonders gefiel mir seine ruhige, verständnisvolle Art. Bei einem Streit hörte er sich immer erst alle Seiten an und brachte jeder Meinung denselben Respekt entgegen. Nach allem, was ich durchgemacht hatte, gab es für mich also doch ein Happy End, und ich würde an der Seite des Mannes leben können, den ich liebte. Mein Ring war einfach wunderschön, wofür auch Dallas' Vater verantwortlich gewesen sein dürfte, der ja ein Juweliergeschäft führte. Der Ring war klassisch schlicht, mit zwei kleinen Brillanten, die einen großen einschlossen. Er stand für die Erfüllung all meiner Träume.

Ich war achtzehn und Dallas zweiundzwanzig. Aus mehreren Gründen heirateten die Leute in der Sea Org meistens schon sehr jung. Zum einen war es verboten, vor der Heirat Sex zu haben. Außerdem durften verheiratete Paare ein eigenes Zimmer für sich haben, während in den Räumen sonst bis zu sieben Mitbewohner untergebracht waren. Ich kannte einige, die bereits mit fünfzehn geheiratet hatten. Wer jünger als achtzehn war, musste dafür jedoch nach Las Vegas gehen, da Minderjährige in Kalifornien von Gesetz wegen erst ein psychologisches Gutachten einholen mussten.

So wie es aussah, würden Dallas und ich aufgrund der Flag-Vorschriften keine Kinder haben können. Allerdings war Dallas der Meinung, die bestehende Regel in der Sea Org würde sich irgendwann wieder einmal ändern und das Verbot von Kindern aufgehoben werden. Ich hielt das eher für unwahrscheinlich, aber mir genügte es im Moment auch völlig, mit Dallas zusammen zu sein und ein Teil seiner Familie zu werden.

Weihnachten kam, und alle hatten einen Tag frei. Blöd war nur, dass Dallas zu seiner Familie in San Diego fuhr und ich ihn nicht begleiten durfte. Also ging ich mit den anderen ins Restaurant und anschließend ins Kino. Von meinen Eltern lagen ein paar Geschenke für mich in der Post: ein Kuscheltier, eine Armbanduhr und einige Bücher, über die ich mich besonders freute. Damals wusste ich nicht, dass mein Onkel als Zeichen des guten Willens an meine Eltern alle Einschränkungen hinsichtlich der Kommunikation zu mir aufgehoben hatte. Wahrscheinlich versuchte er, sie auf diese Weise zufriedenzustellen, damit der Church keine Verurteilung drohte, sollten sie sich doch zu einer Klage entschließen. Dennoch war es das erste Mal, dass ich nach unserer Begegnung etwas von ihnen hörte.

Ein oder zwei Wochen nach der Anweisung von Mr. H, meine Verlobung nicht bekannt zu geben, wurde ich in das Büro von Mr. Rathbun im zwölften Stock gebeten. Er sagte, er habe von meiner geplanten Hochzeit erfahren und sei froh, mich so glücklich zu sehen. Allerdings müsse er mir raten, mit der Hochzeit und der Bekanntgabe der Verlobung noch ein wenig zu warten, da es den Anschein habe, dass jemand aus Dallas' Familie, genauer gesagt, sein Onkel Larry, in Verdacht stand, verschiedene Anti-Scientology-Websites zu besuchen. Wie er mir erklärte, könne es die Kirche derzeit am wenigsten brauchen, wenn der mögliche PTS Larry meine Eltern kennenlernen würde, deren Status zwischen offiziellen SPs und irgendeiner Sonderform von SP zu schwanken schien. Befürchtet wurde offenbar, dass Larry, Mom und Dad gemeinsam versuchen könnten, die Church zu zerstören.

Ich hielt solche Befürchtungen zwar für unbegründet, doch Mr. Rathbun sah darin anscheinend eine echte Bedrohung. Da ich nur mit wenigen Wochen rechnete, fand ich die Verzögerung verschmerzbar. Zudem war Mr. Rathbun mir gegenüber extrem freundlich, und ich wollte ihm die Sache nach Möglichkeit gerne erleichtern.

Auch wenn Onkel Larry uns erst einmal einen Strich durch die Rechnung gemacht hatte, träumte ich weiter mit Vorliebe davon, wie mein großer Tag aussehen würde. Ob ich mir die Dinge, von denen ich träumte, überhaupt jemals würde leisten können, war eine andere Frage. Ich hatte keinen Vater, der für meine Hochzeit bezahlte, was mich jedoch nicht davon abhielt, gelegentlich in Braut-Zeitschriften zu blättern. Ich strich mir Kleider an, die mir gefielen, wählte Musik für die Hochzeit aus und benannte meine Brautjungfern. Ich spielte sogar mit dem Gedanken, meine Großmutter zu bitten, mir Geld zu leihen, das ich ihr dann später zurückzahlen würde. Doch diese

Absicht wäre aufgrund meines bescheidenen Einkommens gar nicht realisierbar gewesen. Seit meinem Weggang aus Florida hatte ich keinen Kontakt mehr mit ihr gehabt. Nur zu Weihnachten war ein Geschenk von ihr eingetroffen, zusammen mit einer Karte, auf der sie schrieb, wie sehr sie mich vermisste. Heute bin ich mir sicher, dass sie das Geld sowieso nie hätte zurückhaben wollen.

Kurz nach meinem Gespräch mit Mr. Rathbun wurde Dallas plötzlich regelmäßig von seinem Arbeitsplatz fortgerufen, um Ethik-Interviews mit dem E-Meter zu absolvieren. In erster Linie versuchten sie darin sicherzustellen, dass wir nicht die Grenze zu einem Out 2D überschritten. Einmal erhielt Dallas ein *Roll Back*, eine Auditing-Sitzung, in der die Quellen für »feindliche Propagandalinien« aufgespürt werden sollen. Unter einer feindlichen Propagandalinie wird bei Scientology jede Art von Kritik an der Church oder ihren Unterabteilungen verstanden. Dallas musste Fragen beantworten, die aufdecken sollten, warum er mich tatsächlich heiratete. »Was hat Sie auf die Idee gebracht, Jenna zu heiraten?«, wollte der Auditor von ihm wissen.

Die Anwendung eines Roll Back war in diesem Fall völlig unangebracht, da dieses Verfahren sicherlich nicht zur Klärung der Frage gedacht war, ob ein Antrag an mich eine feindliche Propagandalinie darstellte oder ob Dallas aufrichtige Absichten verfolgte. Doch die Church bemühte in ihrem Verfolgungswahn vermutlich das Roll Back, um nachzuforschen, wer Dallas beauftragt haben könnte, mich zu heiraten, in der Hoffnung, so an Informationen über meine Familie heranzukommen oder irgendwas in dieser Richtung. Auf jeden Fall hätte man ihm das alles niemals angetan, wenn ich nicht eine Miscavige wäre.

Auch ich wurde einem Roll Back unterzogen. Die Church schien daran interessiert zu sein, uns irgendetwas anzuhängen. Mutmaßungen über ein mögliches Out 2D gab es immer, wenn Leute begannen miteinander zu gehen, aber bei uns war die Sache entschieden schärfer. Ich wusste nicht mit Sicherheit, wer hinter dem Versuch steckte, unsere Hochzeitspläne zu beeinträchtigen, und ich wusste auch nicht, warum. Aber wer außer Onkel Dave und Tante Shelly kam dafür überhaupt in Frage? Am meisten ärgerte ich mich über die Tatsache, dass sie vor allem Dallas in die Mangel nahmen, wahrscheinlich weil er nicht so viele Security-Checks über sich hatte ergehen lassen müssen wie ich und sie deshalb dachten, er wäre leichter zu knacken.

Monate vergingen. Immer wieder erkundigte ich mich, wann wir heiraten dürften, ohne eine Antwort zu bekommen. Dallas war genauso frustriert wie ich, aber es gab offenbar kaum Möglichkeiten, die Sache zu beschleunigen. Schließlich schickte mir Tante Shelly einen Brief, in dem sie mir versicherte, wie sehr sie sich über meine Heiratspläne freute, und mich gleichzeitig davor warnte, Dummheiten zu begehen und ein Out 2D zu riskieren. Sie sagte, Linda vom Office of Special Affairs würde mich auf dem Laufenden halten, wann eine Heirat zwischen Dallas und mir möglich wäre. Ich war so genervt, dass ich Linda selbst ansprach. Ihrer Aussage zufolge war die Handhabung von Dallas' Onkel äußerst schwierig und zeitraubend. Bislang hätte es keinerlei Fortschritte gegeben, und daran würde sich auch vermutlich noch eine ganze Weile lang nichts ändern.

Ich hatte nicht die geringste Idee, was sie mit der »Handhabung von Dallas' Onkel« meinte. Viel ausrichten konnten sie bei ihm ohnehin nicht. Ich glaubte nicht einmal daran, dass eine Randfigur wie er die Hochzeit tatsächlich aufhalten konnte. Die Eltern von Dallas besaßen als großzügige Spender und als erfolgreiche Verbreiter von Scientology hohes Ansehen in der Kirche. Das Gewicht eines eventuell widerspenstigen

Onkels sollte das allemal aufwiegen. Man hätte in jeder Familie einen Verwandten aufstöbern können, der Scientology gegenüber in irgendeiner Weise kritisch eingestellt war oder schon einmal eine Anti-Scientology-Website besucht hatte. Die ganze Sache war völlig abwegig. Schließlich waren meine Eltern diejenigen, die sich von Scientology abgewandt hatten, und dennoch kreisten alle Einwände gegen eine Hochzeit stets um den Punkt, dass von ihrem Zusammentreffen mit Larry eine Gefahr ausgehen könnte.

Dallas war stinkwütend, weil die Höherrangigen nie mit ihm, sondern immer nur mit mir sprachen. Er fand, ich solle meinen Onkel um Hilfe bitten, aber das wollte ich nicht, da er sicherlich bereits Bescheid wusste und keine Lust hatte sich einzumischen. Außerdem bestand die Gefahr, dass die Sache nach hinten losging und ich wegen versuchten Missbrauchs persönlicher Kontakte in Schwierigkeiten geraten würde. Dallas verstand mich nicht, wahrscheinlich weil Onkel Dave tatsächlich der einzige Mensch war, der uns helfen konnte. Aber wenn mein Onkel derjenige war, der uns im Weg stand, hätte ich ihn mit nichts in der Welt umstimmen können.

Ich versuchte, die Einwände gegen die Hochzeit ganz konkret zu entkräften. Mehrmals schlug ich Linda vor, dass wir auch einfach ohne meine Eltern und ohne Larry feiern könnten. Problem gelöst. Doch Linda interessierte sich nicht dafür. Sie hatte gar nichts zu entscheiden, das taten andere.

Nachdem wir uns monatelang den schwachsinnigen Vorwand mit Onkel Larry hatten anhören müssen, begingen Dallas und ich schließlich ein Out 2D und hatten vorehelichen Sex. Die möglichen Konsequenzen eines Out 2D waren mir natürlich stärker bewusst als jedem anderen, doch wir taten es trotzdem. Dallas und ich wollten zusammen sein, egal wie die Folgen aussahen. Wenn Probleme entstünden, würden wir uns ihnen stellen, wenn es so weit kam. In meinen Augen war es nichts Schlimmes, mit Dallas zu schlafen, auch wenn die Vorschriften anders aussehen mochten. Und was mich betraf, würde davon sowieso niemand erfahren. Nur wir beide wussten von dem Out 2D, daher hielt ich unser Geheimnis für bestens geschützt. Wir waren jung, wir waren verliebt, und wir waren entschlossen zu heiraten. Es war nur die Church, die verhinderte, dass wir unsere Beziehung absegnen lassen durften.

Out 2D war eine schlimme Sache, wenn man Ehebruch beging oder ständig die Partner wechselte. Doch wir beide hatten schließlich seit Monaten eine feste Beziehung. Wir waren diejenigen, die alle Vorschriften befolgten und eigentlich erst hatten heiraten wollen, während die Church irgendwelche Gründe erfand, warum wir den nächsten Schritt nicht gehen durften. Wir wollten das Richtige tun, und sie hinderten uns daran. Uns war klar, dass wir nach ihren Regeln niemals unser Glück finden würden, also machten wir, was wir wollten und was uns das Richtige erschien. Die Konsequenzen waren uns egal.

Mich plagte nicht ein Funken Schuldgefühl, und so gelang es mir, den Vorfall wochenlang geheim zu halten. Dallas jedoch gab dem ständigen Nachfragen am Ende nach. Inzwischen glaubte er tatsächlich, wir hätten etwas Verwerfliches getan. Auf großen Druck hin gestand er Anfang Juni alles. Mr. H war natürlich entsetzt. Sie hatte ihn zwar sehr geschickt interviewt, mit einer solchen Eröffnung aber niemals gerechnet. Als sie mich kurz darauf damit konfrontierte, wirkte sie bereits wieder gefasst und schien den ersten Schock verdaut zu haben. Ich erklärte, dass mir nichts leidtun würde, außer ertappt worden zu sein.

Selbstverständlich war ich stinksauer auf Dallas, aber das Gespräch würde noch warten müssen. Erst einmal musste ich Mr. H erklären, dass die Schuld an diesem Out 2D einzig bei denen lag, die uns nicht hatten heiraten lassen. Überraschenderweise widersprach sie mir nicht. Sie war lediglich verärgert und besorgt darüber, was als Nächstes geschehen würde. Kein Sea Org-Mitglied kam ungeschoren mit einem Out 2D davon, und Dallas und ich würden in dieser Hinsicht sicherlich nicht die Ersten sein. Auch wenn ich womöglich die Erste war, der es auch im Nachhinein nicht leidtat.

Ich wurde umgehend unter Beobachtung gestellt, was bedeutete, dass mir jemand auf Schritt und Tritt folgen sollte. Laut Mr. H steckte ich in gewaltigen Schwierigkeiten. Ich hatte sogar den Eindruck, als würde sie sich sogar ein wenig um mich ängstigen.

»Wo ist Dallas?«, fragte ich Mr. H. Es war mir völlig klar, dass bei Out 2Ds zuallererst die Schuldigen voneinander getrennt und zum Ableisten ihres RPF oft auf verschiedene Kontinente, zumindest aber auf verschiedene Stützpunkte verteilt wurden. Meist sahen sie einander nie wieder.

Mr. Hs Antwort war bestürzend, obwohl ich kaum etwas anderes erwartet hatte. Sie sagte mir, das gehe mich überhaupt nichts an, und dass ich angesichts des Ärgers, der mir bevorstand, keinen Gedanken an ihn verschwenden solle. Doch mich beschäftigte allein die Vorstellung, dass ich Dallas wahrscheinlich nie wiedersehen würde, wenn ich nicht rasch seinen Aufenthaltsort herausfand.

Mich überkamen Wut und panische Angst. Die Verhaltensregeln und Grundsätze der Sea Org verlangten von mir in solch ernsten Zeiten, nur ruhig sitzen zu bleiben und zu tun, was mir befohlen wurde, aber das konnte ich einfach nicht.

»Verdammte Scheiße, wo steckt er?«, fuhr ich Mr. H an.

Sie erschrak und erklärte, es nicht zu wissen. »Bullshit!«, schrie ich sie ohne Rücksicht auf meine Wortwahl an und stürmte aus ihrem Büro. Ich begann, nach ihm zu suchen, und riss jede Tür auf dem Flur auf. Anschließend ging ich nach unten, sah im Bus nach und fragte all seine Bekannten, denen ich unterwegs begegnete, ob sie ihn gesehen hatten. Keiner wusste etwas. Irgendjemand folgte mir die ganze Zeit und rief mir nach aufzuhören, aber ich suchte jeden Raum in dem gesamten HGB nach ihm ab.

Ich lief die zwei Meilen zum Hollywood Inn, doch dort fand ich ihn auch nicht. Wieder einmal drohte mein Leben in einen Scherbenhaufen zu zerfallen. Doch diesmal wollte ich es unter gar keinen Umständen zulassen. Der Sicherheitsmann des Hollywood Inn richtete mir aus, ich würde im Büro neben der Lobby am Telefon erwartet. In der Hoffnung, es wäre Dallas, rannte ich hinunter, traf dort aber nur Mr. Rathbun an, der mit ernster Miene auf mich wartete. Eine Sekunde lang war es mir peinlich, dass der zweitwichtigste Vertreter der Church herkommen und sich mit mir und meinem Out 2D beschäftigen musste, aber ich hatte genug davon, mich ständig nur nach dem RTC zu richten. Sie hatten mir mein ganzes Leben versaut. Ich wollte nichts weiter als die Erlaubnis zum Heiraten und einen Job in der Sea Org, der meinen Qualifikationen entsprach und nicht von der Stellung meines Onkels abhing. Ich hatte keine Lust mehr, wegen meines Nachnamens und der vom Verfolgungswahn getriebenen PR der Church ständig Security-Checks über mich ergehen lassen zu müssen. Andere Leute in meiner Situation wären entweder drin oder draußen gewesen, von ihren Familien abgeschnitten oder nicht. Ich hing permanent irgendwo dazwischen, was mich völlig verrückt machte. Mr. Rathbun versuchte, mich zum Hinsetzen zu bewegen.

»Jenna, ich habe gehört, was passiert ist«, sagte er. Die Scham über den Vorfall sollte mich unterwürfig machen. »Du musst jetzt unbedingt ins Reine kommen.«

Ganz offensichtlich interpretierte er mein Verhalten als *Wil-*

des-Tier-Reaktion, das bekannteste Symptom für ein unentdeckt gebliebenes Withhold. Zweifellos glaubte er, mich beruhigen zu können, indem ich ihm alles offenbarte. Ich fühlte
mich jedoch gerade ganz und gar nicht dazu in der Stimmung.
Ich wollte einfach nur wissen, wo Dallas war.

»Man kümmert sich um ihn«, mehr verriet er mir nicht. Ich
hatte keinen Bock auf seine Psychospielchen und drängte mich
an ihm vorbei aus dem Büro.

Inzwischen war es dunkel geworden. Ich lief die zwei Meilen
zum HGB wieder zurück, um meine Suche nach Dallas fortzusetzen. Während ich noch den Bürgersteig entlangstürmte,
hörte ich das Geräusch eines langsamer werdenden Motors
hinter mir und dann die Stimme von Mr. Rathbun, der mich
anbrüllte, ich solle gefälligst einsteigen. Wir müssten uns unterhalten. Nach einer Weile hatte er mich überredet einzusteigen,
da ich dachte, er wolle mir sagen, wo Dallas war.

Mr. Rathbun ließ sich noch eine Weile darüber aus, wie unbegreiflich es war, dass die ganze Sache so aus dem Ruder gelaufen sei. Jetzt allerdings blieb ihm, wie er sagte, nichts anderes
mehr übrig, als Tante Shelly und Onkel Dave von meinen Taten in Kenntnis zu setzen. Ich fand es unfassbar, für wie naiv er
mich hielt. Wie konnte er glauben, ich wüsste nicht, dass sie bereits über alles informiert waren? Ich legte mich aber nicht mit
ihm an, sondern erklärte nur, dass ich nicht verstehen würde,
was die Sache hier mit ihnen zu tun hätte. Kein anderes Sea
Org-Mitglied wurde so wie ich Kontrollen und Überprüfungen
unterworfen.

Mr. Rathbun stimmte mir zu. Er schwankte unverkennbar
zwischen dem Gefühl, mich zusammenstauchen zu müssen,
dem Verständnis für meine Situation und einer gewissen Sym-
pathie, insgesamt also eine Haltung, die der von Mr. H sehr
ähnelte. Er fuhr den Mulholland Drive hinauf, bis er den Wa-

gen schließlich an einem Aussichtspunkt parkte und wir ausstiegen. Ich war zum ersten Mal hier oben auf dieser Straße. Anscheinend glaubte Mr. Rathbun, der Blick auf das lichterfunkelnde Los Angeles würde mich besänftigen. Als mich das fantastische Panorama aber nicht sofort in Demut verfallen ließ, wurde er fuchsteufelswild und schrie mich an, ich sei eine SP. Wir begannen einander anzubrüllen, bis er dermaßen sauer war, dass er in sein Auto stieg und davonfuhr.

Damit stand ich jetzt mitten in irgendeiner gottverlassenen Gegend und war mit meiner Suche nach Dallas kein Stück vorangekommen. Ich wusste nicht einmal, dass ich mich auf dem Mulholland Drive befand. Glücklicherweise bemerkte ich ein Stück über mir ein Liebespärchen, das offenbar Zeuge des ganzen Streits geworden war. Ich versuchte, mit meiner Sea Org-Uniform und den rot verquollenen Augen so normal wie möglich auszusehen, und ging zu ihnen, um nach einem Handy zu fragen. Die junge Frau hatte Mitleid mit mir und ließ mich telefonieren. Ich bedankte mich, sah erst auf das Handy, dann zurück zu ihr und stellte erschrocken fest, dass ich absolut niemanden hatte, den ich anrufen konnte.

KAPITEL 27

Auf Messers Schneide

Ich starrte auf das San Fernando Valley und überlegte, was ich als Nächstes tun sollte. Ich begann die Straße nach Los Angeles hinunterzulaufen und war kaum eine Viertelstunde unterwegs, als Mr. Rathbun zurückkam. Diesmal stieg ich ohne lange Diskussion in den Wagen.

»Hör mal«, fing Mr. Rathbun an, »wenn du dein Programm absolvierst, dann wirst du auch Dallas wiedersehen.« Ich hatte keine Ahnung, welches Programm er meinte, aber es würde gewiss wieder eine endlose Serie von Security-Checks beinhalten, das war das Mindeste.

»Einverstanden«, erwiderte ich. »Aber ich tu das nur aus Liebe zu Dallas, aus keinem anderen Grund.«

»Verstanden. Ich hab nur dein Bestes im Sinn.«

Wir saßen eine Weile schweigend im Wagen, bevor wir zurück zur Base fuhren.

Bevor er mich absetzte, hielten wir noch am Celebrity Center, wo er das höchst wichtige Protokoll einer Auditing-Sitzung, die er mit Tom Cruise gehabt hatte, abgeben musste.

»Renn jetzt bitte nicht gleich weg, wenn ich aussteige«, sagte er. »Ich bin sofort wieder zurück.«

Die Verlockung war groß, aber ich war zu erschöpft. Und welchen Sinn hätte es gehabt wegzulaufen? Ich hätte gar nicht gewusst wohin.

Am nächsten Morgen war ich wieder gefasst genug, um rational zu denken. Ich beschloss zu kooperieren, die Sitzungen zu machen und nach Möglichkeit alle Maßnahmen zu erfüllen, die von mir verlangt wurden. Die folgenden fünf Tage absolvierte ich Sitzungen mit Sylvia Pearl vom Office of Special Affairs. Diese Abteilung operierte als eine Art Geheimpolizei und war bekannt dafür, vor allem bei solchen Leuten Security-Checks durchzuführen, die als ernstzunehmendes Sicherheitsrisiko galten. Die Videokamera in ihrem Büro war direkt auf mich gerichtet.

Sie begann die Überprüfung mit der Frage, auf die sie die Antwort längst kannte: Hatte ich Sex mit Dallas gehabt? Anschließend wollte sie alles darüber erfahren – wo, wie, wie oft, wie lange – und das in jeder verfluchten Einzelheit. Da es sich um einen Sec-Check handelte, hatte ich natürlich mit bohrenden Fragen gerechnet, dennoch empfand ich es als verletzend und penetrant. Sie wollten mich nicht nur demütigen, sie waren auch darauf gedrillt, mir das Gefühl zu vermitteln, mir sei Gewalt angetan worden. Die Bereitschaft, in persönlichste Bereiche einzudringen, zeichnete einen guten Security-Prüfer aus, und Sylvia Pearl war erstklassig darin. Gleichzeitig wuchs meine Abneigung, bei etwas mitzuwirken, was so eindeutig darauf abzielte, gegen mich verwendet zu werden und mich zu kontrollieren.

Es war schon schlimm genug, Sylvia meine intimsten Erlebnisse zu offenbaren, aber dann waren da ja auch noch die unsichtbaren Zeugen im Raum. Zum einen gab es bestimmt jemanden, der mich entweder über die Kamera direkt beobachtete oder der sich später die Aufzeichnung ansah. Außerdem würde natürlich noch ein anderer das Arbeitsblatt meiner Sitzung lesen. Mir wurde schlecht bei der Vorstellung, wie viele Menschen noch im Laufe dieses Tages Dinge aus meinem intimsten Privatleben erfahren würden. Angeblich sollte die Prüfung nur zu meinem Besten sein, aber dieser systematische Voyeurismus war einfach zu viel für mich.

Letztlich führten all diese Verhöre lediglich dazu, dass ich den Sinn der ganzen Tortur in Frage stellte. Hätte ich bloß gestehen müssen, was ich getan hatte, und Buße leisten, wäre das ja noch gegangen, aber die vielen Details, die ich preisgeben musste, dienten einfach keinem Zweck. Scientology zufolge fühlte man sich umso erleichterter, je mehr Einzelheiten man offenbarte. Ich fühlte mich jedoch nicht erleichtert, ich fühlte mich benutzt.

Sie schienen fest entschlossen, mich dahin zu bringen, mein Out 2D und mein gesamtes Verhalten offen zu bereuen und einzugestehen, dass ich im Unrecht gewesen sei. Es wäre mir sicherlich leichter gefallen, hätte ich mich selbst im Unrecht gesehen. Aus irgendwelchen Gründen, die ich nicht hätte benennen können und die außerhalb meiner Kontrolle und meines Denkvermögens lagen, war ich nicht fähig, mich so zu fügen, wie sie es wollten und wie ich es früher ja auch getan hatte.

Wenn ich einmal keine Sitzung hatte, erkundigte ich mich nach Dallas, der vermutlich an einem anderen Ort gerade die gleiche Prozedur über sich ergehen lassen musste. Nach fünf Tagen wurde mir erlaubt, ihm einen Brief zu schreiben. Einige Stellen ließ Mr. H mich allerdings ändern, nachdem sie ihn durchgelesen hatte. Zwei Tage später erhielt ich eine Antwort, die jedoch nur wenige Zeilen umfasste und gar nicht nach Dallas klang. Kurz gesagt stand darin: Er absolviere sein Programm, ich solle meins machen, und er würde mich lieben. Die Knappheit des Briefs bereitete mir mehr Kopfzerbrechen als der Inhalt.

Nach ein paar weiteren Tagen mit Sylvias Fragen merkte ich, wie sich meine Einstellung änderte. Während ich bislang die Fragen trotz des Widerwillens beantwortet hatte, fiel es mir nun plötzlich schwer, überhaupt daran mitzuwirken. Wenn ich im Auditing-Raum Platz nahm und auf den Beginn der Befragung wartete, zweifelte ich daran, noch eine Beichtrunde vor Publikum aushalten zu können.

»Würden Sie bitte die Kamera ausschalten?«, bat ich Sylvia. Ich wollte nur ein wenig Privatsphäre. Ich würde die Sitzung mitmachen, ich brauchte nur etwas Unterstützung, ein wenig Geborgenheit – wenigstens ein Gespräch unter vier Augen.

»Nein«, erklärte sie, und dabei blieb es.

Sie begann mit ihren Fragen. Ich machte einfach dicht und weigerte mich, mit ihr zu reden. Ich hatte nichts zu sagen. Ich kannte sowieso keine Worte, denen sie zugehört hätte. Während ihre Ungeduld wuchs und wuchs, konnte ich nur daran denken, den Raum zu verlassen. Und wie dringend ich hier rausmusste. Das Problem war nur, dass ich nirgends hin durfte.

Ich stand auf, um zu gehen. Sylvia stellte sich mir in den Weg. Sie war kräftig und gut vorbereitet auf solche Situationen, auch wenn sie die Fünfzig bestimmt schon überschritten hatte. Über eine Viertelstunde lang versuchte ich vergeblich, mich ihrem Griff zu entziehen, dann versprach ich, nicht wegzulaufen, wenn sie mich wenigstens bis zum rückwärtigen Treppenhaus gehen ließ. Es war die Lösung mit dem geringsten Konfliktpotential, die mir einfiel. Sie ließ einen Moment locker, und ich nutzte die Chance sofort.

Am ersten Sicherheitsmann kam ich noch vorbei, aber er informierte über Funk einen Kollegen vier Stockwerke tiefer, der zum Fuß der Treppe kam. Ich sprang mehr oder weniger von einem Absatz zum nächsten und erreichte kurz vor dem zweiten Wachmann den Ausgang.

Sobald ich draußen auf dem Hollywood Boulevard in der Öffentlichkeit war, konnte mir nichts mehr passieren. Niemand würde es wagen, für einen Aufruhr zu sorgen. Ich lief die Straßen hinunter und merkte schon bald, dass Sylvia mich entdeckt hatte und mir folgte.

»Jenna… Jenna, warte! Halt an!«, rief sie über den Verkehrslärm hinweg.

»Lassen Sie mich in Ruhe!«, brüllte ich zurück. »Ich geh nicht zurück. Ich werde Dallas suchen, und ich werde ihn finden.«

Mit dem Hollywood Inn fing ich an. Ich überprüfte jede Etage, fragte jeden, den ich traf, ob er ihn gesehen hatte. Zurück im HGB stürmte ich zu Mr. Hs Büro hinauf.

»Wo ist er?«, verlangte ich zu wissen. Sie machte nicht einmal Anstalten, mir zu antworten, sondern sah mich einfach nur an. Wir fixierten einander minutenlang und warteten ab, was der andere als Nächstes tun würde. Ich ließ keinen Zweifel daran, dass mit dem guten Verhältnis, das wir über die letzten Monate aufgebaut hatten, nun Schluss war. »Ich werde ihn finden! Und soll ich Ihnen noch was sagen? Ich werde nie wieder eine Sitzung machen, nur damit sich jemand an meinen Sexgeschichten aufgeilen kann. Damit ist endgültig Schluss.«

Sie schlug mir die Tür vor der Nase zu. Ich klopfte. Da sie nicht reagierte, klopfte ich immer lauter und schrie dazu. Inzwischen hatte ich nichts mehr zu verlieren, also nahm ich Anlauf und warf mich krachend gegen die Tür. Beim zweiten Versuch flog sie trotz des Schließriegels auf. Ihr genervter Gesichtsausdruck wich blankem Entsetzen. Wie erstarrt verfolgte sie, wie ich in den Unterlagen zu wühlen begann, die im Zimmer verstreut lagen, und nach Anhaltspunkten für seinen Aufenthaltsort suchte. In einem der Stapel stieß ich auf einen Bericht von jemandem, der einen Security-Check bei ihm durchgeführt hatte. Er beinhaltete sämtliche pikanten Details unseres intimen Zusammenseins, was mich zwar nicht verwunderte, mich aber dennoch ärgerte.

Beim Überfliegen der Seiten stieß ich auf den Namen seines Auditors: Tessa, vom Office of Special Affairs. Ich rannte an der noch immer reglos dastehenden Mr. H vorbei durch die Tür und die Treppe hinunter zu den Auditing-Räumen der OSA. Da ich Tessa nirgends finden konnte und mir niemand sagen wollte, wo sie war, wartete ich draußen vor dem Gebäude auf sie.

Ein paar Minuten später kam Tessa zusammen mit einer anderen Frau aus dem Vordereingang des HGB und ging auf ein Auto zu. Ich hielt sie auf und verlangte zu wissen, wo Dallas steckte, aber sie weigerten sich, mit mir zu sprechen. Vor ihrer Abfahrt gab sie mir noch den Rat, mir keine Sorgen um Dallas zu machen, sondern lieber selbst wieder auf die Beine zu kommen.

Während der folgenden zwei Wochen setzte ich meine Suche nach Dallas fort und verbrachte quälend lange Tage damit, sämtliche Sea Org-Gebäude in L. A. nach dem Ort zu durchforsten, an dem sie ihn versteckt hielten. In meiner offiziellen Sea Org-Uniform ging ich durch die Flure und suchte in beharrlicher Detektivarbeit nach Hinweisen. Und auch wenn ich keine Türen mehr aufbrach oder Straßen hinuntersprintete, so wuchsen doch mit jedem Tag meine Wut und meine Entschlossenheit.

Ich glaubte nicht ernsthaft daran, konkrete Ergebnisse erzielen zu können, aber immerhin gewann ich Zeit, um über die letzten Wochen und die Art, wie sie mich behandelt hatten, nachzudenken. In vielerlei Hinsicht war ihr Verhalten ungewöhnlich. Früher einmal hätte mir ein Wutanfall wie der bei Sylvia im Auditing-Raum eine saftige Strafe eingebracht, aller Wahrscheinlichkeit nach RPF. Stattdessen drohten sie mir zwar ständig mit RPF, aber das schien alles nur Gerede zu sein. Wenn sie hart gegen mich hätten vorgehen wollen, wäre nach der Sitzung mit Sylvia der beste Zeitpunkt gewesen. Doch sie taten nichts, sondern ließen mich unbehelligt durch die Flure der

PAC Base laufen. Natürlich folgte mir dabei eine Aufpasserin auf Schritt und Tritt, aber aufzuhalten versuchte sie mich nicht.

Diese Inkonsequenz in ihrem Vorgehen war schwer nachvollziehbar und ließ mich darüber grübeln, was wohl hinter den Kulissen vor sich ging. Sie befanden sich ganz offensichtlich in einem Zwiespalt. Einerseits wollten sie mich gerne bestrafen, andererseits schien es da etwas zu geben, das sie davon abhielt. Es war naheliegend, dass dieses Zögern irgendwie in Verbindung mit meinen Eltern stand. Sollte die Church mich in die RPF stecken, müsste sie das meinen Eltern gegenüber erklären, die darauf sicherlich nicht sehr begeistert reagieren würden. Ganz abgesehen von all den anderen, die sich fragen würden, wie eine Miscavige denn derart ungehorsam sein konnte, dass sie die schwerste Strafe überhaupt verdiente.

Meine Eltern bildeten also zweifellos einen Faktor, doch es musste da noch mehr geben. Schließlich hatte ich mich der Strafe für mein Out 2D verweigert, womit ich vor aller Augen auf gravierende Weise den Sittenkodex der Gruppe verletzt hatte, und zeigte jetzt nicht einmal Reue, sondern lehnte mich weiter gegen sie auf. Im Vergleich dazu wirkte ihr Verhalten besonders widersprüchlich, so als könnten sie sich nicht entscheiden, wie sie mit der Situation umgehen sollten.

Womöglich war denen da oben ja auch inzwischen klar geworden, dass ich sowieso nicht in die RPF gehen würde. Seit sie mir Dallas genommen hatten, glaubte ich nicht, noch viel zu verlieren zu haben. Eher hätte ich bei der Polizei angerufen und eine Vermisstenanzeige nach Dallas aufgegeben, als in eine weitere Bestrafung einzuwilligen, die ich nicht verdient hatte. Dass sie es mittlerweile bedauerten, unsere Hochzeit verhindert zu haben, bildete ich mir nicht ein, aber zumindest schienen sie nun ratlos vor den Folgen ihrer Entscheidung zu stehen. Nachträglich einwilligen konnten sie nicht, da das im Grunde unsere

Taten gerechtfertigt hätte. Wie sollten sie uns für ein Out 2D bestrafen und anschließend unser Zusammensein gutheißen? Stattdessen schienen sie die Absicht zu haben, uns voneinander getrennt zu halten, bis ich aufgab. Doch meine Hartnäckigkeit dürfte ihnen inzwischen gezeigt haben, dass es dazu nicht kommen würde.

Am Ende wandte ich mich aus lauter Verzweiflung und Niedergeschlagenheit erneut hilfesuchend an Mr. H. Es dauerte nicht lange, und unser Gespräch eskalierte in einen wilden Streit. Wir schrien einander an, bis sie mir wieder die Tür vor der Nase zuschlug. Also rammte ich sie ein zweites Mal ein, obwohl sie gerade erst repariert worden war. Wenige Minuten später packten mich drei Sicherheitsleute an Armen und Beinen, schleppten mich in einen kleinen Raum und hielten mich dort fest. Ich versuchte mit allen Mitteln, mich loszureißen. Als ich einen von ihnen in die Hoden trat, wäre ich sogar fast entwischt.

Mein aufsässiges Verhalten musste wohl nach oben weitergemeldet worden sein, denn zwei Tage später erhielt ich einen Anruf von Greg Wilhere, einem der führende Köpfe im RTC, der sich bereits auf den Weg vom Int zu mir gemacht hatte. Er bot mir einen Deal an: Wenn ich damit aufhörte, ständig durchzudrehen, würde er mich mit Dallas sprechen lassen. Ein paar Minuten später löste er seinen Teil der Abmachung ein. Ich hatte Dallas am Telefon.

Der Schwall an Gefühlen, der mich in diesem Moment überkam, war zusammen mit meiner völligen Erschöpfung einfach zu viel für meine Selbstbeherrschung. Ich brach in Tränen aus. Auch Dallas schien dem Weinen nahe, aber irgendetwas am Ton seiner Stimme klang falsch. Alles, was er sagte, wirkte höchst merkwürdig und wohl abgewogen. Zwischen den Sätzen entstanden außerordentlich lange, auffällige Pausen. Mir war sofort klar, dass jemand neben ihm stand und ihm seine Antworten vorsagte. Bei Leuten, die in Schwierigkeiten steckten, wurde diese Praxis häufig angewandt. Mich machte sie nur noch wütender. Ich bestand auf ein persönliches Treffen. Es regte mich furchtbar auf, dass sie uns wie ihr Eigentum behandelten.

»Sag mir, wo du bist«, forderte ich ihn auf.

»Das kann ich nicht, Jenna«, sagte er nach langer Pause. »Ich absolviere gerade ein Programm. Es geht Schritt für Schritt voran. Wenn ich damit fertig bin, können wir wieder zusammen sein, heißt es.«

»Und du glaubst das?«, fragte ich.

»Ich denke, es besteht die Chance. Mehr bleibt mir im Moment nicht übrig.« Seine Antwort klang hoffnungslos.

»Sag mir einfach, wo du steckst«, bettelte ich. Nach all den Kämpfen war ich nicht bereit, mich auf eine minimale Chance zu verlassen. Er blieb hart.

»Ich kann dir nicht sagen, wo ich bin.«

Ein Riesenzorn stieg in mir auf. Ich hatte so viel riskiert, um ihn zu finden, und nun schien seine Loyalität mehr der Church als mir zu gelten. Es machte den Eindruck, als hätte sie trotz meiner enormen Anstrengungen gewonnen. Er war ihre Marionette, und sie schienen mir ihren Sieg mit Freude vorzuführen.

Verzweifelt und hysterisch nahm ich das Telefon und kletterte damit auf das Fensterbrett.

»Hör mir gut zu, Dallas, und wer sonst noch hier mithört – wenn ich nicht sofort erfahre, wo du steckst, werde ich aus diesem Fenster im vierten Stock springen. Ich meine es ernst.«

»Ich kann es dir nicht sagen, Jenna!«, rief er.

Während ich dort auf dem Fenstersims stand und auf die Autos hinuntersah, die vier Stockwerke tiefer vorbeirauschten, konnte ich nicht fassen, dass es so weit gekommen war. Es dämmerte bereits, der Wind zerrte an meinem Pullover, und die Straßenlichter unter mir verschwammen zu einem vagen Brei. Über nichts hatte ich die Kontrolle. Die Möglichkeit, mir das Leben zu nehmen, änderte daran etwas. Ich wusste, wie sehr die Church die Folgen fürchtete, wenn jemand unter ihrer Obhut starb oder Selbstmord beging. Besonders nach dem Fall Lisa McPherson konnten sie sich eine weitere PR-Schlappe nicht leisten und würden wahrscheinlich alles dafür tun, sie abzuwenden. Es war mein allerletzter Versuch zurückzugewinnen, was sie mir weggenommen hatten, indem ich das einzige Druckmittel einsetzte, das ich in meinen Augen noch besaß: mein Leben, gemeinsam mit ihrer Panik vor schlechter PR.

Und trotzdem weigerte sich Dallas immer noch, mir seinen Aufenthaltsort zu verraten. Ich legte auf. Sofort rief Mr. Wilhere jemand anderen im Büro an, um sich zu erkundigen, was geschah. Er ließ mir ausrichten, dass Dallas jetzt herüberkommen würde und ich ihn treffen könne. Daraufhin kletterte ich in den Raum zurück. Endlich hatte jemand meine Entschlossenheit, Dallas zu sehen, ernst genommen.

Etwa eine Stunde später stieg Dallas aus dem Fahrstuhl. Er wirkte stark mitgenommen und besorgt. Ich wollte ihn umarmen, doch stattdessen überwältigte mich plötzlich wieder der Zorn.

»Wo hast du gesteckt?«, wollte ich schluchzend wissen. »Warum hast du nicht nach mir gesucht?«

»Es tut mir leid, Jenna. Das kann ich dir nicht sagen.«

Bei diesen Worten verflog alle Erleichterung, die ich bei seinem Anblick verspürt hatte, und übrig blieb nur das schmerzvolle Bewusstsein über die Wahl, die er getroffen hatte. Er mochte behaupten, mit mir zusammen sein zu wollen, aber sobald er zwischen mir und der Church, zwischen meiner Sicherheit und dem Befolgen von Anweisungen wählen musste, dann würde er sich für die Church entscheiden. Das war uns nun beiden klar. Obwohl ich ihn endlich gefunden hatte, war er nun eigentlich endgültig für mich verloren. Es überstieg meine Kräfte. Ich begann auf ihn einzuschlagen. Da er viel größer und stärker war, blieben meine Aktionen wirkungslos, was mich nur noch mehr in Rage versetzte.

Und deshalb kletterte ich zum zweiten Mal an diesem Abend auf das Fensterbrett hinaus.

Heute weiß ich, dass Menschen, die im Stich gelassen wurden, das Bedürfnis verspüren, Menschen aus ihrem nächsten Umfeld zu testen, um zu sehen, ob diese sie genauso im Stich lassen, wenn es wirklich ernst wird. Im Rückblick fällt es mir schwer einzuschätzen, ob ich an diesem Abend ihn, die anderen oder mich selbst testen wollte. Ich weiß noch immer nicht, ob ich damals wirklich springen wollte, aber ich weiß noch ganz genau, wie ich in diesem Moment draußen vor dem Fenster noch einmal alle schmerzvollen Verluste spürte, die mir die Church immer und immer wieder zugefügt hatte: meine Eltern, mein Bruder, meine Freunde. Wenn sie mir jetzt noch Dallas nahmen, dann erschien ein Sprung aus dem Fenster gar keine so schlechte Idee.

Der Himmel wurde immer dunkler, aber ich versuchte, nur nach unten zu sehen und mir meinen nächsten Schritt zu überlegen. Ich fragte mich, ob ich Schmerz fühlen oder sofort tot sein würde. Die Gedanken an Schmerzen verdrängte ich schnell wieder und dachte daran, dass ich doch ein Thetan war. Irgendwie glaubte ich noch immer daran. Aber statt mir Kraft zum Leben zu schenken, drängte mich diese Thetan-Vorstellung in die andere Richtung. Schließlich würde ich nach dem Tod einfach in einem neuen Körper wiedergeboren werden. Das klang beruhigend. Ich konnte einen Schlussstrich ziehen und neu beginnen, vielleicht mit einer neuen Familie. Schließlich standen mir eine Milliarde Jahre zur Verfügung. War es da so schlimm, ein Leben wegzuwerfen, wenn mir noch Tausende blieben?

Dallas erkannte, wie ernst es mir war, als ich ihn fragte, ob ich sofort tot sein würde. Tränen stiegen ihm in die Augen. Er nahm meine Hand und versprach mir zu erzählen, wo er gewesen und was alles geschehen war. Nach diesem Versprechen ließ ich mich durch das Fenster nach innen ziehen, wo wir uns in die Arme schlossen. Vielleicht bedeutete ihm mein Leben ja doch etwas.

Seinem Bericht zufolge hatte man ihn in der PAC festgehalten, im Kellergeschoss unter der Beobachtungsstation. Dort war er ständigen Security-Checks unterzogen worden und hatte ansonsten Abrissarbeiten verrichten und Fliesen legen müssen. Bei den Briefen, die er mir geschrieben hatte, war ihm der Inhalt vorgegeben worden, den er dann nur in eigene Worte kleiden sollte. Und wie ich erwartet hatte, hatte man ihn bei unserem kurzen Telefonat kontrolliert. Linda hatte ihm zugeflüstert, was er sagen konnte und was nicht. Man hatte ihn mit der Drohung erpresst, bei Widerstand würde man ihn zur Suppressive Person erklären und er würde weder seine Familie noch mich je wiedersehen. Er sagte mir, er habe nur tun wollen, was für alle das Beste war.

Nur zu gern hätte ich mich damit getröstet, dass Dallas mein Leben offensichtlich wichtig genug war, um zumindest eine Regel zu übertreten. Seine Betroffenheit war echt, er hatte in einer schrecklichen Zwickmühle gesteckt und nicht gewusst, was er tun sollte. Dafür fühlte ich mich prompt wieder als der schlechteste Mensch auf der Welt, genau wie sie es mir immer eingeredet hatten. Diesmal tat ich mich jedoch schwer, mein eigenes Martyrium zu vergessen. Aus Liebe zu ihm und der Angst, von ihm getrennt zu werden, hatte ich alles auf eine Karte gesetzt, wozu er, so weit ich sehen konnte, nicht bereit gewesen war. Er hatte eben viel mehr zu verlieren als nur mich.

Wir waren erst kurz zusammen, da erschien Mr. Wilhere, um mit mir unter vier Augen zu sprechen. Er bat Dallas, im Nebenraum zu warten.

»Jenna, du musst nur dein Programm absolvieren, dann bist du aus dem Schneider«, begann er. »Die meisten Leute würden für das, was du getan hast, in die RPF wandern, aber du hast Glück. Wie es aussieht, bleibt dir das erspart.«

»Was ist mit Dallas?«, fragte ich.

»Dallas interessiert mich nicht weiter. Wahrscheinlich wird er den Haien zum Fraß vorgeworfen.«

Das also war der Dank dafür, dass Dallas der Church den Vorzug gegeben hatte: Er galt als entbehrlich, diente ihnen lediglich als Mittel zum Zweck, und der Zweck bestand darin, die Kirche vor PR-Problemen zu bewahren, indem er mich davon abhielt, für einen Skandal zu sorgen. Was den Umgang mit mir betraf, so waren sie mit ihrem Latein offensichtlich am Ende.

Kurz darauf traf Linda ein, um Dallas abzuholen. Mittlerweile war ich psychisch und physisch derart ausgelaugt, dass ich mich für die Art, wie ich ihn behandelt hatte, schämte. Ich willigte ein, nach Hause zu gehen und mir mein weiteres Vorgehen zu überlegen. Kaum war ich in meinem Zimmer, da wurde mir klar, dass es ein Fehler gewesen war, Dallas allein zu lassen, vor allem, nachdem Mr. Wilhere davon gesprochen hatte, ihn den Haien zum Fraß vorzuwerfen. Ich musste zu ihm, bevor sie ihn an einen anderen Ort bringen konnten.

Um nicht denselben Fehler zweimal zu machen, eilte ich also zur PAC hinüber und fand ihn tatsächlich in einem Zimmer, vor dem ein Sicherheitsmann postiert war.

In dieser Nacht schlief ich mit ihm in einem Zimmer. Es war das erste Mal, dass wir uns ein Quartier teilten, und ich genoss das Gefühl, ihm endlich nahe zu sein.

KAPITEL 28

Ein neuer Name

Am nächsten Morgen gab Mr. Wilhere bekannt: Die Kirche würde Dallas und mich wegschicken, damit wir an einem anderen Ort wieder Ruhe finden und uns *destimulieren* konnten. Letzteres war eine von LRH empfohlene Methode im Umgang mit Menschen, die den Verstand verloren hatten. Aber ich achtete gar nicht darauf, was er sagte. Ich hörte nur »weg«. So wie es jetzt war, konnte es einfach nicht weitergehen. Mein Körper hielt diese Strapazen nicht länger aus. Ich wog nur noch dreiundvierzig Kilo und drohte jeden Moment zusammenzubrechen.

Noch am selben Tag fuhr Mr. Wilhere Dallas, unsere beiden Security-Guards und mich nach Big Bear hinauf, wo wir eine Hütte mit zwei Schlafzimmern bezogen. Meine Bewacherin und ich bekamen das Zimmer mit Doppelbett, während Dallas und sein Guard mit dem Etagenbett-Zimmer vorliebnehmen mussten. Ich warf einen Blick auf die komfortabel eingerichtete Hütte und die beiden Sicherheitsleute und begriff nicht, warum die Church sich für uns in solche Unkosten stürzte. Bestrafungen hatte ich im Laufe meines Lebens schon in allen möglichen Spielarten kennengelernt, doch diese war mir neu. Vor zwei Tagen noch schienen sie wild entschlossen, mich durch die Mangel zu drehen, und jetzt saß ich mitten in einem Erholungsgebiet. Das ganze Vorgehen kam mir äußerst merkwürdig vor, aber in diesem Fall hatte ich auch keine Lust, mich über den Wechsel zu beklagen.

Die nächsten Wochen vertrieben wir vier uns die Zeit mit Kochen, Wandern, Schwimmen im See und dem gegenseitigen Vorlesen von Büchern. Einmal die Woche brachte uns jemand die Post, zusätzliche Kleidung und Lebensmittel. Mir war es unangenehm, so viele Kosten zu verursachen. Nach etwa einer Woche kam Sylvia Pearl, um die Security-Checks mit mir fortzusetzen. Sie zog in eine der Nachbarhütten. Ihr Eintreffen erwies sich allerdings als Rückschritt. Ich ertrug die Sitzungen mit ihr noch immer nicht und lief wieder einfach hinaus. Auch Dallas wurde Security-Checks unterzogen, nur dass sie ihn permanent nach mir befragten, weil sie ihn über mich aushorchen wollten, was meine Wut noch steigerte. Später wurde Sylvia dann durch einen RTC-Auditor abgelöst, und mit einigen Schwierigkeiten gelang es uns, meinen Sec-Check abzuschließen.

Einmal die Woche sah Mr. Wilhere nach, wie es mir ging, und versorgte mich mit den Nachrichten, die er für mitteilenswert hielt. Während einer dieser Besuche erzählte er mir auch, dass es im Fall Lisa McPherson eine bedeutsame Entwicklung gegeben hatte. Bob Minton, der Hauptfinanzier hinter der zivilrechtlichen Klage der Familie, hatte die Seiten gewechselt. Jetzt unterstützte er nicht länger die Anklage, sondern die Haltung der Church. Ich kannte Bob Minton noch als Anführer der Lisa McPherson-Stiftung vor der Base. Wenn das OSA über unsere Feinde sprach, die Demonstrationen veranstalteten und die Church zerstören wollten, dann nahm sie regelmäßig auf ihn Bezug. Minton und seine Frau waren die lautstärksten Protestler vor der Flag Land Base gewesen. Doch nun hatte er in einer Verhandlung ausgesagt, dass der Anwalt der McPhersons ihn dazu gezwungen habe, falsch auszusagen, Prozessdokumente zu fälschen und Stimmung gegen Scientology zu machen. Im Gegenzug erklärte der Anwalt der McPhersons,

Minton sei von der Church unter Druck gesetzt worden. Alle strafrechtlichen Anschuldigungen gegen die Church waren bereits 2000 verworfen worden, nachdem der Gerichtsmediziner die Todesursache von »unbekannt« in »Unfall« geändert hatte.

Abgesehen von den wöchentlichen Kontakten verlief unser Aufenthalt in Big Bear erstaunlich ungestört und friedlich. Ich habe nie wirklich verstanden, warum sie mich dorthin schickten. Vielleicht wollten sie damit bei meinen Eltern punkten. Vielleicht hing es mit meiner Selbstmorddrohung zusammen, die mich automatisch zu einer Geisteskranken und einer Potential Trouble Source machte. Vielleicht lag es auch einfach daran, dass ich eine Miscavige war und die einzige Alternative zu diesem Zeitpunkt, nämlich mein Austritt, eine schlechte PR bedeutet hätte. Bestimmt waren sie davon ausgegangen, dass die Isolation in Big Bear mich beruhigen und milder stimmen würde. Zudem konnte sich in der Zwischenzeit die Aufregung über den Zwischenfall legen, und niemandem würde auffallen, wie harmlos meine Bestrafung ausgefallen war.

Worin auch immer die Absichten der Church gelegen haben mochten, beruhigend wirkte der Aufenthalt tatsächlich auf mich. Vor Big Bear war ich ein wandelndes Pulverfass gewesen, aber ein paar Wochen ohne Angst, Dallas zu verlieren, mit regelmäßigem Essen und ausreichend Schlaf, und es ging mir deutlich besser.

Meine Zweifel an der Church konnte das allerdings nicht ausräumen. Im Gegenteil, in gewisser Hinsicht verließ ich Big Bear entschlossener denn je, mich ihren Forderungen nicht mehr zu beugen. Es gab einfach Dinge an Scientology, mit denen ich nicht einverstanden war – die penetranten Fragen, das sinnlose Auditing, die endlosen Security-Checks. Manchen Menschen halfen diese Dinge womöglich, aber ich hatte erkannt, dass sie meinen Zustand nur verschlimmerten. Außerdem fand ich es ausgesprochen ungerecht und widersinnig, dass ich immer und immer wieder für Sachen bestraft wurde, an denen ich keine Schuld trug. Wenn ich auf meine Vergangenheit zurückblickte, wurde mir eins klar: Die Leute in der Church würden erst dann aufhören, mich auszunutzen, wenn ich nein zu ihnen sagte, selbst wenn ich sie damit zur Weißglut trieb.

Bisweilen brachte ich Dallas mit dieser Einstellung gegen mich auf. Zwar hatte auch er seine Probleme mit der Church und stellte vieles in deren Umgang mit uns in Frage, doch zugleich fiel es ihm schwer nachzuvollziehen, warum ich mich weigerte, zu kooperieren und die mir auferlegten Strafen abzuleisten. Seiner Meinung nach sollten wir diese Dinge einfach akzeptieren, hinter uns bringen und weitermachen. Doch in meinen Augen führte das nur dazu, dass sie uns noch mehr herumkommandierten. Je mehr Macht wir ihnen über uns gaben, desto mehr davon würden sie in Anspruch nehmen.

Solange wir nicht verheiratet waren, hatte sich im Grunde nichts geändert. Alles, was vorher passiert war, konnte erneut passieren. Bis wir verheiratet waren, würden wir ständig in Gefahr schweben. Und direkt bei unserer Rückkehr sechs Wochen später zeigte sich, dass diese Befürchtung auch berechtigt war.

Bevor wir alle nach L. A. zurückfuhren, kam Mr. Wilhere zu mir und verkündete mir unser Schicksal. Dallas und ich würden unserer Posten im Flag Liaison Office enthoben werden, degradiert und dem Werksbereich auf der PAC Base überstellt, um dort in der Holzwerkstatt zu arbeiten. Die abschließende Warnung lautete, dass wir auf der Kippe zum RPF stehen.

Die Vorstellung, auf der PAC Base einfache Hilfsarbeiten zu verrichten, klang gar nicht so schlecht. Es wäre schön, einmal weniger Verantwortung zu tragen. Wir würden in der Zimmerei mitarbeiten. Was ich dagegen hatte, war nur, dass sich nichts in den sechs Wochen geändert hatte. Noch immer würden wir für dieselben angeblichen Verbrechen bestraft: unser Out 2D, mein Selbstmordversuch, diverse Gehorsamsverweigerungen, die Liste war lang. Sie hatten uns den Aufenthalt in Big Bear bezahlt, nur um uns anschließend wieder in die alte Situation zu entlassen, in der wir eine ungerechte Strafe einfach hinnehmen sollten. In ihren Augen waren wir schuldig und mussten dafür bezahlen.

Dallas erklärte sich einverstanden, im Werk zu arbeiten. Ich weigerte mich. Einige Wochen herrschte Unklarheit, dann folgte eine Übereinkunft. Ich würde auf der CMO IXU bleiben und einen Posten in der Immobilienverwaltung des Flag-Verbindungsbüros antreten. Als sogenannter »Gestalter« sollte ich in dieser Stellung Bauskizzen und Modellansichten ausdrucken und dabei helfen, wenn daraus Tafeln und Schilder gemacht wurden. Dallas wurde erneut der PAC überstellt, also einer niedrigeren Organisationsstufe. Die zwei Stützpunkte lagen nur wenige Meilen voneinander entfernt, galten jedoch als unterschiedliche Bases, weshalb wir nicht gemeinsam essen und uns abends nicht treffen durften.

Zwar garantierte auch eine Hochzeit noch nicht eine gemeinsame Unterbringung, dennoch bestätigten sich mit dieser Trennung meine schlimmsten Befürchtungen. Und als wir uns endlich wiedersahen, erfuhr ich von Dallas auch noch, dass er weiter Security-Checks über sich ergehen lassen musste. Sie wurden durchgeführt von Jessica Feshbach, die wenig später als Auditor von Katie Holmes berühmt werden sollte. Genau wie unter Sylvia in Big Bear dienten diese Sitzungen offenkundig einzig dem Ziel, etwas über mich herauszufinden, nicht über ihn selbst. Sofort war mein Zorn wieder entfacht. Dallas ärgerte sich ebenfalls darüber, und so verfassten wir Briefe an Mr. Rathbun und Mr. Wilhere, in denen wir forderten, beide gemeinsam bei mir im Flag Liaison Office Dienst tun zu dürfen. Von Mr. Rathbun erhielten wir nie eine Antwort, während Mr. Wilhere mir schrieb, ich kümmere mich nur um meine erste und zweite Dynamik, um mich und Dallas, und vernachlässige alle anderen, etwa die Gruppe oder unsere Mission, die Menschheit zu retten. Als seine Erwiderung eintraf, schredderte ich sie und schickte die Schnipsel an ihn zurück. Natürlich bereitete mir das nur noch mehr Ärger.

Ins RPF wurde ich jedoch immer noch nicht geschickt. Meine Fähigkeit, nein zu sagen, perfektionierte ich entsprechend weiter. In Big Bear war mir bewusst geworden, dass sie mich nur kontrollieren konnten, solange ich bereit war, mir ihre Behandlung gefallen zu lassen. Aus irgendeinem Grund wollten sie mich unbedingt bei sich behalten, womit die Church in einer verzwickten Situation steckte: Für die Dinge, die ich tat, wollte sie mich bestrafen, während sie mich zugleich bei Laune halten musste. Also gab ich mich störrisch bei allem, was mir gegen den Strich ging, und das war zu dieser Zeit so einiges.

Trotz meiner Unzufriedenheit konnte ich mich nicht dazu durchringen, den nächsten Schritt zu wagen und Scientology zu verlassen. Die Vorbedingungen dafür waren zwar vorhanden, aber solange Dallas der Church die Treue hielt, kam ein Austritt für mich nicht in Frage, wenn ich mit ihm zusammenbleiben wollte. Es war ihnen schon fast gelungen, innerhalb der Grenzen der Church einen Keil zwischen uns zu treiben, da konnte man sich ja leicht vorstellen, was geschehen würde, wenn ich ging und er blieb. Dallas war inzwischen der Hauptgrund, warum ich bei Scientology blieb. Die Lage war frustrierend, aber ich fand mich damit ab, weil wir auf diese Weise zusammenbleiben konnten. Diese Beziehung war zu wertvoll, um sie aufs Spiel zu setzen. Wir hatten die Hoffnung noch nicht aufgegeben, dass wir heiraten würden. Dallas und ich waren zwar nicht immer einer Meinung, wie wir am besten aus dem Schlamassel kamen, in dem wir gerade steckten, letztlich wünschten wir uns aber weiterhin nur das eine, wir wollten zusammen sein. Wir waren beste Freunde, und wir liebten einander. Was immer wir auch hatten durchmachen müssen, es hatte uns nur enger zusammengeschweißt, und wir waren fest entschlossen, aus der ganzen Sache am Ende – so oder so – als Ehepaar herauszukommen.

Einige Wochen nach unserer Rückkehr aus Big Bear wurde ich aufgefordert, umgehend den täglich verkehrenden Minibus zur Int zu nehmen – eine höchst sonderbare Anweisung, da ich dort seit Jahren nicht mehr gewesen war. Unterwegs überlegte ich zwei Stunden lang, wen ich dort wohl aus welchem Grund treffen würde. Schließlich stellte sich heraus, dass ich ein Gespräch mit Mr. Wilhere hatte, in dem es um meine Heirat ging. Er bat uns, noch ein wenig Geduld zu haben, da die Probleme mit dem Onkel von Dallas noch nicht ausgeräumt seien. Es überraschte mich wenig, dass Onkel Larry sich als unlösbares Dauerproblem erwies.

Ich erklärte mich einverstanden damit, noch ein wenig zu warten, sofern er bereit wäre, Dallas zum FLO zu versetzen, damit wir zumindest zusammen sein konnten. Zu meiner Überraschung willigte er ohne zu zögern ein.

Nachdem dieser Punkt geklärt war, dachte ich mir, dass sie an Onkel Larry nur die Gefahr zu beschäftigen schien, er könne auf der Hochzeit meine Eltern kennenlernen und mit ihnen gemeinsam irgendein Komplott aushecken, könnte man die beiden auch einfach bitten, nicht an der Feier teilzunehmen. Und so bot ich an, meinen Eltern einen entsprechenden Brief zu schreiben, wenn darin das Problem lag. Mr. Wilhere dachte eine Weile darüber nach und ließ mich dann tatsächlich ein

Schreiben aufsetzen, in dem ich fälschlicherweise betonte, wie glücklich ich war und wie gut es mir ging. Ich erzählte ihnen, dass ich jemanden gefunden hatte, den ich liebte, und dass er ihnen bestimmt auch gefallen würde. Anschließend bat ich sie um Verständnis, dass ich nun mein eigenes Leben führte. Ich lud sie nicht ausdrücklich von der Hochzeit aus, hoffte aber, dass ihnen auch so nicht verborgen bleiben würde, worauf die Nachricht hinauslief.

Mr. Wilhere hielt Wort. Am nächsten Tag wurde Dallas der FLO-Abteilung für Öffentlichkeitsarbeit als Drucker überstellt. Diese Abteilung war verantwortlich für die Herstellung von Werbebeiträgen zu Scientology-Broschüren, Zeitschriften und anderen Publikationen. Es war uns jetzt möglich, gemeinsam essen zu gehen, uns tagsüber zu treffen und abends sogar mit demselben Bus ins Quartier zurückzufahren.

Ein paar Wochen später erschien Mr. Wilhere unangekündigt in meinem Büro und wollte mit mir sprechen. Er überreichte mir einen bereits geöffneten Brief meiner Eltern. Sie schrieben, dass sie inzwischen nicht mehr in Mexiko wohnten, sondern in Virginia. Sie freuten sich sehr darüber, mich glücklich zu sehen, und verstanden schon, nicht selbst an der Hochzeitsfeier teilnehmen zu können.

Ihre Antwort erleichterte mich, doch es erstaunte mich auch ein wenig, wie sich alles plötzlich fügte. Damals wusste ich noch nicht, dass mein Onkel Dave sich gerade in Kirchenangelegenheiten an der Ostküste aufhielt und ihnen den Brief höchstpersönlich zugestellt hatte, was auch bewies, wie aufmerksam er meine Situation verfolgte. Laut den Berichten meiner Eltern hatten sie meinen Onkel mit seinem Gefolge in einem schicken Hotel in Washington D.C. getroffen, in dem er abgestiegen war. Er händigte meinen Eltern nicht nur den Brief aus, sondern machte meinen Vater auch mit einem örtlichen Immobilienhändler bekannt, der ihm beruflich weiterhelfen konnte, und fand für meine Mutter einen Job in einer Anwaltskanzlei. Darüber hinaus erklärte er meinen Eltern, dass sie nicht länger SPs wären. Sie hatten der Bitte der Church entsprochen, eine Weile in Mexiko zu bleiben, und im Wesentlichen die erforderlichen Schritte A-E absolviert, um *entdeklariert* zu werden.

Bei diesem Treffen gab Onkel Dave auch sein Einverständnis, dass mein Vater jetzt das Gespräch mit seiner Mutter führen durfte, um das er gebeten hatte. Was meine Hochzeit betraf, so hatte meine Mutter schon wegen meiner Zugehörigkeit zur Sea Org mit einer frühen Heirat gerechnet und war von der Nachricht daher wenig überrascht. Onkel Dave erzählte ihnen, dass er selbst Dallas nicht kenne, aber gehört habe, er sei ein netter Kerl.

Wie gesagt wusste ich damals von alldem nichts. Ich fühlte mich einfach nur erleichtert, dass sie nicht zu meiner Hochzeit kamen. Erst später, nachdem ich die Church verlassen hatte, erzählte mir meine Mutter die ganze Geschichte.

»Und«, meinte Mr. Wilhere sarkastisch, »jetzt wirst du bestimmt schon morgen heiraten, wie?« Es war unübersehbar, wie sehr es ihn wurmte, dass sich all meine Wünsche erfüllt hatten, sogar die Überstellung von Dallas zur Base.

»So ungefähr«, erwiderte ich ungerührt.

»Na dann, viel Glück«, sagte er und nuschelte noch ein paar obligatorische gute Ratschläge herunter, worauf in einer guten Ehe zu achten sei. Ich hörte seinem Vortrag kaum zu. Ich würde heiraten.

Am nächsten Tag fuhren Dallas und ich schon frühmorgens zum Standesamt, um unsere Heiratserlaubnis zu beantragen. Wie waren viel zu nervös und aufgeregt, um zu bemerken, dass der Wagen kaum noch Benzin hatte, und rollten schließlich im Leerlauf den Hügel zur nächsten Tankstelle hinunter. Der

Tankdeckel an Dallas' Auto musste mit dem Zündschlüssel geöffnet werden. Dabei zitterte Dallas so stark, dass er beim Öffnen den Schlüssel im Schloss abbrach. Mit einer vom Tankwart geborgten Zange brauchte er fast eine Stunde, um das abgebrochene Teil wieder herauszuziehen. Wir hofften nur inständig, der Motor würde sich damit noch starten lassen, und jubelten begeistert, als es funktionierte. Die Rechnung bezahlten wir mit den fünf Dollar, die wir von unserem Lohn zusammengespart hatten. Ich möchte gar nicht wissen, was der Tankwart gedacht haben mag, als wir ihm den Berg Fünf- und Zehn-Cent-Münzen überreichten. Da der Sprit für die gesamte Strecke noch immer knapp bemessen war, rollten wir nach Möglichkeit im Leerlauf weiter. Als wir endlich am Courthouse ankamen, mussten wir die Wagentüren auflassen, da der Schlüsselrest im Zündschloss feststeckte. Aber unsere Heiratserlaubnis bekamen wir.

Der Vater von Dallas war nicht nur Schmuckhändler, sondern auch Scientology-Geistlicher. Er erklärte sich bereit, nach Los Angeles zu kommen, um eine kurze kirchliche Zeremonie durchzuführen. Geplant war, dass wir ihn um Mitternacht im Celebrity Center treffen würden, da wir dann erst Dienstschluss hatten.

Zu meiner großen Überraschung waren auch Dallas' Mutter, seine Schwester mit Freund sowie sein Bruder mit Frau und kleinem Töchterchen anwesend. Bis auf den Freund der Schwester gehörten alle Scientology an. Als Trauzeugen hatte ich meine beiden Freunde Phil und Clare mitgebracht. Dafür waren weder Bitty und Ronnie Miscavige noch Onkel Dave oder Tante Shelly noch Onkel Larry anwesend. Ich war sehr gerührt, dass sich so viele Verwandte von Dallas extra die Mühe gemacht hatten, an der Feier teilzunehmen. Obwohl ich sie nicht sonderlich gut kannte, bedeuteten wir ihnen offensichtlich genug, um die zwei Stunden von San Diego hinaufzufahren.

Die Zeremonie entsprach nicht unbedingt meiner Traumhochzeit. Dallas und ich trugen beide unsere Uniform. Ich hatte mich nicht einmal frisch schminken können, und meine Schuhe waren von dem Sprühkleber verdreckt, den wir an diesem Tag für die Schautafeln benutzt hatten. Die Zeremonie dauerte nur fünf Minuten, es gab keine Blumen, kein festliches Essen, keinen Sekt und keine Musik, aber das spielte alles keine Rolle. Jetzt waren wir verheiratet.

Den Augenblick, in dem Dallas mir den Ring über den Finger streifte, halte ich noch immer in liebevoller Erinnerung. Ich schwor mir selbst, dass ich alles für seinen Schutz und sein Wohlergehen tun und mich nie wieder von ihm trennen lassen würde. Eigentlich durfte er mir nicht wichtiger sein als die Church, das wusste ich natürlich, aber das war mir egal. Wir hatten es endlich geschafft. Am 20. September 2002 wurde ich Jenna Hill.

KAPITEL 29

Australien

Dallas und ich hatten keine Gelegenheit, das besondere Ereignis zu genießen. Ich musste umgehend zur Arbeit zurück, wo ich die ganze Nacht Entwurftafeln zusammenbaute. Am nächsten Morgen trafen wir uns mit den Eltern von Dallas zu einem heimlichen Frühstück bei Denny's. Da kein Sonntagvormittag war, durften wir das offiziell zwar nicht, aber wir taten es trotzdem. An diesem Tag erzählte ich jedem, der es hören wollte, stolz davon, dass Dallas und ich verheiratet waren und ich nun Jenna Hill hieß. Es fühlte sich fantastisch an, nicht mehr sofort mit dem Namen Miscavige in Verbindung gebracht zu werden, dennoch änderte der Namenswechsel natürlich nichts an der Tatsache, dass ich Dallas früher oder später meiner Familie vorstellen musste.

Im Dezember 2002 erhielten Dallas und ich die Erlaubnis, unser erstes gemeinsames Weihnachtsfest zu feiern. Wir würden nach San Diego reisen, um dort die Feiertage mit der Familie von Dallas zu verbringen, und anschließend noch nach Clearwater zu Grandma Loretta und Tante Denise und dann zu meinen Eltern nach Virginia. Die gesamte Verwandtschaft von Dallas war unglaublich nett. Sein Elternhaus war ein großes Blockhaus mit offenem Kamin, wie man es sich gemütlicher nicht vorstellen konnte. Die Flanellbezüge auf den Betten und das gedämpfte Licht ließen alles warm und einladend wirken. Es lag ein Gefühl von Zuhause in der Luft, eine familiäre

Atmosphäre, die sich völlig von dem Leben unterschied, in dem ich aufgewachsen war.

Von San Diego aus flogen Dallas und ich nach Clearwater und anschließend weiter ins tiefverschneite Virginia, wo wir an einem herrlichen Wintertag eintrafen. Es war seltsam, meine Eltern in dem kleinen Haus zu sehen, in dem wie bei Dallas' Eltern ein Kaminfeuer prasselte. Meine Mutter hatte sogar ein Essen für uns zubereitet, was mich völlig verblüffte. Alles wirkte familiär und fremd zugleich, und mit der Zeit bekam ich das Gefühl, vielleicht doch einen Ort zu besitzen, an den ich nach Hause kommen konnte. Zumindest über die Feiertage.

In den folgenden beiden Tagen zeigten uns Mom und Dad die Gegend und erzählten von ihrem Alltag. Es ging ihnen anscheinend richtig gut. Ich hatte eine angespannte Stimmung zwischen uns erwartet, aber davon war nichts zu spüren. Meine Mom widmete sich mit großem Eifer der Inneneinrichtung ihres neuen Hauses und schien dabei viel Spaß zu haben. Mein Vater schenkte uns zu Weihnachten ausgerechnet einen Fernseher und einen kombinierten Video/DVD-Spieler, was natürlich toll war, aber gegen die Vorschriften der Church verstieß. Wir würden ein gutes Versteck dafür finden müssen. Bei unserer Abreise schien es mir fast, als hätte ich Eltern, die wirklich für mich da waren. Vielleicht lief es am Ende ja doch nicht nur auf Dallas und mich hinaus. Zum ersten Mal seit meiner frühesten Kindheit hatte ich das Gefühl, eine Mutter und einen Vater zu haben, an die ich mich in Zeiten der Not wenden konnte.

Zurück in Kalifornien wirkte unser kleines Zimmer auf der Base zwar trostloser denn je, aber wenigstens war es unser eigenes Reich. So klein es auch sein mochte, ein Vorteil des Ehelebens bestand darin, dass Dallas und ich nun ein eigenes Zimmer besaßen. Für mich waren wir damit jetzt eine kleine

Familie, auch wenn diese nur aus zwei Personen bestand. Wir hatten einen Ort, an dem wir allein sein konnten. Wir durften außerdem zusammen essen, und sollten wir einmal Freizeit haben, so durften wir auch die gemeinsam verbringen. Mit den Weihnachtsgeschenken, die wir bekommen hatten, wirkte das Zimmer gleich ein wenig wohnlicher. Tante Denise hatte uns ein paar Vorhänge geschenkt und Grandma eine Patchwork-Decke. Und nach mehr als zwei Jahren erzwungener Funkstille wurde mir nun sogar gestattet, künftig mit meinen Eltern zu telefonieren.

Verheiratet zu sein, machte die Dinge leichter. Nicht dass meine Probleme mit der Church dadurch verschwunden wären, aber ich konnte sie immer wieder lange genug verdrängen, um uns ein wenig in unserem Alltag einzurichten. Das, was in der Vergangenheit passiert war, konnte ich zwar nicht vergessen, doch ich musste mich nicht täglich damit beschäftigen.

Dallas und ich waren etwas mehr als ein Jahr verheiratet, als mein Vorgesetzter in der Immobilienverwaltung mir mitteilte, ich sei für eine Missionsaufgabe im australischen Canberra ausgewählt worden. Dort gab es eine kleine schwächelnde Scientology-Gemeinde, und meine Aufgabe sollte darin bestehen, ein neues Gebäude für sie zu finden und genügend Spendengelder aufzutreiben, um es zu kaufen.

Als ich hörte, dass die Mission mindestens sechs Monate dauern würde, rastete ich ein wenig aus. Ich wollte nicht so lange von Dallas getrennt sein. Aus eigener Erfahrung wusste ich nur zu gut, wie häufig Ehepaare durch ihre Jobs in der Church getrennt voneinander leben mussten. Ich hatte es bei meinen Eltern und anderen Bekannten gesehen, und ich erlebte es gerade bei einer Frau in der Immobilienverwaltung, die seit neun Jahren von ihrem Ehemann getrennt war. Zwei Freunde von mir waren für zwei Jahre auf Posten abkommandiert worden, die weit weg von ihren Partnern lagen, und beide waren mittlerweile geschieden.

Dallas und ich würden alles daransetzen, dass uns das nicht passierte. Also schlug ich vor, mit Dallas gemeinsam diese Missionsaufgabe anzugehen. Ich schickte ein Schreiben an den Vorgesetzten auf der Int, in dem ich seine Qualifikationen auflistete, und erhielt kurz darauf die Nachricht, dass er mich begleiten dürfe. Eine derart reibungslose Einwilligung kam mir sehr merkwürdig vor, aber mir sollte es recht sein.

Weder Dallas noch ich hatten je an einer Missionsaufgabe teilgenommen, was das Ganze noch eigenartiger machte. Zudem verlief der nötige Clearance-Prozess vor einer solchen Mission bei uns extrem ungewöhnlich. Normalerweise wurden alle, die man mit solch langfristigen Einsätzen betraute, sogenannten *Opportunity Checks* unterzogen, in denen nachgeforscht wurde, aus welchen Beweggründen sie auf die betreffende Mission gehen wollten. Dallas und ich blieben davon verschont. Außerdem hätten wir einen detaillierten Missionsauftrag mit umfassenden Angaben zu den angestrebten Zielen, abgesegnet vom RTC, studieren müssen, auf dessen Verständnis wir in einer anschließenden Prüfung getestet und bewertet worden wären, bevor wir zu guter Letzt noch jede Zielvorgabe in Ton hätten modellieren müssen. Nichts von alledem fand statt. Der Missionsauftrag, der uns ausgehändigt wurde, schien erst zwei Minuten vor unserer Abfahrt zum Flughafen geschrieben worden zu sein. Er war in aller Eile zusammengeschustert, ausgedruckt und in den alten Auftrag von anderen Leuten eingefügt worden. Demnach lautete unsere Mission: »Finden Sie ein Gebäude in Kentucky.«

Die ganze Sache war höchst sonderbar. Warum diese Mission und warum wir? Es schien nur darum zu gehen, uns für eine Weile »offline« zu nehmen und unsichtbar zu machen.

Keiner von uns verstand, was dahintersteckte, aber wir fragten auch nicht allzu beharrlich nach. Wir waren nur froh, gemeinsam nach Australien gehen zu können.

Im Januar 2004 startete unser achtzehnstündiger Flug nach Sydney. Australien versprach eine spannende Erfahrung zu werden, so viel war uns vom ersten Augenblick an klar, als wir aus dem Flugzeug stiegen.

In Canberra hatten wir ungewohnt viele Freiheiten. Wir konnten gehen, wohin wir wollten. Da ein Mietwagen zu teuer war, kauften wir uns Fahrräder, um mobiler zu sein. Zum ersten Mal musste ich mich selbstständig in der realen Welt zurechtfinden. In Clearwater hatte es viel mehr Scientologen gegeben, in Canberra waren es nur eine Handvoll. Wir lebten inmitten von Wogs. Zuerst beunruhigte mich das ein wenig, aber mit der Zeit lernte ich immer mehr von ihnen kennen und gewöhnte mich daran.

Die Church kam für unseren Lebensunterhalt auf, bezahlte unsere Wohnung und unsere Lebensmittel. Allerdings mussten wir ständig darum kämpfen, dass die Überweisungen auch pünktlich eingingen. Ich musste Kochen lernen, da ich mein ganzes Leben in Kantinen durchgefüttert worden war, und es war sehr ungewöhnlich, mit einem Mal keinen großen Essenssaal mehr zu haben, in den man einfach gehen konnte. Ob nun beim Einkaufen im Supermarkt oder beim Kochen zu Hause, ich hatte das Gefühl, permanent nur mit Essensfragen beschäftigt zu sein. In der Anfangszeit traute ich mich noch nicht, den Herd zu bedienen, und Dallas übernahm das Kochen. Manchmal gingen wir auch essen. Als ich mich endlich am Nachkochen von Rezepten versuchte, machte es mir zwar Spaß, aber die Ergebnisse waren in der Regel ungenießbar. Alles, was ich kochte, schmeckte ekelhaft.

Dabei war das Kochenlernen nur die Spitze vom Eisberg. Die größte Herausforderung stellte für uns der Job selbst dar. Wir sollten für die Scientology-Gemeinde in Canberra ein neues Haus finden, Spenden zum Ankauf sammeln, das Gebäude erwerben und für seine Renovierung sorgen. Da Scientology gerade einheitliche Standards für alle neuen Kirchengebäude einzuführen versuchte, musste die Immobilie über wenigstens 2300 Quadratmeter verfügen, andernfalls würde sie nicht genehmigt werden. Darüber hinaus sollte sie verkehrsgünstig gelegen sein und nicht zu firmenartig aussehen, lieber etwas alteingesessener und geschmackvoller. Wie wir bei unseren Recherchen schnell feststellten, würde ein Gebäude, das all diese Kriterien erfüllte, mehrere Millionen Australische Dollar kosten.

Unser Problem war nun, dass es in ganz Canberra nur fünfzehn bis zwanzig praktizierende Scientologen gab. Die ganze Situation in Canberra unterschied sich erheblich von den Beschreibungen in unserem Missionsauftrag. In Wahrheit bestand die lokale Organisation aus gerade mal zehn Menschen, die lediglich Einführungskurse erteilten. Nicht einmal Auditing fand statt, das zentrale Angebot jeder Scientology-Organisation. Und dann hatte man sie auch noch aus ihren bisherigen Räumlichkeiten geworfen, nachdem sie sechs Monate die Miete schuldig geblieben waren.

Auf ihrer Liste potentieller Spender führte die Kirche jeden, der irgendwann einmal der Kirche gegenüber seinen Namen für einen Kurs, einen Stresstest oder zu irgendeinem anderen Zweck angegeben hatte, selbst wenn die meisten von ihnen nie zurückgekommen waren. Erschwerend kam hinzu, dass Dallas und ich in unserem Leben noch keinen einzigen Cent an Spenden eingetrieben hatten. Unser Team umfasste zwar noch ein drittes Mitglied, das über Erfahrungen im Spendensammeln verfügte und schon einige Missionseinsätze hinter sich hatte,

aber diese Scientologin wurde schon nach kurzem wieder zu-
rückbeordert. Somit blieben wir ganz auf uns allein gestellt bei
einer Aufgabe, die sowieso schon unmöglich zu bewerkstelli-
gen war. Die Annahme, bei etwa fünfzehn Scientologen, von
denen keiner mehr als achtzigtausend Dollar im Jahr verdiente,
gleich mehrere Millionen an Spendengeldern einsammeln zu
können, war einfach absurd. Zudem hatten viele dieser Scientologen schon für Angebote gezahlt, die ihnen die Church in
Canberra überhaupt nicht liefern konnte. Sie dann um noch
mehr Geld zu bitten, schien uns nicht korrekt. Obwohl wir in
den täglichen Berichten unsere Erkenntnisse ausführlich beschrieben, wurden wir gedrängt, die Betreffenden dennoch
um Spenden anzuhalten. In anderen australischen Organisationen der Kirche für unsere Kampagne zu werben, wurde uns
ebenfalls untersagt, da die bereits mit eigenen Aufrufen aktiv
waren. Am Ende brachten wir es mit viel Werbung und zahlreichen kleinen Spendenveranstaltungen wie Tombolas, Spiel-
festen und Aufführungen auf eine Summe von fünfundsiebzig-
tausend Dollar.

Aus heutiger Sicht war das eigentlich richtig gut für zwei
Leute, die in ihrem ganzen Leben noch keinen Cent eingesam-
melt hatten. Entscheidend dazu beigetragen hatten ein paar
Freunde, die wir dort kennenlernten und die uns mit ihren um-
fangreichen Kontakten halfen, neue Ansprechpartner zu finden
und Geld aufzutreiben. Die Church hielt diesen Betrag allerdings weiterhin für völlig unakzeptabel, obwohl Dallas und ich
langsam nicht mehr wussten, was wir noch versuchen sollten.
Wir hatten alles in unserer Macht Stehende getan, jetzt lag es an
der Church, entweder unseren Missionsauftrag zu ändern oder
die Kriterien für das Gebäude, das wir erwerben sollten. Verschiedene Male baten wir darum, wieder nach Hause beordert
zu werden, erhielten aber keine Erlaubnis.

Inzwischen hatten Dallas und ich es satt, ständig dieselben Leute um Spenden zu bitten. Ich sah, wie die Menschen lebten, und wusste, dass sie tatsächlich kein Geld dafür erübrigen konnten. Für uns beide war das eine völlig neue Erfahrung, und wir gerieten zunehmend in Konflikt mit den Anweisungen, die uns die Church gab. Es schien ihr weniger darum zu gehen, eine Gemeinde aufzubauen, um durch sie die Scientology-Lehre zu verbreiten, als darum, möglichst viel Geld einzutreiben und ein hübsches Gebäude zu bekommen. Das neue Haus wollten sie mit hochmodernen Videoanzeigen und anderen technischen Spielereien ausstatten, die die eigentliche Scientology-Lehre in den Hintergrund zu drängen drohten. Uns erschien es als habgierig, diese Menschen, die doch bereits so viel gegeben hatten, noch weiter um Geld zu bitten.

Je energischer wir nach immer mehr Geldquellen suchten, desto stärker gerieten wir ins Licht der allgemeinen Öffentlichkeit. Und die Reaktionen waren nicht nur erfreulich. Für einen Spendenaufruf verfassten wir Werbeschriften, die wir an alle Scientology-Anhänger auf unserer Liste schickten. Einige davon kamen postwendend mit üblen Kommentaren versehen zurück. Ich weiß noch, dass einer schrieb, L. Ron Hubbard sei ein Schwindler und wir allesamt Schwachköpfe. Mich überraschten diese Beschimpfungen, vor allem, da wir noch etwa zehn andere in ähnlichem Tonfall bekamen. Nach den Aussagen, die ich mein ganzes Leben lang von Onkel Dave und anderen hochrangigen Kirchenvertretern gehört hatte, war ich davon ausgegangen, dass L. Ron Hubbard bei allen Menschen sehr beliebt gewesen sei, dass Scientology boomte und sich rasch über den ganzen Erdball verbreitete. In Australien aber schienen die wenigsten überhaupt zu wissen, worum es bei Scientology ging, und von denen, die es wussten, reagierten viele ablehnend.

Wir begannen, die Freiräume, die wir besaßen, zu nutzen und kamen mit Ansichten in Berührung, die in scharfem Widerspruch zu den Einstellungen von Scientology standen. Trotz der Verbote sahen wir täglich ein bis zwei Stunden Fernsehen. Besonders gut gefiel mir die Serie *Queer Eye for the Straight Guy*, in der fünf schwule Männer mit ihrem Expertenwissen über Mode, Kultur, Wohndesign, Essen und andere Stilfragen anderen, nicht Schwulen dabei halfen, ihr Leben umzukrempeln. Ich mochte die Figuren und die Inszenierung und war ein wenig verwundert darüber, dass das Gezeigte nicht dem entsprach, was ich bei Scientology gelernt hatte. Uns war beigebracht worden, dass Homosexuelle pervers und verdeckt feindselig wären, beides Eigenschaften, die sie schon fast zu SPs machten. Wenn ich mir jetzt die Typen im Fernsehen ansah, konnte ich allerdings keine dieser Eigenschaften entdecken. Es ergab einfach keinen Sinn, und ich verstand nicht, wie dieses Urteil zutreffen sollte.

Wir besaßen auch einen Internetanschluss, mit dessen Umgang ich jedoch reichlich unerfahren war. Eines Tages machte Dallas mich auf eine Website namens *Operation Clambake* aufmerksam, die der Church gegenüber sehr kritisch eingestellt war. Als ich die Zielrichtung der Seite begriff, sahen Dallas und ich einander fassungslos an. Uns beiden war klar, dass wir auf etwas gestoßen waren, von dem wir eigentlich die Finger lassen sollten. Dennoch konnte keiner von uns leugnen, wie interessant die Sache klang. Aus Selbstbeherrschung hielten wir uns zurück, aber schon das, was wir sahen, war ziemlich aufschlussreich. In einer Story auf der Seite wurde etwa behauptet, Onkel Dave habe sich mit unlauteren Mitteln an die Spitze der Church gedrängt. Hier hörte ich zum ersten Mal eine negative Bemerkung im Zusammenhang mit seiner Führerschaft. Die Seite machte mich irgendwie neugierig, andererseits verstand ich auch nicht richtig, wie Websites zustande kamen und funktionierten. Bewusst war mir jedoch, dass es Ärger einbringen konnte, sich solche Sachen anzusehen. *Operation Clambake* erwähnte auf seiner Seite unter anderem OT III-Material, und ich war gewarnt worden, welche Folgen eine verfrühte Auseinandersetzung mit Informationen aus noch nicht erreichten Stufen haben konnte. Ich beschloss, mich davon fernzuhalten, um nicht geisteskrank zu werden.

Ganz aus dem Kopf bekam ich die auf der Website geäußerten Vorwürfe gegen meinen Onkel aber nicht. Durch die Demonstranten vor der Flag Land Base wusste ich natürlich von den Aufwühlern, mit denen Scientology zu kämpfen hatte, neu war mir allerdings, dass es komplette Websites gab, die sich gegen Scientology richteten, und neu war mir auch, welche Rolle das Internet inzwischen im Alltag der Menschen spielte. Aus irgendeinem Grund fand ich es nicht nur überraschend, sondern auch irgendwie beruhigend, wie leicht Dallas auf die Seite gestoßen war. Ein wenig ähnelte es dem Moment damals auf der Ranch, als ich heimlich gehofft hatte, die Mitarbeiter der beauftragten Fremdfirmen würden sich für uns einsetzen. Sobald die Erfahrungen, die wir mit Scientology machten, draußen wahrgenommen wurden, verlieh mir das ein Gefühl der Ermutigung, selbst wenn sich dadurch nicht unmittelbar etwas änderte.

Als ich meine Eltern an diesem Abend anrief, fragte ich sie, ob an der Geschichte über Onkel Dave etwas dran sein könne. Sie behaupteten, nicht viel davon zu wissen, und sagten, dass sie das Internet nicht unbedingt für eine verlässliche Informationsquelle hielten. Da meine Eltern die Sache so abtaten, geriet sie bei mir ein wenig in Vergessenheit.

Nicht nur die Dinge, die wir lasen und sahen, ließen uns tiefgehender über die Church nachdenken, auch die Menschen, die wir kennenlernten, und unser Lebensstil, der sich so stark verändert hatte, trugen dazu bei. Vorbei war die Zeit unablässiger Reglementierungen und ständiger Security-Checks. Jetzt konnten wir tatsächlich unser eigenes Leben führen, jedenfalls mehr als früher. In Canberra freundeten wir uns mit den meisten Anhängern von Scientology an, schon allein, weil wir auf sie beim Spendensammeln angewiesen waren. Wenn ich mit ihnen zusammen war, konnte ich mir vorstellen, wie mein Leben mit Dallas aussehen würde, wären wir nur noch öffentliche Scientologen, die ihr eigenes Einkommen hatten. Unter den Scientology-Mitarbeitern war mir bislang noch keiner begegnet, der neben seiner Arbeit für die Church noch einer normalen Zweitbeschäftigung nachging.

Neben dem neuen Lebensstil veränderte uns auch die veränderte Präsenz der Church. Ich begann zu begreifen, dass Orte wie die Flag und die Int nur Ausnahmen darstellten, nicht die Regel. Mir war immer von fünfhundert über die gesamte Erde verteilten Scientology-Kirchen berichtet worden, und ich hatte sie mir alle wenigstens annähernd in der Größenordnung der Flag vorgestellt. Damit hatte ich eindeutig falsch gelegen. Ich sah diese kleine, ums Überleben kämpfende Gemeinde in Canberra, redete mit der Handvoll von Freizeit-Scientologen dort und musste erkennen, dass Scientology sich keineswegs auf dem Siegeszug rund um den Globus befand, von dem uns immer erzählt wurde.

Meine vermutlich aufrüttelndste Erfahrung betraf jedoch nichts Unerlaubtes oder Widersetzliches, sie bestand schlicht in meiner Freundschaft zu einer Frau namens Janette. Als wir uns kennenlernten, hatte sie zwei kleine Töchter, und ein drittes Kind, ein Junge, war gerade unterwegs. Wir verbrachten viel Zeit bei ihr, besuchten die Geburtstagsfeiern ihrer Kinder und unterhielten uns. Die zweijährige Eden war einfach süß.

Sie hatte die schrägsten Einfälle und ständig Unfug im Kopf. Ich spielte viel mit ihr, und wenn ich in die Org ging, nahm ich sie manchmal mit und spielte dort weiter mit ihr, obwohl ich doch eigentlich ein Sea Org-Mitglied auf Mission war. Dass Eden mich ablenkte, war mir klar. Aber ich konnte nichts dagegen machen, es kam mir einfach so natürlich vor. Für ein Sea Org-Mitglied auf Mission war mein Verhalten dennoch ungebührlich.

Ich hatte auch noch nie eine Schwangerschaft aus solcher Nähe miterlebt wie jetzt bei Janette. Sie erzählte mir davon, und es klang so fantastisch, wozu ein bloßer sogenannter Fleischkörper alles fähig war. Bei Janette hatte ich das Gefühl, sie alles fragen zu können. Wir trafen sie auch unmittelbar nach der Geburt ihres Sohnes, und es war einfach alles irgendwie unglaublich.

Die vielen gemeinsamen Stunden mit Janette und Eden weckten in mir Überlegungen, wie ich sie in dieser Form nie zuvor angestellt hatte. Wie wäre es, selbst eine solche Familie zu haben? Auch Dallas verstand sich großartig mit Eden. Er hob sie immer hoch und wirbelte sie herum, bis sie vor Freude quietschte. Er liebte Kinder und sprach ständig davon, wie süß und einzigartig sie seien. Da Sea Org-Mitglieder keine Kinder haben durften, hatte mich der Gedanke, selbst Mutter zu werden, nie sonderlich beschäftigt. Jetzt fragte ich mich zum ersten Mal, ob ich da nicht etwas verpasste.

Nach einem Jahr war weiter kein Ende unserer Mission in Sicht. Wir genossen unser freieres Leben, achteten aber zugleich auf die Vorschriften und bemühten uns, nicht allzu sehr davon abzuweichen. Auch wenn wir ein paar neue Dinge ausprobiert hatten, so fühlten wir uns der Church und unserer Verantwortung unverändert verpflichtet. Im Nachhinein wünschte ich mir, wir wären nicht so ängstlich gewesen und hätten den Strand und andere Ausflugsziele besucht. Doch für derart grobe Verstöße gegen Kirchenregeln waren wir zu diesem Zeitpunkt noch nicht bereit.

Alles in allem war das Jahr jedoch eine wohltuende Erfahrung. Dinge, die mich an der Church frustrierten, brachten mich jetzt nicht mehr so auf. Und da wir hier so viel weniger unter Beobachtung standen, ließen sich die Themen, mit denen ich Probleme hatte, auch einfach leichter verdrängen.

Weihnachten 2003 erhielten wir zwar die Erlaubnis, die Feiertage zu Hause zu verbringen, doch die Eltern von Dallas mussten für unseren Hin- und Rückflug aufkommen. Mein Dad bezahlte uns den Flug nach Virginia, wo wir eigentlich Grandma Loretta treffen sollten, aber die sagte ab, weil es ihr nicht gut ging. Dass dieses Wiedersehen scheiterte, tat mir besonders leid, denn Grandma war diejenige, auf die ich mich am meisten gefreut hatte.

Vor unserer Rückreise nach Australien fuhren Dallas und ich noch im Zentralbüro in L. A. vorbei, um – wie wir dachten – unseren überarbeiteten Missionsauftrag abzuholen. Zu unserem größten Erstaunen teilte der neue Leiter uns mit, dass wir der Sea Org-Base in Sydney überstellt wurden. Die Nachricht schockierte uns. Auf unsere Frage, wann wir nach Kalifornien zurückkommen würden, erklärte er, niemals, Sydney sei von nun an unser Sea Org-Posten.

Diese Vorgehensweise war höchst ungewöhnlich, sie widersprach sogar völlig den Regularien der Kirche. Wir hatten noch nicht einmal unsere Canberra-Mission angemessen abgeschlossen. Und für den Job in Sydney lagen weder konkrete Stellenunterlagen vor, noch hatte jemand den Wechsel organisiert. Nachdem wir energischen Widerspruch gegen diese Behandlung eingelegt hatten, erhielten wir die Zusage, dass wir dort nicht fest stationiert, sondern nur eine Mission durchführen würden. Den Missionsauftrag würde man uns nachschicken. Also fuhren wir nach Sydney. Die versprochenen Unterlagen kamen nie.

Zwei Wochen lang mahnten wir in Sydney unseren Missionsauftrag an. Als das zu nichts führte, verlangten wir, nach Hause fahren zu dürfen. In diesen Tagen erfuhr ich vom Tod meiner Großmutter. Sie war auf dem Parkplatz eines Einkaufszentrums bewusstlos in ihrem Wagen gefunden worden und aus ihrem Koma nicht mehr erwacht. Mir wurde gesagt, dass sie an den Folgen ihres Lungenemphysems gestorben sei.

Ich weinte den ganzen Tag hemmungslos. Die Vorstellung, sie nie wiedersehen, umarmen oder mit ihr reden zu können, war schrecklich. Ich wünschte mir, mehr Zeit mit ihr verbracht zu haben, als ich noch die Gelegenheit dazu hatte. Aber ich versuchte mich zugleich mit dem Gedanken zu beruhigen, dass sie nun irgendwo einen neuen, jüngeren Körper bekommen würde, einen schmerzfreien Körper, und dass sie damit glücklicher wäre.

Wir bemühten uns bei der Kirche darum, zu ihrem Begräbnis fliegen zu können, aber es gelang ihnen nicht, uns rechtzeitig einen Flug zu besorgen. Immerhin wurde meinen Eltern gestattet, an der Beerdigungsfeier in Florida teilzunehmen. Ich war am Boden zerstört, dass ich nicht die Möglichkeit hatte, mich von meiner Großmutter zu verabschieden. Wenn niemand in der Nähe war, sprach ich manchmal mit ihr, nur um ihr alles Gute zu wünschen. Aber ich glaube nicht, dass sie mich hörte.

KAPITEL 30

Niedrigere Ethik-Zustände

Eine Woche nach dem Begräbnis meiner Großmutter erhielten Dallas und ich die Nachricht, unsere Arbeit in Australien sei beendet. Wir flogen umgehend nach Hause, wo wir herausfanden, dass man unser Zimmer in der FLO-Base an jemand anderen gegeben hatte. Wir hatten diesen Raum von unserem eigenen Geld gestrichen, mit Teppichboden und Kacheln wohnlicher gemacht, und dennoch hatte man ihn einfach weggegeben. Unser neues Zimmer lag im siebten Stock, besaß einen alten zerbröselnden Linoleumboden und roch modrig. Kleine Sägemehlhäufchen waren über den gesamten Boden verstreut, und für uns beide stand nur eine einzige winzige Kommode zur Verfügung. Der Abfluss der Badewanne war verstopft und die Wanne offensichtlich irgendwann übergelaufen. Repariert worden war sie nicht. Trotzdem waren wir froh, wieder zu Hause zu sein. Unser Jahr in Australien hatte viel Unerwartetes und Merkwürdiges mit sich gebracht, und jetzt war es einfach angenehm, wieder in unseren Alltag zurückzukehren. Wir wussten, dass es schwierig sein würde, die Freiheiten, die wir dort gehabt hatten, aufzugeben, aber wir waren zuversichtlich, uns schnell wieder anpassen zu können. Doch da irrten wir uns. Es bereitete uns wesentlich mehr Probleme, als wir gedacht hatten, nicht nur wegen unserer Erfahrung auf dem fünften Kontinent, sondern auch weil es auf der Base schlimmer zuging denn je.

Wir hatten uns am nächsten Vormittag um elf Uhr auf der Base einzufinden, und vom ersten Moment an war klar, dass die Dinge erheblich strikter gehandhabt wurden als früher. Wie wir erfuhren, hatte sich der gesamte Tagesablauf auf dem Stützpunkt geändert. Alle Zeiten für den individuellen Sport waren gestrichen, Essenspausen auf fünfzehn Minuten begrenzt, das Projekt *Klar Schiff* – der einzige Termin in der Woche, an dem wir Wäsche waschen und unsere Zimmer putzen konnten – auf zwei Stunden reduziert und sämtliche Kantinenvergünstigungen abgeschafft worden, was bedeutete, dass wir in der Kantine keine zusätzlichen Speisen mehr kaufen durften. Jeder auf der Base war mit der Zuweisung eines niedrigen Ethik-Zustands bestraft worden, und das schon seit drei Monaten.

Diesmal hatte nicht nur ich ein Problem damit, auch Dallas setzte das Ganze ziemlich zu. Seit unserem Aufenthalt in Australien lagen wir mit unseren Meinungen zur Church noch deutlicher auf einer Wellenlänge. Daher war ich ein wenig überrascht, als Dallas bei den nach einem Missionsende obligatorischen Security-Checks gestand, dass wir uns Filme und andere Sendungen angesehen hatten. Ich selbst hatte mir vorgenommen, so wenig wie möglich zu erzählen, vor allem von den Dingen, die der Church gar nicht bekannt sein konnten, aber das Geständnis von Dallas hatte das natürlich zunichtegemacht. In meinem Security-Check wurde ich gefragt, wie hoch ich den finanziellen Schaden für die Org einschätze, den wir durch Unproduktivität und Budgetverschwendungen verursacht hätten. Also summierte ich einfach die Kosten für drei Monate Miete, Busfahrgeld und Lebensmittel, denn so funktionierten Geständnisse nun einmal. Hätte ich gesagt, die Org verschwende ihr Geld schon selbst und wir hätten sogar noch 75 000 Dollar eingenommen, wäre ich nur nach weiteren Withholds befragt worden.

Die alljährliche Feier zum Geburtstag von L. Ron Hubbard

am 13. März führte uns dann schonungslos vor Augen, dass die Lage noch viel schlimmer war, als wir befürchtet hatten. Zu solchen Ereignissen wurde von uns allen erwartet, den Leuten mit dem Spruch »Bar oder mit Karte?« neue oder wiederveröffentlichte LRH-Bücher oder LRH-Kongressvorträge zu verkaufen. Während dieser Kampagnen musste jeder die von ihm verlangten Stückzahlen erreichen, was schon immer unmöglich gewesen war. In diesem Jahr nun verbrachten alle fünfhundert Leute der Base eine ganze Nacht im opulenten Shrine Auditorium und führten Telefonate rund um den Erdball, um die Vorträge zu verkaufen. Sobald wir den Hörer aus der Hand legten, wurden wir aufgefordert weiterzumachen. Es gab nichts zu essen und nichts zu trinken, und wir durften uns auch nichts kaufen. Sicherheitspersonal bewachte sämtliche Türen und sorgte dafür, dass niemand vor halb acht Uhr morgens den Raum verließ.

Einigen wenigen gelang es dennoch, früher zu gehen, etwa einer lungenkranken Siebzigjährigen. Beim Appell am nächsten Tag mussten diese Leute sich allerdings harsche Zurechtweisungen gefallen lassen. Sie wurden vor die Gruppe zitiert und öffentlich gemaßregelt, sie seien verachtenswert und ihr Verhalten widerlich. Zur Strafe mussten sie eine Stunde lang einen Müllcontainer von innen und außen reinigen. In der folgenden Woche erhielten wir alle die Warnung, dass die ganze Gruppe zu Strafarbeit verdonnert und Müllcontainer schrubben würde, sobald auch nur einer von uns sich einen Fehltritt erlauben würde.

Nach der Veröffentlichung der neuen Kongressvorträge versammelte sich die gesamte Base jeden Abend um elf in der Kantine, um sich die Aufzeichnungen anzuhören. Jede dieser Vorlesungen dauerte mindestens eine Stunde und wurde eingeleitet von einer Erklärung, wie unethisch wir doch alle seien und dass wir aufmerksam zuhören sollten, um zu erfahren, was Scientology wirklich bedeutete.

Während der Vorträge ging das Aufsichtspersonal herum und notierte jeden, der einschlief. Die Liste der Namen wurde am nächsten Tag öffentlich ausgehängt. Anschließend musste jeder von ihnen zur Strafe Müllcontainer säubern. Ich war ständig damit beschäftigt, meine Freunde und Dallas während dieser Veranstaltungen wachzuhalten, um sie vor weiterer Bestrafung zu bewahren.

Beim Anblick all der übermüdeten und erschöpften Menschen musste ich an unsere Erfahrungen mit dem Spendensammeln in Australien denken und daran, dass hier wie dort dem Geldeintreiben offenbar weit mehr Gewicht beigemessen wurde als dem Wohl der Menschen oder der Verbreitung von Scientology. Wie es den Sea Org-Mitgliedern selbst dabei erging, schien sogar das Unwichtigste überhaupt zu sein. Bis zu einem gewissen Grad war es mir bereits früher aufgefallen, aber erst die Zeit in Australien hatte mir richtig zu Bewusstsein gebracht, welchen Stellenwert die Geldbeschaffung bei unseren Pflichten innerhalb der Sea Org inzwischen einnahm.

Hier in dieser Umgebung begriff ich, wie stark die dauerhafte Wirkung all dieser kleinen Einsichten war, die wir in Australien gemacht hatten. Plötzlich sahen wir um uns herum nicht länger die Regeln, die wir zu befolgen hatten, sondern die Freiheiten, die sie uns aufzugeben zwangen. Kurz nach unserer Ankunft wurde anhand von Fragebögen überprüft, ob jemand ein Handy besaß, mit ehemaligen Sea Org-Mitgliedern gesprochen hatte oder über einen Internetanschluss verfügte, mit dem Anti-Scientology-Seiten besucht werden konnten. Auf der Base wurden alle Computer in einem separaten Raum unter Verschluss gehalten, und einen Schlüssel erhielt nur, wer eine spezielle Erlaubnis des OSA vorweisen konnte. Die Computer selbst waren mit Software vollgestopft, die bekannte Anti-Scientology-Seiten blockierte. Uns wurde unmissverständlich gesagt, dass jeder mit gravierenden Strafen rechnen müsse, der etwas verschwieg.

Ich gab an, ein Handy zu besitzen, das die Eltern von Dallas uns gegeben hatten und mit dem wir einmal in der Woche unsere Eltern anriefen. Ich hatte mir damals die Annahme des Handys vorab genehmigen lassen, doch nun meinten sie zu mir, diese Genehmigung sei irrtümlich erfolgt und ich müsse das Telefon abgeben. Zugleich traten noch andere neue Vorschriften in Kraft: Unsere Schreibtischschubladen durften keine Snacks oder andere Speisen enthalten, obwohl wir nächtelang arbeiten mussten und die Essenspausen nur fünfzehn Minuten dauerten. Es durfte keine Musik bei der Arbeit gehört werden, der Tag in der Woche, an dem wir zivile Kleidung tragen durften, entfiel, und niemand durfte vor Mitternacht nach Hause gehen. Mitarbeiterversammlungen verkamen zu einer endlosen Beschimpfung und Demütigung von jedem, der Anstoß erregte.

Ich weigerte mich, mein Handy abzugeben. Fünf Leute vertrauten mir an, ihre Mobiltelefone ebenfalls nicht herzugeben, daher dachte ich, wir könnten zumindest in diesem Einzelfall gemeinsam Widerstand leisten. Doch am Ende war ich die Letzte auf der Base, die noch ein Handy hatte. Mir wurde gesagt, der Grund für die überarbeitete Anweisung zum Verbot aller Handys und Laptops liege darin, dass Außenstehende die Übertragungswellen abfangen und unsere Unterhaltungen mithören könnten, um die Church mit diesem Wissen dann zu unterwandern. Die Sache diene also unserer eigenen Sicherheit. Ich hielt diese Argumentation für lächerlich und paranoid und sagte es ihnen auch. Als nächste Begründung wurde mir angeboten, dass einige Leute sich pornografisches Material auf ihren Handys ansähen. Ich erwiderte, das sei ebenso lächerlich und selbst wenn es zuträfe, würde es niemanden etwas angehen. Schließlich erklärten sie noch, sie wollten vermeiden, dass Familienangehörige mit verstörenden Nachrichten anriefen. Keines ihrer Argumente überzeugte mich, mein Telefon abzugeben.

Diese Ausflüchte belegten einmal mehr, wie sie Bestrafung und Entzug allein zur Durchsetzung ihrer eigenen Ziele verwendeten. Das Handy selbst interessierte sie überhaupt nicht und mich ehrlich gesagt genauso wenig. Mir ging es nicht um das Telefon, mir ging es ums Prinzip. Sie versuchten, sich etwas zu nehmen, das Dallas und mir gehörte. Es war unser Eigentum, trotzdem fühlten sie sich befugt, es uns wegzunehmen. Sie hatten uns bereits unser Zimmer genommen, unseren Fernseher beschlagnahmt und Lebensmittel aus unseren Schubladen geholt. Besonders verlogen an der Sache war, dass sie zugleich die mangelnde Achtung vor persönlichem Eigentum als einen zentralen Charakterzug jeder Antisozialen Person verdammten.

Bei solchen Anlässen und solchen Streitpunkten hielten Dallas und ich unwillkürlich inne und mussten an unsere Erfahrungen in Australien denken und daran, auf wie viel wir durch unser Leben in der Sea Org verzichteten. Wenn sie schon etwas so Unbedeutendes wie ein Handy einfach wegnehmen konnten und unser Eigentum behandelten, als sei es ihres, was würde dann erst bei wichtigeren Dingen geschehen? Was mit unserer Beziehung? Sie hatten schon einmal versucht, uns auseinanderzubringen. Dallas hatte die Hoffnung nicht aufgegeben, dass sie eines Tages das Verbot, Kinder zu kriegen, aufheben würden, doch was, wenn nicht? Wir hatten inzwischen erfahren, dass es draußen eine Unmenge von Leuten gab, die Einwände gegen Scientology hatten. Womöglich sollte uns das Handy tatsächlich nur abgenommen werden, um uns von der Außenwelt abzuschneiden und um zu kontrollieren, welche Informationen wir überhaupt noch erhielten.

Kurz nach unserer Rückkehr aus Australien erfuhr ich, dass ich nicht länger in der Immobilienverwaltung arbeiten konnte. Die gesamte Abteilung wurde auf die Int Base versetzt, auf der ich nicht arbeiten durfte, da meine Eltern die Sea Org verlassen hatten. Als ich gefragt wurde, welchen Posten ich mir stattdessen wünschen würde, fiel meine Wahl auf Auditor.

Im Nachhinein mag diese Entscheidung irgendwie sonderbar klingen, aber damals fand ich sie naheliegend. In den Vorjahren hatte ich mich ständig über die Sea Org, ihre Regeln und über ihren Umgang mit mir geärgert. Ich hatte das Gefühl, dass Scientology sich von dem Auftrag, den Menschen zu helfen, immer weiter entfernte und es zunehmend um bloße Geldeinnahme ging. Mitarbeiter wurden in erniedrigender Weise behandelt, obwohl sie es doch waren, die ihr Leben der Church widmeten. Onkel Dave hatte ein paar Monate zuvor Tom Cruise als »engagiertesten Scientologen der Welt« ausgezeichnet, ungeachtet all der Mitarbeiter und Sea Org-Mitglieder, die alles für die Kirche geopfert hatten. Verschlimmert wurde die Sache noch dadurch, dass wir uns während unserer fünfzehnminütigen Essenspausen Ausschnitte aus Interviews mit Tom Cruise anschauen mussten, in denen er die Großartigkeit von Scientology pries. Alles verschlechterte sich, wurde auf den Kopf gestellt. Nichts orientierte sich mehr am höchsten Wohl für die größte Anzahl von Dynamiken. Die Situation auf der Base war so trostlos, dass ich von verschiedenen Leuten hörte, die ernsthaft mit dem Gedanken spielten, sich umzubringen, und deshalb aus der Sea Org entfernt wurden.

Trotz all meiner Bedenken über die Art, in der die Church geführt wurde, bewahrte ich irgendwo in meinem Hinterkopf weiterhin positive Empfindungen zu Scientology. Selbst wenn ich frustriert war, wenn ich alles in Frage stellte, ermutigte mich der Gedanke an all die Siege, von denen ich in der Vergangenheit gehört hatte, an all die Male, bei denen Scientology den Menschen angeblich geholfen hatte. Die Erinnerungen daran waren das einzig Positive, das mir von Scientology geblieben war. Und ermöglicht hatte diese Erinnerungen das Auditing. Auditing verkörperte für mich inzwischen alles, woran ich noch glaubte.

Folgerichtig nahm ich an, als Auditor endlich in der Position zu sein, anderen Menschen so unmittelbar wie möglich helfen zu können. Auditing-Sitzungen unterschieden sich von Security-Checks darin, dass der Auditor stets freundlich zu den Leuten war, einem Preclear niemals mit Wut begegnete. Beim Auditing stand das Zuhören und Hilfeleisten im Mittelpunkt, während Sec-Checks mit ihren bohrenden Nachforschungen wesentlich unangenehmer waren. Durch das Auditing würde ich nicht nur nach und nach zum Clear des Planeten beitragen, sondern die Leute auch dabei unterstützen, sich selbst zu helfen.

Als mein Auditor-Posten genehmigt wurde, war ich begeistert. Bevor es losgehen konnte, musste ich noch angelernt werden und über die nächsten Monate hinweg ein paar Stufen hinaufklettern. Zum ersten Mal seit langem machte mir das Lernen Spaß, weil es einem konkreten Ziel diente. Zu meiner eigenen Weiterentwicklung absolvierte ich Auditing-Sitzungen. Allerdings begannen mich die Sitzungen, in denen ich selbst befragt wurde, immer stärker zu verunsichern. Das Maß an Selbstbeobachtung darin war mir viel zu groß, und bisweilen hatte ich das Gefühl, gleich durchzudrehen. Verlief eine Sitzung schlecht, dann wertete der Auditor Liste für Liste aus, was ich falsch gemacht hatte, bis mir der Kopf davon schwirrte. Dieses Gefühl sollte das Auditing mir eigentlich nicht vermitteln.

Von da an wurde es immer schlimmer. Wenn ich zu Beginn einer Sitzung gefragt wurde, ob ich über irgendetwas verärgert sei, brach ich sofort in Tränen aus und fing an, ihr zu erzählen, wie sehr ich unter all den Vorschriften und Restriktionen auf der Base litt. Meine Geschwätzigkeit führte dann prompt dazu, dass der Auditor wissen wollte, ob ich ein unentdecktes Withhold habe. Mit dieser Reaktion gelang es ihr unweigerlich, mich völlig zu frustrieren. Gewöhnlich hätte ich an dieser Stelle einfach ein paar Withholds erfunden, aber nach einer ganzen Reihe solcher Sitzungen hatte ich keine Lust mehr, das Spielchen mitzuspielen. Ich hatte es satt, mich einschüchtern zu lassen. Eine Stunde lang saß ich nur da und antwortete auf alle Fragen mit Nein, während sie mich immer stärker bedrängte.

»Wir werden dieser Sache auf den Grund gehen«, warnte sie mich. Mir lag nichts daran.

Ich stand auf, um zu gehen, und sie stellte sich mir in den Weg. Ich wollte sie zur Seite schieben, aber sie versuchte weiter, mich in den Stuhl zurückzuzwingen. Nach zwei Stunden schleuderte ich die Dosen auf den Boden und zertrat sie mit dem Fuß. Gehen ließ sie mich immer noch nicht. Sie wollte mir zwei neue Dosen geben, aber die zerknüllte ich ebenfalls. Ich warf meine Hängemappe über den Tisch, und die Papiere daraus flogen im ganzen Raum herum. Sie hielt meinen Arm fest und ließ mich nicht aus dem Zimmer. Ich stieß sie fort, trat sie, versuchte alles, um sie abzuschütteln. Ich schrie sie an, flehte sie an, aber sie wiederholte nur ständig: »Wir werden dieser Sache auf den Grund gehen. Was hast du getan, worüber du nicht mit mir reden kannst?« Sie ließ mich nicht auf die Toilette. Zweifellos hatten die Leute draußen auf dem Gang etwas von dem Tumult mitbekommen, aber niemand kam, um nachzusehen. Nach einigen Stunden erklärte sie mir, dass wir ein wenig spazieren gehen würden. So liefen wir den Rest des Tages herum und bauten Druck ab.

Erschöpft, gereizt und voller blauer Flecken wachte ich am

nächsten Morgen auf. Aufgrund meines Verhaltens, so wurde mir mitgeteilt, käme ich für die Arbeit als Auditor nicht in Frage. Ich bekam einen niedrigeren Ethik-Zustand. Durch meine Versuche, aus dem Raum zu stürmen, hätte ich die Sitzungen anderer Leute in den benachbarten Auditing-Räumen gestört, was als antisozialer Akt gewertet wurde. Ich verwies darauf, dass mir den Richtlinien nach das Recht zu auditieren nicht einfach entzogen werden konnte, aber das schien niemanden zu interessieren.

Währenddessen wurde Dallas mehrmals am Tag gebeten, das Handy abzugeben, das ich immer noch hatte. Er sagte ihnen, dass es nicht seine Angelegenheit sei und er mich nicht zwingen würde. Doch sie ließen nicht locker.

Schließlich kam jemand wegen des Handys direkt zu mir. Als ich mich weiterhin weigerte, es herauszurücken, wurde mir gedroht, mich mit physischer Gewalt dazu zu bringen. Ich drohte, die Polizei zu rufen. Allein die Androhung, Außenstehende zur Klärung interner Probleme heranzuziehen, stellte eine gravierende Tabuverletzung dar, die nicht folgenlos bleiben konnte. Nach tagelangem Hin und Her mit der Ethikabteilung erklärte ich mich zähneknirschend damit einverstanden, Schadenersatz zu leisten, indem ich für die Dosen bezahlte, den Raum in Ordnung brachte und mich bei meinem und den anderen Auditoren entschuldigte. An dem Verbot, selbst als Auditor arbeiten zu dürfen, änderte sich damit gar nichts.

In diesem Moment stand für mich fest, dass ich die Sea Org verlassen wollte. Endlich war ich auf dem Weg gewesen, ein Auditor zu sein, nur um festzustellen, dass auch dafür die Bedingungen keinen Funken besser waren als für alles andere. Plötzlich kam alles, was sich über die vergangenen Jahre aufgestaut hatte, zusammen und ließ die Sache einfach kippen. Ich wollte weg.

Als Erstes lief ich zum Büro von Dallas und erzählte ihm von meiner Absicht. Wie ich mir schon gedacht hatte, war er damit einverstanden und wirkte sogar ein wenig erleichtert darüber, dass ich es ausgesprochen hatte. Doch während ich direkt gehen wollte, war Dallas dafür, sich mit einem ordentlichen Austritt in gutem Einvernehmen von der Church zu trennen. Nur auf diese Weise würde es uns möglich sein, die Verbindung zu Verwandten innerhalb der Kirche aufrechtzuerhalten und öffentliche Scientologen zu bleiben, die für die Angebote zahlten, die sie in Anspruch nehmen wollten. Ich erklärte mich um seinetwillen damit einverstanden, und er sagte, unter diesen Umständen gemeinsam mit mir austreten zu wollen.

In den folgenden Wochen suchten diverse Leute das Gespräch mit mir. Ein paarmal wurde ich zu Sitzungen gerufen, in denen man versuchte, mich zum Bleiben zu überreden. Sie beschlossen sogar, Dallas und mich auf die PAC Base zu verlegen, weil es dort freie Tage und mehr Freizeit gab und alles ein wenig lockerer genommen wurde. Es änderte nichts. Ich wusste einfach, dass ich rausmusste.

Meine Eltern erwiesen sich bei meinen heimlichen Anrufen als große Stütze. Wie sie erzählten, war die Desillusionierung hinsichtlich der Sea Org bei ihnen ganz ähnlich verlaufen wie bei mir. Sie wollten nicht in Einzelheiten gehen und blieben in ihren Bemerkungen lieber vage und vorsichtig, da sie wussten, dass scharfe Kritik an der Church mich abschrecken und von meiner Idee abbringen konnte. Sie versicherten mir allerdings, ich könne sie jederzeit anrufen.

Über die nächsten ein, zwei Wochen hinweg begann ich regelmäßiger mit ihnen zu reden. Sie erzählten mir von Leuten, die zu SPs erklärt worden waren, darunter meine alte Freundin Claire Headley und deren Ehemann Marc, die beide die Sea Org verlassen hatten. Auch Teddy Blackman, der Freund meines Bruders, war ausgetreten. Ich wusste, dass Marc, Claire und Teddy keine Antisozialen Personen waren. Sie als SPs zu deklarieren, war lächerlich. Nachdem meine Tante Sarah vor kurzem ebenfalls deklariert worden war, hatte ich das Gefühl, dass sie einfach alle zu SPs erklärten, die sie nicht länger kontrollieren konnten, gleichgültig ob sie nun antisozial waren oder nicht.

Meine Eltern begannen mit der Zeit, offener über ihre Erfahrungen bei ihrem Austritt aus der Church zu sprechen. All die Jahre, die seitdem vergangen waren, hatte ich mich gefragt, welche Gründe es gegeben haben mochte. Angesichts des großen Engagements, das sie für die Church gezeigt hatten, musste etwas Schwerwiegendes vorgefallen sein, doch ich wusste nichts von der wichtigen Rolle, die Onkel Dave dabei spielte. Marc Headley hatte meinen Eltern nach seinem Austritt berichtet, dass mein Onkel seine Mitarbeiter körperlich züchtigte. Mom glaubte ihm, da sie selbst einmal beobachtet hatte, wie er jemanden schlug. Diese Erfahrung war einer der entscheidenden Wendepunkte, die sie zum Austritt aus der Sea Org veranlassten.

Aus dem Mund von Menschen, denen ich wirklich vertraute, hatte ich Anschuldigungen dieser Art gegen Onkel Dave noch nie gehört. Ich fand das Ganze eher verstörend als schockierend. In meinen Kreisen wurde zwar nie schlecht über Onkel Dave gesprochen, aber die Leute fürchteten ihn. Mein Onkel konnte leicht aufbrausen, das wusste ich, doch in der Scientology galt solche Leidenschaft auch als Zeichen von Engagement. Trotz der ängstlichen Reaktionen, die er auslöste, und seiner dominanten Persönlichkeit hätte ich ihn nicht für fähig gehalten, anderen Menschen körperlich wehzutun.

Meinen Eltern zufolge scheute er auch nicht davor zurück, seine Ziele mit Hilfe von Geld zu erreichen. So bot Onkel Dave meinem Vater offenbar an, meiner Mutter einhunderttausend Dollar zu geben, wenn sie allein ging und mein Vater in der Sea

Org blieb. Er richtete dieses Angebot bezeichnenderweise nicht an meine Mutter direkt, sondern an meinen Vater, den er anscheinend für empfänglicher hielt. Natürlich lehnte mein Vater ab, aber sie waren beide angewidert von der Unverfrorenheit, mit der mein Onkel glaubte, die Menschen kaufen zu können.

In den kommenden Wochen und Monaten erfuhr ich immer mehr über die Gründe, warum meine Eltern ausgetreten waren. Meine Mutter erzählte mir von einem Mädchen namens Stacy Moxon, die einige Jahre zuvor gestorben war. Ihr Tod wurde als Unfall dargestellt, obwohl die Umstände eher für Selbstmord sprachen. Die Schwester von Stacy war nur schwer über den Verlust hinweggekommen. Ich fragte mich, ob sie nicht gewusst hatte, wie verzweifelt und deprimiert Stacy gewesen war. Geschichten wie diese gingen mir ungeheuer nahe, denn die ganze Atmosphäre in der Sea Org mit all den Vorschriften und Verboten machte es unmöglich, sich nicht deprimiert und hoffnungslos zu fühlen. Da jede Art von psychischer Erkrankung mit Vorbehalt aufgenommen oder ignoriert wurde, konnten sich Menschen mit solchen Schwierigkeiten an niemanden wenden.

Mom erzählte noch andere Geschichten, wie die von einem Ehepaar, deren Kinder ich auf der Ranch kennengelernt hatte. Man hatte sie zur Scheidung gezwungen, weil einer von beiden in einer niedrigeren Org arbeitete. Am Ende erwähnte sie noch diverse Leute, die sich zwischen einer Abtreibung und der Sea Org hatten entscheiden müssen. Im Verlauf dieser Telefonate mit meinen Eltern erfuhr ich von meinem Vater auch, dass Onkel Dave höchstpersönlich das Auditing von Lisa McPherson kurz vor deren Tod beaufsichtigt und die Anweisung erteilt hatte, ihr den Status des Clear zu attestieren. Er selbst hatte es meinem Vater erzählt. All diese Informationen untermauerten meine Vermutungen. Ich glaubte meinen Eltern, da für sie kein Anlass bestand, mich zu belügen, und ich es mir auch kaum vorstellen konnte, wie man solche Geschichten erfinden konnte.

Je mehr sie mir erzählten, desto mehr bestätigte sich, was ich bereits wusste oder geahnt hatte. Diese Ausübung von Zwang geschah flächendeckend. Ich war auf der Int Ranch gewesen, in Australien, auf der PAC, der Flag und hatte gesehen, wie die Zustände waren und wie die Menschen behandelt wurden. Ich war froh, meine Entscheidung getroffen zu haben. Selbst Justin, mit dem ich so lange nicht mehr gesprochen hatte, begann wieder anzurufen und bot mir seine Hilfe an, falls ich Probleme haben sollte herauszukommen.

Tag für Tag wurde ich bedrängt zu bleiben. Ein hochrangiges Mitglied der OSA wie Linda versuchte mir einzureden, ich sei eine wichtige Kraft in der Sea Org und würde gerade nur eine schwierige Phase durchlaufen. Als ich ihr ein paar der Dinge erzählte, die ich von meinen Eltern erfahren hatte, antwortete sie nur: »Wenn es ihrer Sache dient, erfinden die Leute eben Lügengeschichten.«

Die Church schickte auch Freunde vorbei, die mich zum Einlenken bewegen sollten, aber ich empfahl ihnen, sich aus der Sache rauszuhalten. Ich hatte meine Schwierigkeiten mit der Church, nicht mit ihnen, und wollte nicht, dass unsere Freundschaft darunter litt. Nachdem mich tagelang jemand aufsuchte und bearbeitete, wusste ich, dass ich nicht länger auf ein gutes Einvernehmen warten konnte. Ich wollte einfach nur raus, und Dallas würde mitkommen. Also vergrub ich mich in unserem Zimmer, bis sie sich dazu durchrangen, mich für meinen abschließenden Security-Check zuzulassen.

KAPITEL 31

Raus und aus

Ich verbrachte mehrere Tage ganz allein auf meinem Zimmer
und wartete auf jemanden aus dem Office of Special Affairs,
von dem ich die für einen einvernehmlichen Austritt notwendigen Unterlagen und Sitzungen erhielt. Die Bestimmungen
besagten, dass ich erst den Security-Check für ausscheidende
Mitarbeiter absolvieren musste, bevor ich gehen konnte. Voraussetzung dafür war wiederum eine Beendigung des Auditing,
in dem ich gerade gesteckt hatte, als das ganze Chaos begann.
Zu einer Fortsetzung des Auditing war ich jedoch weder körperlich noch emotional in der Lage, was ich Dallas auch sagte.
Er hatte Linda noch nichts von seinem Austritt erzählt, da er
den Beginn meines Security-Checks abwarten wollte. Auf diese
Weise hoffte er, bis zuletzt auf seinem Posten bleiben und die
Abkommandierung zu einfachen Diensten umgehen zu können, die Fahnenflüchtige gewöhnlich traf.

Um die Beendigung meines Auditing entbrannte ein tage-
langer Streit zwischen Dallas und mir. Er war genervt von meiner Bockigkeit und konnte nicht begreifen, dass ich am Ende
meiner Kräfte war, ganz egal, wie sehr ich mich auch bemühte,
es ihm verständlich zu machen. Ihm ging es in erster Linie darum, dass ich ordnungsgemäß austrat, weil er sich ansonsten
zwischen mir auf der einen Seite und seiner Familie auf der anderen, die immer noch in der Church war, entscheiden musste.
Seine Familie bedeutete ihm alles. Mit mir zusammenbleiben

und trotzdem seine Familie nicht verlieren konnte er nur, wenn ich keine SP wurde. Und diese Deklarierung konnte ich nur vermeiden, wenn ich mein Auditing beendete, meinen Sec-Check absolvierte und die Formulare unterschrieb.

Ich spürte, dass Dallas zunehmend verschlossener wurde, und versuchte ihm mehr Raum zu lassen. Es war eine anstrengende Zeit. Er kam immer später und später von der Arbeit nach Hause und freute sich bei unserem Wiedersehen nicht so, wie er es früher getan hatte.

»Was ist los?«, wollte ich wissen.

»Nichts, nur viel Arbeit«, sagte er einsilbig.

Ich wusste, irgendwas stimmte da nicht. Normalerweise unterhielt sich Dallas gerne mit mir, aber nun beantwortete er nicht einmal die einfachsten Fragen. Ich rief meine Eltern an, die davon überzeugt waren, dass jemand von der Church auf ihn einredete. Das war auch mein erster Gedanke gewesen. Auf meine Nachfrage hin hatte er das allerdings abgestritten. Angesichts der Erfahrungen, die sie selbst bei ihrem Austritt gemacht hatten, erschien mir ihr Verdacht dennoch stichhaltig. Als ich ihn das nächste Mal sah, fragte ich Dallas rundheraus, mit wem er reden würde. Er sagte, mit niemandem, und wir beließen es dabei, obwohl uns das keinen Schritt weiterbrachte. Misstrauen und Verfolgungswahn beherrschten uns, und wir waren unsicher, wie es weitergehen sollte. In unserer dreijährigen Ehe hatten wir noch nie an einem solchen Scheideweg gestanden.

Eines Morgens sagte mir Dallas, als er zur Arbeit aufbrach, er würde mich in der Mittagspause besuchen, kam dann aber nicht. Besorgt kramte ich mein verbotenes Handy hervor und rief beim Empfang an. Dort wusste allerdings auch niemand, wo er war. Panisches Entsetzen packte mich bei der Vorstellung, sie könnten ihn erneut versteckt halten. Die Ungewissheit war kaum auszuhalten. Da ich nicht wusste, was ich noch tun konnte, um ihn zu finden, legte ich mich hin und schlief ein.

Ein paar Stunden später weckte mich ein Klopfen an der Tür. Ich öffnete, und da stand Linda. Sofort wollte ich von ihr wissen, wo Dallas war. Sie sagte, sie wisse es nicht, aber ich hörte an ihrem gekünstelten Ton, dass sie mir etwas verschwieg. Dann zog sie aus ihrer Aktentasche einen dünnen Stapel Papiere.

»Also gut, hier haben wir die Checkliste für ausscheidende Mitarbeiter«, sagte sie.

Der Begriff »ausscheidende Mitarbeiter« ließ mich zusammenzucken. Ich wusste, dass meine Zeit dem Ende zuging, aber die Worte laut ausgesprochen zu hören, war doch etwas anderes. Nicht in einer Million Jahren hätte ich für möglich gehalten, selbst einmal die Checkliste für »ausscheidende Mitarbeiter« abzuhaken. Ich beruhigte mich mit der Tatsache, dass ich alles in meiner Macht Stehende versucht hatte.

Linda erklärte mir die diversen Punkte auf dem Formular, die ich bearbeiten sollte. Wie vorauszusehen war, musste ich zuerst den Security-Check absolvieren. Da lief es mir bereits wieder eiskalt den Rücken hinunter. Laut LRH bestand der einzig denkbare Grund für ein Verlassen des Mitarbeiterteams darin, dass die betreffende Person etwas vor den anderen verbarg. Er glaubte, ein Beichtverfahren und die Einsicht in ihr Fehlverhalten würde diesen Menschen helfen, künftig mit sich selbst zurechtzukommen, würde sie vielleicht sogar zum Bleiben bewegen. Deshalb war ein Beichtverfahren unbedingte Voraussetzung für einen einvernehmlichen Austritt. Wer das Beichtverfahren verweigerte, wurde zur Suppressive Person erklärt.

Als nächsten Punkt auf der Checkliste sollte ich eine Verpflichtungserklärung unterschreiben. Wie Linda mir erklärte, versicherte ich mit der obligatorischen Unterzeichnung dieses Dokuments, dass ich mich nie kritisch zur Kirche äußern würde. Eine Verletzung dieser Verpflichtungserklärung sollte mich pro Einzelfall 10 000 Dollar Strafe kosten. Unterschrieb ich nicht, würde ich ihrer Aussage zufolge zur SP erklärt. Das regte mich unglaublich auf. Eine derartige Richtlinie hatte LRH niemals verfasst, und das sagte ich ihr auch. Genau dieses Verhalten war es, was mich am Management der Sea Org am meisten störte, dieses willkürliche Erfinden von Regeln, die nichts mit der Lehre von LRH zu tun hatten. Linda wurde sauer und verlangte, dass ich unterschrieb.

Mir gefielen weder ihr Ton noch ihr Auftreten. Ich erklärte mich bereit, meiner Beichtverpflichtung nachzukommen, mit deren Einforderung ich schon seit Wochen gerechnet hatte, aber unterschreiben würde ich nichts. Sie begann mich anzuschreien und bezeichnete meine Weigerung zu unterschreiben als unethisch und mich als Suppressive Person. Sie warf die Checkliste und die Verpflichtungserklärung auf das Bett und wies mich an, es selbst zu lesen.

»Meinen Sie das?«, erwiderte ich höhnisch, griff nach den Papieren und riss sie in tausend Stücke. Anschließend sagte ich zu ihr, sie solle aus meinem Zimmer verschwinden. Mit Menschen, die sich widersetzten, hatte sie wenig Erfahrung. Sie warf mir einen entrüsteten Blick zu, schrie, dass ich damit nicht durchkommen würde, und stürmte hinaus. Rot vor Wut und vor Angst über mein eigenes Tun und die möglichen Folgen knallte ich hinter ihr die Tür zu. Von Dallas hatte ich noch immer nichts gehört, und ich begann, mir ernsthaft Sorgen zu machen.

Morgens um halb zwei kam er endlich nach Hause. Er wirkte müde und nicht sonderlich erfreut mich zu sehen, was um diese Uhrzeit höchst bedenklich war. Aus meiner Sicht konnte es nur bedeuten, dass er ausgedehnte Treffen mit Kirchenoberen hinter sich hatte. Ich war nicht in der Stimmung zu streiten, also fragte ich ihn nur, ob er noch immer gemeinsam mit mir gehen würde.

»Keine Ahnung«, sagte er.

Die Antwort schockierte mich kaum. Dafür war Dallas in letzter Zeit bereits zu schweigsam gewesen und auffallend spät nach Hause gekommen. Dennoch konnte ich es nicht fassen, dass er mich jetzt einfach im Stich ließ und sich auch erst dazu bequemte, mir von seinem Sinneswandel zu erzählen, als ich ihn in die Enge trieb.

»Ich weiß es nicht«, fuhr er fort. »Du kooperierst nicht wirklich, und du erfüllst auch dein Beichtverfahren nicht so, wie du versprochen hast.«

Bei diesen Worten war mir klar, dass ihm jemand Lügengeschichten über mich erzählt haben musste. Schließlich wusste er genau, wie lange ich hier schon gehorsam auf die nächste Kontaktaufnahme gewartet hatte.

»Du weißt doch genauso gut wie ich, dass ich hier seit zwei Wochen herumsitze und auf ihr Startzeichen für das Beichtverfahren warte, und nichts passiert.«

»Ja, aber das liegt doch nur daran, weil du nicht erst dein Auditing beendest«, sagte er.

»Ich will keine Auditings mehr. Ich will bloß mein Beichtverfahren haben und dann von hier abhauen!«

»Na, wenn du einfach kooperieren würdest, dann könntest du das auch«, beharrte er.

»Soll das jetzt heißen, du wirst nur mit mir zusammen weggehen, wenn ich zuerst mein Auditing abschließe?«, wollte ich wissen. Was Dallas nun sagte, hätte ich nie erwartet.

»Also, ich will überhaupt nicht gehen.«

»Du meinst, du wirst auf gar keinen Fall mehr mit mir weggehen?«, fragte ich fassungslos, um der Sache auf den Grund zu gehen.

Dallas schwieg verlegen. Meine schlimmsten Befürchtungen hatten sich bewahrheitet.

»Mit wem hast du gesprochen?«

Mit dieser Frage schien er gerechnet zu haben. »Mit niemandem. Ich möchte nur einfach nicht weg.«

»Du lügst. Mit wem hast du gesprochen?«

»Mit niemandem. Ich schwör's.«

In diesem Augenblick wusste ich, dass er mit mir abgeschlossen hatte. Genau wie Linda sah er in mir nur noch eine unkooperative, aufrührerische SP.

Wir stritten uns noch stundenlang, ohne dass einer von uns in irgendeiner Weise nachgab. Ich wollte bloß noch weg und es hinter mir haben, und Dallas konnte um alles in der Welt nicht verstehen, warum ich mich weigerte zu kooperieren. Ständig wiederholte er nur, es »nicht zu begreifen«, auch wenn ich es ihm tausendmal erklärte. Seiner Meinung nach dachte ich vor allem an mich selbst und weniger an ihn und seine familiäre Situation. Er sagte, wenn er mir wirklich wichtig sei, dann würde ich tun, was man von mir verlangte. Ich ertrug die Vorstellung einer weiteren Auditing-Sitzung einfach nicht, und die Richtlinien der Church verboten es, mit jemandem ein Auditing durchzuführen, der nicht dazu bereit war. Wenn er nicht länger mit mir gemeinsam weggehen wollte, dann hatte ich diese ganze Tortur aus meiner Sicht völlig umsonst über mich ergehen lassen.

Um vier Uhr morgens waren die Diskussionen schließlich beendet. Die Entscheidung war gefallen: Ich würde gehen, und er würde bleiben. Eine andere Lösung gab es nicht. Wir waren beide völlig am Boden zerstört und in Tränen aufgelöst, aber ich wusste, ich würde den Verstand verlieren, wenn ich noch länger in der Sea Org blieb. Und ich hatte das Streiten satt.

Den Rest der Nacht verbrachte ich damit, meine Sachen zu

packen. Dallas half mir dabei, und wir versuchten beide uns vorzustellen, wie das alles funktionieren sollte. Wir hatten zwar gesagt, dass ich ohne ihn gehen würde, aber unseren Gefühlen entsprach das nicht. Ich schrieb einen Brief an seine Eltern, versicherte ihnen, wie sehr ich sie liebte, und bat sie, gut auf Dallas aufzupassen. Dallas schenkte mir ein paar Sweater, die mich an ihn erinnern sollten.

Am Morgen rief ich meinen Vater an, erzählte ihm von unserer Entscheidung und fragte, ob ich bei ihm und Mom in Virginia wohnen könnte. Er bedauerte, dass es nicht wie erhofft geklappt hatte, aber natürlich dürfte ich bei ihnen wohnen.

Dallas musste zur Arbeit, versprach jedoch mich später zum Flughafen zu bringen. Mir war übel, trotzdem blieb ich fest entschlossen, meinen Plan in die Tat umzusetzen. Ich konnte einfach nicht weiter an einem Ort leben, an dem jeder meiner Gedanken und Bewegungen kontrolliert wurde. Gegen acht Uhr abends kehrte Dallas von der Arbeit zurück. Er wirkte müde und abwesend. Als wir uns umarmten, sah ich Linda hinter ihm in der Tür stehen.

»Was zum Teufel macht die denn hier?«, fauchte ich.

Dallas bat sie, vor der Tür zu warten, während er mit mir sprach. Dann setzte er sich aufs Bett und fasste meine Hände. »Okay, sie werden dir also erlauben, ohne Beichtverfahren zu gehen«, sagte er. Ich verstand nicht, warum er von »mir erlauben« sprach, da ich so oder so gegangen wäre, auch wenn sie es mir nicht »erlaubt« hätten.

Er erzählte, dass die Kirche mir noch für diesen Tag einen Nachtflug nach Virginia gebucht hatte. »Kommst du mit?«, fragte ich voller Hoffnung, obwohl ich die Antwort doch kannte.

»Nein«, sagte er mit gesenktem Blick, um mir nicht in die Augen sehen zu müssen.

Es gab nichts, was ich noch hätte tun können. Ich hatte alles versucht, um ihn zu überzeugen. Ohne Erfolg. Nie war ich schrecklicher gescheitert in meinem Leben. Ich brach in Tränen aus.

Als ich nach meinem Gepäck griff, fragte ich ihn, ob er mich wenigstens zum Flughafen bringen würde. Er versprach es mir.

»Fertig?«, fragte Linda von der Tür aus. Ich hasste sie mehr, als es sich in Worte fassen ließ.

»War Dallas heute den ganzen Tag bei Ihnen?«, fragte ich. Linda verneinte, und Dallas verdrehte die Augen, was mir Gewissheit gab, dass ich richtiglag. Außer mir vor Zorn begann ich sie anzuschreien. Als sie dann noch Dallas zu überreden versuchte, mich in ein Taxi zu stecken und nicht selbst zum Flughafen zu bringen, verlor ich völlig die Beherrschung. Ich war seine Frau, Herrgott noch mal. Es würde das letzte Mal sein, dass wir uns sahen. Dennoch musste sie uns auch das noch vor lauter Rachsucht nehmen.

Dallas erklärte schließlich, dass er mich trotz Lindas Einwänden bringen würde. Sie musste erst ein paar Telefonate führen, dann wurde die Erlaubnis erteilt unter der Bedingung, dass sie uns begleitete. Natürlich wollte die Church mich auf keinen Fall mit Dallas allein lassen. Sie fürchtete, dass ich ihn überreden könnte. Die Fahrt verlief höchst angespannt. Während Dallas und ich versuchten, unsere letzten gemeinsamen Stunden zu nutzen, drängte sich Linda zwischen uns, indem sie sich mitten auf den Rücksitz platzierte, nach vorn beugte und verhinderte, dass wir uns zu nahe kamen oder zu viel redeten. Zwei Stunden vor Abflug kamen wir am Los Angeles Airport an. Nach dem Einchecken blieb mir noch immer reichlich Zeit, mich von Dallas zu verabschieden. Da Linda aber weiter permanent um uns herumstrich, sagte ich ihr, sie solle verschwinden. Ich drohte ihr damit, andernfalls eine Riesenszene zu machen. Aus Angst vor schlechter PR für die Church ging sie zögernd davon.

Dallas und ich hatten gerade einmal zwanzig Minuten im Wartesaal gesessen, als Linda zurückkam und Dallas erklärte, sie müsse wieder an die Arbeit und er solle mich hier allein auf meinen Flug warten lassen. Ich spürte, wie sein Körper sich verkrampfte. Er war eindeutig genervt über den Mangel an Respekt, den diese Frau der Situation entgegenbrachte, die für uns so qualvoll war. Dennoch gelang es ihm, die Fassung zu bewahren, eine Eigenschaft, die ich immer an ihm bewundert hatte. »Also gut«, sagte er ihr, »geben Sie uns einfach noch ein paar Minuten.« Ich rastete aus und begann sie zu beschimpfen. Sofort eilte Linda davon, wahrscheinlich um noch jemand anderen anzurufen, aber das kümmerte mich nicht.

Ich stand da, betrachtete Dallas und konnte einfach nicht glauben, ihn nie wiederzusehen. Ich wollte schon so lange weg, doch als ich hier stand und hörte, mit welcher Verachtung Linda über uns und unsere Beziehung sprach, da wusste ich plötzlich, dass ich auf gar keinen Fall ohne ihn in dieses Flugzeug steigen würde. In seinem tiefsten Innern lehnte er diese Entscheidung ebenso ab wie ich, davon war ich fest überzeugt. Ich konnte Dallas einfach nicht bei solchen Leuten zurücklassen. Die Kirche verfügte über einen endlosen Vorrat an Lindas, und wenn das ganze Chaos hier vorbei sein würde, bekäme er ihren unbarmherzigen Zorn mit aller Härte zu spüren. Das konnte ich nicht zulassen. Ich würde die Church verlassen, und ich würde sie zusammen mit meinem Mann verlassen.

Offen aussprechen durfte ich diesen Entschluss aber nicht – zumindest noch nicht. Ich entschuldigte mich kurz und rief meinen Vater an, um ihm zu sagen, dass ich noch nicht nach Hause kam. Dad verstand sofort und bot mir seine Hilfe an, wann immer ich sie brauchte.

Zurück an unserer Wartesaalbank teilte ich Dallas meinen

Sinneswandel mit. »Ich kann dich nicht verlassen«, sagte ich. »Ich will nicht ohne dich leben. Ich werde bleiben und versuchen, die Dinge in Ordnung zu bringen.« Ich hatte nicht die geringste Absicht, der Church gegenüber nachzugeben, aber das sagte ich Dallas nicht. Ich brauchte einfach nur mehr Zeit, um ihn davon zu überzeugen, mit mir gemeinsam zu gehen.

Dallas strahlte vor Freude über das ganze Gesicht und schloss mich glücklich in die Arme. Ich spürte, wie die Anspannung seinen Körper verließ, während er mich fest an sich presste. »Ich werde dir helfen, wo ich nur kann, damit du das schaffst«, erklärte er voller Begeisterung. Ich lächelte ihn an, erleichtert darüber, wie rasch die Stimmung zwischen uns wieder umgeschlagen war. Allerdings wusste ich auch noch nicht genau, was ich als Nächstes tun sollte.

Wir gingen gerade zum Büro der Fluggesellschaft, um mein Gepäck zurückzuholen, da klingelte das Handy von Dallas. Es war Linda, die wissen wollte, wo wir steckten. Ganz aufgeregt berichtete ihr Dallas, dass er mich zum Bleiben überredet habe und wir nur noch meine Taschen holen würden.

»Sie kann nicht bleiben!«, hörte ich Linda rufen.

Dallas war schockiert. »Ich dachte, wir wollen, dass sie bleibt!«, sagte er.

»Sie kann nicht bleiben!«, wiederholte Linda.

Dallas glaubte, nicht richtig zu hören. Wieder einmal kam die Widersprüchlichkeit der Church deutlich zum Vorschein. Vielleicht wurde ihm in diesem Moment deutlicher als je zuvor bewusst, wie die Kirche das eine sagte und das andere meinte. Eigentlich hätte die Tatsache, dass ich mich zum Bleiben bereiterklärte, eine gute Sache sein sollen. Ich hatte zugegeben, eine falsche Entscheidung getroffen zu haben, und kehrte zurück. War das nicht beabsichtigt gewesen? Trotzdem pochte Linda unnachgiebig darauf, dass ich nicht zurückkommen durfte.

Bevor ich richtig begriff, was geschah, hatte Dallas mich nach draußen dirigiert und um eine Ecke gezogen, wo Linda uns nicht sehen konnte.

»Ich muss dir etwas gestehen«, sagte er. »Ich habe mich in den vergangenen Tagen mit Linda und Mr. Rinder getroffen. Sie haben mir alle möglichen schrecklichen Sachen über dich und deine Familie erzählt. Sie meinten sogar, ich würde meine Familie nie wiedersehen, wenn ich mit dir gehen würde. Ich musste versprechen, dir nichts von diesen Gesprächen zu sagen, sonst hätten sie uns bereits früher getrennt.«

Ich hörte mit offenem Mund zu. Also doch. Obwohl mein Vater mich gewarnt hatte und ich selbst wusste, wozu diese Leute fähig waren, hatte ich noch immer irgendwie gedacht, dass sie sich doch unmöglich einbilden konnten, mit so etwas durchzukommen. Vermutlich war ich einfach zu naiv. Dallas erzählte mir, dass er sich einem Security-Check hatte unterziehen müssen und er deshalb mittags nicht zu mir kommen konnte. Sie hatten ihn abends immer erst sehr spät nach Hause gehen lassen, und einmal war er sogar in einem Konferenzraum eingesperrt worden, wo Mr. Rinder ihm erzählte, ich würde mich verweigern, nichts taugen, meine Eltern seien böse, und dass er mich verlassen solle. Ich versuchte meine Wut unter Kontrolle zu halten.

Dallas sah mich an und wartete darauf, dass ich etwas sagte. Es war ein beängstigender Moment. Ich war entsetzt, zornig und erleichtert zugleich. Entsetzt, dass die Kirche derartige Anstrengungen unternommen hatte, unsere Ehe zu zerstören, zornig, dass Dallas es mir nicht erzählt hatte, und erleichtert, dass er wieder auf meiner Seite stand. Schon dieses offene Gespräch mit mir bedeutete ein enormes Risiko für ihn. Das war mir klar, und ich rechnete es ihm hoch an. Ich hoffte nur, meine Entscheidung zu bleiben würde sich als richtig erweisen. Ständig rief Linda uns auf dem Handy an und verlangte zu wissen, wo wir waren. Ich hatte ihre dauernden Nachstellungen so satt, war so wütend über das, was sie versucht hatte, dass ich idiotischerweise das Handy kaputt machte, als ich den Deckel beim Abnehmen aus Versehen zu weit nach hinten klappte. Damit hatte Scientology am Ende also doch den sehnlichst gewünschten Entzug des Handys erreicht.

Sie fand uns ein paar Minuten später, als wir meine Taschen abholten. Meine Nerven waren schon von all den neuen Informationen bis zum Zerreißen gespannt, und mein Entschluss zu bleiben erhöhte den Druck noch. Dallas ahnte vermutlich bereits, dass ich nur Zeit gewinnen wollte, um ihn zum Weggehen zu überreden. Das Schwierige an der Sache würde aber sein, alle anderen glauben zu machen, ich wolle tatsächlich bleiben und dem höheren Wohl dienen. Ich war mir nicht sicher, ob ich den Aufenthalt durchstehen würde, aber ich hatte mir etwas überlegt. Ich hoffte nur, es würde nicht allzu lange dauern.

Linda bemühte sich verzweifelt, uns auf dem Weg zu Dallas' Wagen voneinander zu trennen, um sich ungestört mit ihm unterhalten zu können. Ich sagte ihr, sie solle uns in Ruhe lassen oder ich würde die Polizei rufen. Das brachte sie erst recht auf. Sie warf mir vor, schon wieder für Aufruhr zu sorgen, ging aber ein Stück auf Distanz.

Endlich erreichten wir das Auto und fuhren zurück zur Base. Dallas und ich waren am Ende unserer Kräfte und wollten nur in unser Zimmer, doch Linda erklärte, das sei verboten. »Es gibt kein angeborenes Recht darauf, ein Mitglied der Sea Org zu sein«, sagte sie. Stattdessen mussten wir uns im Blue Building einfinden. Dort führte uns ein Security Officer in einen Raum und reichte uns eine Liste von Bedingungen, unter denen mir ein Verbleib in der Sea Org gestattet wurde. Linda beobachtete die ganze Prozedur, sichtlich genervt über meinen Sieg. Wie gewöhnlich wurden wir beide dazu verurteilt, einfache körperliche Dienste zu verrichten, außerdem wollte man uns trennen. Inzwischen wussten Dallas und ich nur allzu gut, dass die Church uns besser kontrollieren konnte, wenn wir getrennt waren.

»Das mit dem Trennen habt ihr doch schon versucht«, erklärte Dallas dem Officer. »Das funktioniert einfach nicht! Den Arbeitsdienst werden wir machen, aber trennen lassen wir uns nicht. Ihr spinnt doch. Wir tun alles, was ihr von uns verlangt, bloß das, das werden wir nicht tun.«

Ich war heilfroh, Dallas wieder auf meiner Seite zu haben. Zum ersten Mal überhaupt bot er ihnen die Stirn, und seiner Stimme konnte ich anhören, dass er mit seiner Geduld am Ende war. Die Spannung im Raum nahm zu. Dallas wurde gesagt, er müsse sich im Nebenzimmer mit jemandem unterhalten, und zwar allein. Erst weigerte sich Dallas, dann hielt er es für günstiger sich anzuhören, was sie zu sagen hatten. Er sagte mir, er würde gleich zurückkommen, und dieses Mal glaubte ich ihm. Nichts war mehr so, wie es noch vor einer Stunde gewesen war.

Als er kurz darauf zurückkam, erzählte er, dass sie mit ihm hatten wegfahren wollen. Sie hatten ihn zu einem Treffen mit Linda und Mr. Rinder bringen wollen, aber er hatte sich geweigert. Der Klang seiner Stimme und sein Gesichtsausdruck verrieten mir, dass Dallas' Wunsch zu bleiben zunehmend schwand.

Wir würden nicht all ihre Bedingungen einfach schlucken, und wir bildeten eine geschlossene Front, so viel war ihnen mittlerweile bewusst. Sie stellten uns ein Ultimatum: Entweder müssten wir uns trennen oder die Sea Org verlassen. Dallas sagte, sie allein trügen die Verantwortung dafür, wenn wir gingen. Dann wollten wir unsere Sachen aus unserem Zimmer holen, erhielten jedoch die Auskunft, wir dürften die Base nicht mehr betreten.

»Tja, gehen heißt türmen«, meinte der Security Officer. »Sie verlassen das Gelände ohne Erlaubnis.«

Diese Worte gaben Dallas den Rest. »Wie können wir türmen?«, erwiderte er fassungslos. »Wenn Sie uns sagen, wir dürften nicht bleiben, wie können wir da türmen?«

Ich musste ihn beruhigen, was ein ziemlich merkwürdiges Gefühl war, da normalerweise er derjenige war, der mich beruhigen musste. Ich riet ihm, seine Kraft nicht auf diese Leute zu verschwenden. Wir versuchten, in unser Zimmer zu kommen, aber der Sicherheitsdienst ließ uns nicht durch.

Frustriert kehrten wir zu Dallas' Wagen zurück. Da keiner von uns Geld hatte, benutzten wir die Kreditkarte, die Dad mir für solche Notfälle gegeben hatte. Wir verbrachten die Nacht in einem Motel in der Nähe der Base und überlegten uns die nächsten Schritte. Morgens versuchten wir es erneut auf der Base, ohne jedoch etwas zu erreichen. Wir waren beide verängstigt und traumatisiert und wussten nicht so genau, ob wir das Richtige taten. Diese Entscheidung für mich allein zu treffen, war in gewisser Weise leichter gewesen. Jetzt betraf der Bruch auch Dallas, und ich musste vorsichtiger abwägen. Ich sah, wie verunsichert Dallas war, und hoffte nur inständig, er würde nicht erneut die Seiten wechseln.

Am nächsten Morgen klopfte es an unserer Tür. Ich konnte mir nicht denken, wer es war, da niemand unseren Aufenthaltsort kannte. Draußen stand der Security Officer, diesmal nicht in Uniform, sondern in einem Businessanzug. Er überreichte uns einen Umschlag und deutete auf einen Mietlaster, der auf dem Parkplatz stand. Im Umschlag befanden sich Fotos von all unseren Habseligkeiten, deren Nummerierung anzeigte, in welchem Karton sie verpackt waren. Sämtliche Kartons waren systematisch in den Laster geladen worden. Außerdem gab es eine entsprechende Auflistung aller Dinge, die bis zur Anzahl der Münzen und Wattestäbchen alles aufführte.

Gemeinsam mit dem Officer gingen wir zu dem Wagen, während sein Kollege uns auf einem Fahrrad ständig umkurvte. »Nur damit Klarheit herrscht, wie es um Sie steht. Sie sind diejenigen, die türmen und sich antisozial verhalten«, verkündete er uns. Mit dem Finger auf Dallas deutend, fuhr er drohend fort: »Und ich werde alles in meiner Macht Stehende tun, um dafür zu sorgen, dass Sie nie wieder ein Wort mit Ihrer Familie reden.«

Ich wusste zwar nicht, wie die Church diese Drohung wahrmachen wollte, aber seine Ankündigung beunruhigte mich sehr und machte Dallas unglaublich wütend.

Noch am selben Vormittag machten wir uns auf den Weg zu seinen Eltern nach San Diego. Er hatte sie bereits angerufen, und sie erwarteten uns. Mit jeder Meile, die wir zwischen uns und die Base brachten, fühlten wir uns sicherer, so als würden nach und nach all die Stricke reißen, die uns dort gefesselt hatten. Von nun an würden wir keine Uniform mehr tragen müssen. Wir konnten selbst darüber entscheiden, wann wir aufstehen oder ob wir ins Kino gehen wollten. Wir konnten für unser eigenes Auskommen sorgen und unsere eigenen Regeln aufstellen. Von nun an ging es tatsächlich um das größte Wohl für die größte Anzahl von Dynamiken, nur dass diese Rechnung zum ersten Mal in unserem Leben zu unseren Gunsten ausfallen würde.

KAPITEL 32

Die wirkliche Welt

Dallas' Eltern bereiteten uns einen herzlichen Empfang. Sie freuten sich darüber, Dallas wieder zu Hause zu haben, begegneten seiner Entscheidung, die Sea Org zu verlassen, jedoch mit gemischten Gefühlen. Sie machten sich Sorgen über mögliche Folgen für ihre eigene Zukunft bei den Scientologen und über Auswirkungen, die es für seine Geschwister und deren Familien haben könnte. Ich war ihnen dankbar für die Aufnahme, sah allerdings auch das gefährliche Minenfeld, durch das wir uns nun navigieren mussten. Jeder hatte seine eigenen Vorstellungen davon, dass wir uns auf die eine oder andere Art der Church gegenüber verhielten. Ich wünschte mir natürlich, sie alle zufriedenzustellen, Vorrang hatte für mich aber immer meine Ehe mit Dallas, in der Entscheidungen allein von uns beiden zu treffen waren.

Dallas' Eltern ließen uns bei sich wohnen und gaben uns Jobs in ihrem Geschäft. Ihr Schmuckladen wurde betont scientology-freundlich geführt. So mussten alle neuen Angestellten einen Einführungskurs in Scientology besuchen, ob sie nun Scientologen waren oder nicht. Sein Vater hatte ihm erklärt, dass er zwar viele öffentliche Scientologen anstelle, aber gewöhnlich keine ehemaligen Sea Org-Mitglieder. Für uns würde er aber eine Ausnahme machen.

Als wir uns am ersten Tag zur Arbeit meldeten, war mir mulmig zumute. Ich wurde im Personalbüro eingesetzt. Trotz meines befangenen Auftretens begrüßten die Kollegen mich alle sehr freundlich. Sie waren in einem Maße zuvorkommend, aufrichtig, rücksichtsvoll und hilfsbereit, wie ich es in der Church niemals kennengelernt hatte. Unangenehm an dem Job war lediglich, dass Scientology zur Lösung aller anstehenden Probleme herangezogen wurde. Ich versuchte gerade Abstand zu Scientology zu gewinnen. Auch wenn ich noch daran glaubte, so brauchte ich doch dringend eine Pause und hatte keine Lust, Nicht-Scientologen den betreffenden Methoden zu unterziehen.

Die Umstellung auf ein Leben außerhalb der Kirche nahm bei mir erheblich mehr Zeit in Anspruch als bei Dallas. Ich besaß keinen Führerschein und wenig Erfahrung im Umgang mit Wogs. Jede Nacht plagten mich Albträume. Entweder wurde ich darin von Angehörigen der Kirche verfolgt, die mich zurückholen wollten, oder sie versuchten, Dallas zu einer Rückkehr zu bewegen, und ich musste ihn retten.

Wenige Tage nach unserer Ankunft in San Diego fing Linda bereits damit an, den Vater von Dallas anzurufen und ihn aufzufordern, doch herauszufinden, wie wir zur Kirche standen und wie unsere Pläne aussahen. Das führte zu einigen Spannungen zwischen Dallas' Eltern und uns. Sie wollten, dass wir unser Verhältnis zur Church wieder in Ordnung zu bringen versuchten, und da wir gemeinsam mit ihnen wohnten und arbeiteten, konnten wir uns dem nicht entziehen und ungestört für uns sein. Einmal reisten sie sogar nach Los Angeles, um sich mit Linda zu treffen, die ihnen unsere negativen Berichte zeigte. Die hinterhältige Art, in der Dallas' Eltern benutzt wurden, gefiel mir gar nicht. Zum einen wollten sie sicherstellen, dass wir ihnen keine Schwierigkeiten bereiteten, jetzt da wir aus der Sea Org ausgetreten waren. Zum anderen – und das ärgerte mich noch stärker – verwandten sie eine Anhörung der Eltern dazu, diese darauf hinzuweisen, welch schlechten Einfluss ich

auf ihren Sohn ausübte. Sie legten ihnen Berichte vor, die zeigten, wann sich sein Verhalten zu ändern begonnen hatte und
wie genau das mit der Entwicklung unserer Freundschaft zu-
sammenfiel.

Trotz all dieser Ärgernisse genossen Dallas und ich unsere
frisch gewonnene Freiheit außerhalb der Church. Sobald wir
ein wenig Geld verdient hatten, kauften wir uns eine eigene
Wohnung im Zentrum von San Diego. Wir hatten sogar zwei
Hunde. Wir konnten meine Eltern in Virginia besuchen, wo
wir auch Justin und Sterling trafen, der inzwischen ebenfalls die
Sea Org verlassen hatte.

Auf der Arbeit sprach ich häufig mit Leuten, die sich für die
Church interessierten. Sie erkundigten sich, wie ich dort aufgewachsen war, und waren über meine Antworten zutiefst entsetzt. Sie fanden solche Dinge eindeutig nicht normal und boten mir sogar ihre Hilfe an. Durch ihre Sichtweise begriff ich
nach und nach, wie befremdlich meine Kindheit gewesen war.

Noch kein Jahr nach unserem Austritt erhielten Dallas und
ich Vorladungen des *Committee of Evidence*, das unsere Stellung zur Church klären sollte. Bei einem *CommEv* sitzen vier
Leute über dein Verhalten zu Gericht und urteilen, ob du der
aufgelisteten Verbrechen gegen die Church schuldig bist. Ich
hätte die Vorladung am liebsten sofort mit der Scheiße unserer Hunde gemeinsam eingetütet und zurückgeschickt, aber
der Vater von Dallas überredete ihn, die Sache zu klären. Seine
Eltern wollten Gewissheit darüber, dass sein Verhältnis zur
Church unbelastet war und weder er noch ich zur SP erklärt
wurden.

Es bedurfte einer Menge Überzeugungsarbeit, aber am Ende
erklärte ich mich bereit, ihnen zuliebe das Committee of Evidence über mich ergehen zu lassen, obwohl ich wusste, wie
qualvoll und erniedrigend die Prozedur sein würde.

Die Anklage der Church lautete bei mir auf fünf Verbrechen und vier Schwerverbrechen, basierend auf diversen Vorfällen, die sich im August 2005, aber auch bereits im Oktober 2003 abgespielt hatten. Meine Schwerverbrechen bestanden darin, dass ich mich nicht der mir gelehrten Scientology-Methoden bei der Bewältigung schwieriger Phasen in meinem Leben bedient hatte, dass ich eine Woche vor meinem Weggang aus der Sea Org mit einem Anruf bei der Polizei gedroht hatte, dass ich nicht dem einvernehmlichen Verfahren zum Verlassen der Sea Org gefolgt war und dass ich Dallas von meiner Absicht zum Austritt erzählt hatte, was als *suppressive act*, also unterdrückerische Tat gewertet wurde. Außerdem hatte ich den Auditing-Raum sowie die Dosen beschädigt, als ich meine Auditing-Sitzung verlassen wollte, hatte Linda auf dem Flughafen in einen Streit verwickelt und bei verschiedenen Anlässen während des Dienstes meinen Vorgesetzen widersprochen und sie angeschrien, all das waren laut Vorladung Verbrechen gegen die Church.

Dallas wurde ebenfalls einer Reihe von Verbrechen und Schwerverbrechen beschuldigt, die aber zumeist mit seinem Versagen zusammenhingen, mich zu »handhaben«, als ich die Vorgaben für ausscheidende Mitarbeiter verletzte, indem ich das Auditing abbrach und mit einem Anruf bei der Polizei drohte. Darüber hinaus wurde ihm zur Last gelegt, er habe mich falsch gehandhabt, als ich bei unserer Rückkehr vom Flughafen zur Base verschiedenen Leuten »ins Gesicht gesprungen« sei.

Nachdem ich nun endlich draußen war, hatte ich wirklich überhaupt keine Lust, mir einen Haufen unsinniger Anklagepunkte gegen mich anzuhören oder der Church womöglich sogar das Gefühl zu geben, sie habe die Macht, mich nach Belieben vorzuladen. Für mich war es eine enorm bittere Pille, die ich da schlucken musste, aber ich tat es für Dallas, da so unser Verhältnis zur Church offiziell geklärt wurde. Er hatte die Hoffnung noch nicht aufgegeben, mit ihr in Verbindung zu bleiben, was seiner Familie das Leben erheblich erleichtert hätte.

Eines Morgens fuhren wir alle gemeinsam zur PAC Base in L. A. Wie ich wusste, würden sie den gesamten Prozess aufzeichnen, daher erklärte ich gleich, die Verhandlung ebenfalls aufnehmen zu wollen und meinen Recorder auf den Tisch zu stellen.

Dallas und ich mussten einzeln vor dem Committee of Evidence erscheinen. Ich machte den Anfang. In der Verhandlung wurden die diversen Anklagepunkte gegen mich vorgelesen, dann fragte man mich, ob ich auf schuldig oder nicht schuldig plädiere. Ich sagte in allen Fällen nicht schuldig und fügte hinzu, dass ich zu allen Geschehnissen anderer Meinung war und die Ursache vielmehr in ihrem eigenen Handeln begründet lag. Auf die Frage, ob ich für irgendetwas die Verantwortung übernehmen würde, sagte ich nein. Dann wollten sie wissen, ob ich bereit sei, die Sea Org in gutem Einvernehmen zu verlassen, wenn damit der Kontakt zu Dallas' Familie erhalten bleiben konnte. Ich erwiderte, darüber nachdenken zu wollen.

Dallas kam als Nächster dran. In den meisten Anklagepunkten plädierte auch er auf nicht schuldig, aber nicht in allen. Allerdings erklärte er zu dem einen Punkt, in dem er »schuldig« zugestand, dass es nur an ihrem Verhalten gelegen habe. In den folgenden Wochen warteten wir auf ihre »Befunde und Empfehlungen«.

Es vergingen vier Monate, bis sie endlich eintrafen. Ich wurde des aufrührerischen Verhaltens und der Meuterei für schuldig befunden. Außerdem wurde ich dafür verurteilt, dass ich Dallas von meinen Austrittsabsichten erzählt hatte. Das Komitee hatte vorgeschlagen, uns zu SPs zu erklären, doch auf Intervention

des *International Justice Chief* wurde uns mitgeteilt, wir könnten wieder gute Beziehungen zur Church herstellen, wenn wir
jeweils zweihundertfünfzig Dienststunden Schadensersatz leisten würden, einen Security-Check absolvierten, mit der *Free-
loader Bill* die Rechnung für unser »Schmarotzertum« begli-
chen und uns in niedrigere Ethik-Zustände fügten.

Die Urteile waren hart und räumten nicht einmal ansatz-
weise eine ungerechte Behandlung ein. Sie fielen härter aus, als
Dallas und seine Eltern es erwartet hatten. Ich dagegen hatte
mit nichts anderem gerechnet. Selbstverständlich hegte ich
nicht die Absicht, auch nur eine ihrer Maßregelungen zu befolgen. Die ganze Entscheidung sprach die Church viel zu bequem
von jedem Fehlverhalten frei, aber immerhin würden Dallas'
Eltern vorerst nicht den Kontakt zu uns abbrechen müssen.

Aus der Distanz konnten wir die Kirche zunehmend wie Außenstehende betrachten. Dabei war es keineswegs so, dass wir
mit einem Schlag aus einer einzelnen Quelle die alles entscheidenden Informationen erhielten. Wir erfuhren eher nach und
nach viele kleine Dinge, die sich dann langsam zu einem Bild
fügten.

Mein Vater schickte Dallas und mir ein paar Onlinebeiträge
von jemandem, der sich im Web *Blown for Good* nannte. Sie
offenbarten, wie übel die Zustände auf der Int Base inzwischen
geworden waren, und berichteten von körperlichen Misshand-
lungen, Schlafentzug und Zwangstrennungen von Ehepaaren.
Hinter all diesen Maßnahmen sollte angeblich mein Onkel stecken. In vielerlei Hinsicht entsprachen diese Geschichten genau
dem, was ich von meinen Angehörigen, die ausgetreten waren,
erfahren hatte.

Blown for Good postete auch auf der Operation Clambake-
Seite, daher kannte ich einige seiner Einträge bereits. Ich stieß

auf den Link zu einer Folge von *South Park*, über die ich schon viel gehört hatte. Sie machte sich über Scientology lustig und parodierte die höchsten Stufen in der Church, die OT-Levels, die erst oberhalb des Clear begannen. Vor allem verspotteten sie das OT-Level III mit der *Wall of Fire*, in dem LRHs Theorie der Evolution offenbart wird.

Dieses Level lag auf der Brücke viele Stufen höher als alles, was Dallas und ich gelernt hatten, und so diskutierten wir hin und her, ob wir uns die Folge ansehen sollten. Uns war ständig gesagt worden, dass eine vorzeitige Auseinandersetzung mit diesen Informationen zu schweren körperlichen und psychischen Schäden führen könnte. Auch wenn ich wusste, wie lächerlich das klang, war ich ehrlich gesagt doch ein wenig besorgt. Ich war zwar nicht länger in der Sea Org, aber solche Warnungen hatte ich mein ganzes Leben lang zu hören bekommen.

Noch immer schreckte ich automatisch zurück, die Reaktion ließ sich einfach nicht so leicht abschütteln. Natürlich war es irrational, das wusste ich auch. Schließlich hatten massenhaft Leute die South-Park-Folge gesehen und lebten noch immer. Dallas und ich beschlossen, es zu riskieren. Die Folge war unterhaltsam und ein klein wenig albern. Es war so eine Art Science-Fiction. Da wir den Glauben, Thetane zu sein, bereits kannten, hatte ich schon damit gerechnet, dass LRHs Theorie der Evolution etwas mit anderen Planeten zu tun haben musste. Die konkreten Einzelheiten von einem galaktischen Herrscher namens Xenu waren uns allerdings neu.

Wir erfuhren, dass laut OT III vor fünfundsiebzig Millionen Jahren ein galaktischer Herrscher namens Xenu die Thetane auf die Erde verbannt hatte, um auf diesem feindlichen Planeten ein Überbevölkerungsproblem zu lösen. Die Verbannung der Thetane und eine Reihe von damit in Zusammenhang stehenden Ereignissen bildeten demzufolge die Ursache für alles menschliche Leid. Das war nur den wenigsten Scientologen bekannt, da man für dieses Wissen erst extrem weit die Brücke aufgestiegen sein musste. Wegen seiner an den Haaren herbeigezogenen Einfälle wird der OT-Level III gerne von Scientology-Skeptikern angeführt, um die Absurdität der Religion zu demonstrieren.

Der Einblick in OT III war eine aufschlussreiche Erfahrung für mich, sowohl wegen des Phänomens, dass Scientologen tatsächlich daran glaubten, als auch weil ich dadurch etwas über meine eigenen Zweifel an der Church lernte. Sicherlich fiel die Vorstellung schwer, die höchsten Stufen würden sich vorrangig mit einer solchen Science-Fiction-Geschichte beschäftigen, aber noch mehr als die Story selbst erschreckte mich die Erkenntnis, dass ich zu Zeiten meines intensivsten Glaubens wahrscheinlich selbst nicht daran gezweifelt hätte.

Als Außenstehende stachen mir die Fragwürdigkeiten jetzt natürlich sofort ins Auge. Doch erst mein Austritt hatte mich in die Lage versetzt, überhaupt zu erkennen, worum es sich handelte: ein Geflecht von Geschichten, die alle kaum in der Wirklichkeit verankert schienen. Nachdem wir den OT-Level III kennengelernt hatten, festigte sich bei Dallas und mir immer stärker der Eindruck, dass die ganze Sache bloß ausgedacht war und dass LRH seine Geschichten einfach nur weiter- und weitergesponnen hatte, wie es gerade passte. OT-Level III wirkte jedenfalls nicht wie Glaube – es wirkte wie reine Fiktion.

Bei diesen Überlegungen musste ich unwillkürlich auch an all die öffentlichen Scientologen denken, denen ich während unserer Spendenmission in Australien begegnet war. Wie viel Zeit und Geld mussten diese Menschen investieren, um den OT-Level III zu erreichen. Ich versuchte, mich in ihre Lage zu versetzen. Wie würden sie auf diese lang ersehnten Wahrheiten reagieren, würde ihre Skepsis von diesen Eröffnungen geweckt werden, und vor allem, wie schwer würde es ihnen fallen, diese Skepsis dann auch anzuerkennen, wenn sie doch einen derart großen Teil ihres Lebens dem Erreichen dieser Stufe gewidmet hatten? Ein öffentlicher Scientologe hätte zu diesem Zeitpunkt bereits Tausende von Stunden und etwa einhunderttausend Dollar investiert, um den OT-Level III zu erlangen. Finanziell und von ihrem gesellschaftlichen Umfeld her wäre diese Person dadurch schon tief involviert. Sie hätte all ihre Freunde und Verwandten mit Scientology bekannt gemacht und für ihren Aufstieg bei anderen Anhängern eine Menge Achtung eingeheimst. Wie sollte man da die neuen Offenbarungen nicht anerkennen?

Und wie musste die Reaktion erst bei Sea Org-Mitgliedern wie meinen Eltern und Großeltern ausfallen, die für diesen Level nicht nur Geld, sondern Jahre und Jahrzehnte ihres Lebens geopfert hatten?

Angetrieben durch solche Überlegungen, aber auch durch unsere eigene Neugier begannen Dallas und ich, uns dafür zu interessieren, wie Leute außerhalb der Church zu Scientology standen. Dallas las das Buch *Bare-Faced Messiah: The True Story of L. Ron Hubbard* des britischen Journalisten Russell Miller und war von der Lektüre stark beeindruckt. Auch ich las es auszugsweise und fing an zu begreifen, was für ein Schwindler LRH gewesen war. Selbst wenn nur die Hälfte des Geschriebenen stimmte, hatte er über nahezu jede seiner Leistungen gelogen. Gewundert hatte es mich auch schon früher, wie er all diese Dinge getan haben sollte, die er schilderte, aber nun verstand ich, dass es vermutlich nie der Fall gewesen war. Für Dallas wie für mich entlarvte dieses Buch den Scientology-Begründer als einen machthungrigen, egomanischen, übergeschnappten und charismatischen Lügner. Es zwang mich dazu, meine Gedanken und Gefühle gegenüber Scientology auf den Prüfstand zu stellen. War ich mit den Grundlagen und der Lehre wirklich noch einverstanden? Hatte ich jemals einen Beweis für die Wirkung ihrer Kräfte erlebt?

Nach und nach begann ich alles zu hinterfragen, was man mir jemals beigebracht hatte. So war ich stets überzeugt davon gewesen, ein Thetan zu sein und eines Tages die Fähigkeit zu besitzen, meinen Körper abzustreifen. Da es mir nie passiert war, hatte ich dafür keinen Beleg. Ich hatte auch meine Zweifel, was die Millionen von Jahren an vergangenen Leben betraf, und fragte mich, ob die Erinnerungsbruchstücke an diese Leben nicht allein meinem Unterbewusstsein geschuldet waren statt tatsächlichen Erlebnissen. Ich grübelte darüber, ob Organisationsmethoden von Scientology, etwa die Anfertigung von Wissensberichten, wirklich von Nutzen waren. Wir verwendeten diese Methoden im Juweliergeschäft, und ich war von ihrer Effektivität inzwischen nicht mehr überzeugt. Meiner Ansicht nach förderte diese Big Brother-Strategie der Personalüberwachung nicht die Produktivität, sondern nur den Verfolgungswahn und die Spannungen untereinander.

Meine stärksten Bedenken bei Scientology hingen mit den Overts zusammen. Da ich in der Kirche aufgewachsen war, hatte ich nie wirklich begriffen, wie wichtig und schützenswert die eigene Individualität ist. Sobald man einen eigenständigen Gedanken äußerte oder eine Meinung, die nicht der Scientology-Lehre entsprach, wurde man eines Overt oder eines falsch verstandenen Worts bezichtigt. Jetzt wurde mir klar, dass sie damit nur vermieden, auf irgendeiner Stufe angegriffen zu werden. Es handelte sich um eine vollkommene Unterdrückung des eigenen Denkens, nichts weiter.

Mittlerweile reagierte ich total genervt, wenn ich nach so vielen Monaten selbst bei irgendwelchen völlig nebensächlichen Dingen noch immer ihren Einfluss spürte. Auf MySpace wurde ich gedrängt, SPs wie Marc und Claire Headley oder Teddy Blackman die Freundschaft zu kündigen. Claire war schon immer eine enge Freundin gewesen, mit der ich gern in Verbindung bleiben wollte. Also weigerte ich mich nicht nur, jemanden von ihnen auszugrenzen, ich postete sogar ausdrücklich, dass ich es niemals tun würde. Diese Leute waren meine Freunde, und wenn irgendjemand damit ein Problem hatte, war es mir egal. Danach strichen mich meine Scientology-Freunde einer nach dem anderen aus ihrer Freundesliste, selbst jene, die gesagt hatten, es kümmere sie nicht, dass ich nicht länger Scientologe war. Viele von ihnen meldeten sich bei mir und erzählten, Leute vom Office of Special Affairs hätten sie angewiesen, mich als Freund zu löschen, weil sie sonst nicht länger mit ihren Familien sprechen dürften.

Danach traten Dallas und ich unter anderen Namen Onlinegruppen ehemaliger Scientologen bei. Dort bekamen wir Gelegenheit, die Geschichten der Leute zu lesen und unsere eigenen zu erzählen. Sie ähnelten sich auf gespenstische Weise. Wir alle waren durch die Hölle gegangen. Besonders überrascht war ich davon, wie viele von ihnen unter ständig wiederkehrenden Albträumen litten, genau wie ich. Das Gefühl der Zusammengehörigkeit mit anderen Ex-Mitgliedern wuchs. Im Januar 2008 veröffentlichte Andrew Morton die nichtautorisierte Biografie *Tom Cruise: Der Star und die Scientology-Verschwörung*. Die Aufregung im Vorfeld war riesig, und tatsächlich stand das Buch schon drei Tage nach Erscheinen auf Platz eins der Bestsellerliste der *New York Times*. Über sein Leben wussten Dallas und ich zwar nicht viel, aber wir wussten, dass Tom Cruise der bekannteste unter den Prominenten war, die Scientology nahestanden. Wir lasen das Buch beide mit großem Interesse und stießen auf viele zutreffende Darstellungen der RPF, der Kontaktverbote zwischen Angehörigen und anderer Scientology-Praktiken.

Der Erfolg des Buchs und die damit einhergehende Publicity rückten viele Missstände ins Scheinwerferlicht der Öffentlichkeit, und Dallas und ich fanden es großartig, dass Hunderttausende von Menschen davon erfuhren. Die Church war natürlich sofort zur Stelle und versuchte den Schaden zu begrenzen, indem sie so ziemlich alles anprangerte, was in dem Buch stand. In einer fünfzehnseitigen Erwiderung wurde das Buch ein »selbstgerechter, verleumderischer Angriff, der vor Lügen strotzt« genannt und anschließend jeder Vorwurf haarklein aufgelistet und gekontert. Dass sie dabei die Taktik der Kontaktverbote zwischen Familienmitgliedern glattweg leugneten, empörte mich maßlos. »Drängt Scientology ihre Mitglieder dazu, nicht mit ihren Familien zu sprechen, sollten diese die Religion nicht kennen?«, wurde in der Erwiderung gefragt. »Diese Aussage ist nicht nur falsch, es ist das genaue Gegenteil von dem, was die Kirche glaubt und praktiziert.«

Plötzlich hatte ich das Gefühl, unbedingt etwas unternehmen zu müssen. Mit ihren dreisten Lügen spuckten sie all jenen ins Gesicht, die für sie durch die Hölle gegangen waren. Es zeigte zudem, dass sie nicht beabsichtigten, sich in nächster Zukunft zu ändern. Ermutigt von Dallas, dem der anhaltende Druck der Church auf unsere Beziehung zu seiner Familie ähnlich auf die Nerven fiel wie mir, schrieb ich einen Brief an Karin Pouw, die Pressesprecherin der Church und Verfasserin der Erwiderung. Ich führte Dutzende von Beispielen für erzwungene Kontaktabbrüche in meiner und anderen Familien an und forderte sie am Ende des Briefs ganz persönlich heraus: »Sollte ich mich tatsächlich irren, dann beweisen Sie doch das Gegenteil und erlauben Sie mir und meiner Familie doch mit jenen Angehörigen in Verbindung zu treten, die noch Teil der Kirche sind, etwa mit meinem Großvater Ron Miscavige und seiner Frau Becky. Und erlauben Sie meinen Freunden dieselbe Freiheit.«

Ich schrieb, die Zahl der zerstörten Familien sei viel zu groß, als dass die Church sich das Leugnen länger leisten könne, und schlug ihr vor, weniger Zeit mit dem Verfassen von Erwiderungen zu verbringen und mehr mit der Rettung der zerstörten Familien »angefangen bei David Miscaviges eigener Familie«.

»Wenn es Scientology nicht einmal gelingt, dessen Familie zusammenzuhalten«, fuhr ich fort, »wie um alles in der Welt sollte dann noch jemand glauben, die Kirche fördere die Verbindungen innerhalb der Familie?«

Im Nachhinein wünschte ich, den Brief ein wenig klarer und in einem nicht ganz so emotionalen Ton verfasst zu haben, aber immerhin hatte ich eindeutig Position bezogen. Ich schickte den Text auch an einige meiner Freunde, die ihn dann an die Presse weitergaben, und so wurde er veröffentlicht. Sofort erfuhr ich eine unglaubliche Unterstützung. Alle möglichen Leute meldeten sich, Ex-Scientologen, Menschen, die in Berührung mit Scientology gekommen waren, ehemalige Mitglieder anderer Sekten und ganz normale Leute. Es war ebenso verblüffend wie aufschlussreich, von so vielen Menschen ganz ähnliche Geschichten zu hören.

Hier ging es nicht um ein paar vereinzelte Vorfälle, wie die Church gerne glauben machen wollte, diese Dinge geschahen vielmehr systematisch, waren weit verbreitet, und die Welt musste von ihnen erfahren.

KAPITEL 33

Ins Licht der Öffentlichkeit

Die Reaktionen auf meinen Brief an Karin Pouw lösten in mir den Wunsch aus, mich für die Opfer der Church einzusetzen. In den folgenden Monaten äußerte ich meine Meinung offen in den Medien und beteiligte mich an meinem ersten organisierten Protest gegen die Church. Auslöser war ursprünglich ein Video von Tom Cruise, das sich im Internet rasend schnell verbreitete. Darin sprach er im reinsten Scientology-Stil über LRHs berühmtes *Keep Scientology Working* und gab absurde Dinge von sich, beispielsweise, dass verletzte Unfallopfer nur von einem Scientologen, der zufällig vorbeikam, wirkliche Hilfe erwarten könnten. Immer wieder unterbrach er seine selbstgefälligen Kommentare mit irrwitzigem Gelächter und krönte alles mit einem albernen Salutieren für meinen Onkel. Wo ich auch hinkam, redeten die Menschen darüber.

Die Church bemühte sich auch hier sofort um Schadensbegrenzung und versuchte, das Video aus dem Internet zu nehmen, indem sie den Eigentümern der Websites bedrohlich klingende Abmahnungen zukommen ließ. Mit Hilfe von Urheberrechtsgesetzen juristisch gegen Kritiker vorzugehen, war eine beliebte Taktik der Church. Diesmal jedoch hatten sie damit keinen Erfolg.

Am 21. Januar, kurz nach Veröffentlichung des Videos, stellte eine Gruppe von Netzaktivisten, die Anonymous, eine Videobotschaft auf YouTube, in der sie ankündigten, die Church für ihre Zensurpolitik »aus dem Internet zu verbannen«, was sie dann auch taten. Es gelang ihnen, die Server der Church drei Tage lang außer Gefecht zu setzen. Fast zeitgleich begann Anonymous, über die Fragen der Internetzensur hinaus gegen die Scientology vorzugehen und deren Verletzung von Menschenrechten ins Bewusstsein der Öffentlichkeit zu bringen.

Ich kann kaum in Worte fassen, wie wichtig diese Entwicklung für mich war. Bis dahin hatte ich das Gefühl gehabt, ich und ein paar andere würden mit dem Rücken zur Wand gegen die Church kämpfen. Ständig erzählten mir die Leute, ich wäre verrückt, im Irrtum und unterdrückerisch. Zu erleben, wie hier eine Gruppe von Menschen sich aufmachte, all jenen, die Unrecht erfahren hatten, zur Seite zu stehen, bildete für mich ein wundervolles Zeugnis für gelebte Nächstenliebe. Die meisten dieser Leute waren zuvor gar nicht persönlich mit Scientology in Berührung gekommen. Und im Unterschied zur Presse hatte diese Gruppe auch keine Angst vor dem, was sie sagte, oder davor, von ihr verklagt zu werden. Auf einmal fühlte es sich an, als stünde eine ganze Armee auf unserer Seite.

Für den 10. Februar 2008 organisierte Anonymous einen weltweiten Protest. Es sollte der erste von vielen sein. Da sie wussten, wie hartnäckig die Church ihre Kritiker verfolgte, verbargen die Mitglieder der Gruppe ihre Gesichter hinter Guy-Fawkes-Masken, als sie überall auf der Welt vor Scientology-Zentren demonstrierten. Sie verschafften dem Thema eine immense Aufmerksamkeit und machten der Church schwer zu schaffen.

In der Zwischenzeit meldeten sich viele ehemalige Scientologen öffentlich zu Wort, die bislang lieber unerkannt geblieben waren, darunter auch Marc und Claire Headley. Wie sich nun herausstellte, war Marc selbst der Blogger, der unter dem Decknamen *Blown for Good* Artikel veröffentlicht hatte.

Angeregt durch die vielen Aktivitäten in unserem Umfeld, begannen Dallas und ich uns mit der Idee einer eigenen Website zu beschäftigen, auf der wir eine Art Informationszentrum und eine Plattform für ausgetretene Kirchenmitglieder anbieten wollten. Etwa zu dieser Zeit nahm die ehemalige Scientologin Kendra Wiseman mit mir Verbindung auf. Ihr Vater war Präsident von Scientologys *Citizens Commission on Human Rights*, der Kommission für Verstöße der Psychiatrie gegen Menschenrechte, einer gegen Psychiater und Psychologen gerichteten Überwachungsgruppe. Kendra hatte selbst schlechte Erfahrungen mit der Church gemacht und wollte unter dem Namen exscientologykids.com eine Website starten. Wie sie mir erzählte, hatte sie bereits mit Astra Woodcraft, einer weiteren prominenten Kritikerin, über das Projekt gesprochen. Astra war seit frühester Kindheit in der Church gewesen und hatte die Sea Org verlassen, weil sie nicht in eine Abtreibung einwilligen wollte.

Die beiden Frauen baten mich, bei der Sache mitzumachen, und ich sagte sofort zu. Als Kendra mir die Seite zeigte und das, was sie schon zusammengetragen hatte, war ich begeistert. Für jeden verständlich wurden hier hervorragende Informationen über die Church angeboten. Zudem gab es Hilfestellungen für Leute, die ausgetreten waren, und ein Forum, in dem Erfahrungen und Meinungen ausgetauscht werden konnten. Am 1. März 2008 startete die Seite im Netz und fand umgehend in zahlreichen Meldungen, Zeitschriftenberichten und Radiointerviews Erwähnung. Viele ehemalige Scientologen beteiligten sich an den Foren, tauschten ihre Geschichten aus, boten Unterstützung an und sprachen über ihre Erfahrungen.

Zur selben Zeit wurden Astra, Kendra und ich nach der Veröffentlichung meines Briefes von der Presse eingeladen, von unseren Erlebnissen zu erzählen. Ich erhielt Anfragen von *Glamour*, der *Los Angeles Times* und der ABC-Nachrichtensendung *Nightline*. Kurz nach dem Start unserer Website gab ich Lisa Fletcher von *Nightline* ein Interview. Am Ende des Gesprächs standen ihr die Tränen in den Augen. Zum ersten Mal hatte ich vor aller Öffentlichkeit meine gesamte Lebensgeschichte erzählt. Bevor *Nightline* den Beitrag brachte, riefen die Sendeleiter noch bei Scientology an und baten um eine Stellungnahme. Wenige Tage später erfolgte die Reaktion. Die Church drohte mit allen Mitteln und brachte ABC dazu, den Beitrag vorerst zurückzustellen. Noch am selben Abend bekam Dallas um elf Uhr einen Anruf seines Vaters. Er sei unterwegs und würde uns in zwanzig Minuten in Begleitung zweier hochrangiger Kirchenvertreter vom Office of Special Affairs, die mit uns sprechen wollten, aufsuchen. Wie ich später erfuhr, war die Angelegenheit ihnen tatsächlich so dringlich gewesen, dass sie in Los Angeles extra einen Hubschrauber gechartert hatten. Sie sollten verhindern, dass das *Nightline*-Interview gesendet wurde.

Ich sagte dem Vater von Dallas, sofern sich die beiden nicht entschuldigen wollten, seien sie hier unerwünscht. Ein paar Minuten später klingelte das Telefon erneut. Diesmal war einer der hohen OSA-Tiere, die Dallas' Vater begleiteten, dran.

Nach einer Weile erklärten Dallas und ich uns einverstanden, seine Eltern sowie die beiden OSA-Vertreter in einem nahe gelegenen Denny's Restaurant zu treffen, das um diese Zeit noch geöffnet war. Kaum waren wir dort, begannen die beiden OSA-Leute auch schon, beleidigende Kommentare über unser Verhalten, unsere Familien und deren Haltungen abzugeben. Einer beschimpfte meine Mutter als Hure. Der andere behauptete, ich würde den Namen meines Onkels nur für meine fünfzehn Minuten Ruhm benutzen. Sie lebten eindeutig in ihrer eigenen Welt, und Dallas und ich hielten es für sinnlos, uns mit

Leuten auseinanderzusetzen, die derart losgelöst von der Wirklichkeit waren. Dallas' Eltern bestanden allerdings darauf, dass wir blieben und uns um eine Einigung bemühten, also taten wir ihnen den Gefallen. Schließlich fanden wir den eigentlichen Grund für ihren Besuch heraus. Die beiden Kirchenvertreter beschworen mich, den *Nightline*-Deal mit ABC abzusagen und alle weiteren Interviewanfragen abzulehnen. Dafür schlugen sie mir einen Handel vor. Wenn ich tat, was sie wollten, würden sie die Deklaration bei meiner Tante Sarah und einigen meiner Freunde aufheben, sodass diese wieder mit ihren Verwandten sprechen konnten.

Die Eltern von Dallas bedrängten uns ebenfalls zu kooperieren. Andernfalls müssten sie zwischen Scientology und uns wählen. Alle versuchten uns an Ort und Stelle zu einer Entscheidung zu zwingen, aber wir beharrten darauf, es uns erst überlegen zu müssen. Bevor wir gingen, wurden wir ermahnt, mit niemandem über dieses Treffen zu sprechen und nichts darüber im Internet zu posten.

Den Deal mit *Nightline* wollte ich auf gar keinen Fall platzen lassen, was die Ablehnung weiterer Interviewanfragen betraf, waren Dallas und ich jedoch unschlüssig. Schon vor dem Besuch der Church hatten wir uns ernsthaft überlegt, ob wir noch weitere Interviews geben sollten. Allein durch die Website würden wir bereits den Geschichten, die uns erreichten, eine große Aufmerksamkeit verschaffen können.

Aber uns war auch beiden klar, was diese Entscheidung bedeutete. Einmal mehr hätte die Church ihre Macht über unser Leben demonstriert. Ihr diese Genugtuung zu verleihen, fühlte sich irgendwie so an, als würden wir ihnen gestatten, weiter über uns und andere zu bestimmen. Am Ende entschieden wir uns dagegen.

Am nächsten Morgen wollten wir frühstücken gehen und

ein paar Besorgungen machen. Als wir auf den Freeway bogen, bemerkte Dallas einen weißen Ford, der ebenfalls in die Auffahrt einscherte, sagte mir aber nichts davon. Wir fuhren zehn Meilen weiter, wechselten zwischendurch den Freeway, und der Wagen folgte uns noch immer. Wir erreichten das Zentrum von San Diego mit all seinen Ampeln und Einbahnstraßen. Der Ford blieb weiter hinter uns, versuchte aber nach Möglichkeit nicht direkt in Dallas' Rückspiegel zu erscheinen. Wir hielten bei meinem Büro, wo ich eine Viertelstunde verschwand, um ein paar Sachen zu holen. Der Wagen parkte ein Stück entfernt in der Einmündung einer Seitenstraße. Als ich wieder einstieg, trat Dallas sofort aufs Gaspedal und schoss in den Verkehr hinaus.

»Herrgott, mach doch langsam!«, funkte ich auf meine übliche Art vom Beifahrersitz dazwischen.

»Ich glaube, wir werden verfolgt, Jenna. Siehst du den weißen Ford, drei Spuren rechts von uns? Ich werde an der nächsten Ecke links abbiegen, und er wird quer über die gesamte Straße kreuzen, um uns zu folgen.«

Wie Dallas vorhergesagt hatte, machte der Wagen alles, um uns hinterherzufahren. Wir wurden verfolgt.

Dallas umkurvte einige Male dieselben Blocks, um zu sehen, wie lange es dauerte, bis unser Verfolger begriff, dass wir ihn entdeckt hatten. Als er unmittelbar vor uns die Spur wechselte, gelang es uns, sein Nummernschild zu fotografieren. Schließlich bogen wir auf einen Parkplatz ein, er folgte uns weiter, aber sobald wir ausstiegen und auf seinen Wagen zugingen, ergriff er die Flucht.

Doch der mysteriöse Verfolger allein war nicht genug. Die Church versuchte weiterhin, über die Eltern von Dallas Druck auf uns auszuüben. Im April 2008 wollten Dallas und ich an einer von Anonymous organisierten Protestaktion teilnehmen, die zeitgleich vor allen Scientology-Zentren in L. A. sowie an vielen anderen Orten weltweit stattfinden sollte. Thematisch lag der Schwerpunkt einmal mehr auf Familien und Kontakt-verboten. Am Vorabend der Demonstrationen rief Tommy Da-vis, der neue Pressesprecher der Church, den Vater von Dallas an und erzählte ihm, wir hätten vor, gemeinsam mit Terroris-ten zu demonstrieren. Seine Eltern waren so erregt, dass sie mit Dallas allein sprechen wollten. Er lehnte ab und ging mit mir zusammen essen. Wie gewöhnlich wurden wir verfolgt, diesmal von einem Typen, der einen Wagen ohne Nummernschild fuhr.

Der Fahrer raste davon, als er merkte, dass wir ihn fotogra-fierten. Ich rief selbst bei Tommy Davis an, erreichte ihn je-doch nicht. Mehrere Male hinterließ ich Nachrichten, aber er rief nie zurück. Der Mann war offensichtlich ein Feigling, wie so viele andere im Office of Special Affairs, die zwar enorme Anstrengungen unternahmen, uns gegenüber unseren Fami-lien schlechtzumachen, aber jedem Vieraugengespräch ängst-lich aus dem Weg gingen.

Wirklich überraschen konnte mich ihr Verhalten nicht mehr. Zu welch enormem Aufwand sie jedoch bereit waren, nur um unsere Leben zu stören, erstaunte mich schon. Sie schienen völlig in ihrer eigenen kleinen Welt gefangen zu sein, in der sie glaubten, mit jedem nach Belieben umspringen zu können. Zugleich nahmen sie nur sehr eingeschränkt wahr, was jen-seits der Grenzen ihrer kleinen Welt vor sich ging. Sie feuerten hektisch über ihre Befestigungsmauern und verschanzten sich dann ebenso hektisch wieder in deren Schutz, sodass sie nie be-griffen, wie weit sie sich von der Realität entfernt hatten.

Was mich allerdings noch mehr aufregte als die verdächtigen Wagen und die Versuche, uns über Dallas' Eltern zu erpressen, war das hinter diesen Aktionen stehende Selbstverständnis der Church. Die Kluft zwischen ihrer eigenen Welt und der wirklichen trat darin unmissverständlich zutage. Es ging nicht allein darum, Leute innerhalb der Kirche zu kontrollieren, es ging um die Kontrolle von allem und jedem – koste es, was es wolle.

Am Morgen der Proteste fuhren Dallas und ich nach L. A., wo wir Astra und andere Freunde von uns trafen. Wir waren beide sehr nervös, da wir noch nie an einer solchen Demonstration teilgenommen hatten. Als wir bei unserer Ankunft sahen, wie viele Leute gekommen waren, wirkte die große Unterstützung dann aber beruhigend, und die Freude über den Erfolg überwog. Trotz der glühend heißen Temperaturen an diesem Tag waren mindestens zweihundert Demonstranten erschienen. Viele trugen Masken. Wir begannen, vor dem Blue Building in der Fountain Avenue auf- und abzumarschieren. Zahlreiche Ex-Scientologen beteiligten sich, von denen viele schon hervorragende Aufklärungsarbeit geleistet hatten.

Auch die Headleys nahmen an diesem Tag an den Protesten teil. Wir begannen an der PAC, wo die Church ihre Zugangsstraße, den L. Ron Hubbard Way, von Sicherheitspersonal absperren ließ. Also demonstrierten wir stattdessen auf dem Sunset Boulevard, wo die Vorbeifahrenden uns hupend ihre Solidarität bekundeten. Einige der Demonstranten hatten Megafone dabei, durch die sie ihre Kritik an Scientology hörbar machten. Nachrichtensender schickten ihre Wagen, und wir lieferten ihnen bereitwillig O-Töne.

Für mich besonders verblüffend war es, Mark Bunker und Tory Christman unter den Demonstranten zu erkennen, die ich noch von Protestveranstaltungen vor der Flag Base in Clearwater kannte. Sie hatten der Lisa McPherson-Stiftung angehört und regelmäßig vor der Base Mahnwache gehalten. Ich erinnerte mich noch an die Briefings, in denen man uns erklärte, wie diese Leute gehandhabt werden sollten. Es war verstörend, sich das jetzt noch einmal vorzustellen. Und trotz aller Widerstände waren sie hier und protestierten noch immer gegen die Church.

Die Demonstration wurde ein großer Erfolg und ein ermutigendes Erlebnis. Ich war Anonymous ungeheuer dankbar dafür, sie organisiert zu haben. Viele von ihnen hatten die Schrecken der Church gar nicht am eigenen Leib erfahren, umso beeindruckender war es, dass sie sich hier für Menschen engagierten, die sie überhaupt nicht kannten. Lange Zeit hatte ich geglaubt, die Einzige zu sein, die es nicht richtig fand, wie die Menschen in der Sea Org behandelt wurden. Jetzt hatte ich das Gefühl, Heerscharen von Gleichgesinnten um mich zu wissen.

Abends auf unserer Heimfahrt bemerkten Dallas und ich wieder, dass wir verfolgt wurden. Diesmal sogar von zwei Wagen. Ich rief am nächsten Tag bei der OSA an, um mit Tommy Davis zu sprechen, aber natürlich war er wieder nicht erreichbar und rief auch nie zurück.

Einige Stunden später meldeten sich dann die Eltern von Dallas und wollten gerne mit ihm allein sprechen. Er fuhr zu ihrem Haus, wo er erfuhr, dass sie gerade von einem Treffen mit einigen Kirchenvertretern kamen. Ihnen waren Fotos gezeigt worden, auf denen wir Protestplakate in die Luft hielten, außerdem hatte man ihnen mitgeteilt, wir würden uns mit Leuten von Anonymous abgeben, einer Organisation, die sie als verbrecherisch bezeichneten. Wie sich herausstellte, hatten die Eltern von Dallas sich wiederholt mit Kirchenvertretern getroffen, die sie davon überzeugen wollten, dass Dallas und ich schlechte Menschen waren. Dabei gingen sie sogar so weit zu behaupten, Dallas habe mich nur geheiratet, weil er selbst es auf die Position meines Onkels in der Church abgesehen hatte. Wegen dieser geheimen Treffen kam es zu Spannungen und Streit zwischen Dallas und mir und seinen Eltern, aber wir wussten, dass wir das Richtige taten. Es ging hier nicht allein um seine

Familie, es waren Dutzende Familien betroffen, denen wir helfen würden.

Etwa eine Woche später meldete sich die Mutter von Dallas erneut. Die Church hatte ihr mitgeteilt, dass ABC das *Nightline*-Interview jetzt senden wolle, und sie gebeten, einen Brief an die Sendeleitung zu schreiben, in dem sie ABC auffordere, auf die Ausstrahlung zu verzichten. Sie solle schreiben, Dallas und ich seien Lügner. Ihr Mann und ihr Sohn wären ebenfalls um derartige Schreiben gebeten worden. Sie hatte geantwortet, dass sie nicht in die Sache hineingezogen werden wolle. Bis heute weiß ich nicht, ob einer von ihnen dem Wunsch der Church entsprochen und Briefe gegen uns verfasst hat.

Am Ende wurde das *Nightline*-Interview ungeachtet aller Bemühungen der Church gesendet, und auch das ganze Spektakel im Vorfeld änderte nichts daran, wie erleichtert ich mich fühlte. Nach den stürmischen Auseinandersetzungen in den vergangenen Wochen war ich mehr denn je davon überzeugt, dass nur von außen auf diese Menschenrechtsverletzungen aufmerksam gemacht werden konnte. Die Welt, in der sie selbst lebten, war dafür viel zu vereinnahmend. Sollte jemals ein wirklicher Wandel zustande kommen, so mussten dafür erst die Menschen in der realen Welt erkennen, welche Gefahr von Scientology ausging. Es lag also an uns, offen und ehrlich über unsere Erfahrungen zu berichten, denn nur auf diese Weise würde die Welt das wahre Gesicht dieser Organisation erkennen können.

Nach der Ausstrahlung des Interviews schossen die Besucherzahlen auf unserer Website in die Höhe. Wir hatten so viele Zugriffe, dass wir der erste Eintrag wurden, der bei Eingabe des Suchbegriffs »Scientology« auf der Google-Liste erschien. Massen von E-Mails gingen ein, in denen Menschen uns um Hilfe bei der Suche nach ihren Kindern oder anderen Angehörigen in der Church baten, und in vielen Fällen gelang es uns tatsächlich zu helfen. Diese Resonanz bewies mir über jeden Zweifel, dass wir den richtigen Weg eingeschlagen hatten. Es war unfassbar, welche Mengen an E-Mails eintrafen.

Die Website hat auch heute noch mehr als zweihunderttausend Besucher pro Monat. Der schönste Erfolg sind jedoch die zahllosen Dankesschreiben, die wir von Menschen aus aller Welt erhalten. Ich bin stolz darauf, dass die Website ein wirksames Mittel geworden ist, die Menschen vor den Gefahren von Scientology zu warnen, ihnen dabei zu helfen, an die Church verlorene Freunde und Verwandte wiederzufinden, Unterstützung zu bieten, wo sie gebraucht wird, und über Schulprogramme und Pressearbeit für Aufklärung zu sorgen.

KAPITEL 34

Ein einziges Leben

Je mehr Zeit verging, desto besser verstand ich, wie sehr mein Leben im Besitz der Church gewesen war. Jahrelang hatte ich gespürt, dass etwas nicht stimmte. Als ich später erfuhr, was alles hinter den Kulissen vor sich gegangen war, tauchte das meine Vermutungen in ein ganz neues Licht. Es war erstaunlich, welches Maß an Aufmerksamkeit und Kontrolle die Church mir in meiner Zeit als Sea Org-Mitglied gewidmet hatte. Im Spätherbst 2007 riefen meine Eltern mich an, um mir zu erzählen, dass Mike Rinder bei ihnen im Wohnzimmer stand. Sofort nahm ich an, er müsse gekommen sein, um sie zu »handhaben« oder um Informationen über mich einzuholen. Zu meiner Überraschung stimmte keines von beiden. Vielmehr hatte Mike sich mit meinem Onkel über einen Fernsehbeitrag der BBC zu Scientology zerstritten und in der Folge die Church verlassen.

Ich war geschockt. Erst wenige Wochen zuvor hatte ich Mike im Fernsehen gesehen. Da hatte er die Church noch verteidigt. Der Austritt von Mike Rinder war eine Riesensache. Ich fragte, was aus Cathy, B. J. und Taryn geworden sei. Meine Eltern erzählten, der Rest der Familie wolle nichts mehr mit ihm zu tun haben. Einige Monate nach dieser Nachricht war Mike ein wenig zur Ruhe gekommen, und wir hörten von ihm aus erster Hand, wie die sogenannte Handhabung meiner Eltern und mir genau ausgesehen hatte. Seinem Bericht zufolge waren Marty Rathbun und er damit beauftragt worden, meine Eltern zu handhaben, als diese 2000 ihren Austritt aus der Sea Org verkündet hatten. Sie hatten ihre Entscheidung bekannt gegeben, sich anschließend in ihrem Zimmer auf der Int Base eingeschlossen und niemandem mehr geöffnet. Mike und Marty waren zu dieser Zeit in Clearwater, aber Onkel Dave hielt das Problem für so schwerwiegend, dass er sie sofort zur Int zurückbeorderte, damit sie sich darum kümmern konnten. Mike zufolge bestimmte mein Onkel den Umgang mit meinen Eltern bis in jedes kleinste Detail. Er verlangte Berichte über jede Entwicklung und diktierte endlose Anweisungen, wie weiter vorzugehen war. Mike selbst erzählte mir die Geschichte:

Zu Beginn weigerte sich mein Vater, überhaupt mit irgendjemandem zu sprechen, insbesondere mit seinem Bruder, daher befahl dieser, Mike und Marty sollten meine Eltern trennen, selbst wenn sie dafür meinen Vater mit Gewalt aus dem Zimmer holen mussten. Danach hatten sie meine Eltern jeweils einem Security-Check zu unterziehen. Onkel Dave musste von jeder ihrer Aussagen in allen Einzelheiten unterrichtet werden. Als meine Eltern einige Tage später noch immer nicht von ihrem Entschluss zu gehen abrückten, bekam Onkel Dave einen Tobsuchtsanfall. Er nannte Mike und Marty inkompetent und unfähig, bevor er erklärte, selbst mit seinem Bruder sprechen zu wollen. Die beiden trafen sich auf der *Star of California*, einem Schiffsnachbau auf der Int Base, wo Onkel Dave meinem Vater einhunderttausend Dollar dafür bot, meine Mutter allein gehen zu lassen. Zum Bleiben bewegen konnte er meinen Vater mit diesem Trick nicht.

Nachdem feststand, dass der Entschluss von meinen Eltern unerschütterlich war, wollte mein Onkel sie wenigstens außer Landes sehen, daher wählte mein Vater spontan das mexikanische Cabo San Lucas als ihren neuen Wohnort. Für die Church war diese Wahl durchaus vorteilhaft, da ein mit ihr zusammenarbeitender Privatdetektiv dort einen Quad-Verleih unterhielt und die beiden im Auge behalten konnte. Onkel Dave fürchtete damals, meine Eltern könnten zu einer eidesstattlichen Aussage im Lisa McPherson-Fall vorgeladen werden, wenn sie weiter in den Vereinigten Staaten wohnen blieben. Erst später erfuhr Mike, dass Onkel Dave ihnen von seiner Aufsicht bei Lisa McPhersons Auditing unmittelbar vor deren Tod erzählt hatte. Meine Eltern hatten zwar gar nicht die Absicht, der Church Probleme zu bereiten, mussten aber trotzdem fortgehen. Letztlich erklärten sie sich einverstanden, als ihnen zugesichert wurde, ich würde mit ihnen kommen. Onkel Dave versprach ihnen, er selbst würde es übernehmen, mich zu handhaben.

Natürlich war es stattdessen Anne Rathbun, die mich handhabte, auch wenn sie dabei offenkundig der direkten Leitung von Onkel Dave unterstellt war. Ich hatte mich stets gefragt, wie genau Onkel Dave nach dem Austritt meiner Eltern verfolgte, was mit mir passierte. So wie Mike es mir berichtete, hatte mein Onkel geplant, mich nach meiner Überstellung von der Flag nach Los Angeles auf jeden Fall zu meinen Eltern zu schicken, ob ich nun wollte oder nicht. Anscheinend hatte mein Onkel wiederholt zu Mike gesagt, ich sei nur ein verzogenes Gör, das nichts zur Sea Org beitrug, weshalb es auch keinen großen Verlust bedeute, mich rauszuwerfen, vor allem, wenn damit meine Eltern besänftigt werden konnten. Als ich mich weigerte zu gehen, mussten sie sich einen völlig neuen Plan überlegen. Es war bezeichnend, wie Onkel Dave stets die Fäden in der Hand hielt, ohne jemals sein Gesicht zu zeigen.

Während all dieser Stunden, die Marty und Mike mich allein im Konferenzraum zurückgelassen hatten und vorgaben, mich vergessen zu haben, mussten sie in Wahrheit im elften Stock die Wutausbrüche von Onkel Dave über sich ergehen lassen. Er war erbost über ihre Unfähigkeit, mit einem jungen Mädchen zurechtzukommen, das seiner Meinung nach nicht nur faul und für nichts zu gebrauchen war, sondern zudem auch zu dämlich, um selbstständig zu denken. Es überraschte mich nicht, dass mein Onkel diese Dinge über mich gesagt hatte. Und indem er es hinter meinem Rücken tat, konnte er sich jeder Verantwortung entziehen. Nach allem, was ich über ihn gehört hatte, glaubte er, nur er allein könne etwas richtig machen.

Mike sagte, er sei in meinem Fall zum ersten Mal angewiesen worden, jemanden zum Verlassen der Sea Org zu überreden, und habe sich dabei nicht wohlgefühlt. Mein Onkel wiederum hatte nicht damit gerechnet, wie indoktriniert ich bereits war. Als sie ihm berichteten, ich wolle bleiben, war Onkel Dave frustriert. Am liebsten wäre er mich noch immer losgeworden, aber am Ende meinte er nur, dann sei ich wohl ein besseres Sea Org-Mitglied als Mike oder Marty, womit er auf seine Weise zum Ausdruck brachte, dass ich bleiben durfte.

Als ich meine Eltern anrufen sollte, um ihnen zu versichern, dass es meine freiwillige Entscheidung war, wusste ich nicht, wie viele Auseinandersetzungen im Hintergrund bereits stattgefunden hatten. So hatte mein Vater verlangt, mit mir zu sprechen, was Onkel Dave aber nicht zuließ. Persönlich wollte er das seinem Bruder jedoch nicht sagen, sondern er hörte nur über die Lautsprecheranlage mit, wie Mike und Marty mit ihm redeten. Erst als meine Mutter zu drohen begann, lenkte Dave ein und erlaubte, dass meine Eltern mit mir telefonierten.

Nachdem ich erfahren hatte, wie stark sich mein Onkel beim Austritt meiner Eltern eingeschaltet hatte, erstaunte es mich wenig, dass er auch für die Handhabung des Weggangs von Dallas und mir verantwortlich gewesen war. Er wusste nicht nur genau über die Entwicklung Bescheid, er steuerte auch die gesamte Vorgehensweise. Er stand hinter all den Herumschnüffeleien und den Versuchen, Dallas zum Bleiben zu überreden.

Er hatte die Leute aufgefordert, Dallas in der Church zu behalten und mich hinauszudrängen. Mit Dallas selbst hatte das vermutlich gar nichts zu tun. Auch wenn Dallas und ich schon seit drei Jahren verheiratet waren, hatte Onkel Dave ihn noch nie getroffen. In erster Linie schien es vielmehr darum zu gehen, mir das Leben schwerzumachen und uns so viele Steine wie möglich in den Weg zu legen. Familie bedeutete ihm überhaupt nichts.

Onkel Dave hatte all meine Schritte weitaus aufmerksamer verfolgt, als ich es je für möglich gehalten hatte. Mir war natürlich klar, dass ich kontrolliert wurde und dass alles in einem festen System gründete, aber ich hätte nie gedacht, dass es am Ende nur auf eine einzige Person hinauslief. Und dann fiel mir erneut auf, wie konsequent er all seine Entscheidungen stets von anderen ausführen ließ. Er schirmte sich selbst ab vor seinen eigenen Taten und dem menschlichen Leid, das sie verursachten. So brauchte er sich nicht mit den unbequemen Fragen auseinanderzusetzen, die sein Handeln hervorrief, etwa der Frage, was es zum höheren Wohl beiträgt, wenn den Leuten der Kontakt zu ihren Familien verboten wird, und was das alles noch mit Scientology zu tun hat.

Das Überraschendste an den Berichten von Mike Rinder dürfte gewesen sein, dass sie mich nicht länger überraschen konnten. Als wir uns unterhielten, hatte ich bereits so viele üble Dinge über das Verhalten meines Onkels von anderen Ex-Scientologen gehört, dass mich nur noch wenig schockieren konnte. Jeder, der die Church verließ, kannte irgendeine Geschichte über ihn und das, was er getan hatte. Meine Geschichte unterschied sich gar nicht sonderlich davon. Letztlich hat mich nicht einmal mein Nachname vor dem wachsamen Auge meines Onkels schützen können.

Inzwischen bin ich nicht mehr gläubig. Ich bin nicht religiös. Ich glaube an das, was ich sehe. Dallas glaubt an die Möglichkeit von Gott, vergangenem Leben, Reinkarnation und Karma. Ich glaube auch an die Möglichkeit all dieser Dinge, aber ich zähle nicht darauf und lasse mir mein Denken von ihnen nicht beeinflussen.

Die Erkenntnis, dass dieses Leben, das ich lebe, mein einziges sein könnte, hat meine Sichtweise gravierend verändert. All meine Bekannten, die noch immer in der Church sind, vergeuden möglicherweise das einzige Leben, das sie haben. Andererseits kann ich die Schönheit dieses einen Lebens viel stärker genießen, kann sehen, was für ein Wunder es bedeutet, lebendig zu sein, und wie wichtig die individuelle Einzigartigkeit ist. Niemand auf dieser Welt wurde geboren, um so zu sein wie ein anderer. Menschen, vor allem Kinder, in Roboter zu verwandeln, ist ein Verbrechen an der Natur selbst.

Im Menschsein kann so viel Schönheit liegen, und dabei bin ich erst seit wenigen Jahren in der Lage, wirklich in diesen Genuss zu kommen. Aktionen wie die von den Familien, deren Sorge um das Wohl ihrer Kinder so groß ist, dass sie diese vor Scientology zu schützen versuchen, bewegen mich zutiefst. Es hat Menschen gegeben, an deren Schulter ich mich ausweinen durfte und die mich in meiner Kritik an Scientology unterstützt haben. Der ganze Nicht-Scientologen-Teil von Dallas' Familie zählt dazu, der so aufrichtig und warmherzig ist, wie man es sich nur vorstellen kann. Und auch einige einflussreiche Persönlichkeiten, die ich in meinem neuen Leben gefunden habe und die ungeachtet ihrer Stellung fürsorglich und mitfühlend sind.

Meine Mutter ist kürzlich nach Kalifornien gezogen, um näher bei ihren Enkeln zu wohnen. Sie ist eine hingebungsvolle Großmutter, die sich darum bemüht nachzuholen, was sie bei mir versäumt hat. Mein Vater wohnt noch in Virginia, wo inzwischen auch Justin und seine Freundin leben. Sterling ist nach Übersee gegangen. Onkel Dave steht nach wie vor an der Spitze der Church. Soweit ich weiß, haben meine Eltern seit meinem Austritt kein Wort mehr mit ihm gewechselt. Ich habe ihn jedenfalls nie wieder gesprochen. Vor Jahren habe ich einmal versucht, Tante Shelly anzurufen, aber ohne Erfolg. Sie ist seit 2007 nicht mehr in der Öffentlichkeit gesehen worden, aber vor kurzem erklärte ein Anwalt in ihrem Namen, dass es ihr gut gehe. Er reagierte mit dieser Erklärung auf eine Meldung in einer Zeitung oder einem Blog, derzufolge sie vermisst wird.

Grandpa Ron, Dad's Vater, ist derjenige, der die ganze Familie erst mit der Religion in Berührung gebracht hatte. Er sorgte 2012 für Wirbel, als bekannt wurde, dass auch er die Church verlassen hatte. Angesichts seiner langen Zugehörigkeit war dieser Schritt eine Überraschung, eine angenehme Überraschung. So wie er berichtete, hatte er am Ende einfach die Nase voll von allem und musste raus. Er »entkam«, wie er selbst sagt. Mittlerweile leben er und seine Frau Becky bei meinem Dad in Virginia. Grandpa Ron ist nur einer von vielen bekannten Leuten, die in den letzten Jahren ausgetreten sind. Zu der schnell wachsenden Liste zählt neben Mike Rinder übrigens auch Marty Rathbun, dessen Frau Anne allerdings in der Church geblieben ist.

An dem Tag, als ich den Vertrag für dieses Buch unterschrieb, wurden Dallas' Eltern zu SPs erklärt, da sie sich weigerten, den Kontakt zu uns abzubrechen. Auch die Geschwister von Dallas sprechen weiter mit uns. Wir mögen sie sehr und treffen uns ständig mit ihnen. Die Eltern von Dallas glauben weiter an Scientology, bedauern jedoch die Verkommenheit innerhalb der Church und bemängeln den Stil ihrer Führung. Aus Sicht der Church sind wir sicherlich SPs, obwohl wir unserem

Kenntnisstand nach bis heute nicht dazu deklariert wurden. Wir haben schon seit Jahren nichts mehr von der Church gehört, und sie scheinen ihre Observationen eingestellt zu haben.

Auch wenn ich jetzt schon eine Weile mein eigenes Leben lebe, kann ich manche Dinge aus der Vergangenheit nur schwer verzeihen. Aus meiner Sicht ist Scientology eine gefährliche Organisation, deren Glaubensvorstellungen es ihr gestatten, Verbrechen gegen die Menschlichkeit zu begehen und zentrale Menschenrechte zu verletzen. Es bleibt mir ein Rätsel, wie so etwas in unserer heutigen Gesellschaft unbehelligt fortdauern kann. Besonders tückisch wird das Ganze durch die prominenten Fürsprecher und angegliederten Organisationen wie *Narconon, Applied Scholastics* und der *Citizens Commission on Human Rights*. Ich finde, die Menschen sollten davor gewarnt werden, was die Church tatsächlich ist, wer ihr Gründer in Wahrheit war, was dort in Wirklichkeit vor sich geht, wie weit sie bereit ist zu gehen und welche Opfer sie zum Erreichen ihrer Ziele gewillt ist, in Kauf zu nehmen. Die Ziele selbst sind umnebelt von Geheimnistuerei und widersprüchlichen Angaben. Scientology ist immer schon ein Spiel der Macht und Kontrolle gewesen. L. Ron Hubbard war ein grandioser Hochstapler, und es fällt schwer zu beurteilen, inwiefern Scientology ein Experiment zur Gehirnwäsche und Menschenkontrolle darstellte oder inwiefern es tatsächlich dazu gedacht war, anderen zu helfen.

Ich habe zweifellos eine Menge Gründe, meinen Onkel zu hassen, aber ich versuche auch, ihn als das zu sehen, was er einst gewesen ist: ein Kind, das wie so viele andere auf das System hereinfiel und das aufgrund mangelnder Eigenverantwortung und Reife nicht die richtigen Entscheidungen treffen konnte. Als er mit sechzehn in die Sea Org eintrat, steckte er schon zu tief drin. Und so traf er seine Wahl. Ich habe keine Ahnung, was aus ihm geworden wäre, hätte er Scientology nie kennengelernt, oder auch wie stark seine Persönlichkeit letztlich von Scientology geprägt wurde.

Dennoch bleibt es schwer, das Bild von ihm als Kind mit dem Erwachsenen, der er jetzt ist, in Einklang zu bringen. Viele ehemalige Sea Org-Mitglieder und Scientologen geben rasch Dave, und Dave allein, die Schuld an all ihren Erfahrungen. Ich habe das Gefühl, die Wahrheit ist ein wenig unklarer. Mein Onkel hat wesentlich zur Ausformung der modernen Scientology beigetragen, daran kann kaum ein Zweifel bestehen, aber wer die Schuld allein auf ihm ablädt, verfehlt den entscheidenden Punkt. Das Problem mit Scientology betrifft nicht nur einen Mann, sei es Onkel Dave oder LRH. Es ist größer. Das Problem ist Scientology selbst. Das Problem liegt darin, dass Scientology ein System ist, das eigenständiges Denken nahezu unmöglich macht. Menschen wie mein Onkel helfen das durchzusetzen, indem sie eine Atmosphäre der Angst schaffen, die jedes unabhängige Denken erstickt. Jagt man sie davon, existiert noch immer ein System, das quasi schon seiner Definition nach individuelle Freiheiten einschränkt.

Wenn wir heute Freunde in Los Angeles besuchen, kommen wir immer an der Base vorbei. Wir sehen die Sea Org-Drohnen in die Gebäude gehen, herauskommen und auf den Bürgersteigen herumlaufen. Sie sind leicht auszumachen an ihren Uniformen und den leeren Blicken. Sie leben in einer anderen Welt. Ihr Anblick versetzt mich unwillkürlich in eine noch nicht allzu lang vergangene Zeit zurück, in der auch ich hier stumpfsinnig von einem Gebäude zum anderen lief. Ich weiß noch, dass diese Gänge zu den wenigen Begegnungen mit der Außenwelt zählten und dass uns – selbst in diesen winzigen Momenten draußen – die Menschen aus den vorbeifahrenden Autos zuriefen, uns hätten sie doch allen eine Gehirnwäsche verpasst.

Das Wort »Gehirnwäsche« machte uns damals fassungs-

los. Erschüttert sahen wir einander an. Wie sollten ausgerechnet wir, die wir nach den höchsten Wahrheiten im Universum
suchten, Opfer einer Gehirnwäsche sein? Wir sagten uns gegenseitig Scientology-Slogans wie »Think for yourself« vor und
beruhigten uns damit, dass wir allein die Welt retten konnten.
Wenn wir diejenigen waren, die das höhere Wohl vertraten, wer
konnten die anderen dann schon sein?

Sehe ich heute die Anhänger herumlaufen, verspüre ich
selbst große Lust, ihnen etwas zuzurufen, vor allem, wenn einige meiner alten Freunde darunter sind. Dann möchte ich
gerne die Distanz zwischen ihrer und meiner Welt überbrücken
und ihnen helfen, ihre Situation besser zu begreifen. Ich öffne
meine Lippen, um etwas zu sagen, aber die Worte bleiben mir
immer im Hals stecken. Es ist nicht Angst, die mich bremst, es
ist die Einsicht, dass ich sie nicht zwingen kann, etwas anzunehmen, das sie noch nicht anzunehmen bereit sind.

Ich traf den Entschluss, mich nicht länger kontrollieren zu
lassen, und lernte, indem ich mit allem brach, wie wichtig es
ist, der Stimme in meinem Innern, die mich vor dem Falschen
warnte, zu folgen und für das Richtige einzutreten. Allein mit
seiner Meinung zu sein, ist immer hart und unbequem, und
gewöhnlich braucht es eine ganze Weile, bis es sich auszahlt.
Doch wenn du den Mund nicht aufmachst, wirst du das später
mit großer Wahrscheinlichkeit bedauern und musst dann mit
den Folgen leben. Meiner Erfahrung nach kam die Church mit
ihren Übergriffen häufig einzig und allein davon, weil die Leute
es nicht schafften, nein zu sagen. Es ist schwer, nein zu sagen,
manchmal sogar richtig brutal. Aber letztlich werden viele deinen Mut bewundern, auch wenn es nur im Stillen geschieht,
und eines Tages werden sie womöglich selbst genug Mut gesammelt haben, um sich zu widersetzen und für ihre eigenen
Rechte einzutreten.

Das größte Geschenk, das mir meine Freiheit bereitet hat, dürfte die Chance gewesen sein, eine eigene Familie zu gründen. Ich wollte gerne Kinder haben, das war mir klar, seit ich in Australien so viel Zeit mit Janette und ihrer Tochter Eden verbracht hatte. Wäre ich jedoch in der Sea Org geblieben, hätte ich niemals die Erlaubnis dafür bekommen. Erst mein Austritt eröffnete mir die Gelegenheit, für mich selbst zu erfahren, was es heißt, ein Kind auf die Welt zu bringen, und heute sind Dallas und ich froh darüber, bei unserem Absprung noch jung genug für eine eigene Familie gewesen zu sein. Unsere beiden wundervollen Kinder sind ein Glück, das wir sonst nie kennengelernt hätten.

In seiner größten Schönheit erlebte ich die Bedeutung des Menschseins bei der Geburt meines ersten Kindes. Unsere Körper sind in der Lage, Wunder zu vollbringen, ganz gleich ob wir unsterbliche geistige Wesen sind oder nicht. Am Ende habe ich erkannt, dass mein Körper allein mir völlig genügt. Mein Körper hat es mir erlaubt, Mutter zu werden, und etwas Besseres konnte mir nicht geschehen.

Glossar

Auditing Scientologen werden behaupten, das Auditing sei eine Art Beratungsgespräch. Der Elektropsychometer wird dabei häufig, aber nicht immer benutzt. Auf den niedrigen Stufen führt ein Auditor einen PC (Preclear) durch einen Katalog von Fragen, mit dem gezielt auf ein bestimmtes Ergebnis hingearbeitet wird.

Brücke Kurzform für *Die Brücke zur vollkommenen Freiheit*. Die Gesamtheit aller Lehren der Scientology wird die Brücke genannt. Je mehr Studien und Sitzungen jemand abschließt, desto höher kann er »die Brücke hinaufsteigen«.

Cadet Org Die Sea Org für Kinder und für Kinder von Sea Org-Mitgliedern.

CMO *The Commodore's Messenger Organization*. L. Ron Hubbard ernannte sich selbst zum Commodore. Ursprünglich bestand diese Eliteeinheit überwiegend aus Kindern, die Botengänge für L. Ron Hubbard erledigten, für die Ausführung seiner Anweisungen sorgten und sich um seine persönlichen Angelegenheiten und seinen Haushalt kümmerten. Was einem Messenger gesagt wurde, besaß den gleichen Stellenwert, als wäre es dem Commodore persönlich mitgeteilt worden. Die CMO stellt die höchste Managementebene in der Church dar. Nur das RTC ist dem CMO noch übergeordnet, wobei sich das RTC eigentlich nicht mit Managementfragen beschäftigt.

CommEv *Committee of Evidence.* Die Scientology-Variante eines Gerichtsverfahrens. Bei einem CommEv muss der Beschuldigte vor einem Gremium von Sea Org-Mitgliedern erscheinen, die über seine »Verbrechen« urteilen.

Deklarieren Jemanden zu einer Suppressive Person (siehe dort) erklären und als etwas Böses aus der Scientology werfen. Menschen, die deklariert wurden, dürfen keinerlei Kontakt mit Scientologen aufnehmen, und Scientologen können selbst deklariert werden, wenn sie nur mit einer deklarierten Person reden.

EPF *Estates Project Force.* Ein Aufnahmeprogramm in Form eines Bootcamps, das jedes angehende Mitglied der Sea Org einige Wochen oder Monate durchlaufen muss.

Ethik-Zustände Eine feste Zahl von Qualitätsschemata, die einem Leben je nach dessen aktuellem Entwicklungsgrad zugeordnet werden. Wer zum Beispiel immense Fortschritte macht, dem können die Anweisungen des Ethik-Zustands ›Überfluss‹ zuerkannt werden. Wer etwas Schlimmes getan hat, den wird die Org womöglich zum Ethik-Zustand ›Verrat‹ herabstufen. Die verschiedenen Ethik-Zustände lauten, angefangen bei dem schlechtesten: Verwirrung, Verrat, Feind, Zweifel, Belastung, Nichtexistenz, Gefahr, Notlage, Normal, Überfluss, Machtwechsel und Macht. Für jeden dieser Ethik-Zustände bestehen ganz bestimmte Anweisungen. Niedrige Ethik-Zustände (solche unter ›Normal‹) beinhalten in der Regel Strafarbeiten.

Kurs Eines der zahlreichen Lernprogramme, in denen sich der Scientologe Texte und Methoden von L. Ron Hubbard unter verschiedenen Gesichtspunkten aneignet.

MEST *Matter, Energy, Space and Time* (Materie, Energie, Raum und Zeit). Das physikalische Universum.

MEST-Dienst Körperliche Arbeiten.

OSA   *Office of Special Affairs* (Büro für besondere Angelegenheiten). Von Kritikern gerne als Geheimdienst der Scientology bezeichnet.

OT   *Operating Thetan* (Operierender Thetan). In der Vorstellung von Scientology jemand, der einen hohen Seinszustand
erreicht hat. Derzeit gibt es acht OT-Level. Um die Stufen
des OT angehen zu können, muss erst der Status des Clear
erreicht werden. Ein OT ist angeblich in der Lage, Materie,
Energie, Raum und Zeit zu beherrschen.

(Out) 2D   Die zweite Dynamik ist jener Drang, der sich in
der Scientology auf Familie, Kinder, persönliche Beziehungen und Sex bezieht. Der Begriff kann auf unterschiedliche Weise benutzt werden, etwa »Sie war mein 2D« heißt,
»Ich habe sie gedatet«. »Out 2D gehen« meint Fremdgehen,
wenn man über bloßes Küssen hinausgeht. »Ich muss meine
2D handhaben« kann je nach Kontext entweder bedeuten
»Ich muss die Beziehung zu meinem Partner in Ordnung
bringen« oder »Ich brauche einen festen Freund/eine feste
Freundin«.

Overt   eine Sünde oder ein Verbrechen.

O/Ws   *Overts* und *Withholds*, also im Grunde Sünden und
Geheimnisse.

Potential Trouble Source (oder *PTS*)   Jemand, der in Verbindung zu einer Suppressive Person (siehe dort) steht. Scientology zufolge neigt ein PTS dazu, krank zu werden (hierin
wird sogar die einzige Ursache für Erkrankungen gesehen),
er leidet an Stimmungsschwankungen und kommt in seinem
Leben nicht voran.

PTS/SP (Kurs)   Ein zentraler Scientology-Kurs, in dem Hubbards Vorstellungen davon gelehrt werden, was böse Menschen sind, wie mit ihnen umgegangen werden muss und
was geschieht, wenn jemand Verbindung zu einer Suppres-

sive Person hat. Siehe auch: Potential Trouble Source, Suppressive Person.

RPF   Rehabilitation Project Force. Wenn Sea Org-Mitglieder etwas vermeintlich besonders Verwerfliches getan haben, werden sie im RPF-Programm von den anderen Sea Org-Mitgliedern isoliert. Wer im RPF steckt, darf nicht normal gehen (sondern muss immer rennen), nicht mit anderen Sea Org-Mitgliedern reden, sofern er nicht angesprochen wird, und verbringt die meiste Zeit mit einfachen körperlichen Arbeiten. Das Programm ist höchst umstritten. Scientologen nennen es »Rehabilitation«, Kritiker sprechen von »Zwangsarbeit«.

RTC   Religious Technology Center. In dieser Organisation sitzen die höchsten Führungskräfte der Sea Org. Ihr gehören sämtliche Lizenz- und Urheberrechte der Werke von L. Ron Hubbard.

Sea Org (SO)   Das Herzstück der Scientology-Gemeinde. Sea Org-Mitglieder sind für die Leitung und das Alltagsgeschäft aller Einzelgemeinden zuständig, füllen die Kassen, erteilen Auditing-Sitzungen und bewältigen eine Vielzahl anderer Aufgaben. Sie alle müssen einen Vertrag über eine Milliarde Jahre unterzeichnen, mit dem sie sich verpflichten, in ihrem nächsten Leben zurückzukehren und erneut zu dienen.

Security-Check oder *Sec-Check*   Sicherheitsüberprüfung. Ein verhörähnliches Beichtverfahren unter permanentem Einsatz des Elektropsychometers. Sec-Checks können von drei Wochen bis zu einem Jahr oder länger dauern.

Suppressive Person (oder *SP)*   Antisoziale Persönlichkeit oder auch Unterdrückerische Person. Jemand, der Scientology nicht unterstützt. Bewertet die Kirche jemanden als SP, wird er deklariert (siehe dort), das bedeutet. er darf keinen Kontakt zu Scientologen aufnehmen.

TRs *Trainingsroutinen.* Grundlegende Übungen zur Verbesserung kommunikativer Fähigkeiten. Dazu gehören TR o, bei der sich zwei Schüler mit geschlossenen Augen gegenübersitzen, um zu lernen, »entspannt im Hier« zu sein, oder TR o Bullenbeißen, bei der ein Schüler unbeweglich dasitzen muss, während der andere brüllt, schreit, Witze erzählt oder ihn auf sonst irgendeine Art zu einer Reaktion zwingen will.

Withhold Ein Geheimnis, etwas Schlechtes, von dem man noch niemandem erzählt hat.

Wog Abwertende Bezeichnung für jeden Nicht-Scientologen.

Zwilling Kurspartner. Zwillinge bewältigen alle Teile eines bestimmten Kurses gemeinsam und helfen sich gegenseitig. Es heißt dann oft auch, jemand »zwillingt« mit einem anderen.

Danksagung

Ein besonderes Dankeschön an Lisa Pulitzer, die von Beginn an Vertrauen in meine Geschichte hatte und ohne die dieses Buch niemals möglich gewesen wäre. Ich danke ihr für ihr Mitgefühl, die Unterstützung, die harte Arbeit und dafür, dass sie die ganze Zeit über so freundlich zu mir geblieben ist.

Große Dankbarkeit schulde ich auch Lisa Sharkley, die auf meine Story setzte und mir die Veröffentlichung ermöglichte.

Dem Energiebündel Madeleine Morel möchte ich für ihre ansteckende Unerschrockenheit und die verlässliche Hilfe danken.

Einen Riesendank an meine Lektorin, die so intensiv an diesem Buch gearbeitet hat, die so viel Verständnis für meine Geschichte hatte und alles in die richtige Form gebracht hat.

Ich finde diese vier Menschen ganz außergewöhnlich und schätze mich sehr glücklich, ihnen begegnet zu sein.

Allen bei William Morrow und HarperCollins möchte ich für ihre engagierte Arbeit an meinem Buch danken. Nur durch sie konnte es optimal umgesetzt werden.

Ausdrücklich erwähnen möchte ich in diesem Zusammenhang auch Martha Smith, die mit ihrem unermüdlichen Einsatz und ihrer Sorgfalt unersetzlich gewesen ist.

Herzlichen Dank an meine Familie, allen voran meinem Ehemann Dallas, der mich verteidigt hat, der mir geholfen hat, mich in der Welt zurechtzufinden, Autofahren und Kochen zu lernen, und der dabei stets der gleiche liebenswerte Mensch geblieben ist, der mich bei der Realisierung meiner Träume unterstützt, der mir beigestanden und der es mit mir all die Jahre über ausgehalten hat, auch während der Abfassung dieses Buches. Meinen beiden kleinen Engeln, die der Mittelpunkt meines Lebens sind, die mir so viel wahre Freude bereiten und deren Leben meine Welt so sehr bereichern. Ich liebe euch unendlich.

Meinen herzlichsten Dank an alle Pavlicks für ihre Liebe, Hilfe, die freundliche Aufnahme, die sie mir bereitet haben, und für ihre zuvorkommende, fürsorgliche Art. Ich hätte mir keine bessere Familie wünschen können. Ich liebe euch alle.

Ganz besonderen Dank an meine Eltern und meinen Bruder Justin, die mir beigestanden haben, als ich aus der Church austrat, die sich für mich eingesetzt und mich unterstützt haben und die mir dabei halfen, klarzusehen.

Dank und alles Liebe an die Familie Hill, die unsere Entscheidungen respektiert hat, auch unter extremem Druck standhaft blieb und der unsere Familie mehr bedeutete als die Church.

Vielen Dank an Astra und Kendra, meine Freundinnen vom ESK, die sagenhaft stark, klug, schön und sprachgewandt sind und so viel bereits getan haben und noch immer tagtäglich tun. Ihr seid für mich der Fels gewesen in Zeiten, in denen mich die Kraft verließ, und ich bin stolz darauf, mit euch beiden in einem Atemzug genannt zu werden.

Nicht unerwähnt bleiben sollen die vielen ehemaligen und auch die aktiven unabhängigen Scientologen, die sich über die Jahre hinweg zu Missbräuchen, Vernachlässigungen oder Menschenrechtsverletzungen durch Scientology zu Wort gemeldet und dafür persönliche Risiken und Anfeindungen im Namen der Wahrheit auf sich genommen haben und trotz allem weiter standhaft geblieben sind. Tory Christman, Mark Bunker, Marc und Claire Headley, Mike und Christie, Marty Rathbun, Tom Devotch, Jeff Hawkins, Amy Scobee, Matt Pesch, Lawrence Woodcraft, Chuck Beatty, Paul Haggis und zahlreiche andere, die ich an dieser Stelle nicht alle erwähnen kann. Ich danke euch.

Dank auch an Anonymous, vor allen denjenigen, die ich kennenlernen durfte, für die ausdauernde Unterstützung und das Interesse an diesem wichtigen Thema.

Vielen Dank an meine australischen Freunde, die Andersons, Janette, Anna und Dean, die offen ihre Kritik an der Church geäußert haben.

Ich möchte zudem allen danken, die mir auf meinem Weg ihr Vertrauen bewiesen, mich unterstützt haben oder mir durch ihre Freundlichkeit einfach nur demonstriert haben, wie schön es auf dieser Welt zugehen kann. Ana, Jane, Lucy, Aimee, Liz, Laurette und Gus, um nur ein paar zu nennen, sowie die vielen anderen Freunde, die ich bei HK und LHC kennengelernt habe.

Und zum Schluss darf ich natürlich auch nicht die vielen Journalisten vergessen, die seit Jahren wichtige Geschichten ans Tageslicht bringen und die mit großer Gewissenhaftigkeit die allgemeine Aufmerksamkeit auf ein bedeutsames Thema lenken, etwa Jonny Jacobsen, Lawrence Wright, Tony Ortega, John Sweeney, Tobin und Childs, Anderson Cooper und viele andere mehr.